현재와 미래를 잇는

ESG와 지속가능발전

지은이 안지훈

한양여자대학교 행정실무학과 교수이자 동 대학 ESG연구소 소장. 정당과 지방정부에서 젠트리피케이션 방지정책, 소셜벤처 지원정책 등 다양한 청년 지원 제도와 사회적 경제 관련 정책을 입안했다. 소셜벤처코리아 설립, 전국중고 ESD 등 사회적 가치, 지속가능발전목표, ESG를 기반으로 한 사회혁신과 격차 해소를 위해 꾸준한 활동과 연구를 수행하고 있다. 주요 저서로는 『쓰레기 사전-지속가능한 지구를 지키는 유일한 방법』, 『소셜벤처와 사회적 가치』 등이 있다.

지은이 권영태

고려대학교 법과대학을 졸업한 후 정치학 석사, 북한학 박사를 취득하였다. 고려대학교 법학연구원 전임연구원, 한국NGO학회 이사로 활동하였으며, 현재는 소셜혁신연구소 사회적협동조합 부소장, 한양여자대학교 ESG연구소 수석연구원, 경희사이버대학원 교수, 국민통합위원회 특위 위원으로 활동하고 있다.

현재와 미래를 잇는 ESG와 지속가능발전

초판발행 2024년 3월 15일

지은이 안지훈, 권영태 / **펴낸이** 전태호
펴낸곳 한빛아카데미(주) / **주소** 서울시 서대문구 연희로2길 62 한빛아카데미(주) 2층
전화 02-336-7112 / **팩스** 02-336-7199
등록 2013년 1월 14일 제2017-000063호 / **ISBN** 979-11-5664-022-6 93320

책임편집 김현용 / **기획 · 편집** 권오상 / **교정** 김정미
디자인 표지 박정우, 내지 박정화 / **전산편집** 인투 / **제작** 박성우, 김정우
영업 김태진, 김성삼, 이정훈, 임현기, 이성훈, 김주성 / **마케팅** 길진철, 김호철, 심지연

이 책에 대한 의견이나 오탈자 및 잘못된 내용에 대한 수정 정보는 아래 이메일로 알려주십시오.
잘못된 책은 구입하신 서점에서 교환해 드립니다. 책값은 뒤표지에 표시되어 있습니다.
홈페이지 www.hanbit.co.kr / 이메일 question@hanbit.co.kr

Published by HANBIT Academy, Inc. Printed in Korea

현재와 미래를 잇는

ESG와 지속가능발전

안지훈, 권영태 지음

ESG AND SUSTAINABLE DEVELOPMENT

한빛아카데미 Hanbit Academy, Inc.

머리말

21세기 인류는 세계적으로 산업화의 진전과 엄청난 기술혁신으로 인해 전례 없는 번영을 누리고 있다. 그렇지만 한편으로는 환경 파괴와 사회적 불평등이 더욱 급속도로 심화하고 있다. 현대 사회는 자연 생태계는 물론 인류 스스로의 존속에 대해 심각하게 고민을 해야 할 지경에 이르렀다. 대한민국도 예외가 아니다.

ESG는 날로 심각해지는 세계적 위기에 대한 해결책으로 대두되었다. ESG는 1차적으로 기업이나 투자자가 환경과 사회와 거버넌스의 책임을 고려하여 사업 활동을 수행하고, 이해관계자들의 기대에 부응하는 것을 의미한다. 단순히 이윤 추구만을 목적으로 하지 않고 장기적인 가치 창출과 지속가능성을 고려하는 새로운 비즈니스 모델을 제시한다.

ESG는 인류의 새로운 행동 규범이자 윤리 규범으로서 의미가 있다. ESG가 기업과 투자자를 대상으로 한 실무적 경영기법으로 머물러서는 곤란하다. 새로운 사회운영원리로 격상하여 모든 지구 시민이 준수해야 할 삶의 준칙으로 이해할 필요가 있다.

시중에 ESG와 관련된 책은 이미 많이 나와 있다. 하지만 기존의 책들은 주로 기업과 투자자를 대상으로 한 경영기법 차원에서 ESG에 접근하고 있다. 이 책은 인류의 지속가능성을 위한 삶의 준칙으로서 ESG를 고려할 필요성을 강조했다. ESG를 사회운영원리로 격상할 수 있는 방법론을 정립했고, 시민교육 같은 기존의 다양한 가치교육과 접목할 수 있는 길을 찾았다.

이를 통해 ESG가 현대 사회에 필수적으로 요청되는 인류 구성원 각자의 책임을 수행하는 동시에 미래 세대와의 계약으로서 ESG와 지속가능발전이 현대 사회와 미래 세대 간의 연결고리를 형성하는 과정에서 어떤 역할을 하는지에 대해 탐구했다.

ESG 원칙과 실행은 기업뿐만 아니라 행정과 교육에서도 폭넓게 적용될 필요가 있다. 이 책은 ESG 원리가 행정의 원칙이자 가치교육의 실행 기준으로 자리매김하여야 한다는 점을 강조했다. 나아가 시민 개개인의 실천 방안까지도 포괄적으로 다루었다.

기업과 투자자들이 필요로 하는 좁은 의미의 ESG의 제반 사항들도 압축적으로 정리해 이 책 한 권만으로도 내용을 파악할 수 있도록 했다. ESG의 의미, ESG 투자, ESG 경영 등 기업과 투자자에게 필요한 ESG 관련 핵심 내용을 모두 담았다.

또한 ESG와 유사 개념이라고 할 수 있는 사회적 가치, SDGs 등을 통합적으로 이해할 수 있도록 했다. 사회적 경제의 중요성이 대두된 이후 다양한 이론과 실행이 진행되어 온 바, 관련된 다양한 공익적 흐름과 ESG를 비교하고 공통의 지향을 추려냈다.

이 책의 1차 독자 대상은 대학생들이다. 경영학과 학생뿐만 아니라 경영학의 기초가 전혀 없는 다양한 분야의 경영학 비전공자들도 쉽게 읽을 수 있도록 내용을 구성했다. 물론 경영학과 1~2학년을 대상으로 한 교양 수업에도 활용할 수 있으리라 기대한다. 나아가 ESG의 핵심 내용을 단기간에 습득하고자 하는 기업인, 투자가와 공직자, 시민운동가, 언론인 등 2차 독자에게도 도움이 될 것이라 생각한다.

이 책의 출간까지 감사를 드려야 할 분들이 아주 많지만, 지면 관계로 생략하기로 한다. 다만, 이 책의 출간을 기획 · 제안하고 편집이 마무리되는 시점까지 필자들을 독려해준 한빛아카데미 권오상 편집자께는 특별한 감사를 전하고 싶다.

세계 최대 ESG 플랫폼 언더스탠드에비뉴에서
안지훈, 권영태

목차

CHAPTER 01

ESG의 의미

01 ESG의 대두

02 좁은 의미의 ESG

03 넓은 의미의 ESG: 사회운영원리로서의 ESG

01
ESG의 대두

ESG는 무엇인가?

ESG는 환경(environmental), 사회(social), 그리고 지배구조(governance)를 뜻한다. 기업의 입장에서 환경, 사회, 지배구조는 어떤 의미가 있을까? 기업을 가장 간단하게 정의하면 이윤을 추구하는 조직이라는 것이다. 환경, 사회, 지배구조 모두 기업의 기본적인 목적과는 직접적인 관련성이 없다. ESG는 이윤 추구와 함께 다른 요소를 평가한다. 환경에는 어떠한 영향을 미치는지, 사회적 책임을 어떻게 수행하고 있는지, 조직 내부의 의사결정을 위한 구조(지배구조)는 어떻게 되어 있는지를 평가한다.

기업은 이윤을 많이 창출했을 때 성과를 거뒀다고 할 수 있다. 기업의 성과는 숫자로 표현하며, 숫자로 표현한 재무상태표, 포괄손익계산서 등의 회계장부를 재무제표라고 한다.

재무제표는 회계 담당자들이 작성하여 기업경영자들에게 보고하고, 규모가 큰 회사인 경우에는 외부에도 공개하도록 법으로 정해져 있다. 기업의 재무적 요소에 대한 정확한 정보가 공개되어야 투자자들이 기업의 상태를 정확히 파악하고 투자 여부를 결정할 수 있기 때문이다. 정부는 기업에서 공개한 재무제표를 바탕으로 세금을 부과한다. 노동조합도 기업이 공개한 회계 정보를 바탕으로 임금인상 요구 수준을 설정할 수 있게 된다.

기업에서 재무적 요소를 어떻게 측정하고, 어떻게 작성하며, 어떻게 공개할 것인가에 대한 논의는 수백 년의 역사를 갖고 있다. 우리나라도 이미 고려 시대부터 사개송도치부법(四介松都治簿法) 같은 재무적 요소를 기록하는 방법이 고안됐다. 유럽에서 자본주의가 본격적으로 발달한 이후에는 서양식 회계 기법이 점차 이론화되고 오늘날은 전 세계적으로 거의 유사한 국제회계기준(International Financial Reporting Standards, IFRS)에 따라 문서를 작성한다. 우리나라는 우리 실정에 맞게 일부 수정한 K-IFRS를 사용한다.

기업의 환경(E), 사회(S), 지배구조(G)는 재무적 요소가 아니다. 환경을 보호하는 활동, 사회적 가치를 실현하는 활동, 민주적 의사결정을 위한 지배구조를 정립하는 활동은 기업의 이윤 창출과 직결되는 숫자와는 관계가 없다.

오늘날 기업에는 다양한 비재무적 요소가 많지만, ESG의 중요성이 재무적 요소의 중요성만큼 주목받고 있으며, 이에 대한 평가도 이루어지고 있다.

다보스 매니페스토 1973

다보스(Davos)는 스위스에 있는 도시의 이름으로, 인구는 만여 명에 불과하지만, 겨울철 스키 리조트로 유명한 관광지이자 독일의 소설가 토마스 만(Thomas Mann)의 장편소설 『마의 산』에 등장하는 요양원의 소재지이기도 하다. 이외에도 다보스가 유명한 이유는 매년 정 · 재계 인사들이 정치와 경제 등 여러 분야에 대해 토론하는 세계경제포럼(World Economy Forum, WEF)이 열리기 때문이다. 세계경제포럼은 클라우스 슈밥(Klaus Schwab)[1]이 1971년 설립한 비영리 재단으로, 스위스 다보스에서 매년 총회가 열려 '다보스포럼'으로 더 잘 알려져 있다.

세계경제포럼은 '유럽경영포럼(European Management Forum)'이라는 명칭으로 첫발을 뗐고, 현재 명칭인 '세계경제포럼'으로 불리기 시작한 것은 1987년부터다. 또한, 1973년부터는 유럽을 넘어 전 세계로 참석대상을 확장하였고, 1974년부터는

1 클라우드 슈밥은 2016년 '4차 산업혁명'이라는 개념을 처음 제시한 사람으로 유명하다.

정치인도 초청하기 시작했다.

1973년 다보스포럼에서는 '다보스 매니페스토(Davos Manifesto)'[2]를 발표했다. 다보스 매니페스토는 기업의 목적을 지금까지와는 다르게 정의한다. "이해관계자들의 서로 다른 이해관계를 조화시키는 것(Harmonize the Difference Interest of the Stakeholders)"이라는 정의는 주주 중심의 사고방식에 젖은 사람들에게 충격적인 문제 제기였다.

기업은 이윤 추구가 목적이고 이윤 추구는 곧 기업의 주인인 주주의 이익을 극대화하는 것이라는 인식은 오늘날에도 일반적으로 통용되고 있다. 하지만 1970년대에 다보스포럼에서 이해관계자, 곧 주주 이외에도 기업을 둘러싼 다양한 이해관계가 있는 사람들의 이해를 조화시키는 것을 기업의 근본 목적이라고 주창한 것이다. 1970년대라는 시간적 배경을 생각하면 기업의 목적을 재정의한 것은 상당히 앞서간 것이라고 할 수 있다. 이러한 정의는 우리나라처럼 1960년대 이제 막 공업화를 본격적으로 시작한 국가들은 말할 것도 없고 경제 선진국에서도 받아들이기 힘든 개념이었다. 세계경제포럼에서의 문제의식이 전 세계로 확산하여 일반적으로 받아들여지기까지 상당히 오랜 세월이 걸린 셈이다.

블랙록 서한 : 2020~2021년

세계적인 차원에서 기업 평가 시 ESG의 중요성을 다룬 것은 1970년대로 거슬러 올라갈 수 있다. 다보스포럼은 1973년 다보스 매니페스토를 발표하였다. 본격적으로 ESG에 대한 중요성이 다뤄진 것은 2000년대 들어 UN의 움직임이 있었기 때문이다. 우리나라에서도 모두의 문제가 되었다고 할 수 있는 것은 2020~2021년 투자회사 블랙록(BlackRock) 덕분이었다. 물론 이전에도 간헐적 또는 부분적으로 ESG에 대한 중요성을 인지하고 다루기 시작한 곳이 없지는 않았지만 블랙록을 먼저 다루는 이유는 다음과 같다.

그림 1-1 블랙록 래리 핑크 회장

출처: https://n.news.naver.com/mnews/article/011/0004062339

2 '매니페스토'는 '선언(서)' 또는 '성명(서)'라는 뜻이다. '다보스 매니페스토'는 그저 '다보스 선언'이라는 뜻이지만 일반적으로 1973년에 발표한 다보스 선언을 '다보스 매니페스토'로 원어 그대로 쓰는 경우가 많다.

블랙록은 세계 최대 규모의 자산운용사 중 하나이다. 블랙록의 CEO 래리 핑크(Larry Fink)는 매년 투자 대상이 되는 기업에 서한을 보냈으며, 2021년 서한에는 블랙록이 투자하는 기업의 선정 기준이 포함되었다.

"기업의 사업 구조가 탄소 중립(넷 제로)과 양립할 수 있는 계획을 공개하라."[3]

2021년 래리 핑크는 기업에 보낸 연례 서한에서 각 기업이 넷 제로 달성 목표를 어떻게 기업 전략에 반영하고 있는지를 밝히라고 요구했다. 래리 핑크는 이미 2020년 연례 서한에서 향후 블랙록의 투자 최우선 순위 기준이 기후변화와 지속가능성임을 밝힌 바 있다. 2020년 서한이 추상적인 원칙의 선언 수준이었다면, 2021년 서한은 구체적으로 기업들에 넷 제로 달성 목표 제시를 요구함으로써 블랙록의 투자 우선순위 변화가 구체적으로 드러났다고 할 수 있다.

블랙록 서한 이전에도 투자를 받고자 하는 회사가 환경 보호나 사회공헌활동 등을 고려하지 않은 것은 아니다. 기업들 스스로 사회적 책임을 수행하는 다양한 활동을 벌여왔고, 정부가 설정한 법적 기준을 충족하는 것은 물론 그 이상의 다양한 봉사활동이나 기부활동을 벌였다.

우리나라도 기업의 직접적인 이윤 추구 활동 이외에도 기업이 벌이는 활동은 다양하다. 시대를 거슬러 올라가면 조선 시대 제주도의 상인 김만덕 일대기가 유명하다. 유통업으로 수많은 돈을 번 김만덕은 거듭되는 재해로 제주도민이 아사 위기에 처하자 사재를 털어 사람들을 구해냈다.

다보스 선언 2020

다보스포럼은 2019년 12월 '다보스 매니페스토 1973'의 업그레이드 버전인 '다보스 선언 2020: 4차 산업혁명 시대에 기업의 보편적 목적'을 발표하였다. 반세기가 지난 다보스포럼의 역사를 반영했고, 제4차 산업혁명이라는 시대적 흐름과 연결하여 과거의 '다보스 매니페스토 1973'의 내용을 보강했다. 다보스 선언 2020은 1973년 선언에서 표명한 기업의 보편적 목적을 그대로 계승하였고, 여기에 더해 어떻게 실현할 수 있는지 구체적인 방법을 제시했다. 1970년대에 제시한 서로 다른 이해관계자 간의 이익을 조화시킬 수 있는 안이 나오기까지 한 세대가 걸린 셈이다.

2020년 다보스 선언이 제시한 구체적인 실현 방안은 다양하다. 우선 ESG 목표를

3 https://magazine.hankyung.com/business/article/202103266974b

얼마나 달성하고 있는지를 기업의 성과와 함께 측정해야 한다는 점이 주목할 만하다. 이해관계자에 대한 책임의 이행이 추상적인 수준이 아니라 구체적으로 측정되어 제시되어야 함을 분명히 한 셈이다. 또한 경영진의 보수에도 이해관계자에 대한 책임이 반영돼야 한다고 언급했다.

ESG로 한정되지 않는 것도 특징이다. 믿을 수 있는 디지털 생태계와 데이터의 윤리적 사용처럼 첨단기술 시대에 필요한 과제도 제시했고, 공정 경쟁처럼 장기적 가치 창출을 위한 원칙도 포함했다. ESG는 향후 디지털과 결합되어 그 중요성이 더욱 커질 가능성이 있다.

다보스포럼은 이후 지속적으로 다보스 선언 2020의 이행을 현실화할 수 있는 행보를 이어갔다. 2021년 다보스포럼은 다른 세션과 함께 '이해관계자 자본주의 실행(Implementing Stakeholder Capitalism)' 세션을 개최했다. 이해관계자 자본주의 실행 세션에는 IMF(국제통화기금) 총재인 크리스탈리나 게오르기에바(Kristalina Georgieva)와 블랙록 회장 래리 핑크(Larry Fink)도 참여하여 큰 이목을 끌었다. 세션에서 슈밥 회장은 "기업의 힘은 단순히 돈을 벌 수 있는 능력이 아니라 사회에 공헌할 수 있는 능력임을 깨달아야 한다."라고 강조했다.[4]

이해관계자 자본주의 지표(Stakeholder Capitalism Metrics, SCM)는 다보스 선언 2020을 구체화하는 툴이라고 할 수 있다. 다보스 매니페스토 1973은 다보스 선언 2020으로 업그레이드되었고, 측정의 중요성까지 제시했다. SCM을 통해 기업이 이해관계자 자본주의를 잘 실현하고 있는지 측정할 수 있다.

이해관계자 자본주의는 총 21개 지표로 구성되어 있으며, 핵심 키워드는 성장(progress), 사람(people), 지구(planet), 지배구조(governance) 등이다. 온실가스 배출량과 급여 평등, 이사회 다양성 등이 지표에 포함된다.

2004년 코피 아난의 편지 & 'Who Cares Wins'

다보스포럼(세계경제포럼)의 영향력은 엄청나다. 우리나라에서도 다보스포럼에 참가한다는 주요 재계 인사들의 동정이 뉴스에 보도될 정도다. 이재용 삼성전자 회장의 경우 2007년 삼성전자 상무 재직 시절 참석했다가 15년 만에 참석했다.

4 "ESG가 기업 성패 갈라…61개 세계 초우량기업 동참 선언", 매일경제, 2021.01.27.(https://www.mk.co.kr/news/economy/9726630)

세계경제포럼은 초청된 인사들만 참석할 수 있는 배타적인 고급 클럽의 성격을 가졌다. 포럼에 공식 참여할 수 있는 자격은 한정되어 있다. 전 세계 1천여 개 정도의 기업으로 한정되어 있고 매출액이 5억 달러를 넘어야 한다. 산업별, 지역별로 기준이 다른데 이 기준을 통과해야 돈을 내고 참석할 수 있다. 포럼의 연회비는 17,000달러이고, 참가비는 당연히 별도다. 항공료, 숙박료 또한 별도다. 그야말로 뉴스에 나오는 셀레브리티만 참여할 수 있다고 보면 된다.

세계 주요 기업과 주요 국가, 국제기구는 다보스포럼에서 나오는 견해에 귀를 기울인다. 주요 기업과 주요 국가, 국제기구 구성원들의 사교클럽에 불과하다고 폄하할 수도 있지만, 현실적으로 포럼에서 논의되는 의견들이 주요 기업의 경영 전략으로, 주요 국가의 정책으로, 주요 국제기구의 국제규범으로 반영될 만큼 영향력이 엄청나다.

국제기구 차원에서 ESG에 대한 중요성을 본격적으로 인식시키고 확산시킨 계기는 바로 2004년 코피 아난(Kofi Annan)의 편지였다. 당시 코피 아난은 제7대 UN 사무총장으로 재직하면서 지속가능성, 환경과 인간의 공존, 새천년개발목표 등의 실현을 위한 기업의 참여 방안을 모색했다.

지속가능발전을 이야기하던 1972년 이후로 30여 년이 지난 시점이었음에도 기업의 반응은 한결같이 "여력이 없다.", "이미 많은 공헌을 하고 있다."라는 등의 핑계를 대기에 바빴다. 오랜 고민 끝에 코피 아난이 내린 결론은 금융기관을 움직이자는 것이었다. 기업의 핑계는 일리가 없지는 않았지만, 기업에 직접 호소해도 움직이지 않으니 기업에 투자하는 금융기관을 설득하기로 한 것이다. 코피 아난 UN 사무총장은 모두 55개의 세계 유수의 금융기관 CEO에게 다음과 같이 편지를 보냈다.

"존경하는 CEO 여러분, 여러분은 미래 세대를 위해 보다 지속가능한 세상을 구축할 필요가 있습니다. 여러분은 이를 위해 여러분이 해야 할 것이 무엇인지 찾아야 합니다. 특히 금융기관을 맡은 여러분은 앞으로 ESG(환경적, 사회적 및 거버넌스적) 요소를 투자 관행 및 기업 의사결정에 채택하고 수용하여 우리 사회가 직면한 중요하고 복잡한 글로벌 문제를 해결하는 데 도움을 주어야 합니다. UN과 함께 고민해 봅시다. 해결 방법을 찾아봅시다. 주저하지 말고 함께 해봅시다."[5]

코피 아난의 편지에 응답한 금융기관은 모건스탠리(Morgan Stanley), 골드만삭스

5 "ESG가 시작된 날", SV Hub, 2022.12.13.(https://svhub.co.kr/column/info?id=2948)

(Goldman Sachs), 도이치뱅크(Deutsche Bank), HSBC, 악사그룹(AXA) 등 약 20곳이었으며, 응답한 금융기관 CEO들은 스위스에 모여 회의를 열었다. 세계 주요 금융기관 CEO들의 논의는 'Who Cares Wins'라는 제목으로 보고서가 발간되었다. 환경과 사회에 관심을 갖는 이들이 성공한다는 의미로 이해할 수 있다.

세계적으로 특히, 한국 사회에서 ESG가 본격적으로 미디어의 담론이 되고 기업의 발등의 불로 자리매김한 것은 블랙록의 서한 때문이라고 할 수 있지만 블랙록의 서한 이전에는 코피 아난의 편지가 있었다. UN 차원의 노력이 결국 전 세계 금융기관을 움직이고, 주요 기업의 투자자이기도 한 금융기관의 움직임으로 인해 전 세계 기업들을 ESG 활동에 나서게 했다.

읽고 생각하기

5대 그룹 총수 다보스포럼 총출동, 삼성전자 이재용 15년 만에 참석

이재용 삼성전자 회장, 최태원 SK그룹 회장 등 국내 재계 총수들이 세계경제포럼(WEF, 다보스포럼)에 총집결해 글로벌 위기에 대처하기 위한 협력 방안을 모색한다.

18일 재계에 따르면 올해 다보스포럼은 '분열된 세계에서의 협력'이라는 주제로 스위스 다보스에서 현지 시각 16일부터 21일까지 5일 동안의 일정으로 진행된다.

이재용 삼성전자 회장, 최태원 SK그룹 회장, 정의선 현대차그룹 회장은 아랍에미리트(UAE) 경제사절단 일정을 마치고 스위스 다보스로 이동했고, 구광모 LG그룹 회장과 신동빈 롯데그룹 회장은 현지에서 합류했다. 이례적으로 5대 그룹 총수가 모두 다보스포럼에 총출동했다. 한화그룹에서는 김동관 한화솔루션 부회장이, 효성그룹에서는 조현상 부회장이 참가했으며 정기선 HD현대 사장도 참석했다.

다보스포럼은 세계 정치와 경제 지도자들이 매년 스위스 다보스에 모여 세계 경제 현안을 논의하고 교류하는 자리다. 정식 이름은 세계경제포럼(WEF)이지만 다보스포럼이란 이름으로 더 많이 알려져 있다.

이번 다보스포럼의 회의 주제는 '분열된 세계에서의 협력'으로 전쟁, 안보 문제와 함께 인플레이션을 포함한 글로벌 경제위기, 사이버 보안, 일자리 등의 문제 등을 논의한다. 올해 참석자는 2,800여 명에 이른다.

이재용 삼성전자 회장의 다보스포럼 참석은 15년 만이다. 이 회장은 2007년 삼성전자 상무로 재직하던 시절 다보스포럼에 참석하며 삼성그룹의 후계자로서 주목을 받은 적이 있다. 이 회장은 지난해부터 넓은 글로벌 인맥을 바탕으로 '민간 외교관'으로서 활약하고 있는데 다보스포럼에서도 이런 역할을 맡을 것으로 보인다. 또 이번 포럼을 계기로 유럽 내 현지 고객사들과 만나 삼성그룹의 미래 먹거리로 꼽히는 반도체, 바이오 등과 관련한 협력 방안도 구체화할 것으로 예상된다.

최태원 SK그룹 회장과 정의선 현대차그룹 회장은 코로나19 대유행 전인 2020년 다보스 포럼에 참석했다. 최 회장은 올해 초 미국 라스베이거스에서 열린 CES2023에 참석한 데 이어 경제사절단과 다보스포럼까지 참석하며 누구보다 바쁜 일정을 보내고 있다. 게다가 부산 엑스포 유치위원회 공동위원장도 맡은 만큼 다보스포럼에서 부산 엑스포 유치에 총력을 기울일 것으로 보인다.

정의선 회장은 다보스포럼에서 친환경차로 엑스포 유치를 지원한다. 현대차그룹은 '2030 부산 엑스포' 홍보문구를 적은 차량 58대를 운영하고 있다. 이 차량은 한국의 주요 기업 대표단이 이동할 때 이용한다.

구광모 LG그룹 회장은 취임 후 처음 다보스포럼에 참석한다. 김동관 한화솔루션 부회장은 13년째 다보스포럼에 참석하는 단골이다. 김 부회장은 2010년 김승연 한화그룹 회장과 함께 처음 다보스포럼을 찾은 뒤 코로나19로 대면 행사가 열리지 않은 2021년을 제외하고는 매년 그룹을 대표해 스위스를 찾았다. 여러 차례 미래 에너지를 주제로 단독 행사도 열어 글로벌 민관 협력의 가교 활동을 했다는 평가를 받는다. 김 부회장은 기업인으로는 유일하게 '2022 다보스포럼'에 특사단에 포함되기도 했다.

출처: 비즈니스포스트, 2023.01.18.(https://www.businesspost.co.kr/BP?command=article_view&num=303867)

코피 아난의 편지 이전 UN의 노력

코피 아난의 편지 또한 코피 아난의 단독 작품은 아니다. 1970년대 민간 차원에서 다보스포럼이 이해관계자 자본주의의 중요성을 내세운 즈음, 이미 UN도 움직이고 있었다. 처음에는 환경에 대한 국제사회의 규범 창출로 시작됐다.

1972년 스톡홀름에서 유엔인간환경회의(United Nation Conference on the Human Environment)가 개최되었고, 이 회의에서 스톡홀름선언을 채택했다. 정식 명칭은 유엔인간환경선언(The United Nations Declaration on the Human Environment)이다. 모두 7개의 선언문과 26개 원칙으로 지구환경문제에 대한 해결 원칙을 제시했다.

다음 해 UN은 국제기구 유엔환경계획(United Nations Environment Programme, UNEP)을 설치했다. UNEP는 제27차 국제연합총회에서 설립된 환경문제에 대한 국제협력 추진 기구다. 환경 분야의 국제적 협력촉진, 국제적 지식증진, 지구 환경 상태의 점검을 목적으로 5년마다 종합보고서를 발간한다. 이 보고서에는 지구 전체의 환경 추세를 비롯하여 국제적으로 중요한 환경문제는 각국 정부의 주의를 환기하는 내용을 담고 있다.

이후에도 UN은 환경문제 해결을 위한 지속적인 선언을 선포하고 국제규범을 형성해왔다. 1982년 나이로비 선언, 1992년 리우 선언이 대표적이다. 특히 리우 선언은 환경과 개발의 조화를 중시하고 지속가능한 발전을 실현하자는 데 대해 공감대를 이루어냈다. UN은 환경문제뿐만이 아니라 인간의 삶 전반의 지속가능한 발전을 국제규범화한 것이다. 이후 2000년 수립한 새천년개발목표는 UN의 고민이 그저 환경에 머무르지 않고 확대된 것을 잘 보여준다.

새천년개발목표(Millennium Development Goals, MDGs)는 2000년 9월 UN이 채택한 범세계적인 약속이다. 말 그대로 새로운 천년인 2000년대를 맞으며 전 지구적으로 모든 국가와 인류가 달성할 개발의 목표를 제시한 것이다. 당시 UN 회의에 참여한 191개국은 2015년까지 모두 8가지 목표를 달성하자고 합의했다. 그 내용은 다음과 같다.[6] 참고로 이 MDGs는 향후 SDGs로 발전한다.

① 극심한 빈곤과 기아 퇴치

② 초등교육의 완전 보급

③ 성평등 촉진과 여권 신장

④ 유아 사망률 감소

⑤ 임산부의 건강개선

⑥ 에이즈와 말라리아 등의 질병과의 전쟁

⑦ 환경 지속가능성 보장

⑧ 발전을 위한 전 세계적인 동반관계의 구축

UN 책임투자원칙(PRI) 2006

지속가능한 개발은 환경문제에서 시작했지만, 인간과 환경이 조화할 방안을 찾는 데로 나아갔다. UN 차원의 고민은 기업의 ESG 실현을 요구하게 된다. 2006년 UN은 책임투자원칙(PRI)을 제정하면서 ESG를 설정했다. 기업에 투자할 때 ESG 실현 여부를 함께 검토하도록 했다.

사실 다보스 선언 2020의 내용은 UN이 이미 전 세계적으로 추진해온 PRI의 확인에 불과하다고 해도 과언이 아니다. 다만 다보스포럼의 영향력이 워낙 크기에 반세기 역사를 종합하는 다보스 선언 2020의 내용이 더 알려진 측면이 있다. 다보스 선언 2020은 ESG 목표 달성의 측정을 강조했다. 주주의 수익과 함께 기업의 성과

6 새천년개발목표(Millennium Development Goals), 두산백과 두피디아

를 판단하는 기준으로 ESG 실현이 필요하다고 주장했다.

책임투자원칙(Principles of Responsible Investment, PRI)은 2006년 4월 뉴욕증권거래소에서 발표됐는데, ABP(네덜란드공무원연금), CalPERS(캘리포니아공무원연금), NYCTRS(뉴욕교원연금), USS(영국대학교원연금)와 같은 세계 주요 연기금 기관장들이 직접 참여했다.

주요 연기금 기관장들은 기업의 장기 존속을 위해서는 ESG, 곧 환경과 사회, 지배구조에 미치는 영향이 주요 변수가 된다는 점을 깨달았다. 연기금은 수탁자로서 수익을 극대화해야 하는 책임이 있다. 따라서 투자 대상 기업을 선정할 때 재무적 측면과 함께 비재무적인 측면을 고려해야 한다는 데 대해서는 세계적인 공감대가 형성되었다.

UN은 책임투자원칙의 실질적인 시행을 위해 사무국을 창설했다. 더 많은 투자자가 PRI 원칙을 채택하도록 돕고 제대로 실행할 수 있도록 돕는 것을 목적으로 한다. 참여한 회원들 간 협력 증진도 당연히 포함한다.

PRI에 참여한 서명자는 2023년 11월 14일 현재 5,372곳이다. PRI의 원칙은 모두 6가지로 내용은 다음과 같다.[7]

- **원칙 1:** 우리는 ESG 문제를 투자 분석 및 의사결정 과정에 포함할 것입니다.
- **원칙 2:** 우리는 적극적인 소유자가 될 것이며 ESG 문제를 우리의 소유권 정책 및 관행에 포함할 것입니다.
- **원칙 3:** 우리는 우리가 투자하는 기업의 ESG 문제에 대한 적절한 공개를 추구할 것입니다.
- **원칙 4:** 우리는 투자 산업 내에서 원칙의 수용과 이행을 촉진할 것입니다.
- **원칙 5:** 우리는 원칙 이행의 효율성을 높이기 위해 함께 노력할 것입니다.
- **원칙 6:** 우리는 원칙 이행을 위한 활동과 진행 상황을 각자 보고할 것입니다.

BRT 2019

UN의 주도적인 노력으로 ESG는 이제 기업활동에서 거스를 수 없는 대세가 되었다고 해도 과언이 아니다. 다보스포럼 같은 세계적으로 영향력 있는 민간단체에

7 https://www.unpri.org/about-us/what-are-the-principles-for-responsible-investment

서도 ESG의 중요성을 반복해서 언급하고 있다. 그렇다면 정작 ESG를 직접 실현하기 위해 큰 비용과 노력을 들여야 하는 기업들은 어떤 입장일까?

아직 세계 모든 기업이 ESG에 대한 동일한 견해를 갖고 있다고 할 수는 없다. 하지만 이제 세계 곳곳의 주요 기업들은 ESG를 기업 본연의 목적이자 역할로 인정하고 받아들이고 있다.

미국 200대 대기업 최고경영자로 구성된 협의체인 비즈니스라운드테이블(Business Round Table, BRT)은 2019년 기업 목적 성명을 발표했다. BRT는 1972년 제너럴 일렉트릭(General Electric)의 프레드 보쉬가 설립을 주도했다. 기본적으로 공화당 성향이지만 민주당에도 적절한 로비 활동을 한다.

BRT가 발표한 기업 목적 성명의 주요 내용은 다음과 같다.[8]

[전문]

- 자유시장 시스템은 좋은 일자리, 강하고 지속가능한 경제, 혁신, 건강한 환경, 그리고 경제적 기회를 창출하는 가장 좋은 수단
- 기업은 일자리를 창출하고 혁신을 촉진하며 필수적인 재화와 서비스를 제공함으로써 경제에 중요한 역할
- 개별 회사는 자체적인 기업 목적을 수행하는 반면, 우리는 모든 이해 당사자들에게 근본적인 헌신을 공유

[약속조항]

- 미국 기업들의 전통을 더욱 발전
- 직원들에 대한 투자는 그들에게 공평하게 보상하고 중요한 이익을 제공하는 것으로부터 시작
- 협력사와 공정하고 윤리적으로 거래
- 지역사회 지원: 지역사회에서 사람들을 존중, 사업 전반에서 지속가능한 관행을 수용함으로써 환경을 보호
- 기업이 투자 · 성장 · 혁신할 수 있는 자본을 제공하는 주주 장기가치 창출, 우리는 주주들과의 투명성과 효과적인 참여에 전념

BRT의 기업 목적 성명에 대해 '자본주의 역사에 있어 중요한 전환점이 될 일', '주주자본주의의 종언을 선언하고, 새로운 이해관계자 자본주의의 깃발을 올리는 성명'이라는 적극적인 평가[9]가 많다.

물론 BRT의 기업 목적 성명에 대한 부정적 의견도 존재한다. BRT의 기업 목적 성

8 소셜혁신연구소사회적협동조합 내부자료.

9 최남수, 『이해관계자 자본주의』, 새빛, 2021.

명이 정말 쇼에 불과했는지, 진정으로 이해관계자를 위한 기업으로 변화하는 시발점인지에 대한 평가는 아직 성급하다는 것이다. 다만, BRT는 기업이 스스로 자신들의 목적을 그저 주주를 위한 이윤 추구만이 아니라고 명시적으로 선언했다는 점에서 칭찬할만하다. 그런 점에서 아스펜 연구소 주디 새무엘슨(Judi Samuelson)의 쿼츠(Quartz) 기고문은 참고가 된다.

"기업의 변화는 CEO들의 사명 변경 선언 때문이 아니라, 기업 내부의 직원들에게서 나오고 있다. 오늘날 성공한 리더가 되려면 직원들의 목소리를 듣는 것에서 시작한다. #미투(MeToo), #블랙라이브즈매터(BlackLivesMatter), #멸종 저항(Extinction Rebellion)과 같은 움직임이 기업 내부의 행동주의(activism) 시작을 알리는 시금석이다. 기업 내부직원들이 이끄는 캠페인이 점점 늘어난다는 것은 변화에 대한 갈망과 함께 불평등과 기후변화 등의 문제를 더는 참지 않겠다는 의지를 반영한다. 직원들은 차별과 기후이슈, 공정한 노동 등에 관해 한 걸음 더 나아가도록 회사 대표들을 이끄는 독특한 위치에 있다."[10]

읽고 생각하기

기업이 돈을 벌고 쓰는 '게임의 룰'이 바뀌고 있다

BRT는 미국 상공회의소와 전미제조업협회와 더불어 미국 기업의 이익을 강력하게 대변해 온 최대 경영자단체 중 하나로, 우리나라 전경련과 유사하다. BRT는 홈페이지를 통해 "미국 주요 기업의 CEO를 독점적으로 대표"하며 "이 CEO 멤버는 1,500만 명 이상의 직원과 연간 매출 7조 달러가 넘는 기업을 이끌고 있다"라고 홍보한다.

BRT는 성명서를 통해 고객에게 가치 제공(고객의 기대 충족), 종업원에 대한 투자(공정한 보상, 훈련과 교육, 다양성과 포용성 그리고 존엄과 존중), 공급업체와 공정하고 윤리적인 거래(좋은 파트너로서 봉사), 지역사회 지원(지역사회 사람 존중, 사업 전반에 걸쳐 지속가능한 관행을 채택해 환경 보호), 주주를 위한 장기적인 가치 창출(투명성과 주주의 효과적인 참여에 전념)을 약속했다. 또한 "이해관계자들 각각이 필수적이다."라며 "회사와 지역사회 그리고 국가의 미래 성공을 위해 이해관계자들 모두에게 가치 제공을 약속한다."라고 천명했다.

주목할 점은 기업활동에 '주주'만이 아닌 고객, 종업원, 협력업체, 지역사회 등 다양한 이해관계자들을 고려하고 있다는 사실이다.

10 "비즈니스라운드테이블(BRT)의 '이해관계자 자본주의' 선언 1년... 쇼였나?", 임팩트온, 2020.08.26.

더 나아가 '주주'를 모든 이해관계자 중 가장 후순위로 언급했고, 주주 가치도 단기(short-term)가 아닌 '장기적인 가치(long-term value)'라는 점을 명백히 밝혔다는 점이다. 1972년 설립된 BRT는 1978년 이래 기업의 목적에 관한 언어(language)를 포함해 기업지배구조 원칙을 정기적으로 발표해 왔고, 1997년 이래로 발표한 문서의 버전마다 기업은 원칙적으로 주주에 복무하기 위해 존재한다고 명시해 왔다. 하지만 이번 성명서의 내용을 한마디로 압축하면, '주주자본주의의 종언'과 '이해관계자 자본주의(stakeholder capitalism) 선언'이다. BRT는 이를 "기업의 역할에 관한 원칙의 '현대화(modernizing)'"라고 표현한다. 애플의 팀 쿡, 아마존의 제프 베이조스, 제이피 모건의 제이미 다이먼, 블랙록의 래리 핑크, 제너럴 모터스의 메리 베라 등 미국 기업을 대표하는 최고경영자 181명(2020.1.7 현재 184명이 서명. 총 회원은 188명)이 이 성명에 서명했다.

출처: 프레시안, 2020.01.10.(https://www.pressian.com/pages/articles/273475)

사회적 문제에 대한 관심과 해결 요구 증가

기업의 ESG 실행에 대한 요구는 기업 외부로부터 시작됐다고 볼 수 있다. 최근 우리 사회가 직면하고 있는 수많은 문제는 기업의 직간접적인 동참을 자연스럽게 요구하게 됐다. 기후변화, 인권 문제, 불평등, 공정성 등 온갖 사회문제는 날마다 미디어를 장식하고 있으며, 정보사회의 도래에 따른 개인정보의 유출 같은 새로운 문제도 지속적으로 발생하고 있다.

많은 연구가 있지만, 오늘날의 사회문제에 대해서는 영역과 대상의 변화에 주목할 필요가 있다. 과거 사회문제라고 하면 영역 면에서는 경제 중심, 대상 면에서는 취약계층 중심이었다. 그러나 오늘날에는 경제는 물론 사회와 환경의 조화로 영역이 확대되고 있다. 또한 취약계층뿐만 아니라 보편적인 개인 모두가 온갖 사회문제에 직면하고 있다. 장용석 등은 오늘날의 온갖 사회적 문제를 신 사회문제로 재명명하고 〈표 1-1〉과 같이 범주화했다.[11]

11 장용석 · 조희진 · 김보경 · 황정윤 · 이영동, 『사회적 가치의 재구성 – 대한민국 사회문제 지도로 사회적 기업의 미래를 그리다』, 문우사, 2018, p.7

표 1-1 신 사회문제 범주화

영역	경제 영역	사회 영역	환경 영역
내용	• 경제적 불평등 • 소득 및 주거 불안 • 노동 불안정 • 교육 불평등	• 사회적 위험 • 삶의 질 저하 • 사회구조 변화 • 사회통합 저해 • 안전 위협	• 환경파괴 • 환경오염 • 자원고갈 • 자연재해

출처: 장용석 · 조희진 · 김보경 · 황정윤 · 이영동, 『사회적 가치의 재구성 – 대한민국 사회문제 지도로 사회적 기업의 미래를 그리다』, 문우사, 2018, p.8의 내용을 표로 재구성

이렇듯 사회문제에 대한 시민의 관심이 증대되고 해결에 대한 요구가 높아짐에 따라 각종 사회문제의 해결은 정부의 공공정책의 기본이 되었고, 관련 분야에 대한 민간 전문가들이 다양한 시민단체를 구성해 행동에 나섰다. 기업도 결국 공공 부문의 정책적 노력과 민간 부문의 공익적 활동에 함께 할 수밖에 없는 시대가 되었다고 할 수 있다.

기업의 성공에 대한 인식 변화

과거의 기업은 이윤 추구 조직으로 이해됐고, 영리 이외의 공익적 목적의 추구는 공공 부문과 민간 비영리 부문이 담당하는 것이 일반적이었다. 공공 부문의 정책과 민간 비영리 부문의 시민운동은 기업에 대한 감시와 견제를 내용으로 하는 경우가 많았다.

하지만 오늘날 기업의 활동이 사회에 미치는 영향이 더욱 중요해지면서 사회적 책임을 강조하고 지속가능한 비즈니스 모델을 채택하는 것이 기업의 경쟁력은 물론 장기적인 성공에도 직결된다는 인식이 높아졌다. 기업의 역할을 이제 다르게 봐야 한다는 인식이 시작된 것이다. 유니레버의 사례는 오늘날 기업이 어떻게 성공할 수 있는지, 과거와 달라진 내용을 잘 보여준다.

유니레버(Unilever)는 한때 네슬레(Nestlé)와 P&G에 밀려 세계 소비재 기업으로서 업계 3위로 추락했다. 이즈음 부임한 폴 폴먼(Paul Polman)은 기업의 존재 목적을 명확히 해 세상에 기여하겠다는 전략을 채택한다. 실적도 개선하고 세상도 구하겠다는 목적 지향적인 전략이었다.

폴 폴먼은 '유니레버 지속가능한 생활 계획(Unilever Sustainable Living Plan, USLP)'을 공표했다. 실적을 높일 뿐만 아니라 세상도 구하겠다는 포부를 다음 3가지 내용에 담았다. 첫째, 사람들의 건강과 복지를 개선하도록 돕는다. 둘째, 환경에 미치는 영향을 줄인다. 셋째, 기업 성장으로 사람들의 생계 수준을 높인다.

각각의 포부는 구체적인 수치로 제시됐다. 건강과 복지 개선은 10억 명 이상, 환경에 대한 영향은 절반으로, 생계 수준 향상은 수백만 명. 기업이 사회문제 해결에 앞장선다는 전략을 수치화하여 목표화함으로써 어쩌면 상당한 위험 부담도 안게 됐다.

그림 1-2 폴 폴먼

출처: https://n.news.naver.com/mnews/article/469/0000285595

폴먼의 목표가 하루아침에 달성되지는 않았지만 몇 해가 지나면서 결국 세상에도 이바지하고 기업은 엄청나게 성장했다. 연 매출은 33%나 늘어 600억 달러를 기록했고 주가는 유럽 FTSE지수[12]에서도 상위권에 자리했다. 총주주수익률도 290%를 달성했다.

또 다른 사례를 보자. 에트나(Aetna) 보험사는 최저임금을 인상했다. 보통 보험사는 비용을 줄여 수익을 창출하는 것이 업계 관행이다. 하지만 에트나는 끼니 걱정을 하는 직원은 고객과 진심으로 소통할 수 없음을 인식하고 고객이 건강해질 수 있는 환경은 곧 직원에 대한 처우 개선이라고 판단한 것이다.

이제는 기업도 기후문제를 포함한 오늘날의 사회문제를 시급하게 대처해야 할 리스크로 보는 데는 공감대가 형성되었다고 할 수 있다. 그렇지만 선제적 행동을 통해 새로운 기회의 장으로 작동할 수 있도록 인식의 전환을 한 기업도 있다. 장기적으로 돈을 잘 벌기 위해서는 사회에 좋은 비즈니스를 해야 한다는 패러다임의 전환이다.

제2섹터의 제4섹터화

공공부문, 곧 중앙정부와 지방자치단체 같은 정부를 제1섹터라고 하고 기업을 제2섹터라고 했다. 시민운동 또는 비영리 민간 공익활동이 대두되면서 시민운동은 제3섹터로 자리매김했다.

이윤을 추구해 경제를 추동하는 제2섹터인 기업에 대해 제1섹터인 정부는 세금을 부과하고 다양한 규제를 통해 이윤 추구를 하는 동안 나쁜 짓(?)을 하지 못하게 했다. 제3섹터인 시민운동은 제1섹터인 정부와 제2섹터인 기업을 감시하는 역할이

12 FTSE인터내셔널에서 발표하는 세계 주가지수

기본적인 목적이었다. 대안의 정책을 제시해 제1섹터인 정부가 채택하면 규제를 통해 제2섹터인 기업에도 적용됐다.

제2섹터는 정의 그 자체에서도 볼 수 있듯이 비영리 민간 공익활동의 성격을 띠었다. 그런데 사회적 경제라는 새로운 영역이 생겨났고 사회적 기업, 협동조합을 비롯한 다양한 기업들은 기존 기업과는 달랐다. 분명 이윤 추구를 하지만, 이윤 추구의 목적이 따로 있었다. 다양한 사회적 가치를 실현하고자 하는 근본적인 목적을 위해 이윤을 추구하는 조직이었다.

사회적 가치를 실현하는 것이 더 근본 목적이라는 점에서는 제1섹터인 정부나 제3섹터인 시민운동과 유사했다. 그러나 이윤을 추구한다는 점에서 제2섹터와 가까웠다. 한국 사회에서는 IMF 이후 일자리 창출이라는 가치 실현을 중심으로 사회적 경제가 대두되었지만, 유럽은 이미 수백 년의 자본주의 역사와 함께해 왔다.

제1섹터 또는 제3섹터의 공익 목적, 제2섹터의 이윤 추구 목적을 모두 갖기에 사회적 경제는 제4섹터로 분류됐다. 제4섹터인 사회적 경제의 부상은 결국 제2섹터인 일반 기업의 전반적인 성격 변화를 가져왔다. 제2섹터인 기업은 이윤 추구와 함께 사회적 가치를 실현하는 방향으로 바뀌었다.

처음에는 UN의 규범, 투자자의 요구에 수동적으로 대응했는지 모르겠지만 이제 세계의 주요 기업들은 ESG의 실현을 통해 더 나은 장기적 생존과 발전이 훨씬 더 확실하다는 것을 이해하게 됐다. 제2섹터의 제4섹터화는 더욱 가속화될 것으로 예상되며, 조만간 한국 사회에서도 제4섹터에 속하는 사회적 경제조직 중 세계적 규모의 대형 기업도 출현할 것으로 예상된다.

투자자의 관심

투자자들은 기업의 사회적, 환경적, 거버넌스 측면을 평가하여 자신들의 투자에 더 많은 가치를 부여하고, 지속가능한 투자를 선호한다. 블랙록 CEO 래리 핑크의 투자 서한으로 인해 우리나라에서는 ESG에 대한 인식의 확대와 그 중요성이 발등의 불처럼 시급한 문제가 되었다.

코피 아난의 세계 유수의 금융기관을 통해 기업을 움직여야겠다는 발상은 탁월한 선택이었다. 기업들은 금융기관의 투자를 받지 못하면 기업활동을 지속할 수 없다. UN이 금융기관을 설득하고 이를 수용한 금융기관들이 투자에 대한 의사결정을 할 때 ESG를 반영하겠다고 결정하자 투자를 받는 기업들 입장에서는 ESG 실천을 하지 않을 수 없게 된 것이다.

투자자들이 ESG를 강조하는 것에 대해 부정적인 견해도 존재한다. 래리 핑크의 투자 서한으로 인해 ESG 경영은 기업들 입장에서 발등의 불일 수밖에 없다. 과연 래리 핑크를 어떻게 평가해야 할까? ESG 경영의 화신? 과거의 일이지만 래리 핑크가 개발한 서브 프라임 모기지 상품은 글로벌 금융위기로 이어졌으며, 2008년 글로벌 금융위기의 주범이라고 해도 과언이 아니다. 래리 핑크의 진정한 의도는 무엇이었을까? 결국 더 많은 돈을 벌기 위한 목적은 아니었을까?

ESG를 경계하는 시각도 존재한다. 현재 ESG의 확산은 UN이 추동하긴 했지만 서구의 금융기관이 주도하고 있다. 따라서 그저 착한 경제나 환경, 사회, 지배구조의 단순한 결합으로 이해해서는 곤란하다는 주장이다. ESG의 확산으로 인해 오히려 부작용이 더 큰 나라도 있을 수 있다.

ESG가 환경과 사회를 위한 전 인류의 공통과제인 점은 분명하지만, 각자의 상황에 맞는 ESG의 실현이 필요하다고 보는 시각에 귀를 기울일 필요가 있다. 지구적 문제를 해결하기 위한 혁신적인 방안으로 ESG를 모든 나라에 동일하게 적용하는 것은 곤란할 수도 있기 때문이다.

읽고 생각하기

투자자가 따지는 기업 ESG 준칙

현대 사회에서 기업은 '자기 돈'만으로 살림살이를 꾸려가지 않는다. 주식 시장에서 기관투자자 자금이 수혈된다. 채권을 발행할 때도 금융사 자금에 기대야만 한다. 안욱상 한국산업은행 ESG뉴딜기획부 팀장은 "기관투자가는 투자 철학 · 원칙, 투자 분석 · 의사결정, 투자 실행 이후 등 3가지 관점에서 기업 ESG를 따진다."라고 말한다.

첫째, 투자 정책상 ESG를 반영했는지부터 살핀다. 세계 최대 자산운용사 블랙록은 일찌감치 '기업이 ESG를 접목했는지가 투자 기준'이라고 밝힌 바 있다. ESG 정책과 운용 원칙을 외부에 공표해야 하고, 국제적인 기준에도 맞춰야 한다.

둘째, 투자 분석 단계에서 실제 ESG를 실행했는지를 파악한다. 일례로 온난화를 유발하는 석탄 비즈니스를 줄이기 위해 한국투자증권은 지난해 8월 석탄 관련 투자를 중단하겠다고 선언했다. 금융지주 차원에서 '탈석탄'을 선언한 KB증권 역시 국내외 석탄화력발전소 건설에 대한 신규 PF와 채권 인수를 중단하기로 했다. 삼성증권, 한화투자증권 등도 잇따라 석탄 발전 투자에서 손을 떼는 분위기다.

마지막은 투자 실행 이후 단계다. 기관투자자는 '당연히' ESG 관련 정보 공개를 요구한다. 래리 핑크 블랙록 CEO는 올해 벽두에 블랙록이 투자하는 기업 CEO에게 TCFD(기후변화 관련 재무정보공개 태스크포스) 권고안에 기반을 둬 관련 성과를 기한 내 공개하라고 촉구한 바 있다. 또한 미국 상장기업을 대상으로 SASB(지속가능회계기준위원회) 산업별 표준에 따라 ESG 성과를 공개하라고 요구하기도 했다.

기관투자자의 ESG 행보는 UNEP FI(유엔 환경계획 금융이니셔티브) PRI(Principles for Responsible Investment)를 통해서도 읽을 수 있다. 이는 전 세계 기관투자자 투자 의사결정 때 반영해야 할 ESG 핵심 가치를 담은 6개 원칙이다. ▲투자 분석 · 의사결정 때 ESG 이슈 반영, ▲투자 철학 · 운용 원칙에 ESG 이슈 통합, ▲투자 대상 기업에 ESG 정보 공개 요구, ▲PRI 준수 · 이행 노력, ▲PRI 이행을 위한 상호 협력, ▲PRI 이행에 대한 세부 활동 · 진행 사항 외부 보고 등이 담겨 있다.

출처: 매경이코노미, 2021.04.01.(https://www.mk.co.kr/economy/view/2021/313316/)

규제와 표준의 증대

ESG의 대두가 UN 차원에서 본격화되어 투자자, 곧 금융기관들의 의사결정을 통해 이루어지는 과정을 살펴보았다. 2006년 UN이 채택한 '유엔 책임투자원칙(UN PRI)'을 비롯해 많은 규범이 형성됐다. 국제규범이라고는 하지만 실제로는 국제기구의 권고 사항이다. 실질적으로 투자자인 금융기관들이 ESG를 고려해 투자 여부를 결정하기는 하지만 권고 사항이므로 자율적으로 결정한다.

2019년 미국 비즈니스라운드테이블(BRT)의 '기업 목적 성명'도 미국의 연방법이나 주법에 따라 결정된 것이 아니라 주요 기업인들의 사교클럽에서 스스로 기업의 목적을 기존과 다르게 자율적으로 설정한 것이다. 우리나라의 대한상공회의소가 '신기업가 정신'을 채택한 것도 마찬가지다. 정부에서 법을 정해 '신기업가 정신'의 내용을 바꾸도록 했다면 오히려 큰 반발이 일어났을 것이다.

이러한 과정을 보면 지금까지 ESG의 대두는 자율적인 흐름으로 점차 확장했다고 할 수 있다. 1970년대 다보스포럼이 이해관계자 자본주의를 내세웠을 때도 마찬가지였다. 그렇지만 점차 법적 규제가 직간접적으로 생겨나고 있다. 예컨대 우리나라도 앞으로 몇 년에 걸쳐 기업규모가 큰 기업부터 점차 ESG와 관련된 내용을 공시에 포함해야 한다. 곧 한꺼번에 모든 ESG의 실천이 법적 의무가 된 것은 아니지만 가랑비에 옷 젖듯 세부적인 면에서 다양한 규제들이 생겨나고 있다.

법적인 규제는 아니지만 점차 확산하고 있는 표준의 증대도 결국 기업들이 실질적인 의무처럼 받아들일 수밖에 없다는 점에서 주목해야 한다. ESG와 관련된 대표적인 국제표준으로는 ISO 14001(환경경영), ISO 26000(사회적 책임), ISO 37301(준법경영), ISO 45001(안전보건경영) 등이 있다.

앞으로 정부와 지방자치단체의 ESG 관련 규제는 더욱 늘어날 것으로 예상된다. 지금까지는 자율적인 ESG의 실천에 머물렀지만, 법적 의무를 지닌 ESG 이행으로 그 성격이 바뀌고 있다. 국제기구 차원에서도 지금까지의 권고 수준이 아니라 바로 국제법적 의무를 발생시키는 방향으로 진전될 가능성이 크다.

BBC

우리금융지주 부회장, 국민연금공단 이사장, 제1대 금융위원회 위원장을 역임한 전광우 세계경제연구원 이사장은 ESG가 각국 자금 시장의 주류로 자리 잡게 된 원인을 'BBC'라고 설명한다. 첫 번째 'B'는 세계 최대 자산운용사인 블랙록이다. 블랙록의 래리 핑크 회장은 2021년 초 투자자들과 기업 최고경영자에게 '거의 모든 투자에 ESG 평가를 반영할 것'이라는 연례 서한을 보냈다. 두 번째 'B'는 미국의 바이든 대통령으로 취임과 동시에 파리기후협정 복귀를 선언했고, 친환경 산업에 전폭적인 지원을 하고 있다. 마지막 'C'는 코로나19다. 팬데믹의 원인 중 하나로 기후변화가 지목되었는데, 이는 국제사회에 ESG의 중요성을 일깨웠으며, 개인에게는 기후 위기를 더 체감시킨 계기가 되었다.

출처: 신지현, 『한 권으로 끝내는 ESG 수업』, 중앙북스, 2022.

미닝아웃

'미닝아웃'은 오늘날 ESG의 대두 배경을 잘 설명해주는 하나의 키워드다. 미닝아웃은 의미나 신념을 뜻하는 미닝(Meaning)과 커밍아웃(Coming out)[13]을 결합한 신조어이다.

곧, 미닝아웃은 자기 자신의 이익을 위해 소비하는 것이 아니라 의미나 신념을 부여하여 소비하는 행위를 의미한다. 의미나 신념은 사회적 영향을 살피거나 환경보호를 염두에 두는 것이 될 수 있다.

미닝아웃은 MZ세대의 소비 성향으로서 가치 소비를 상징하는 키워드다. MZ세대는 밀레니얼과 Z세대를 의미하며, 1980년대에서 2000년대 초반 출생한 세대를 일컫는 개념이다. 인터넷 같은 디지털 환경에 익숙하고 SNS 등을 통해 가치 지향

13 커밍아웃은 동성애자, 양성애자, 트렌스젠더 같은 성 소수자들이 스스로 성적 정체성을 공개적으로 외부에 공개하는 것을 말한다. '오덕'과 '커밍아웃'이 합쳐져 '덕밍아웃'이 되는 것처럼 다양하게 신조어를 만드는 방법으로 쓰인다. '오덕'은 오타쿠(Otaku)에서 출발한 말로 한국어 발음으로 '오덕후'가 되었다가 줄인말로 '오덕'이 되었다. 오타쿠, 곧 서브 컬처를 즐기는 성향을 드러내는 것을 덕밍아웃이라고 한다.

적 소비를 적극적으로 알리는 세대라는 뜻이 미닝아웃에 담겨 있다.

미닝아웃으로 상징되는 가치소비는 가격이 더 비싸더라도 의미 있는 상품에 지출하겠다는 것이다. 이는 기업경영에도 그대로 반영되어 비용이 조금 더 투여되어도 가치소비를 통한 더 많은 매출로 연결된다. 그러므로 기업의 ESG 활동은 오히려 기업경영에 도움이 된다.

미닝아웃은 가치소비와 함께 쌍을 이루는 것이 있다. 바로 불매운동이다. 기업의 부당한 횡포에 대해 대규모로 일어나는 불매운동도 있고 소소하지만 지속적으로 불매운동을 벌이는 개인도 상당하다.

대규모 불매운동의 대표적인 사례로 남양유업이 있다. 남양유업은 2013년 이른바 대리점 갑질 사태를 일으킨 회사다. 특히 소비자들의 공분을 산 것은 영업사원의 갑질과 대리점주를 향한 폭언이다. 남양유업의 물량 밀어내기 갑질에 대해 소비자들은 대규모 불매운동으로 대응했다. 이로 인해 남양유업은 매출에 큰 영향을 받아 대리점 갑질 사태가 있었던 2013년 남양유업의 매출은 1조가 넘었지만(1조 2,298억 원) 2021년 결국 1조 밑으로 떨어졌다(9,396억 원).

미닝아웃으로서 가치소비는 윤리적 소비라고도 한다. '바이콧(buycott)'이라는 신조어도 생겨났는데 구매(buy)와 불매운동(boycott)을 결합한 구매운동으로 사회적 가치를 구현하기 위해 기업의 제품이나 서비스를 적극적으로 구매하는 운동이다. 예를 들어 친환경 재료나 포장재를 사용한 제품을 적극적으로 구매하는 것이다. '가심비', '돈쭐내다', '영혼보내기' 같은 신조어도 미닝아웃으로서 가치소비 트렌드를 잘 반영하는 말이다.

읽고 생각하기

"지금 돈쭐내러 갑니다", '코즈(Cause) 마케팅'에 이은 '미닝아웃(Meaning Out)'

21세기에 접어들면서 기존 시장에서는 기업의 제품 특성이나 품질, 서비스 등에서 차별화를 추구하기 어려워지고 있다. 혁신적인 제품이 아니고서야 고도화된 시장에서 소비자들은 조금만 품을 들이면 언제 어디서든 제품에 대한 정보를 찾고, 품질을 따져볼 수 있기 때문이다. 그렇다면 기업은 대체 무엇을 팔 것인가? 그리고 소비자들은 무엇을 살 것인가? 기업과 소비자들은 이제 '가치'에 주목하고 있다.

가치소비의 의미를 살펴보자. 포털 사이트에선 '남을 의식하는 과시소비와는 다르게 실용적이고 자기 만족적인 성격이 강하며, 무조건 아끼는 알뜰 소비와 달리 무조건 저렴한 상품이 아닌 가격 대비 만족도가 높은 제품에 대해서는 과감한 투자를 행한다.'(참고 및 출처: 시사상식사전, pmg지식엔진연구소)고 설명한다. 소비자는 단순히 소비하는 대신 '나에게 가치 있는 소비에 지갑을 연다'는 것. 이러한 개념은 코로나19 사태를 거치며 더욱 커졌다. 제품을 면밀히 따지고, 이미지가 좋은 기업의 제품을 소비 · 구매함으로써 자신의 신념에 대해 드러내는 것이다.

2010년대 중반까지만 하더라도, '가치소비'의 대표적인 사례로는 '코즈 마케팅'이 있었다. 코즈 마케팅은 '원인, 이유, 대의적'이란 의미의 'Cause'와 'Marketing'의 합성어로, 도서 『브랜딩의 제3물결 코즈 마케팅』에 따르면 '기업과 사회적 이슈가 상호이익을 위해 전략적으로 연계된 마케팅'을 의미한다. 코즈 마케팅은 기업의 사회적 책임(CSR, Cooperate Social Responsibility)이 중요해지기 시작하며 등장했다. 이는 기업의 사회적 공헌과는 차이가 있다. 사회적 공헌이 기업의 사회적 책임에 초점을 맞췄다면, 코즈 마케팅은 공익적 이슈를 기업의 '마케팅 전략'으로 연계시킨 것, 즉 마케팅 측면이 강하다. '대의 마케팅', '공익 마케팅', '착한 소비' 등으로 불리는 마케팅이 대표적이다.

최초의 코즈 마케팅 프로젝트 사례로는 아메리칸 익스프레스의 이야기를 빼놓을 수 없다. 1983년, 아메리칸 익스프레스 카드는 '미국의 자유의 여신상 보수사업 프로젝트(National Arts Marketing Project)'를 진행했다. 고객이 아멕스 카드를 사용하거나, 신규 카드를 발급할 때 일정 금액을 기금으로 적립하는 방식으로, 해당 프로젝트 기간 동안 카드 사용률은 27% 증가했다고 전해진다. 당시 무역, 경기 등이 침체되어 있던 미국 사회에서 자유의 여신상을 보수한다는 것은 미국인들의 자존심을 회복하는 계기가 되었다. 미국인의 이런 가치관에 근거한 메시지를 통해 구매를 끌어냈다.

최근에는 가치소비가 기업뿐만 아니라 소비자에게 초점이 맞춰지는 추세다. 소비자 중심의 소비가 높아진 것이 배경이 됐다. 유통 플랫폼의 확대로 인해 생산자와 소비자가 대등한 위치에 서게 됐고, 소비자가 필요로 하는 재화와 서비스 등에 기업이 귀를 기울인 것이다. 요즘의 2030세대는 재화의 제조 과정부터 가격, 심지어 이를 유통하는 과정까지 적극적으로 자신이 소비하는 것에 대한 정보를 얻는다. 그 이후 기업과 제품의 메시지가 나와 맞고, 소비 과정에서 심리적인 만족감(가심비)을 얻는다면, 구매로까지 이어지게 된다.

유통 서비스 업계 기업인 A사와 B사가 있다고 가정해보자. A사보다 B사가 사회적 활동이 많거나 친환경 이슈들이 높은 경우엔 어떨까. 소비자들은 B사의 기업 이미지에 호감을 갖게 되고, 이는 B사의 매출 확대로 이어진다. A사보다 높은 시장점유율을 확보하고, 소비자들은 공통의 관심사를 가진 이들에게 온 · 오프라인을 통해 B사의 정보를 공유, 제품 구매를 촉구하는 등 집단행동을 통해 공감대를 형성한다. 특히 '친환경, 갑질 사태, 성평등' 등 환경 · 윤리적 이슈에 민감하게 반응하는 젊은 소비자들이 기업의 사회적 책임을 요구하는 목소리를 높인다. 반면에 사회적 물의를 일으킨 회사에 대해선 불매운동을 벌이기도 한다.

가치소비 중에서도 최근 확산되는 '미닝아웃' 트렌드는 자신의 신념과 생각을 이야기하고, 소비와 같은 간접적인 행위로 '드러내는 것'을 중시한다. 물론 사회적 가치가 대두되더라도 각자의 기준과 생각, 신념 등은 주관적일 수 있다.

때문에 '현대의 가치소비'는 '미코노미'(Meconomy, '나me'와 '경제economy'의 합성어, 자신을 위한 소비에 돈을 아끼지 않는 트렌드) 트렌드와도 맞물려 성장한 트렌드로 볼 수 있다.

출처: MBN뉴스, 2023.05.02.(https://www.mbn.co.kr/news/life/4925350)

Summary

- ESG는 기업의 비재무적 요소인 환경(Environmental), 사회(Social), 지배구조(Governance)를 뜻한다.
- 2000년 자산운용사 블랙록의 서한은 ESG를 세계적으로 확산시킨 주요한 계기가 되었다.
- ESG의 문제의식은 1970년대 다보스 매니페스토에서 본격적인 기원을 찾을 수 있다.
- 다보스포럼은 1973년 다보스 매니페스토를 업그레이드, 다보스 선언 2020을 내놓았고 측정을 강조했다.
- 2004년 코피 아난 유엔 사무총장은 세계 주요 금융기관에 편지를 보내 ESG의 중요성을 인식시키고 동참을 이끌어냈다.
- 유엔은 1972년 유엔 인간환경회의 이후 MDGs, SDGs로 이어지는 지속가능발전의 국제규범화를 추진해왔다.
- 2006년 발표된 책임투자원칙(PRI)은 기업에 대한 투자를 결정할 때 ESG 실현 여부를 함께 검토하도록 한 유엔 차원의 규범이다.

- 2019년 미국의 비즈니스라운드테이블(BRT)은 기업의 목적은 이해관계자를 중시하는 것이라고 선언했다.
- 사회문제에 대한 인식의 전환은 기업의 ESG 실행을 적극적으로 요구한다.
- 오늘날 기업은 영리 추구와 함께 공익적 목적의 추구를 병행해야 하는 조직으로 위상이 변화되었다.
- 이윤을 추구하는 조직으로서 기업은 제2섹터로 분류됐지만 ESG의 실현을 통해 공익적 목적을 동시에 추구하는 조직으로서 제4섹터화되고 있다.
- 유엔의 추동을 받은 세계 주요 투자자들의 관심 또한 ESG의 확장에 주요한 동력이 됐다.
- ESG 관련 국제규범은 기업들의 자율 준수를 권고하는 차원을 넘어 점차 법적인 규제로 강화되는 추세에 있다.
- 사회적 영향이나 환경 보호를 염두에 둔 소비를 뜻하는 미닝아웃은 ESG에 대한 소비자의 관심을 잘 보여준다.

Keyword

'Who Cares Wins', BRT, MZ세대, SCM(이해관계자 자본주의 지표), SDGs, 가치 소비, 공익, 공정성, 국제규범, 국제표준, 규제, 기관투자자, 기업목적성명, 기업의 보편적 목적, 기업의 성과, 넷 제로, 다보스 매니페스토 1973, 다보스 선언 2020, 다보스 포럼, 래리 핑크, 미닝아웃, 불매운동, 블랙록, 비재무적 요소, 사회, 사회문제, 사회와 환경의 조화, 사회적 책임, 새천년개발목표(MDGs), 세계경제포럼, 수탁자, 신기업가정신, 신사회문제, 연기금, 영리, 유니레버, 유엔, 유엔인간환경회의, 유엔환경계획, 윤리적 소비, 의무, 이윤, 이해관계자, 이해당사자, 인간과 환경의 조화, 재무적 요소, 제1섹터, 제2섹터, 제3섹터, 제4섹터, 지배구조, 지속가능발전, 지속가능한 경제, 지속가능한 비즈니스, 지속가능한 투자, 책임투자원칙, 취약계층, 측정, 코피 아난, 클라우스 슈밥, 투명성, 투자 서한, 투자 우선순위, 투자에 대한 의사결정, 폴 폴먼, 환경

Quiz ※ 빈칸을 채우거나 OX로 답하세요.

01 기업에서 환경과 사회와 지배구조는 재무적 요소이다. (   )

02 블랙록 래리 핑크 회장의 서한 이전에는 기업의 환경 보호나 사회공헌활동 등을 고려하지 않았다. (   )

03 다보스 매니페스토 1973은 기업의 목적이 이해관계자들의 서로 다른 이해관계를 조화시키는 것이라고 선언했다. (   )

04 다보스 선언 2020에서 기업의 이해관계자 자본주의 실현 여부를 측정할 수 있는 도구로 제시한 툴은 (   ) 이다.

05 2004년 제7대 유엔 사무총장 (   )은 투자회사들에 편지를 보내 지속가능성, 환경과 인간의 공존, 새천년개발목표 등의 실현을 위한 기업의 참여 방안을 모색하고, 국제기구 차원에서 ESG에 대한 중요성을 인식하게 했다.

06 (   )는 2000년 9월 유엔이 채택한 범세계적인 약속으로 새로운 천년인 2000년대를 맞으며 전지구적으로 모든 국가와 인류가 달성할 개발의 목표를 제시했다.

07 ESG 문제를 투자 분석과 의사결정 과정에 포함시키도록 한 책임투자원칙은 UN 단독으로 제정했다. (   )

08 BRT가 발표한 기업목적성명은 자유시장 시스템의 의의를 부인한다. (   )

09 오늘날 사회문제에 대한 새로운 인식은 영역 면에서는 경제 중심, 대상 면에서는 취약계층 중심이다. (   )

10 ESG의 대두에 따라 영리 이외의 공익적 목적의 추구는 공공 부문과 민간 비영리 부문이 담당해야 한다는 인식이 확대되었다. (   )

11 제2섹터로 분류되었던 기업이 이윤 추구와 함께 사회적 가치를 실현하는 방향으로 바뀌면서 실질적으로 제4섹터화되었다. (   )

12 코피 아난은 유엔 차원의 규제를 통해 기업의 ESG 실현을 추동했다. (   )

13 지금까지 ESG의 실천 여부는 기업의 자율에 맡겨 왔지만, 향후 법적인 의무로 될 가능성이 크다. (   )

14 미닝아웃은 MZ세대에게만 해당하는 소비 성향이다. (   )

Discussion

01 기업의 재무정보 공개의 의의는 무엇인가?

02 2020~2021년 블랙록 서한의 의의를 토론해 보자.

03 다보스 매니페스토 1973이 주주 중심의 사고방식에 젖은 사람들에게는 획기적인 문제 제기가 된 원인은 무엇인가?

04 2021년 다보스 포럼에서 슈밥 회장이 강조한, 기업의 힘이 사회에 공헌하는 능력이라는 말의 의미에 대해서 토론해 보자.

05 코피 아난의 편지에 호응한 기업들이 발간한 보고서, 'Who Cares Wins'의 의의에 대해서 토론해 보자.

06 지속가능발전의 의미는 어떻게 확장되었는가?

07 UN 책임투자원칙의 제정 의의에 대해 토론해 보자.

08 과연 기업의 목적이 무엇이어야 한다고 생각하는지 토론해 보자.

09 신사회문제 논의의 의의는 무엇인가?

10 기업의 성공에 대한 새로운 인식을 보여주는 다른 사례를 찾아보자.

11 제2섹터와 제4섹터의 차이는 무엇인가?

12 투자자들이 ESG에 관심을 갖는 이유는 무엇인가?

13 ESG와 관련하여 제정된 법률과 조례의 내용을 찾아보자.

14 주변에서 미닝아웃 또는 가치소비의 사례를 찾아보자.

02
좁은 의미의 ESG

좁은 의미의 ESG와 넓은 의미의 ESG

ESG는 환경(E), 사회(S), 지배구조(G)를 뜻하고 기업이 재무적 성과 지표와 함께 비재무적 성과 지표를 동시에 추구하는 활동을 뜻한다. 이는 일반적인 ESG에 대한 정의이자 의미이다. 하지만 ESG는 단순히 기업의 활동을 뜻하는 것에서 사회 전반의 운영 원리로서 의미가 확대되고 있다. 이렇게 보면 기업의 재무적 성과와 비재무적 성과를 동시에 추구하는 활동으로서 ESG는 좁은 의미의 ESG라고 할 수 있다.

좁은 의미의 ESG는 기업경영에서 ESG를 구체적으로 실현하는 것을 의미한다. ESG로 기업을 평가한다는 말의 의미는 과연 무엇일까? 이를 명확하게 이해하기 위해서는 우선 기업 정보로서 재무정보와 비재무정보의 차이를 알아야 한다. 기업경영에서 ESG를 한다는 것은 단순히 재무적 성과와 비재무적 성과를 동시에 따진다는 것 이상의 의미가 있다.

기업의 ESG 활동을 기업 밖에서 어떻게 알 수 있을까? 이러한 문제는 기업 공시의 기본 개념을 이해하고 있지 않으면 제대로 알 수 없다. ESG가 중시된 기업의 활동을 '임팩트 비즈니스(impact business)'라고 하는데, 이와 연관된 개념에 대한 이해도 필요하다. 만약 기업이 ESG를 한다고 겉으로 시늉만 한다면 어떻게 될까? 이때 등장하는 개념이 ESG워싱이다.

이렇듯 좁은 의미의 ESG만 하더라도 다양한 주제를 다룰 수 있다. 넓은 의미의 ESG는 ESG를 사회 전반으로 폭넓게 적용하는 것을 의미한다.

ESG로 기업을 평가한다는 말의 의미

과거에는 기업의 성과를 평가할 때 재무적 요소만을 판단했다. 단순하게 예를 들면, 빵 공장을 짓고 제빵기계를 사고 밀가루와 설탕 같은 재료를 구매하는 데 얼마가 들었는가? 여기에 몇 명의 노동자에게 얼마의 임금을 주고 몇 개의 빵을 만들었는가? 만든 빵을 얼마에 팔아서 들인 돈에 비해 얼마나 돈을 벌었는가?

첫해에는 빵을 만들 때 공장과 제빵기계에 엄청난 돈을 들였을 것이다. 따라서 웬만큼 빵을 만들어서는 적자를 면하기 어렵다. 다음 해부터는 공장과 기계 살 돈은 더 들어가지 않아도 되니 인건비와 재료비만 비용으로 계산하면 엄청나게 많은 돈을 벌었다는 결과가 나오게 된다. 회계 기준에서는 이러한 두 경우 모두 정확한 재무 정보가 아니라고 본다.

1년 차에는 비록 엄청나게 많은 돈을 들여 공장과 제빵기계를 들여왔더라도 앞으로 10년, 20년, 30년 나누어서 비용을 쓴 것으로 보도록 한다. 2년 차, 3년 차에는 공장 설립과 제빵기계 구매에 실질적인 비용이 들어가지 않았지만, 첫해에 쓴 돈 일부를 썼다고 보도록 한다. 이러한 원칙이 회계 기준 곳곳에 아주 상세한 내용으로 설정되어 있다.

재무적 요소만 가지고 기업의 성과를 판단하면 당장 경제성장이 시급한 국가에서는 충분했지만 다른 문제가 발생했다. 20세기 중후반 공해산업에 대한 문제 제기가 그 시발점이라고 할 수 있다.

먼 과거에는 공장에서 나오는 폐수를 그냥 강이나 바닷물로 흘려보냈다. 폐수를 정화하는 데 필요한 돈을 쓰지 않으면 비용이 줄어 전체적인 이윤이 늘어난다. 하지만 환경오염과 같은 문제를 인지한 정부는 법을 만들어 규제를 시작하였고, 기업은 규제에 따른 불이익을 받지 않기 위해 이윤 감소가 조금은 있더라도 공해물질을 그냥 내보낼 수는 없게 되었다.

인건비는 덜 주면 덜 줄수록 기업에는 이익이다. 하지만 노동운동의 성장으로 인해 더는 저임금을 유지할 수 없게 되었다. 우리나라도 1987년 6월 전국적으로 노동자들의 대규모 투쟁이 있었다. 노동자들은 기업과 단체협상을 통해 임금인상을 끌어내는 등 근로조건이 개선되었으며, 정부 차원에서도 최저임금법 등을 제정해 기업은 일정 액수 이상의 임금을 지급하도록 했다.

제반 요소에서 기업에 대한 시민의 요구와 정부의 규제는 점차 다양해졌다. 때때로 정부는 규제를 줄이기 위한 정책을 펴야 할 정도가 되었다. 하지만 기업을 평가할 때 재무적 요소만으로 하는 관행은 꾸준히 이어졌다. 하지만 ESG는 기업의 성과 평가 시 재무적 요소와 비재무적 요소를 함께 고려할 것을 주창한다. 재무적 요소에 기반한 기업 성과 평가는 일반적으로 1년을 단위로 하지만 ESG의 비재무적 요소까지 고려하면 장기적 관점에서 기업을 평가하게 된다. 단기간의 기업 가치는 물론 장기적인 미래 시점까지 기업의 지속가능성에 영향을 주는 요소를 고려하는 것이다.

예를 들어 올해 재무제표에는 이윤으로 표시되지만 낡고 고장이 잦아 노동자에게 위험한 제빵기계를 그대로 보유하고 있는 회사를 생각해보자. 노동조합에서 제빵기계가 위험하니 교체해야 한다는 요구를 했다고 가정하면, 중장기적으로 이 회사의 미래가 어떻게 될지 우리는 충분히 예상할 수 있다. 지금 당장은 이윤 증대에 도움이 되지 않더라도 노동자의 안전을 배려하는 조치가 필요한 것이다. 이렇게 ESG(환경 · 사회 · 지배구조)는 비재무적 요소까지 반영해 기업을 평가하도록 요구한다.

기업 정보의 이해: 재무정보 & 비재무정보

기업에서 재무정보는 돈, 즉 수치로 나타낼 수 있는 정보를 의미한다. 쉽게 말해 얼마의 돈을 들여서 얼마의 돈을 벌었는가를 수치로 나타내는 자료를 재무정보라고 한다. 기업의 성과를 측정하는 지표로서 재무정보를 의미할 때 재무적 성과지표라고 한다.

재무적 성과지표는 재무제표로 표시한다. 재무와 관련된 제반(여러) 표라는 뜻이다. 재무제표에는 여러 가지가 있지만, 기본적으로 기업의 재무적 성과지표로 활용하는 것은 재무상태표와 손익계산서 2가지이다.

재무상태표는 현재 기업의 재무 상태가 어떻게 되는가를 나타내는 자료다. 재무상태표에는 기업이 가진 자기 돈(자본)은 얼마나 되는지, 빌린 돈(부채)은 얼마나 되는지를 확인할 수 있다. 기업이 가진 자기 돈(자본)보다 빌린 돈(부채)이 너무 많으면 문제가 될 수 있다. 예를 들어, 상품을 만들어 엄청나게 많이 팔았더라도 빚을 갚기에도 부족하다면 기업은 오래 지속될 수 없다.

손익계산서는 손해와 이익을 계산하여 기록한 표다. 당연히 손해보다는 이익이 많은 기업이 재무적으로 높은 평가를 받는다. 손해와 이익도 다양한 기준으로 평가한다. 예컨대 기업 본연의 활동인 상품 판매에서는 매년 적자를 보더라도 보유한 부동산이 많아서 임대 수익이 많은 기업이 있을 수 있다. 현실에서는 이러한 기업은 여러 불이익을 받지만, 전체 수익은 많기 때문에 재무적으로는 높은 평가를 받을 수도 있다.

재무상태표와 손익계산서 같은 재무제표를 작성하는 방법은 학문적으로 정립되어 있다. 또한 나라마다 세부적으로는 일부 차이가 있을 수 있지만 국제적으로 거의 표준화가 되어 있다. 따라서 기업의 재무정보는 세계 어느 곳에서 보더라도 거의 동일한 기준으로 해당 기업의 성과를 판단할 수 있다.

재무적 성과지표는 기업이 작성하지만, 외부 회계기관의 감사를 받아야 한다. 공인회계사라는 직업이 바로 이런 일을 한다. 재무제표는 회계장부라고도 하는데, 규모가 일정 수준을 넘어가면 회계장부를 작성하고 기업 외부의 누구나 볼 수 있도록 공개하도록 법으로 규정되어 있다. 정부는 회계장부를 근거로 세금을 부과하고, 투자자는 회계장부를 근거로 투자 여부를 결정한다.

비재무정보는 수치로 표현할 수 있는 돈과는 직접적인 관련이 없는 정보다. 환경을 얼마나 보전했는지 아니면 훼손했는지, 고용한 노동자의 안전을 얼마나 보장했는지, 지역사회에 얼마나 공헌했는지 같은 정보는 숫자로 나타내기 어렵다.

물론 숫자로 표현할 수 있는 경우도 있다. 예를 들어, 패스트푸드 프랜차이즈 회사에서 빨대를 쓰지 않는다면 기존에 사용하던 빨대 숫자와 비교해서 얼마나 줄었는지 숫자로 나타낼 수 있다. 이 경우 당연히 돈, 곧 빨대를 구매하기 위해 들어간 비용이 얼마나 줄었는지 재무제표에 반영할 수 있다. 하지만 이러한 환경 보전을 위한 행위가 얼마나 도움이 되었는지는 수치로 표시할 수가 없다.

아직 기업의 비재무정보는 국제적으로 통일된 기준이 없다. 학자마다 회계기관마다 국가마다 관련 시민단체마다 다른 이야기를 한다. 기업의 재무정보가 국제적인 기준으로 자리 잡기까지는 수백 년의 기업 관행과 이론적 발전이 있었다. ESG 같은 비재무정보에 대한 기록은 이제 겨우 몇 년밖에 되지 않았고 서로 자기 견해가 옳다고 겨루는 중이다.

기업의 비재무적인 성과지표는 지속가능보고서와 지배구조보고서로 평가하는 것이 일반적이다. 기업이 스스로 작성한 자료이기 때문에 자기보고자료(self-reported data)라고 한다. 재무적 성과지표도 기업이 스스로 작성하지만, 기업 외부의 독립적인 회계기관이 감사를 하기 때문에 차이가 있다.

비재무적인 성과지표 중 대표적인 것이 ESG이다. 앞으로 재무적인 성과지표처럼 국제적인 통일 기준이 마련되기까지는 상당한 시간이 소요될 것이다. 현 단계에서는 여러 평가기관에서 제시한 것 중 가장 마음에 들거나 스스로 가장 적절하다고 생각되는 기준에 따라 보고서를 만드는 수밖에 없다.

재무상태표(계정식)
2023년 12월 31일 현재

한빛 주식회사 (단위: 백만 원)

과목	금액	과목	금액
자산		부채	
유동자산		유동부채	
현금및현금성자산	100,000	매입채무	140,000
매출채권	300,000	단기차입금	40,000
…		…	
비유동자산		비유동부채	
매도가능금융자산	150,000	장기차입금	20,000
유형자산	450,000	…	
…		부채총계	200,000
		자본	
		납입자본	100,000
		기타자본구성요소	300,000
		이익잉여금	300,000
		자본총계	800,000
자산총계	1,000,000	부채 및 자본총계	1,000,000

그림 1-3 재무상태표 예시

기업에서 ESG의 적극적 의의

ESG의 사전적 의미는 환경과 사회와 지배구조를 뜻한다. 지금까지 ESG가 기업의 비재무적 요소를 의미한다는 점, ESG에 대한 고려는 전통적인 기업 성과 평가 방법인 재무적 요소에 대한 고려와 함께 비재무적 요소에 대한 균형적 고려를 의미한다는 점을 살펴보았다. 대부분의 학자들도 비슷하게 이해한다. 예컨대, ESG는 투자자가 투자 관련 의사결정을 하고 기업이 경영 관련 의사결정을 함에 있어 재무적 사항뿐만 아니라 환경, 사회, 지배구조 요소를 고려하여야 한다는 것으로 이해된다(정준혁, 2021).

그런데, 기업경영에서 ESG의 의미는 좀 더 나아갈 필요가 있다. 권재열 외(2022)는 기업경영에서 ESG의 반영은 하방 위험에 대한 방어, 곧 자산 가치의 하락에 대한 방어로서의 의미가 있다는 점에 주목한다. 김화진(2022)은 ESG와 헤지펀드 행동주의를 분석하면서 ESG를 표방하는 새로운 경영 전략을 통해 지금까지 일반적으로 실천되어 온 주주가 경영에 직접 관여하지 않는 소유와 경영의 분리를 불식하는 효과가 있다고 주장한다.

트리스타 브리지스(Trista Bridges)와 도널드 유뱅크(Donald Eubank)(2022)는 MZ세대의 특징과 관련하여 ESG의 대두 배경을 설명하기도 한다. 현 세상을 지배하고 있는 MZ세대는 소득 불평등, 기후변화, 생물 대멸종 가능성이라는 현실에서 성장했다는 점, MZ세대는 역사적으로 보면 세계 어느 곳이든 다른 지역의 사람들과 그 어느 때보다 더욱 상호 연결되어 있다는 점, MZ세대의 젊은이들은 점차 더욱 더 목소리를 높여 변화를 요구하고 있으며 변화가 너무 늦어지는 세상은 물려받지 않으려 한다는 점을 분명히 표명하고 있다는 점 등을 언급하고 있다.

많은 논의가 있지만, 오늘날 기업경영에서 ESG가 중요하게 제기되는 이유는 단순히 국제적으로 요구 수준이 높아지기 때문만은 아니다. 기업경영에서 ESG의 근본적인 중요성은 기업이 장기간 안정적인 이익을 얻을 수 있으려면 어떻게 해야 하는가 라는 관점에 있다. 곧, 기업의 투자 리스크 관리 평가 지표로서의 ESG를 의미한다.

이러한 관점은 ESG, 곧 비재무적 요소까지 기업의 성과 평가 시 고려해야 하는 이유를 투자 리스크 관리에서 찾는다. 기업의 재무적 지표를 보고 많은 이익을 거둘 수 있다고 판단하고 투자를 했더라도 비재무적 요소 때문에 장기적으로 기업의 이윤 창출 수준이 줄어들거나 오히려 손해를 볼 수 있고 더 나아가 회사 자체의 생존마저 어려울 수도 있는 시대가 되었다.

기업이 리스크와 기회요인에 얼마나 노출돼 있는지, 얼마나 잘 관리하고 있는지에 대해 평가하는 것은 기업 성과 평가에서 ESG 요소가 얼마나 중요한 것인지를 알려준다. 기업에 대한 구체적인 ESG 평가는 분야별로 다양하고 각각의 세부 기준에 대한 가중치도 달라진다. 산업별 주요 핵심 이슈도 차별성이 있다.

IMF는 전통적인 금융리스크 외 ESG 관련 리스크를 기업의 재무적 수익성과 연계하는 것으로 이해하며 "ESG를 경영의사결정 및 투자전략에 통합하는 과정"으로 표현하고 있다. 우리나라 정부는 "ESG는 투자 의사결정 등에 있어 환경(E) · 사회(S) · 지배구조(G) 등 비재무적 요소를 적극적으로 고려하는 흐름을 통칭하는 개념으로 기업이 경제적 가치 외에 환경 · 사회적 가치를 적극적으로 고려 · 창출함으로써 기업의 명성과 가치를 높이는 활동을 통칭한다."라고 한다.[14]

균형적 고려의 필요성

블랙록이 서한을 통해 기후변화와 탄소 중립을 잘하는 회사에 우선 투자하겠다고 한 의미는 무엇일까? 기업이 ESG에 중요성을 부여하고 잘해야 한다는 것은 분명하지만, 그렇다고 재무적 요소를 고려하지 않는다는 의미는 아니다. ESG는 재무적 요소와 비재무적 요소를 함께 고려한다는 의미라는 점을 놓치지 않아야 한다.

물론 ESG에는 재무적 요소라는 뜻은 들어있지 않다. 하지만 재무적 요소를 통한 이윤 창출이 되지 않는 기업은 비재무적 요소를 고려할 필요조차 없게 된다. 따라서 ESG라는 말 자체는 비재무적 요소만을 포함하고 있지만, 기업의 성과를 평가할 때 재무적 요소와 비재무적 요소를 함께 고려한다는 의미를 담고 있다.

블랙록의 서한은 기후위기와 탄소중립을 명시적으로 표현하고 있다. E, S, G 중 E(환경)에 초점을 맞추고 있다. ESG는 기업이 기업시민으로서 요구되는 수많은 비재무적 요소 중 가장 중요한 세 가지 측면을 모은 말이다. 따라서 환경뿐만이 아니라 사회적 가치의 실현, 바람직한 지배구조의 구축까지도 모두 함께 고려할 필요가 있다.

현실적으로 다양한 교육과 실천의 현장을 살펴보면 ESG를 이야기하고 있지만, 환경에 초점을 맞춘 경우가 일반적이다. 이는 과거 공해산업에 대한 규제를 비롯해 환경의 중요성에 대한 인식이 일찍부터 널리 확산했기 때문이다. 지속가능성이라는 개념도 환경에서 시작해 더 넓은 분야로 확장되었다.

---

14 이억원 1차관, 환경 · 사회 · 지배구조(ESG) 관련 전문가 간담회 개최, 기획재정부, 2021.05.04.

기업에 요구되는 활동은 다양하다. 지구를 위해 환경을 보호하는 활동은 당연하다. 노동자의 권익도 생각해야 하고, 김만덕의 경우처럼 지역에 어려움이 생기면 기업도 나설 필요가 있다. 뿐만 아니라 CEO가 독단적으로 기업의 모든 일을 처리하는 것도 막아야 한다. E와 S와 G의 균형은 ESG를 생각할 때 늘 염두에 두어야 한다.

공시제도의 이해

공시는 공적으로 또는 공개적으로 보이게 한다는 뜻이다. 기업공시제도는 일정 규모 이상이 되는 기업의 정보를 누구든지 볼 수 있도록 법으로 정해놓은 제도이다. 물론 기업이 모든 정보를 공개할 필요는 없다. 일부 정보는 기업의 경쟁력과 직결되기에 당연히 공개하지 않아도 된다.

예를 들어 코카콜라의 레시피는 지금까지 외부로 전혀 알려지지 않고 있다. 코카콜라는 날마다 200여 나라에서 20억 잔씩 팔린다. 1초당 2만 잔 정도 팔리는 셈이다. 코카콜라는 콜라 견과류와 코카잎의 재료에서 딴 말인데, 극소수의 사람들만 레시피를 알고 있다. 우리나라에서 유명한 신당동 떡볶이집의 비결은 며느리도 모른다는 말이 있는 것처럼, 기업의 모든 정보를 공개하라고 할 수 없다.

그렇지만 일정한 정보는 외부에 공개할 필요가 있다. 대표적으로 정부는 세금을 거두기 위해 과연 기업이 얼마나 벌었는지 재무적 성과지표를 알아야 한다. 투자자도 기업이 그동안 얼마나 성과를 거두었는지를 알아야 앞으로 돈을 투자해도 좋을지 판단할 수 있기 때문이다. 시민단체와 소비자도 궁금한 것이 많다.

기업은 될 수 있으면 자신들의 정보를 외부로 내놓지 않으려 하고 외부에서는 최대한 기업의 정보를 밖으로 드러내려고 하는 줄다리기의 결과가 공시제도라고 할 수 있다. 공시와 관련된 모든 것을 여기에서 다루기는 어렵지만, 주권상장법인과 외부회계감사법인에 대해서는 다양한 공시제도가 법적으로 구비되어 있다는 점 정도는 알고 있는 것이 좋다.

주권상장법인은 주식회사 중 규모가 상당히 커서 증권거래소를 통해 대규모 투자를 유치할 수 있는 회사다. 즉, 주식을 발행할 수 있는 회사다. 주식투자를 할 때 그 대상이 되는 회사라고 할 수 있고 기업이 규모가 커져 주식을 발행할 수 있을 때 주권을 상장한다고 한다. 당연히 이런 기업의 경우 상당히 많은 정보를 외부에 공개할 필요가 있다.

외부회계감사법인은 기업 외부의 독립적인 회계기관으로부터 감사를 받아야 하는 대상이 되는 기업이다. 외부의 회계감사를 받아야 하는 기업은 자산총액이 적어도 500억 원은 되어야 한다.[15] 스스로 가진 돈(자본)과 빌린 돈(부채)을 합쳐 500억 원 규모가 넘는 기업을 대상으로 한다는 뜻이다. 뿐만 아니라 종업원을 100명 이상 고용한 회사는 자산총액이 120억 원 이상이면 외부회계감사를 받아야 한다.

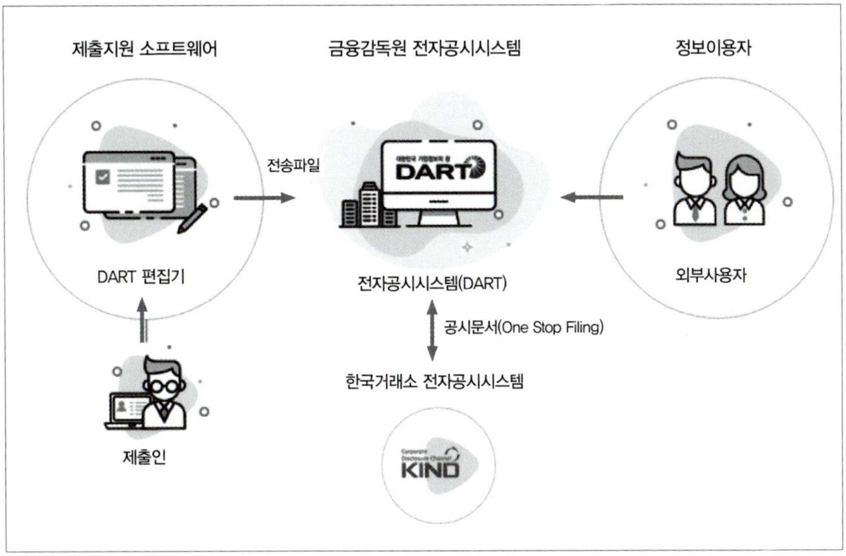

그림 1-4 **전자공시제도**

출처: https://dart.fss.or.kr/introduction/content1.do

ESG 공시의 의무화

현재까지 기업공시제도는 재무적 성과 지표만 법적으로 의무화되어 있다. ESG와 관련해서는 정부에서 점차 법적 의무로 확대한다고 발표하였다. 금융위원회가 2021년 1월 14일 발표한 기업의 공시 부담 감소 및 투자자 보호 강화를 위한 기업공시제도종합 개선방안이 그것이다.

금융위원회가 발표한 기업공시제도 개선방안에는 투자자의 공시정보 이용 편의 증대, 기업의 공시 부담 경감, 투자자 보호 강화와 함께 ESG 책임투자 기반 조성의 내용을 포함했다. ESG 공시 의무화와 관련된 내용은 기업지배구조보고서와 지속가능경영보고서 관련 2가지 내용으로 되어 있다.

기업지배구조보고서와 지속가능경영보고서는 현재는 기업이 자율적으로 발표하

15 주식회사 등의 외부감사에 관한 법률 시행령(약칭: 외부감사법 시행령, 대통령령 제33447호), 제5조.

고 있다. 정부의 방침에 따르면 ESG와 관련된 공시 의무화 대상 기업은 코스피 상장사다. 코스피 상장사는 주권상장법인으로 이해하면 된다.

기업지배구조보고서 의무공시 대상은 2026년부터 전 코스피 상장사에 대해 의무화된다. 2021년 현재는 자산총액 2조 원 이상인 코스피 상장 법인만 의무화되어 있다. 지속가능경영보고서는 기업지배구조보고서보다 의무화 시기가 더 늦게 설정되어 있다. 2030년 이후 전체 코스피 상장사에 대하여 지속가능경영보고서 공시가 의무화되어 있고 2025년에는 우선 자산 2조 원 이상 코스피 상장사에 대하여 공시 의무화할 예정이다.

기업의 공시 부담 감소 및 투자자 보호 강화를 위한 기업공시제도 종합 개선방안

1. 투자자의 공시정보 이용 편의 증대

2009년 사업보고서 체계가 도입된 이후 공시 항목이 계속적으로 추가되어 오면서, 일반적인 투자자들이 사업보고서를 이해하고 활용하기 어려웠던 문제가 있어서, 아래와 같이 공시 항목과 분류체계를 개선할 예정입니다.

- 공시 항목 분류체계를 체계적으로 조정
- 중복 · 연관된 공시 항목은 통합해 투자자의 종합적 이해 제고
- 단순 · 정형화된 정보는 서술식보다 표로 작성토록 하여 가독성 제고
- 서식 관련 전자공시시스템(DART) 메뉴를 정비

이에 더하여 공시 용어, 주요 업종별 특성 등을 설명한 사업보고서 바이블을 발간하고, 전자공시시스템(DART)도 개선하여 회사현황, 재무정보, 지배구조, 투자위험요인 등 주제별로 메뉴를 구성하고 검색기능을 강화할 예정입니다.

2. 기업의 공시 부담 경감

기업의 공시 부담 경감을 위하여 사업보고서와 다른 형태의 별도의 분기보고서 서식을 아래와 같이 마련하여 투자자에 유용한 정보 제공에 집중하고 불필요한 공시 부담을 줄일 예정입니다.

- (필수 항목): 투자자의 관심이 높고, 분기 중 중요한 변동이 실제 발생하는 ①재무에 관한 사항, ②사업의 내용
- (기타 항목): ①외부감사에 관한 사항, ②최대주주에 관한 사항, ③임원의 현황, ④공시 진행 · 변경사항, ⑤우발채무 등에 대해서는 중요한 변동이 발생한 경우에 한해 기재

이외에 아래와 같은 조치를 진행할 예정입니다.

- 소규모기업 공시부담 경감
- 투자설명서 전자교부 제도 개선
- 소액공모 관련 결산서류 제출면제 신설

- 최초 외부감사대상 법인 사업보고서 제출 유예
- 비상장법인 교육지원 강화

3. ESG 책임투자 기반 조성

(1) 기업지배구조 보고서 의무화 확대

기업지배구조보고서 의무공시 대상(현재 자산총액 2조 원 이상 코스피 상장 법인)을 단계적으로 확대하여 2026년부터 전 코스피 상장사에 대해 공시 의무화하였습니다.

(2) 지속가능경영 보고서 공시 활성화

ESG와 관련한 지속경영가능 보고서에 대한 거래소 자율공시를 활성화하고, 아래와 같이 단계적으로 의무화 추진 예정입니다.

- 1단계(2025년까지): 'ESG 정보 공개 가이던스(거래소, 2021년 1월 발표 예정)'를 제시하여 '지속가능경영 보고서' 자율공시를 활성화
- 2단계(2025년에서 2030년까지): 일정규모 이상(예 자산 2조 원 이상) 코스피 상장사에 대하여 공시 의무화
- 3단계(2030년 이후): 전체 코스피 상장사에 대하여 공시 의무화

(3) 스튜어드십 코드 성과 평가 및 개정 검토

(4) 의결권 자문사의 신뢰성 제고를 위한 제도 정비

- 의결권 자문사와 관련하여 그동안 제기되어 온 이해 상충, 전문성, 정확성 및 투명성 문제 등을 고려하여 '의결권자문사 이용 가이드라인'을 제정하여 간접적으로 관리 · 감독이 이루어지도록 여건을 조성할 예정입니다(2021년 중).
- 가이드라인 시행 상황을 보아가면서, 자본시장법에 관리 · 감독 관련 근거를 마련하는 방안도 검토할 예정입니다.

4. 투자자 보호 강화

(1) 공시 사각지대 축소

- 기술특례 상장법인 공시 강화
- 국내 상장 역외지주사 공시 강화

① 정기보고서에 역외지주사의 현금 보유액, 유동자산 등 지급능력을 보여줄 수 있는 항목을 추가

② 본국 자회사에 대한 지분인수, 자금대여 등과 관련하여 외화 송금 절차, 외환거래 규제 등 관련 리스크 공시를 강화

- 신규 상장법인 공시정보 제공 강화
- 영구채 발행 시 주요사항보고서 제출 의무화

(2) 공시규제 위반 시 제재 정상화

출처: KIM&CHANG, 2021.01.05.(https://www.kimchang.com/ko/insights/detail.kc?idx=22634)

임팩트 비즈니스

ESG를 실현하는 기업의 활동을 일컫는 개념으로 임팩트 비즈니스(impact business)가 있다. impact는 충격 또는 영향이라는 뜻으로 가장 쉽게 이해하면 사회에 충격을 주는 또는 영향을 미치는 기업활동을 의미한다. 또한 임팩트 비즈니스를 수행하기 위해 돈을 투여하는 것을 임팩트 투자라고 한다. 임팩트 투자도 이윤을 추구하는 기업에 투자하여 돈을 벌고자 하는 일반적인 투자와 목적은 같다. 하지만 사회에 충격 또는 영향을 주는 투자라는 점에서 일반적인 투자와 구별된다.

임팩트 투자는 기업이 사회에 충격을 주거나 영향을 미친다고 해서 부정적인 충격이나 영향을 의미하는 것은 아니며, 착한 투자방식을 지칭한다. 이익을 얻는 것만이 투자의 목적은 아니다. 투자를 통해 사회와 환경에 긍정적인 영향을 미치고자 하기 때문에 사회와 환경에 좋은 영향을 미치는 사업이나 기업을 골라 투자한다.

최근에는 임팩트 투자와 함께 사회책임투자 또는 지속가능개발투자라는 말도 많이 쓰이고 있다. 사회책임투자(Socially Responsible Investment, SRI)는 사회적 책임을 다하는 투자를 말하며 기업이 달성한 다양한 사회적 성과를 기준으로 투자 여부를 결정하는 금융 활동이다. 재무적 성과에 대한 평가는 물론, 인권 · 환경 · 노동 · 지역사회 공헌도 같은 사회적 책임 달성 정도도 평가한다. 임팩트의 내용으로 사회적 책임을 다한다는 점에 초점을 맞춘 명명으로 이해하면 된다.

지속가능개발투자(Sustainable Development Investing, SDI)는 임팩트 투자나 사회책임투자가 지속가능개발의 일환이라는 점에 초점을 맞춘 작명이다. SDI가 마치 더 발전된 개념처럼 느껴지는 것은 최근 UN의 활동과 연결되기 때문이다.

2019년 UN은 GISD를 발족했다. GISD가 굴리는 자금의 규모는 무려 16조 달러에 달한다. 당연히 전 세계 투자자들과 기업의 관심을 끌 수밖에 없는 규모다.

읽고 생각하기

지속가능개발투자(SDI)와 尹 정부의 지속가능 외교

최근 글로벌 자본시장의 새로운 투자 트렌드로 지속가능개발투자(Sustainable Development Investing, SDI)가 주목받고 있다.

SDI는 사회책임투자(SRI·Socially Responsible Investment)와 임팩트 투자로 대표되는 기존 지속가능금융 분야에서 새로운 투자 방법으로 각광 받으며 빠르게 확산되고 있다. ESG 채권

(녹색 · 사회적 · 지속가능채권)이나 ESG(환경 · 사회 · 지배구조) 상장지수펀드(ETF) 등 다양한 형태로 국가와 국가 간 ODA(개발원조) 사업이나 일반 민간 시장에서 활용되고 있다.

안토니우 구테흐스 유엔 사무총장은 2019년 10월 전 세계 핵심 비즈니스 리더들에게 유엔 SDGs(지속가능발전목표) 달성을 위해 자금 조달에 동참할 것을 촉구하면서 30곳의 투자은행(IB) 최고경영자(CEO)를 유엔에 초대하였는데, 회의 결과 아디스아바바 행동 의제(Addis Ababa Action Agenda)의 자금 조달과 관련된 유엔 전략의 일부로 '지속가능개발을 위한 글로벌 투자자그룹(GISD·Global Investors for Sustainable Development) 동맹'을 발족시켜 SDI의 시작을 알린 바 있다.

GISD는 미화 16조 달러를 움직이는 막강한 금융연합으로 부상해 전 세계의 주목을 받았는데, 올리버 베테(Oliver Bäte) 알리안츠(Allianz) CEO와 레일라 푸리(Leila Fourie) 요하네스버그 증권거래소(Johannesburg Stock Exchange) CEO가 공동 의장을 맡았다. 시티그룹(Citigroup)과 중국공상은행(ICBC), 인포시스(Infosys), 인베스텍(Investec), 산탄데르(Santander), UBS 등 세계적인 금융 그룹 등이 대거 참여했다.

출처: 세계일보, 2023.08.01.(https://www.segye.com/newsView/20230801517066?OutUrl=naver)

ESG워싱

기업이 ESG를 실현한다고 하면 환영할 일이다. 그런데 알고 보니 달라진 것이 없다면? 이럴 때 쓰는 말이 바로 ESG워싱이다.

워싱은 whitewashing의 줄임말이다. whitewash는 원래 흰색 도료를 의미하며, 페인트나 바니시처럼 물건의 외관을 아름답게 하거나 보존하기 위해 바르는 물질인데 물리적 의미가 확대되어 좋지 않은 것을 가리는 눈속임을 의미하는 말이 되었다.

즉, ESG워싱은 마치 기업이 ESG 실천을 하는 것처럼 겉으로는 표방하지만 실제로는 환경에 이바지하지도, 사회적 가치를 실현하지도, 지배구조가 개선되지도 않았을 때 쓰는 말이다. ESG 중 환경에 초점을 맞춘 경우는 그린워싱이라고 한다.

그린워싱이라는 용어가 먼저 사용되었고, ESG가 대중화 됨에 따라 ESG워싱이라는 말도 널리 쓰이게 되었다. 그린워싱은 환경 친화 상품을 자임하지만 과장되거나 왜곡된 경우를 나타내는 말이다. 녹색마크나 녹색문구가 표시되었다고 해서 그대로 믿을 수는 없다. 소비자의 알 권리를 기만한 경우가 있을 수 있기 때문이다.

ESG워싱이 밝혀지게 되면 당연히 소비자들은 실망한다. 투자자도 투자를 외면한다. 그런데 ESG워싱은 그저 현실적으로 기업에 대한 소비자와 투자자의 멀어짐을 의미하는 것으로 끝나지 않는다. 표시광고법 위반으로 인한 법에 따른 제재를 받을 수 있다.

워싱은 ESG워싱 이외에도 네임워싱 같은 형태로 쓰이기도 한다. 네임워싱의 대표적인 사례로는 페이스북을 예로 들 수 있다. 2021년 페이스북은 사명을 메타(Meta)로 변경하였다. 메타버스 시장 선점의 의지를 표현한 셈이지만 얼마나 성공했는지는 아직 미지수다.

이름을 바꿔 이미지를 세탁하려고 시도하는 회사도 꽤 있다. 특히 실적이 악화되었을 때 네임워싱을 활용하는 경우가 많다. 에디슨EV는 쌍용자동차를 인수할 수 있다는 가능성으로 주가가 2021년 한 해 60배나 올랐지만, 이후 먹튀 의혹을 받으며 사명을 스마트솔루션즈로 변경하였다. 네임워싱에도 불구하고 결국 거래가 정지됐다.

ESG워싱은 국가의 정책이나 국제기구의 규범 같은 시대적 트렌드의 변화와 가치 있는 곳에 소비하겠다는 소비자의 마음을 받아들일 수밖에 없지만, 능력이 모자라거나 의지가 부족할 때 발생한다. 그나마 능력이 모자라는 경우는 정부 지원이나 전문가들의 컨설팅을 통해 개선될 여지가 있지만, 의지도 없으면서 워싱만 하는 경우는 크게 문제가 된다. 장기적으로 볼 때 소비자와 투자자의 외면을 받을 수밖에 없다는 점을 확실히 깨달을 필요가 있다.

읽고 생각하기

그린워싱으로 경쟁사 제소…공정 거래 핵심 요소 된 ESG

친환경에 대해 불분명하고 허위이며 증명되지 않았거나 증명할 수 없는 표현을 내세우는 그린워싱 광고를 직접적으로 규율하는 한국의 법률은 '표시 · 광고의 공정화에 관한 법률(이하 표시광고법)'이다.

표시광고법 제3조는 소비자를 속이거나 소비자로 하여금 잘못 알게 할 우려가 있는 허위 · 과장의 표시 · 광고, 기만적인 표시 · 광고 행위를 금지하고 있다. 특히 공정거래위원회는 '환경 관련 표시 · 광고에 관한 심사 지침'을 마련해 그린 워싱에 해당할 수 있는 표시 · 광고 유형이나 내용을 제시하고 있다.

표시광고법 제3조를 위반해 그린워싱을 하는 사업자에 대해 공정거래위원회는 해당 위반 행위 중지, 법 위반 사실 공표, 정정 광고 등을 명할 수 있다(표시광고법 제7조). 또한 공정거래위원회는 그린워싱 사업자에 대해 과징금을 부과할 수 있다(매출액 또는 영업수익의 2% 이내).

명백하고 중대해 경쟁 질서를 현저히 저해하는 그린워싱 표시 · 광고 행위에 대해서는 2년 이하의 징역 또는 1억 5,000만 원 이하의 벌금과 같은 형사 처분도 가능하다(표시광고법 제17조 제1호).

한편 표시광고법은 이 같은 행정적 제재나 형사 책임 외에 민사상 손해 배상 책임에 대해서도 정하고 있는데, 사업자의 고의나 과실이 없더라도 그린워싱 표시 · 광고로 인해 손해를 본 사람에 대한 책임을 면할 수 없다는 특징이 있다(표시광고법 제10조).

출처: 매거진한경, 2023.02.05.(https://magazine.hankyung.com/business/article/202301315774b)

국제적 동향

기업의 ESG 실현과 관련하여 국제적으로는 글로벌 ESG 생태계를 구축하는 중이다. 2020년을 기준으로 전 세계 84개국에서 ESG 정보공개제도가 도입됐다. 각국 정부와 국제기구는 정보공개 등 규율체계를 마련 중이며, 이전까지 기업의 자율적 참여를 권고하는 수준에서 한 걸음 더 나아가 점차 법적책임을 부여하고 금융당국 등이 중심이 되어 감독을 강화하는 추세에 있다.[16]

전 세계적인 코로나19 사태는 기후위기의 심각성에 대한 인식이 증대되는 계기가 되었다. 이에 따라 최근 국제기구, EU 등의 글로벌 ESG 제도화 움직임이 빠르게 확산되고 있다.[17] ESG의 글로벌 제도화는 공시 규율 강화가 중심이 되고 있다. ISSB(국제지속가능성표준위원회)는 2023년 상반기 ESG 공시 국제표준화를 추진했다. 미국도 2022년 말 SEC는 기후공시를 의무화했다.

유럽지역의 ESG 제도화는 다른 곳보다 훨씬 빠르다. EU ESRS(유럽지속가능성보고기준)는 이미 2022년 말에 일정 규모 이상의 EU 기업과 외국기업에 ESG 공시를 의무화했다. EU는 탄소국경조정제도와 공급망 실사 도입 등을 통해 EU 수출 · 협력기업에 온실가스 감축 · ESG 이행 부담을 부과할 예정이다. 탄소국경조정제도(CBAM)는 EU 내 수입업자에 제품 탄소배출량에 상응하는 배출권 구매 등 경제적 부담을 부과하는 제도이다. 공급망 실사는 EU 내 기업 및 거래기업 공급

16 이억원 1차관, 환경 · 사회 · 지배구조(ESG) 관련 전문가 간담회 개최, 기획재정부, 2021.05.04.

17 기업 경쟁력 제고와 지속가능 경제구축을 위한 ESG 인프라 고도화 방안, 관계부처합동, 2022.12.27.

망에 포함된 모든 협력사에 환경, 인권 등 ESG 관련 리스크를 조사하여 필요한 조치를 취할 의무를 부담한다.[18]

ESG 평가의 중요성 제고 및 문제점 지적에 따라 국제적으로 ESG 평가시장에 대한 규제의 필요성에 대한 논의가 점차 확대 중이다. IOSCO, OECD 등은 평가기관에 투명성 강화, 이해 상충 관리 등을 요구하는 한편, 감독 당국에 주의를 기울일 것을 권고했다. EU, 영국 등도 평가시장의 규제 필요성을 제기하고 있으며, 일본 금융청은 ESG 평가기관이 준수해야 할 행동강령을 발표했다.[19]

ESG 평가시장에 대한 규제와 관련된 국제사회의 주요 조치 사항은 〈표 1-2〉와 같다.

표 1-2 국제사회의 ESG 평가시장 관련 주요 조치 사항

국제기구/국가	ESG 평가시장 관련 조치	주요 내용
IOSCO	규제당국, 평가기관 등에 대한 10대 권고안 발표(「ESG Ratings and Data Product Providers Final Report」 '21.11.)	ESG 평가기관의 ESG 평가방법론 공개, 독립적인 의사결정, 비공개정보의 기밀 유지 등에 대해 권고
G20/OECD	기업지배구조원칙 개정 검토	ESG 평가기관, 지수제공자 등의 이해 상충 최소화 필요성을 원칙에 추가
EU	역내 ESG 평가 및 데이터 관련 시장 현황 조사(「Outcome of ESMA Call for Evidence on Market Characteristics of ESG Rating and Data Providers in the EU」, ESMA, '22.6.)	약 35%의 평가기관이 금융규제 · 감독을 받고 있으며, ESG 평가 · 데이터를 EU 금융시장의 잠재 리스크 요인으로 평가 cf. ESG 평가기관으로서 규제가 아닌 금융기관(예 신용평가사)으로서 규제를 의미
일본	금융청, ESG 평가 및 데이터 제공기관이 준수해야 할 행동규범(code of conduct) 발표(「The Code of Conduct for ESG Evaluation and Data Providers」, FSA(日), '22.12.)	행동규범은 이해충돌 관리, 투명성 보장, 비밀유지, 인적자원 개발 등 6개 원칙 및 세부 가이드라인으로 구성

18 기업 경쟁력 제고와 지속가능 경제구축을 위한 ESG 인프라 고도화 방안, 관계부처합동, 2022.12.27.

19 ESG 평가시장의 투명성 · 신뢰성 제고 방안 –「ESG 평가기관 가이던스」 제정 –, 금융위원회, 2023.05.24.

영국	• FCA, ESG 데이터 및 등급 제공기관의 행동규범 마련 계획 발표('22.11.) • 행동규범 마련을 위한 워킹그룹 출범('22.末)	이해충돌 관리, 투명성 등
인도	• ESG 평가기관 '인가제' 도입('22.1.) • 기관투자자, ESG 지수 산출기관 등은 인가받은 평가기관의 등급만 사용 가능	순자산 규모, 내부조직 운용 규정, 전문인력 등으로 인가요건 부과

한국 정부 정책 현황

한국 정부는 코로나19로 인한 양극화 심화, 기후위기 대응에 대한 시급성 인식으로 기업의 지속가능경영에 대한 사회적 요구와 필요성이 확대되면서 ESG가 메가트렌드로 부상하였다. ESG는 일시적 트렌드로 끝나지 않고, 포스트 코로나 시대 세계 경제의 지속가능한 성장을 위한 방안으로 더욱 부각될 것으로 보고 있다. 특히, 정부는 ESG 확산을 우리 경제가 친환경 · 포용 · 공정경제로 체질 개선할 기회로 인식하고 있다고 하며, 기업들이 친환경 사업재편(E), 사회적 가치 실현(S), 투명한 지배구조 확립(G) 등 실질적 ESG 경영으로 전환할 수 있도록 뒷받침하는 방향에서 정책을 추진 중이다. 정부의 ESG 정책은 민간 주도의 ESG 생태계 조성 · 확산을 목표로 시장과 소통을 강화하며 조력자로서 해야 할 역할을 충실히 하는 데 맞춰져 있다.[20]

ESG에 대한 이러한 인식으로 한국 정부는 많은 정책을 펴고 있지만 특히 주목해야 할 것은 2022년 발표된 "기업 경쟁력 제고와 지속가능 경제 구축을 위한 ESG 인프라 고도화 방안"(이하 'ESG 인프라 고도화 방안')이다.

ESG 평가시장과 관련해 2023년 5월 24일 "ESG 평가시장의 투명성 · 신뢰성 제고 방안"을 내놓았다. 국내의 경우 ESG 평가시장은 초기 단계이나, ESG의 중요성이 부각되면서 ESG 평가시장에 대한 우려도 확대된다고 보고, ESG 정보이용자와 투자자 보호, 평가시장의 건전한 발전을 위해 'ESG 평가기관 가이던스'를 마련했다.[21]

---

20 이억원 1차관, 환경 · 사회 · 지배구조(ESG) 관련 전문가 간담회 개최, 기획재정부, 2021.05.04.

21 ESG 평가시장의 투명성 · 신뢰성 제고방안 –「ESG 평가기관 가이던스」 제정 –, 금융위원회, 2023.05.24.

ESG 인프라 고도화 방안의 추진과 관련한 관계부처는 다음과 같다.

총괄: 지속가능경제지원팀			
산업통상자원부	• 산업정책관 • 산업정책과	중소벤처기업부	• 창업정책관 • 미래산업전략팀
금융위원회	• 금융정책국 • 지속가능금융과	고용노동부	• 노사협력정책관 • 노사협력정책과
금융위원회	• 금융소비자국 • 공정시장과	공정거래위원회	• 기업집단국 • 기업집단정책과
환경부	• 녹색전환정책관 • 녹색전환정책과	행정안전부	• 지역경제지원관 • 공기업정책과

ESG 인프라 고도화 방안

ESG 인프라 고도화 방안은 기업의 ESG 관련 대응력 강화 및 경영 부담 완화와 ESG 투자 활성화를 위한 것으로, 제13차 비상경제차관회의(12.9) 안건으로 상정되어 논의되었다. 정부는 「ESG 인프라 고도화 방안」을 통해 ESG 인프라 구축을 가속화하며 민간중심의 ESG 생태계 육성을 적극적으로 지원해 나갈 계획이라고 밝혔다.[22]

2022년 12월 27일 관계부처 합동으로 발표된 ESG 고도화 방안은 ESG 인프라 고도화를 위한 주요 정책과제로 5가지를 들고 있다.[23]

1. ESG 공시제도 정비
- 국내 ESG 공시체계 정비
- ESG 공시 · 공개제도 간 연계강화

2. 중소 · 중견기업 ESG 경영지원 강화
- 중소기업 ESG 경영 전환 지원
- 공급망 실사 대응 강화 등 수출 · 협력 중소기업 맞춤형 지원 강화

3. ESG 투자 활성화
- ESG 채권 발행 · 투자 활성화를 위한 기반 구축
- ESG 평가기관 가이던스 마련 및 ESG 평가지원 강화

22 'ESG 인프라 고도화 방안' 발표 – 국내기업 경쟁력 제고 및 지속가능경제 구축 –, 기획재정부, 2022.12.28.

23 기업 경쟁력 제고와 지속가능 경제구축을 위한 ESG 인프라 고도화 방안, 관계부처합동, 2022.12.27.

4. ESG 정보 · 인력 지원체계 구축

- ESG 정보 제공 · 이용 활성화를 위한 기반 강화
- ESG 전문인력 양성

5. 공공부문 ESG 경영 · 투자 선도

- 공공기관 ESG 경영 촉진
- 연기금 ESG 투자 확대

ESG 평가기관 가이던스

ESG 평가기관 가이던스는 2023년 5월 24일 'ESG 평가시장의 투명성 신뢰성 제고 방안'의 일환으로 마련됐다. 사실 ESG 평가시장의 문제점은 국내 평가기관만의 문제는 아니다. 평가방법론의 투명성 부족, 이해 상충 우려 등은 국내외 ESG 평가시장에서 공통적인 문제점으로 지적됐다.[24]

무엇보다 평가사들 간 평가 결과의 차이로 인해 기업들의 ESG 평가 대응 부담이 가중되고 평가등급의 투자지표로서의 의미가 부족하다는 지적이다. 국내 두 평가기관(ESG기준원, 서스틴베스트)에서 839개 기업을 대상으로 부여한 ESG 종합등급을 비교한 결과 상관계수가 0.61 수준에 불과했다. 평가등급의 차이는 평가지표, 가중치 등 평가방법론의 차이에서 기인한 것이므로 불가피하다는 인식도 존재하지만, 상이한 평가 결과는 '엇갈린 신호(mixed signal)'로 작용하여 결과적으로 기업의 ESG 성과개선의 동기를 약화시킬 우려가 있다.[25]

ESG 평가기관 가이던스는 총 6개 장 21개 조문으로 되어 있으며, 비재무정보를 평가하는 ESG 평가의 특성, 국내 현황 등을 고려하여 신용평가 규제 등에 비해서는 낮은 수준으로 제시하고 있다. 평가지표 선정 등 구체적 평가 방법이 아닌 평가 업무 수행 시 필요한 '절차 · 기준' 등에 대한 Best Practice 제시를 목적으로 하고 있다. 또한 각 기관은 참여 여부를 자율적으로 천명하고, 원칙준수 · 예외설명(Comply or Explain) 방식으로 참여하도록 했다.[26]

---

24 ESG 평가시장의 투명성 · 신뢰성 제고방안 –「ESG 평가기관 가이던스」제정 –, 금융위원회, 2023.05.24.
25 ESG 평가시장의 투명성 · 신뢰성 제고방안 –「ESG 평가기관 가이던스」제정 –, 금융위원회, 2023.05.24.
26 ESG 평가시장의 투명성 · 신뢰성 제고방안 –「ESG 평가기관 가이던스」제정 –, 금융위원회, 2023.05.24.

기업들에서는 이해 상충 발생 가능성을 우려하는 시각이 많다. 대한상공회의소 조사에 따르면 무려 80% 이상의 기업들이 ESG 평가와 관련한 평가기관 내부의 이해 상충 가능성을 우려했다. ESG 펀드를 운용하면서 ESG 평가도 함께 맡는 기관에 대한 회의적인 시각은 당연하다.

ESG 평가기관 가이던스는 이러한 문제를 해결하기 위한 내용도 포함하고 있다. 우선, 평가 업무 수행 시 독립성 · 공정성 확보의 일반원칙을 명시했고, 이해 상충 발생 우려 시 회피, 관련 사실의 공개 등 노력 의무를 부과했다. 또한 ESG 평가 업무 및 평가 전문인력과 해당 기관이 제공하는 이해 상충 가능성이 있는 업무 · 인력의 분리와 ESG 평가 업무와 관련하여 계열회사의 업무와 이해 상충 문제가 발생하지 않도록 내부정책을 수립 및 운영할 것을 규정했다. 다음으로 일정 비율 이상의 출자 관계에 있는 등 이해관계가 있는 회사와 관련된 잠재적인 이해 상충의 관리와 관련한 내용도 담았다.[27]

공공기관의 ESG 공시 추가

공공기관은 공적인 목적을 수행하는 조직이나 단체를 의미한다. 법적으로는 법률에 따라 설립되고 정부가 출연한 기관이나 정부가 100분의 50 이상의 지분을 가지고 있거나 100분의 30 이상의 지분을 가지고 임원 임명 권한 행사 등을 통하여 해당 기관의 정책 결정에 사실상 지배력을 확보한 기관으로 법[28]에 규정된 곳을 의미한다. 쉽게 이해하려면 '○○공사' 또는 '○○공단'을 생각하면 된다.

공공기관은 2007년부터 법에 따라 경영에 관한 주요 정보를 공시하도록 하고 있다. 공공기관의 공시 내용은 공공기관 경영정보 공개시스템(알리오: All Public Information In-One)을 통해 언제든지 확인할 수 있다.

공공기관이 공개해야 하는 통합공시 항목은 주권상장법인이나 외부회계감사법인과 같은 민간기업이 공시하는 항목보다 많다. 임직원 수, 임원연봉, 노동조합 관련 현황 같은 일반 현황과 재무상태표, 손익계산서 같은 재무적 성과 지표는 물론 소송 및 법률 자문 현황, 징계 현황, 국회 지적사항 같은 정보도 공시해야 한다.

27 ESG 평가시장의 투명성 · 신뢰성 제고방안 –「ESG 평가기관 가이던스」 제정 –, 금융위원회, 2023.05.24.
28 공공기관의 운영에 관한 법률(약칭: 공공기관운영법. 법률 제18795호) 제4조.

2021년 기획재정부는 공공기관의 통합공시 항목으로 ESG와 관련된 항목을 대폭 추가했다. 안전 및 환경 항목, 사회공헌활동, 상생협력, 일 · 가정양립 등 관련 항목을 대폭 신설 · 보완한 것이다.

우선 공공기관은 환경 영역으로 '녹색제품 구매 실적'과 '온실가스 감축 실적' 등 환경 보호 노력을 공개해야 한다. 사회공헌활동, 상생협력, 일 · 가정양립 등과 같은 사회 영역도 공개대상이다. 또한 2021년부터 본격 시행된 안전관리등급제에 맞춰 안전경영책임보고서를 공시해야 하고, 중소기업과의 상생협력 노력은 '혁신조달'과 '중증장애인 생산품 구매실적' 공개를 통해 공시해야 한다.

이전까지 사회공헌활동은 공공기관의 자율적인 판단에 맡겨 공시하지 않아도 무방했으나 2021년부터는 '봉사 실적'이 정식 공시항목으로 신설되었다. 일 · 가정양립과 관련해서는 '가족돌봄휴가'와 '직장어린이집 지원'을 별도로 공시하도록 했다.

표 1-3 공공기관 통합공시 항목 일람표[29]

항목	세(세)항목
1. 일반현황	
2. 임직원 수	
3. 임원현황	
4. 신규채용 현황	
5. 임직원 채용정보	
6. 임원연봉	
7. 직원 평균보수	
8. 기관장 업무추진비	
9. 복리후생비	예산상 복리후생 내역
	사내근로복지기금
	복리후생비 내역
10. 그 밖의 복리후생 제도 등의 운영현황	휴직급여
	퇴직금
	휴가/휴직 등
11. 임원 국외출장 내역	

항목	세(세)항목
12. 노동조합 관련현황	노동조합 가입정보
	단체협약정보 등
13. 정관 및 내부규정	
14. 징계현황	운영현황
	처분결과
15. 소송 및 법률자문 현황	
16. 일 · 가정 양립 지원	가족돌봄 휴가 · 휴직
	직장어린이집 지원 등
17. 안전 및 환경	안전경영책임보고서
	녹색제품 구매 실적
	온실가스 감축 실적
18. 사회공헌활동	봉사 실적
	기부 실적
19. 요약 재무상태표	
20. 요약 손익계산서	

29 공공기관 공시항목에 ESG(환경, 사회, 지배구조) 대폭 확대한다, 기획재정부, 2021.03.04.

항목	세(세)항목
21. 수입 · 지출현황	
22. 주요사업	
23. 투자집행내역	
24. 자본금 및 주주현황	
25. 장단기 차입금현황	
26. 투자 및 출자 · 출연 현황	투 · 출자 현황 등
	퇴직 임직원 취업 현황
	대규모 거래
	신규 시설투자
	출연 현황
27. 경영부담 비용추계	담보현황
	채무보증현황 등
28. 중장기 재무관리계획	
29. 12개 주요기관의 상세부채 정보	
30. 납세정보	법인세
	세무확정내역
	조세포달현황

항목	세(세)항목	
31. 감사보고서	내부감사결과	
	외부감사보고서	
32. 국회 지적사항		
33. 감사원/주무부처 지적사항		
34. 경영실적 평가결과		
35. 경영평가 지적사항		
36. 고객만족도 조사결과		
37. 감사직무실적 평가결과		
38. 이사회 회의록		
39. 경영혁신사례		
40. 계약정보	공개입찰정보	
	수의계약	혁신조달 실적
		중증장애인 생산품 구매실적
41. 연구보고서		

※ 음영은 ESG 및 사회적 가치 관련 확대 (세)항목

Summary

- 넓은 의미의 ESG는 기업 차원에 한정하지 않고 사회 전반에 적용되는 방안을 고려한다.
- 기업의 ESG 평가는 비재무적 요소에 대한 평가를 의미하지만, 기업 평가 시 재무적 요소는 당연히 포함해야 한다.
- 재무정보는 수치로 나타낼 수 있는 정보를 의미하고 비재무정보는 수치로 나타낼 수 없는 정보를 의미한다.
- 재무적 요소와 비재무적 요소에 대한 균형적 고려는 외부적 요구에 대한 대응을 넘어 리스크 관리, 장기적 성장 같은 훨씬 적극적인 의의가 있다.
- ESG에는 재무적 요소는 포함되지 않지만, 재무적 요소를 통한 성과적인 이윤 창출이 되지 않는 기업은 ESG 평가도 무용하다.
- 일정 규모 이상의 기업은 일정한 정보를 외부에도 공개해야 할 법적 의무가 있다.

- 일정 규모 이상의 기업은 비재무적 성과 지표인 ESG도 점차적으로 공시하도록 법제화되었다.
- 임팩트 비즈니스는 ESG를 고려한 기업의 활동을 의미하며 임팩트는 사회적 책임을 다한다는 뜻이다.
- ESG워싱은 소비자를 실망하게 할 뿐만 아니라 법적인 제재도 받을 수 있다.
- 유럽지역은 ESG의 제도화에서 발 빠른 움직임을 보이고 있고 글로벌 ESG 생태계를 구축 중이다.
- 우리나라 정부도 기업의 ESG 실현을 조력하기 위해 다양한 정책을 강구하고 있다.
- ESG 인프라 고도화 방안은 ESG 생태계 활성화를 통한 지속가능경제 구축을 목표로 한다.
- ESG 평가기관 가이던스는 ESG 평가시장의 투명성과 신뢰성 제고를 목적으로 한다.
- 공공기관도 2021년부터 ESG 실현 여부를 공시하도록 법제화됐다.

Keyword

CBAM, ESG 공시, ESG 생태계, ESG 인프라, ESG 평가기관, ESG 평가기관 가이던스, ESG 평가시장, ESG워싱, ESRS, GISD, 가이던스, 경영의사결정, 공공기관, 공시, 규율체계, 균형적 고려, 그린워싱, 글로벌 ESG 생태계, 기업가치, 기업공시, 기업의 지속가능성, 기업지배구조보고서, 기획재정부, 넓은 의미의 ESG, 네임워싱, 리스크 관리 평가 지표, 메가 트렌드, 민관합동ESG협의회, 비재무정보, 사회책임투자, 상생협력, 상장, 성과, 성과지표, 수치, 신뢰성, 알리오, 외부회계감사법인, 우선적 투자, 이윤 창출, 이해 상충, 임팩트 비즈니스, 임팩트 투자, 자기보고자료, 재무적 성과 지표, 재무정보, 주권상장법인, 지속가능개발투자, 지속가능경영보고서, 지속가능경제, 책임투자, 초점, 코스피, 투명성, 투자자 보호, 투자전략, 평가기관, 표시광고법, 혁신조달, 회계장부

Quiz ※ 빈칸을 채우거나 OX로 답하세요.

01 ESG는 단순히 기업의 활동을 뜻하는 것을 넘어 사회 전반의 운영 원리로서 의미가 점차 확대되고 있다. (　　)

02 ESG는 비재무적 요소만 기업 평가에 반영하는 것이다. (　　)

03 기업의 재무 성과 지표를 담고 있는 대표적인 문서자료는 (　　　)와 (　　　) 같은 재무제표이다.

04 ESG 같은 기업의 비재무적인 성과지표를 담고 있는 대표적인 문서자료는 (　　　)와 (　　　)이다.

05 ESG는 외부적 요구에 대응하는 것으로 기업의 명성과 가치를 높이는 활동과는 무관하다. (　　)

06 재무적 요소를 통한 성과적인 이윤 창출이 되지 않는 기업은 비재무적 요소를 고려할 필요조차 없게 된다. (　　)

07 기업이라면 규모에 상관없이 일정한 정보를 외부에도 공개해야 할 법적 의무가 있다. (　　)

08 기업지배구조보고서 의무공시 대상은 2026년부터 전 코스피 상장사에 대해 의무화된다. (　　)

09 임팩트 투자는 사회와 환경에 긍정적인 영향을 미치기 위해 사회와 환경에 좋은 영향을 미치는 사업이나 기업을 골라 투자한다. (　　)

10 ESG워싱은 그저 현실적으로 기업에 대한 소비자와 투자자의 멀어짐을 의미하는 것으로 끝나지 않고, (　　　) 위반으로 인한 법적인 제재를 받을 수도 있다.

11 ESG의 글로벌 제도화는 (　　　) 규율 강화가 중심이 되고 있다.

12 우리나라 정부의 ESG 정책은 정부 주도의 ESG 생태계 조성 · 확산을 목표로 한다. (　　)

13 우리나라 정부의 ESG 인프라 고도화를 위한 주요 정책과제는 우리 기업의 경쟁력 제고도 목표로 하고 있다. (　　)

14 우리나라의 경우 ESG 평가방법론의 투명성 부족, 이해 상충 우려 등이 국외 ESG 평가 시장보다 더 심각한 상태다. (　　)

15 공공기관의 ESG 관련 공시 내용을 확인할 수 있는 공공기관 경영정보 공개시스템의 별칭은 (　　　)이다.

Discussion

01 좁은 의미의 ESG와 넓은 의미의 ESG의 의미를 비교해 보자.

02 ESG로 기업을 평가하게 되면 기업 이윤에는 어떤 영향을 미치게 되는지 알아보자.

03 지속가능보고서와 지배구조보고서 같은 기업의 비재무정보를 자기보고자료라고 하는 이유는 무엇인가?

04 기업에서 ESG의 적극적인 의의는 무엇인지 토론해 보자.

05 ESG의 의의를 재무정보와 비재무정보의 균형이라는 측면에서 설명해 보자.

06 기업공시제도에서 기업의 규모에 따른 기준이 다른 이유를 찾아보자.

07 ESG 공시를 기업의 규모에 따라 단계적으로 하는 이유에 대해 알아보자.

08 언론에서 임팩트 투자의 사례를 찾아 발표해 보자.

09 주변에서 ESG워싱의 사례를 찾아보고, 해당 기업에 의사표시를 어떻게 해야 할 것인지 생각해 보자.

10 국제적으로 제도화되고 있는 ESG 관련 규범 중 하나를 선택해 구체적인 내용을 알아보자.

11 유럽과 우리나라의 ESG 관련 정책을 비교해 보자.

12 ESG 인프라 고도화 정책이 기업의 경쟁력 제고와 어떤 관련이 있는지 유럽의 ESG 관련 동향을 중심으로 설명해 보자.

13 ESG 평가와 관련한 평가기관 이해 상충 문제를 해결하기 위해 어떤 정책이 필요한지 토론해 보자.

14 민간기업과 공공기관의 ESG 공시에서 차이점과 공통점은 무엇인지 알아보자.

03
넓은 의미의 ESG: 사회운영원리로서의 ESG

넓은 의미의 ESG

넓은 의미의 ESG는 ESG를 사회 전반으로 폭넓게 적용하는 것을 의미한다고 이해할 수 있다.

예컨대, 하나의 도시를 운영하는 행정의 입장에서 따져보면, 환경을 생각하는 도시행정, 다수 주민에 대한 사회적 영향을 고려한 행정, 더욱 많은 주민의 참여가 가능할 수 있도록 하는 구조가 보장된 행정을 말한다. 이러한 고민은 ESG가 도시 전체 행정으로 확산된 것을 의미한다.

기업뿐만 아니라 학교나 다른 사회조직에서도 ESG의 중요성은 그대로 적용할 수 있다. 심지어 가정에서도 적용 가능하다. 우리 집은 환경을 보전하기 위해 얼마나 노력하고 있는가? 우리 집은 이웃의 삶에 대해 얼마나 관심을 기울이고 있는가? 우리 집의 주요한 일에 대해 가장이 독단적으로 결정하고 있지는 않은가?

ESG를 다른 사회조직이나 가정에까지 적용하면 사회운영원리로서 ESG의 의미를 아주 넓게 사고하는 시각이다. 이는 오랜 역사를 가진 시민교육과도 접목할 수 있다. 또한 세계적으로 지속가능한개발목표(SDGs)의 실현과도 연계할 수 있다. 문재인 정부 때는 사회적 가치의 실현을 주요 국정 어젠다의 하나로 삼기도 했다. 사회운영원리로서의 ESG, 곧 넓은 의미의 ESG가 포괄할 수 있는 주요한 영역이 되는 것이다.

아직 넓은 의미의 ESG에 대한 연구는 많이 이뤄지지 않았다. 여기에서는 크게 3가지 주제를 다룬다.

첫째, 자본주의의 미래에 대한 성찰이다. 기업활동은 자본주의 내의 활동이다. 좁은 의미의 ESG 활동은 과연 기업이 ESG에 어떻게 적응할 것인가, 어떻게 살아남을 것인가, 어떻게 성공할 것인가 하는 문제다. 기업의 활동은 자본주의에 영향을 미치게 된다. 더 큰 틀에서 기업의 ESG 활동이 오늘의 자본주의 성격을 보여주고 향후 자본주의의 미래를 전망한다.

둘째, 도시경영비전으로서의 ESG이다. 도시경영비전은 곧 행정의 ESG라고 할 수 있다. 중앙정부가 한 국가 전체를 대상으로 하는 넓은 의미의 ESG도 물론 상정할 수 있다. 그렇지만 아직 이에 관한 연구는 본격화되지 않았다. 지방자치단체 차원에서 ESG의 확장된 의미를 구현하는 아이디어는 다양하게 제출되었고 이미 정책화되고 있다.

셋째, 가치교육으로서의 ESG이다. 학교교육을 보완하는 의미에서 민주시민교육을 비롯한 많은 가치교육이 제안되었고 실행되고 있다. 좁은 의미의 ESG 교육은 기업이 어떻게 ESG를 이해하고 활용할 것인가 하는 내용에 치중하지만 넓은 의미의 ESG 교육은 학교교육과 사회교육에서 민주시민교육을 비롯한 가치교육과의 관계를 어떻게 정립할 것인가 하는 문제이다.

이 장에서는 넓은 의미의 ESG로서 자본주의의 미래에 대한 성찰과 도시경영비전으로서의 ESG를 다룬다. 가치교육으로서의 ESG는 이 책의 후반부에 별도의 장을 편성에 다루기로 한다.

기업의 목적 논쟁

ESG의 실행이 기업의 존속 또는 성공을 넘어 자본주의 체제에 근본적으로 어떤 의미가 있는지를 알기 위해서는 기업의 목적과 관련된 경제학계의 논쟁을 이해할 필요가 있다. 무엇보다 1970년의 프리드먼 선언을 먼저 살펴봐야 한다.

밀턴 프리드먼(Milton Friedman)은 노벨경제학상을 수상했고 시카고학파의 태두로 자리매김하였다. 시카고학파는 미국의 시카고대학교에 소속된 학자들을 중심으로 구성되었으며, 신자유주의학파라고도 한다. 시카고학파의 핵심 주장은 단순하다. 자원 배분은 시장경제기구에 의해야 하고 자유로운 가격 기능 부활을 통해 물가상승을 억제해야 한다 등이다. 자본주의 메커니즘에 대한 이러한 이해는 거슬러 올라가면 애덤 스미스(Adam Smith)에서 유래를 찾을 수 있다.

그림 1-5 **밀턴 프리드먼**

출처: https://n.news.naver.com/mnews/article/001/0014309615

프리드먼 선언은 1970년 시카고학파에 속했던 밀턴 프리드먼이 뉴욕타임스에 기고한 글이다. 정식 제목은 '프리드먼 선언: 기업의 사회적 책임은 이익의 증가에 있다'이다. 밀턴 프리드먼이 프리드먼 선언을 통해 제시한 내용을 단순화하면 기업의 목적은 이윤 추구이고, 주주들을 위한 이윤 추구만으로도 기업은 이미 사회적 책임을 다한다는 것이다.

세간의 일반적인 오해와는 달리 기업의 사회적 책임 자체를 부정하지는 않는다. 다만 주주의 이익을 위한 이윤 추구 그 자체로 기업은 사회적 책임을 달성할 수 있다는 논리다. 마치 애덤 스미스가 자본주의 시장경제를 설명하면서 보이지 않는 손을 언급한 장면을 떠올리게 된다. 프리드먼 선언은 이후 주주 자본주의의 바이블처럼 자리매김하였다.

과연 기업의 목적은 무엇인가? 앞에서 ESG의 대두 과정을 살펴본 데서 알 수 있듯이 기업의 목적을 이윤 추구만으로 한정하는, 곧 주주의 이익 극대화만으로 보는 견해는 여전히 맹위를 떨치고 있지만, 국내외적으로는 기업의 사회적 책임을 강조하는 견해가 점점 지지를 얻고 있다.

1980년대 미국의 레이거노믹스(Reaganomics)나 영국의 대처리즘(Thatcherism)처럼 신자유주의를 경제정책의 핵심적인 이념으로 삼는 시기도 물론 존재했다. 그렇지만 당시에도 많은 논란이 있었으며, 1997년 전 세계적인 IMF 위기와 2008년 금융위기는 신자유주의에 대한 회의감을 더욱 확산시켰다.

프리드먼 선언이 있은 비슷한 시기에 다보스포럼은 이해관계자 자본주의를 내세웠다. 이해관계자 자본주의는 이윤 추구 이상의 기업의 사회적 책임을 중시하는 견해다. 지난 반세기 기업의 목적과 세계 경제를 둘러싼 견해의 대립에서 상당한 기간 프리드먼이 우세했다고 할 수 있다. 그렇지만 새로운 세기로 넘어오면서 주주 자본주의는 이해관계자 자본주의에 점차 대세를 넘겨주게 된다.

읽고 생각하기

프리드먼 선언 50주년을 맞이하며

50년 전 시카고대 경제학 교수인 밀턴 프리드먼은 뉴욕타임스에 '프리드먼 선언: 기업의 사회적 책임은 이익의 증가에 있다'라는 선언적인 제목의 글을 기고한다. 신자유주의를 이끈 시카고학파의 태두로서 이후 노벨경제학상을 수상한 그의 글은 주주자본주의의 핵심 논리로 자리 잡으며 지난 50년간 기업경영뿐만 아니라 정부 정책과 학계에도 심대한 영향을 끼치며 오늘에 이르고 있다.

17세기 영국과 네덜란드에서 제도로 정착되기 시작한 주식회사 제도는 다른 물질적 발명보다 더욱 획기적으로 현재의 경제성장과 발전에 기여한 위대한 제도적 발명이라 할 수 있다. 그렇다면 주식회사 제도가 이같이 경제성장과 발전을 이끈 이유는 무엇일까?

임직원, 협력업체, 채권자 등 주식회사의 이해당사자들은 계약에 따라 사전에 약정된 금액을 회사로부터 받을 권리를 지니지만 주주들은 기업이 이들 이해당사자에게 약정된 금액을 모두 지급한 이후 남은 금액에 대한 청구권, 즉 잔여재산 청구권을 가진다. 한편 주식회사가 파산할 때 주주들은 자신이 투자한 전액을 잃게 되지만 채무에 대한 지급의무가 없는 유한책임을 지닌다. 이러한 특성은 대규모 모험자본의 조달을 가능하게 했고, 이후 대항해와 산업혁명을 견인한 동력으로 세계경제가 성장하는 데 핵심 역할을 한다.

법인격을 지닌 주식회사의 주인은 주주이므로 당연히 경영의 목표는 주주의 이익을 도모하는 것이다. 주식회사 제도가 시작된 이후 주식회사에서 주주의 이익과 기업의 사회적 책임과 기여 간의 상충을 어떻게 조화해야 할지 많은 논의가 있었다. 예를 들어 '자동차 왕' 포드가 임금을 대폭 인상하고 판매하는 차의 가격을 인하하자 동업자인 다지 형제는 이러한 결정이 주주의 이익을 침해한다며 소송을 제기했다. 1919년 법원은 다지 형제의 손을 들어주는데 이 판결은 프리드먼 선언 이전부터 기업의 목표는 주주 이익극대화라는 법적 근거로 인용되는 중요한 판결로 기록된다.

프리드먼 선언은 이러한 논쟁의 종지부를 찍는 논리적 근거를 확고하게 제시했다. 주주들은 기업에 투자한 대가로 받게 되는 수익을 가지고 스스로 자신들이 원하는 방향으로 사회적 기여를 할 것이므로 기업의 경영진은 오직 주주의 이익을 극대화하는 방향으로 경영을 하면 된다는 것이다. 경영을 통해 이익을 창출하는 과정에서 이해당사자에게는 약정된 금액을 지급할 것이고, 이후 사회문제의 해결은 정부가 법인세를 활용해 해결할 것이기 때문에 기업이 사회에 미치는 영향은 기업의 의사결정에 있어 고려의 대상이 되지 않는다.

출처: 아시아경제, 2020.12.14.(https://www.asiae.co.kr/article/2020121411241825308)

주주 자본주의의 성공 메커니즘

주주 자본주의는 쉽게 말하면 주주를 위한 자본주의라는 뜻이다. 오늘날 대부분의 회사는 주식회사이고 상당수의 개인도 주식투자를 하기 때문에 주주에 해당한다. 하지만 주주 자본주의는 큰 규모의 자본을 투자한 주주를 위한 자본주의일 수밖에 없다. 주식회사는 민주주의 정치 시스템처럼 1인 1표를 행사하지 않고 투여한 자본의 규모가 곧 의결권의 비중을 결정하기 때문이다.

프리드먼과 같은 신자유주의를 옹호하는 논리를 들지 않더라도 세계사적으로 주주 자본주의는 자본주의 발전의 견인차 역할을 했기 때문에 그 영향력이 여전히 크다. 주식회사 제도는 17세기에 네덜란드와 영국에서 시작되어 불과 몇백 년밖에 되지 않은 제도다. 기업을 둘러싼 다양한 이해관계자들이 있지만, 주주를 그저 이해관계자의 하나로 분류하지 않는 이유는 투자 수익을 배분하는 방식 때문이다.

주식회사의 이해당사자로는 임직원, 협력업체, 채권자 등이 있다. 이들은 계약으로 기업과 연결돼 있으며, 사전에 약정된 금액을 회사로부터 받게 된다. 하지만 주주는 다르다. 잔여재산 청구권이 주주의 권리다. 기업은 계약에 따라 약정된 금액을 이해당사자들에게 모두 지급한 이후에 주주에게 배당할 수 있다

임직원, 곧 임원과 직원은 노동력을 제공하고 사전에 정한 급여를 받는다. 협력업체는 예를 들어 부품을 납품한다면 그 (판매)대금을 받게 된다. 채권자는 은행처럼 기업에 돈을 빌려준 곳이므로 원금과 정해진 이자를 받을 수 있다. 임직원, 협력업체, 채권자는 기업이 수익이 얼마 되지 않아도, 심지어 망하더라도, 법적으로 대가를 받을 수 있다.

그렇지만 주주는 다르다. 주주는 일정한 금액을 투자한 후 임직원에 대한 급여, 협력업체에 대한 대금, 채권자에 대한 원금과 이자를 다 주고 남는 돈을 가져갈 수 있다. 기업이 많은 이익을 거둘수록 나중에 주주가 가져가는 몫은 크다. 임직원에게 추가로 보너스를 줄 수는 있지만 주지 않아도 상관없다는 점에서 주주가 가져가는 것과 차이가 있다.

반대로, 기업의 경영 성과가 좋지 않아 급여와 판매대금과 원금과 이자를 주고 나니 남는 것이 없다면 주주는 아무것도 가져가지 못한다. 남는 것이 없는 정도가 아니라 만약 모자란다면 어떻게 될까? 주주는 자기가 투자한 자본이 없어진다. 주주들이 투자한 자본으로도 다른 이해관계자에게 지급해야 하는 약정된 금액을 주지 못한다면 기업은 파산한다.

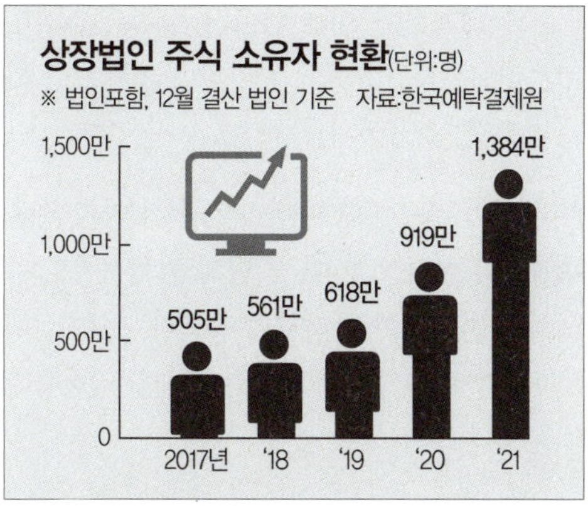

그림 1-6 상장법인 주식 소유자 현황

출처: https://n.news.naver.com/mnews/article/021/0002508822

주식회사 제도가 지난 수백 년 동안 크게 성공하고 자본주의 발전을 견인한 이유가 바로 이 지점에서 등장한다. 주주는 자기가 투자한 금액 이상의 돈을 지급하지는 않아도 된다. 파산하면 임직원도 협력업체도 채권자도 약정한 금액을 다 받지 못하지만, 법은 그 이상 주주들에게 책임을 묻지 않는다.

주주의 책임은 주식회사가 잘 안 되는 경우는 일정한 정도로 제한되는 반면, 잘 되는 경우는 엄청난 이익을 거둘 수 있기 때문에 이러한 형태의 회사가 기본이 되었고, 자본주의 발전을 견인했다. 주주가 임직원과 협력업체, 채권자에게 약정된 돈을 지급해야 하는 책임을 지기 때문에 주주가 기업의 주인이라는 논리가 형성됐고 법적으로 고착화됐다.

그런데 주식회사가 처음 생긴 17세기부터 몇백 년간 자본주의 발전을 이끌었지만 20세기 중반 이후는 오히려 주식회사 제도로 인한 문제가 더 많다는 이론과 관점이 형성되었다. 1970년을 즈음하여 주주 자본주의를 여전히 옹호하는 밀턴 프리드먼의 신자유주의 논리와 주주가 아닌 다른 이해관계자의 이해관계를 고려해야 한다는 다보스 포럼의 논리는 지속적으로 경쟁하게 된다.

이해관계자 자본주의

밀턴 프리드먼의 주주 자본주의 논리는 기업이 주주의 이익을 추구하기만 하면 '저절로' 사회의 모든 문제가 해결된다는 관점이다. 사실 이러한 견해는 오늘날에는 조금 다르지만 과거 기업의 행태를 생각하면 바로 반박된다. 대표적으로 공해 산업은 온갖 폐수를 강과 하천으로 쏟아부으면서 이윤을 추구했다. 그 결과로 수

많은 사람이 희생되었고 각국 정부는 이를 해결하기 위해 다양한 정책을 수립할 수밖에 없었다. 이렇게 보면 밀턴 프리드먼과 같은 견해는 이상적인 견해라고 할 수도 있다.

이해관계자 자본주의는 기업들이 단순히 이익 추구뿐만 아니라 사회적 가치 창출과 환경 보호를 고려한 경영 방식을 채택해야 한다고 본다. 기업의 의사결정도 주주뿐만 아니라 다양한 이해관계자의 의사를 반영해야 한다고 주장한다. ESG 실행의 전면화는 주주 자본주의가 완전히 이해관계자 자본주의로 대체됨을 의미한다고 보는 시각이 일반적이다.

이해관계자 자본주의에 대해서는 정의가 다양하다. 이해관계자의 번영과 공존을 우선시하는 견해도 있지만, 그저 이해를 반영하는 정도로 보는 견해도 있다. 전자는 주주 자본주의에서 벗어났다고 평가할 수 있다. 아예 독일식 자본주의라고 설명하는 견해도 있다.

독일과 스웨덴 등은 노동자의 경영 참여가 법적으로 제도화되어 있다. 노동이사를 통한 경영자-노동자의 공동결정(co-determination)제도다. 노동이사가 참여하는 방식은 두 국가 간 차이가 있다. 독일 기업은 이사회가 이원화되어 있어 감독이사회와 경영이사회가 따로 있다. 노동이사는 감독이사회에 참여하며 구성 비중은 절반이다. 반면 스웨덴 기업의 이사회는 일원화되어 있어 적어도 2명 이상의 노동이사를 두어야 하고 대기업의 경우 1명이 더 추가된다.

노동자는 주주가 아니라 임직원이기 때문에 약정된 급여를 받으면 회사의 법적 책임은 끝난다. 그런데 공동결정제도는 노동자 중 대표를 선정해 노동이사로 이사회에 참여하도록 하고 있다. 노동이사는 노동자들의 의견을 종합하여 기업 결정에 반영한다. 이해관계자의 이해관계를 고려한다는 것이 제도화된 대표적인 예다.

수익이 많아 노동자에게 약정된 급여 외에 보너스를 지급하는 것도 이해관계자로서 노동자에 대한 고려임을 인정할 수 있다. 노동이사제는 훨씬 더 진전된 제도임을 알 수 있다.

노동자의 안전을 예로 들면 극단적인 주주 자본주의의 경우 임금을 다 지급하고 산업재해를 당한 노동자에게 법적인 손해배상을 하면 끝이다. 그렇지만 이해관계자 자본주의는 산업재해 발생 후 적절한 배상은 당연하고 노동자의 안전을 적극적으로 확보하여 위험 요소를 예방하는 데 많은 비용을 들인다.

과거에는 기업이 이런 사회적 목적을 갖는다는 것을 인정하지 않았다. 기업은 이윤만 추구하면 되므로 정부가 나서서 각종 규제를 통해 기업이 산업재해 예방 조치를 취하도록 했다. 이해관계자 자본주의는 정부의 규제가 당연히 지속되지만, 기업의 목적 자체가 이윤 추구와 함께 노동자의 안전 확보, 곧 이해관계자의 이익을 적극적으로 고려해야 한다는 것이다.

ESG는 기업의 목적을 주주의 이익 확보 이상으로 바라본다. 환경과 사회적 가치, 지배구조의 세 영역으로 크게 나뉘는 것은 이해관계자들의 이해를 보장하기 위한 대표적인 영역이 바로 E와 S와 G이기 때문이다.

미국 BRT의 기업 목적 성명은 이해관계자 자본주의의 내용을 잘 보여준다. 고객에 대한 가치 전달, 종업원에 대한 투자, 협력업체에 대한 공정하고 윤리적인 대우, 지역사회에 대한 지원은 각기 이해관계자를 대상으로 필요한 기업의 활동을 명시한다.

주주에 대한 장기적 가치 창출도 빠뜨리지 않는다. 주주 이외에도 고객, 종업원, 협력업체, 지역사회까지 고려하는 것이 바로 이해관계자 자본주의이고, 오늘날 ESG의 실행이 바로 자본주의의 대전환을 보여주고 있는 셈이다.

BRT의 성명에서 주주를 위한 이익 추구를 빠뜨리지 않고 있다. 곧 이해관계자 자본주의도 이윤 추구는 당연히 포함된다. 이윤 추구 목적이 빠진 기업은 비영리단체일 뿐 기업은 아니다. 따라서 이해관계자 자본주의는 주주를 포함하여 모두의 이익을 추구하는 자본주의라고 볼 수 있고, ESG의 실행이 새로운 자본주의의 미래를 예견하는 과정이 된다.

표 1-4 경총의 노동이사제 반대 이유와 오류

구분	경총의 주장	진실
유럽 내 시행국	• 독일, 프랑스, 네덜란드 등 일부 국가 도입	• 시행국가는 독일, 프랑스, 스웨덴 등 19개국 • 미시행국가는 영국, 이탈리아 등 12개국 • 시행국가가 미시행국가의 1.6배에 달함.
독일 도입 배경	• 1951년 몬탄공동결정법 제정해 첫 도입 • 2차 세계대전 패전이라는 특수상황의 산물	• 19세기부터 단체교섭에서 노동자 경영참여 논의 • 1920년 사업장협의회법 제정(노동자 대표조직 경영참여) • 1922년 노동자 대표의 이사회 참여 규정 마련
이사회 구조	• 독일은 감독이사회와 경영이사회 이중구조 • 이사회가 일원적 구조인 한국과 맞지 않음.	• 유럽 시행국 중 이원적 이사회는 독일 등 6개국 • 한국과 같은 일원적 이사회 구조는 스페인 등 13개국

경제체제	• 독일의 경제체제는 이해관계자 자본주의 • 주주 자본주의인 한국과 맞지 않음.	• 전 세계적으로 주주 자본주의 퇴조 • 이해관계자 자본주의에 기반한 ESG 경영 확산 • 경총의 'ESG 워싱' 의심
최근 유럽 동향	• 제도의 비효율성으로 인해 시행 기업 축소 • 유럽에서도 축소, 폐지되고 있음.	• 독일 국민의 80% 이상이 노동이사제(공동결정제) 지지 • 메르겔 전 총리 "공동결정체는 독일의 위대한 업적" • 노동이사제를 실제 축소 폐지한 국가 사례를 제시하지 못함.

출처: https://n.news.naver.com/mnews/article/028/0002581805

이해관계자 자본주의 시대의 ESG 경영

2023년은 대한민국에 지난 반세기의 역사와 미래의 반세기 역사를 가르는 가장 중요한 시점이다. 지난 반세기 동안 우리는 개발도상국 중에서 가장 효율적인 경제시스템을 만들어 앞서 있는 선진국들을 쫓아왔다. 이제 선진국이라는 목표를 달성한 대한민국은 새로운 꿈이 필요하다. 우리의 새로운 꿈은 대한민국이 전 세계의 일류 국가가 되어서 세계를 선도하는 국가가 되는 것이다. 그러나 우리가 가야 할 일류 국가의 길은 우리가 선진국이 될 때까지의 길과는 완전히 다른 길이 되어야 한다.

우리가 가야 할 일류 국가의 길은 단지 기업만 발전하고 성장하는 과거의 개발주도식 모델이 아니라, 모든 이해관계자가 다 함께 발전하는 공존공영의 모델이어야 한다. 대한민국이 세계를 선도하는 일류 국가의 길로 갈 수 있는가는 기업의 성장과 사회 발전의 선순환 고리를 어떻게 만들어낼 수 있는가에 달려 있다. 전 세계의 모든 국가는 기업은 성장하는데, 사회에서는 양극화와 격차 문제가 더욱 심해지는 딜레마에 빠져 있다. 결국 기업의 성장과 사회 발전의 선순환 시스템이 전 세계가 가고자 하는 새로운 길이고, 이것이 이해관계자 자본주의의 길이다.

출처: 한국경영학회, 『이해관계자 자본주의 시대의 ESG 경영』, 박영사, 2023.

낙수 효과와 분수 효과

낙수 효과(trickle-down effect)는 미디어에서 꾸준히 사용되었고 때로는 정치적 논란도 벌어졌지만, 학술적으로 정의된 개념은 아니다. 그때그때 다양한 의미로 느슨하게 사용되었다.

낙수 효과는 고소득층과 저소득층의 소득 간 관계를 설명하려고 할 때 사용한다. 고소득층의 소득 증대를 통해 저소득층의 소득도 증가하게 된다고 본다. 고소득층의 소득 증대는 결국 소비 및 투자 확대로 이어지기 때문에 궁극적으로 저소득층도 효과를 볼 수 있다는 논리다. 낙수 효과는 물이 넘쳐흐르면 결국 바닥을 적

시게 된다는 뜻에서 쓰는 용어이다. 적하 효과, 하방 침투 효과도 같은 뜻으로 쓰인다.

기업의 ESG 실행을 낙수 효과로 설명하는 견해가 있다. 주주만 가져가던 기업 성장의 과실을 다른 이해관계자들과 공유하자는 취지이다. 하지만 이해관계자 자본주의를 낙수 효과 복원으로 보는 견해는 좀 어폐가 있다. 낙수 효과는 부유층에 대한 지원 또는 세제 혜택은 사회 전체의 이익으로 '저절로' 연결되는 뉘앙스가 있기 때문이다. 오히려 ESG 실행을 통한 이해관계자 자본주의로의 전환은 분수 효과가 좀 더 밀접해 보인다.

낙수 효과와 반대되는 의미로 분수 효과(Trickle-Up effect, Fountain effect)가 있다. 분수 효과는 저소득층의 소득 증대를 먼저 본다. 저소득층의 소득이 늘어야 총수요가 진작되고 경기 활성화에 도움이 된다. 결국에는 고소득층의 소득도 높아지게 된다고 본다. ESG 실행과 관련하여 설명하자면 이해관계자에 대한 적극적인 고려가 오히려 사회 전체의 이익은 물론 주주의 이익도 증진시킨다는 설명이 된다.

낙수 효과와 분수 효과는 경제정책을 실행하는 정부나 경제이론을 연구하는 학자들 사이에서 평행선과도 같은 논쟁이 되어 왔다. 과연 ESG는 낙수 효과인가, 분수 효과인가? 낙수 효과와 분수 효과는 경제를 파이에 비유한 논의와도 연결된다.

낙수 효과는 파이를 키우면 나눠가질 파이가 커지고 '저절로' 모든 사람이 가져갈 파이의 몫이 커진다는 관점과 연결된다. 반대로 분수 효과는 파이를 먼저 나누어야 전체 파이가 더 커질 수 있다고 보는 논리와 연결된다. 과연 ESG의 실행, 곧 이해관계자 자본주의 시대의 도래는 어느 쪽의 논리와 더 밀접할까?

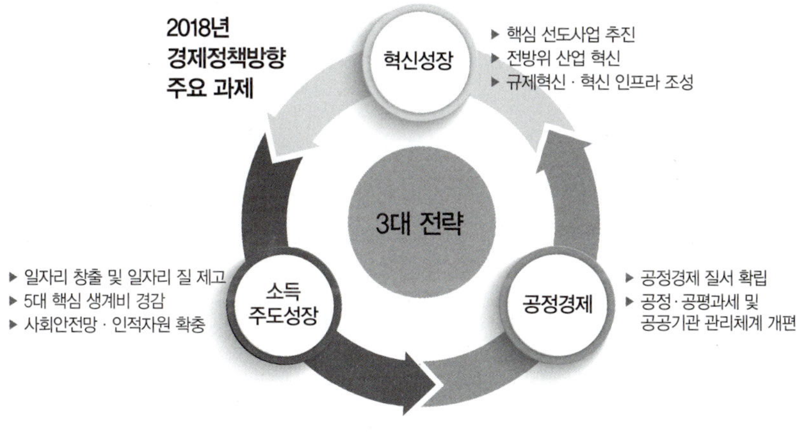

그림 1-7 분수 효과를 강조한 문재인 정부 경제정책

출처: http://www.newstomato.com/ReadNews.aspx?no=866513

성장과 반성장을 넘어: 도시의 새로운 패러다임으로서의 지속가능발전

지난 200년 간 인류는 예외적 성장 시대를 구가했고 그에 따라 도시도 끊임없이 성장해왔다. 하지만 이제 도시의 성장 시대는 막을 내리고 있다. 자본주의 자체가 끝난 것이 아닌가 하는 시각도 있지만, 그에 대한 논란을 차치하더라도 지금까지 도시의 성장만을 생각했던 패러다임은 바뀌어야 할 때가 된 것만은 분명하다.

물론 성장에 반대하는 반성장 패러다임도 존재했다. 그렇지만 이제는 성장과 반성장 도시 패러다임 모두 사실상 무용해졌다고 봐야 한다. 성장만 생각하던 패러다임이 잘못되었다고 해서 그만 성장하자는 패러다임이 옳다고 보기는 어렵다. 따라서 제3의 패러다임인 지속가능발전도시를 추구해야 할 필요가 있다.

언제부터인가 '뉴노멀'이라는 말로 저성장 시대의 도래를 기정사실로 여기게 됐다. 더는 성장이 정상이 아닌 시대, 오늘날 도시의 외형과 생태에 저성장이 과연 어떤 영향을 미치고 있는지 규명하고 탐구해야 한다. 오늘날 전 세계 어디를 가더라도 인구의 대부분은 도시에 산다. 한 나라의 모든 역량과 자원이 집중되는 도시를 떠날 수 없다면 우리는 도시를 지속가능한 공간으로 변혁해야 한다.

도시의 비전과 기능적 필요는 시대에 따라 변화하고 도시계획을 통해 나타난다. 지난 20세기 성장의 시대에서 도시계획은 경제적 측면에서의 공간 수요를 양적으로 충족하는 데 초점이 맞춰져 있었다. 21세기 지속가능성 시대의 도시계획은 환경과 문화 측면에서의 공간 수요를 질적으로 충족하는 것이 중요해졌다. 도시의 경제 수준에 맞춰 건물과 각종 인프라를 적정하게 공급하는 것이 과거의 도시계획이었다면 오늘날 지속가능발전도시의 도시계획은 환경과 문화적 가치를 공간적으로 구현함과 동시에 이를 디자인적으로 표현하는 것으로 진화하고 있다. 따라서 우리 시대의 도시계획은 도시디자인의 수단으로 그 위상을 재정립하고 있는 것이다.

도시의 새로운 패러다임으로서의 지속가능발전은 더는 거룩한 대의명분이나 숭고한 이상주의가 아니라 우리 시대의 가장 첨예한 가치며 급박한 현실 문제이다. 미래 세대의 가능성을 제약하는 바 없이, 현세대의 필요와 미래 세대의 필요가 조우하는 것을 지속가능성이라 하지만, 이러한 문제의식을 불러온 경제양극화, 기후변화, 사회갈등과 같은 위기들의 전개 양상은 미래 세대의 가능성을 넘어 미래 그 자체를 파괴할 수 있을 정도로 심각해지기 때문이다.

지속가능발전도시란 무엇인가?

그렇다면 오늘날 새로운 도시의 패러다임인 지속가능발전도시란 무엇을 의미하는가? 먼저 성장과 반성장의 패러다임이 무용지물이 된 오늘날 도시의 생존과 번영을 위협하는 3대 위기를 이해해야 한다. 도시가 직면한 3대 위기는 '경제위기, 기후위기, 사회위기'이다.

도시가 직면한 3대 위기를 극복하기 위해서는, 즉 지속가능발전도시를 만들기 위해서는 견뎌내는 힘(회복탄력성), 나아가는 힘(혁신), 떠받치는 힘(포용)이 필요하다. 이는 곧 지속가능도시의 의미이자 가치와 목표가 된다.

첫째, 지속가능발전도시는 회복탄력성이 강한 도시이다. 이는 도시의 생존과 번영을 위협하는 경제위기, 기후위기, 사회위기를 견뎌내는 힘이 강한 도시를 의미한다.

둘째, 지속가능발전도시는 강력한 혁신역량을 갖춘 도시이다. 오늘의 도시가 직면하고 있는 3대 위기는 지금껏 겪어보지 못한 낯선 위협으로, 기존의 방식으로는 이에 대응할 수 없다. 새로운 기술과 시스템을 통해 미래로 나아가는 힘이 강한 도시로 거듭나야 한다.

셋째, 지속가능발전도시는 포용의 도시이다. 혁신은 다양한 사람들의 지식과 지혜가 융합될 때 창출되며 작은 차이로 편을 가르고 갈등과 반목을 거듭하는 도시는 결코 혁신할 수 없을 뿐만 아니라 위기를 견뎌낼 수 없다. 포용적 사회라야 합리적이고 진취적인 의사결정을 끌어내는 집단지성이 형성될 수 있고 이에 힘입어 사회는 끊임없이 혁신하며, 이를 통해 사회는 어떤 위기에도 견뎌낼 수 있는 회복탄력성을 갖추며 지속가능한 사회로 자리 잡을 수 있다.

지속가능발전도시는 곧 ESG도시

도시가 직면한 3대 위기의 극복 전망으로서 지속가능발전도시는 ESG와 어떤 관계가 있을까? 3대 위기 중 기후위기와 사회위기는 ESG의 E와 S로 연결되고, 경제위기는 ESG와 관련이 없지 않은가 싶기도 하다.

오늘날 전 세계적인 ESG의 대두와 이해관계자 자본주의로의 전환은 오늘날의 경제발전이 과거와는 다른 양상을 띠기 때문으로 이해할 수 있다. 기후위기라는 말이 본격적으로 쓰이기 전 환경오염이나 사회위기에 해당하는, 예컨대 노동자의 저임금 같은 문제는 경제발전이 별다른 탈 없이 이루어지던 시대에는 그리 중요한 주제로 다뤄지기 힘들었다. 낙수 효과나 파이 키우기 같은 경제학적 상징도 경제

발전으로 환경이나 사회문제를 모두 극복할 수 있기 때문에 나온 말이라고 할 수 있다.

그러나 어느덧 자본주의는 생존 그 자체에 심각한 도전을 맞이하게 되었다. 경제위기는 일상화되었고 뉴노멀이라는 말에서 알 수 있는 것처럼 경제가 성장하지 않는 지경에 이르렀다. 기후위기, 사회위기, 경제위기를 동시에 맞은 상황에서 E와 S의 영역은 이제 기후위기와 사회위기를 해결할 뿐만 아니라 경제위기를 해결하는 위상까지 떠맡게 된 것이다. 따라서 회복탄력성이 강한 도시로서 지속가능발전도시는 기후위기와 사회위기를 해결하는 것은 물론 경제 자체의 위기까지도 극복해야 하는 과제를 갖게 된 셈이다.

경제는 상품의 혁신, 재료의 혁신, 공법의 혁신, 마케팅의 혁신 등 늘 혁신을 통해 발전해왔다. 혁신은 경영과 동의어로 쓰였다고 해도 과언이 아니다. 한편 기후위기와 사회위기의 해결을 위한 다양한 노력(정부와 민간을 모두 포함하여)은 그 자체만으로도 혁신의 과정이었다. 물론 경제발전을 위한 혁신과는 결이 다르기는 했지만, 기존의 관성에 머무르지 않는다는 점에서는 늘 새로웠다.

오늘날 지속가능발전도시에 필요한 혁신은 지금까지의 경제 혁신, 환경과 사회영역의 혁신과 구분된다. 과거의 혁신은 경제발전을 위한 혁신과 환경문제, 사회문제를 해결하기 위한 혁신은 따로 구분되었다. 경제발전을 주로 고민하는 기업가들과 정부 관계자들의 관심은 환경과 사회문제에도 관심을 기울이라는 혁신적 요구에 마지못해 응해왔던 것이 사실이다.

하지만 오늘날의 혁신은 양자가 통합되는 시대로 접어들었다. 경제발전을 위한 혁신의 많은 부분이 환경과 사회문제의 해결을 통해 이루어진다. 역경로도 마찬가지다. 사회적 기업과 같은 사회적 경제의 부상은 경제의 혁신과 환경, 사회문제의 혁신이 융합된 대표적인 예다. 기업의 ESG는 모든 기업 전반으로 혁신의 융합이 이루어지는 의미가 된다.

오늘날 도시의 위기는 3대 위기로 구성되지만 사실상 그 차이는 점차 유명무실해지고 있다. 혁신을 통한 극복 방법 또한 따로 진행되어서는 의미가 없다. 경제와 ESG의 융합, 특히 E와 S 영역의 결합은 거스를 수 없는 대세가 되었다.

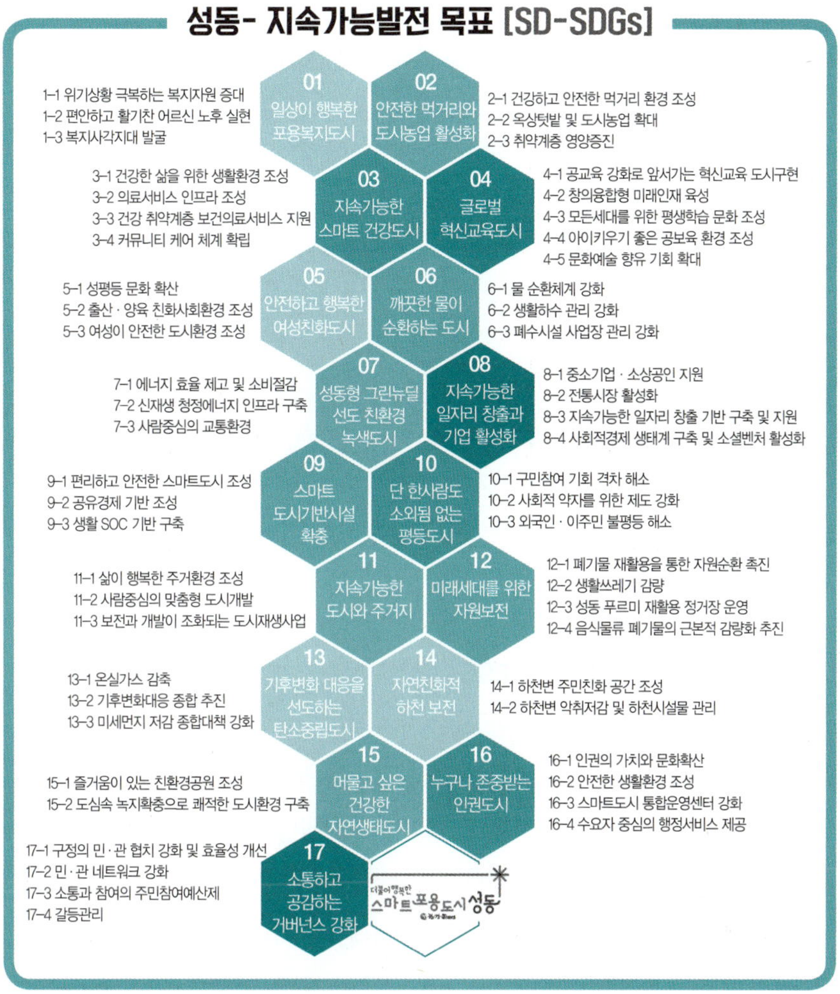

그림 1-8 **성동구 지속가능발전 목표(SD-SDGs)**

출처: http://www.shinailbo.co.kr/news/articleView.html?idxno=1437580

포용도시도 곧 ESG도시

포용도시는 2가지 의미가 있다. 우선, 도시의 혜택이 주민 누구에게나 고루 돌아가는 도시라는 의미이다. 포용은 지속가능도시의 기초로 떠받치는 힘이 강해야 견뎌낼 수 있으며 앞을 향해 나아갈 수 있다. 이러한 의미의 포용은 결국 혁신의 원동력이며 지속가능한 성장의 밑바탕이 된다.

다음으로 도시 의사결정과 관련된 의미가 있다. 앞서 혁신은 다양한 사람들의 지식과 지혜가 융합될 때 창출된다고 했다. 또한 포용적 사회라야 끊임없이 혁신하며, 지속가능한 사회로 자리 잡을 수 있다고 했다.

이는 곧 도시 의사결정의 지배구조에 대한 문제다. ESG에서 G를 도시행정으로 확장한 것이라는 의미가 된다. 단체장이 선거를 통해 선출됐다고 해서 도시의 의사결정을 임기 내내 마음대로 해버린다면 어떻게 되겠는가? 물론 지방자치제의 의미는 과거처럼 중앙정부에서 임명하는 단체장이 중앙정부의 임명권자의 입맛에 맞게 결정을 내릴 때보다는 진전된 의미가 있다는 점은 분명하다. 그렇지만 선출된 단체장이 주요 의사결정마다 주민의 의사결정을 반영하고 참여를 보장하는 것이 필요하다. 그 과정에서 더 많은 주민의 뜻이 반영되고 집단지성을 통한 더 나은 창의적인 의견이 나올 수 있다.

과거의 도시는 한 번 자리 잡은 산업과 사회구조로 인해 짧게는 수십 년, 길게는 100여 년 이상 버틸 수 있었지만, 지금은 일상적으로 새로운 지식과 시장을 창출하는 도시만이 번영할 수 있기 때문에 포용은 도덕이 아닌 현실적 실천과제가 되었다. 곧, ESG도시만이 앞으로 도시의 성공을 보장하는 확실한 길이라는 점을 깨달아야 한다.

지속가능발전도시의 비전, E+ESG

지금까지 지속가능발전도시의 비전과 ESG의 연관성을 살펴보았다. 좁은 의미의 ESG와 달리 지속가능발전도시의 비전으로서 ESG를 비교하면 약간의 차이가 있다고 할 수 있다. 넓은 의미의 ESG의 일환인 도시경영비전으로서의 ESG는 일반적으로 ESG를 분류하는 세 범주에 E를 하나 더한 것이다.

ESG를 분류하는 일반적인 세 범주는 당연히 환경, 사회적 가치, 지배구조이다. 도시경영비전으로서 ESG에 추가되는 E는 경제(economy)를 의미한다. 곧, ESG에 경제(economy)를 더해 지속가능도시를 탐구해야 한다. 도시를 운영하는 지방정부의 지속가능도시 실천과제는 환경(E), 사회(S), 협치(G)에 경제(E)를 더한 E+ESG로 정리돼야 한다.

도시경영비전으로서 ESG는 좁은 의미의 ESG를 도시경영에 확대 적용한 것으로 이해하기도 그리 어렵지 않다.

- **환경**(Environmental): 시민들이 기후위기를 자기 삶의 문제로 여기며 에너지 절약, 쓰레기 분리배출 및 자원재활용 등에 자발적으로 참여할 수 있는 인센티브를 강화해야 한다. 또한 지방정부는 친환경 기술혁신을 추진하는 스타트업을 세심하게 지원해야 한다.
- **사회**(Social): 계층과 세대, 젠더로 나뉜 채 갈등하는 도시는 지속가능할 수 없다.

시민이라면 누구나 존엄한 인간으로 품격을 지키며 살 수 있는 사회복지시스템을 구축하고 시민사회의 힘으로 일자리를 창출하는 사회적 경제를 활성화해야 한다. 포용은 지속가능도시를 떠받치는 힘이다.

- **협치**(Governance): 지속가능도시는 열 사람의 한 걸음으로 만들어진다, 소수의 천재보다 대중의 지혜가 위대하다. 지방정부는 집단지성을 제도화하고 보다 많은 시민의 참여를 끌어내야 한다.

추가되는 경제(Economy)의 내용은 다음과 같다.

- **경제**(Economy): 지방정부의 기본 임무는 경제활동의 대부분이 펼쳐지는 도시공간구조의 틀을 짜고 관리하는 것이다. 도시계획 수단을 통한 도시디자인 정책은 창조적 인재와 혁신기업을 결집하는 가장 큰 원동력이다. 또한 경제양극화를 유발하는 토지이용의 불균형을 예방하고 시정해야 한다.

기업경영의 ESG, 곧 좁은 의미의 ESG에서는 E(경제)를 굳이 넣지 않는다. 왜냐하면 기업의 ESG는 경제적 가치만을 추구하는 경제(E)만 있던 데에 ESG라는 가치를 추가하기 때문이다. 하지만 도시경영은 '경영'이라는 말이 들어가지만, 기업경영과는 큰 차이가 있다. 일반적으로 도시경영을 의미하는 말은 행정이다. 행정은 공익을 추구하며 이윤을 추구하지 않는다. 기업처럼 상품을 파는 것이 아니라 세금을 걷어 필요한 일을 수행한다. 이처럼 근본적인 차이가 있기 때문에 도시경영 비전으로서 E(경제)를 추가한다는 것은 기업의 장점을 행정에 반영한다는 의미도 있다.

그런데 과연 공공이 기업의 ESG 담론과 그 체계를 원안 그대로 준용하는 것이 올바른 일일까? 기업은 경제활동의 당사자로서 그들이 말하는 ESG는 합리적 지배구조에 의한 기업경영을 통해 환경과 사회문제 해결에 이바지하겠다는 의지의 표현이다. 따라서 굳이 Economy를 논할 필요가 없다. 이와 달리 중앙정부와 지방정부는 각각 국민경제와 도시경제의 조정자며 관리자다. 개인과 기업의 창의적 경제활동을 보장하면서 공정한 경쟁 질서를 유지하고, 더 나아가 사회복지를 통해 경쟁에서 탈락한 약자들이 다시 일어설 수 있게 함으로써 경제 시스템의 지속가능성을 유지 · 확충하는 것이 중앙정부와 지방정부의 가장 중요한 역할이자 책무다. 따라서 공공정책에서 지속가능성을 모색하려면 ESG에 반드시 Economy가 추가돼야 한다. ESG가 아닌 EESG인 것이다.

Summary

- 넓은 의미의 ESG는 사회운영원리로서 ESG를 확장적으로 사고하는 것이다.
- 주주의 이익을 넘어 이해관계자의 이해를 반영할지가 기업의 목적과 관련된 논쟁의 핵심 쟁점이다.
- 주주 자본주의는 지난 수백 년 동안 자본주의 발전을 견인했지만, 오늘날은 이해관계자 자본주의의 도전을 받고 있다.
- 이해관계자 자본주의의 의미는 다양하며, 적극적으로 노동이사제를 채택한 유럽 국가도 있다.
- 낙수 효과는 주주 자본주의와 친화적이고, 분수 효과는 이해관계자 자본주의와 좀 더 밀접하다.
- 저성장 시대의 도래는 지속가능발전도시의 새로운 패러다임을 제기한다.
- 지속가능발전도시는 경제위기, 기후위기, 사회위기를 해결하는 회복탄력성이 강한 도시, 혁신역량을 갖춘 도시, 포용의 도시이다.
- 지속가능발전도시는 기후위기와 사회위기의 해결은 물론 경제 자체의 위기까지도 극복해야 하는 ESG도시를 의미한다.
- 포용도시는 도시의 혜택이 주민 모두에게 미치고 도시 의사결정에 대한 주민의 참여를 의미한다.
- 지속가능발전도시의 비전으로서 ESG에는 경제를 추가해야 한다.

Keyword

3대 위기, EESG, ESG도시, E와 S의 결합, 가치교육, 경영 참여, 경제와 ESG의 융합, 경제위기, 공동결정, 기업의 목적, 기업의 사회적 책임, 기후위기, 낙수 효과, 넓은 의미의 ESG, 노동이사제, 뉴노멀, 도시경영비전, 도시계획, 도시디자인, 도시의 혜택, 도시행정, 독일, 미래 세대, 배당, 분수 효과, 사회운영원리, 사회위기, 성장의 과실, 소득, 스웨덴, 신자유주의, 의결권, 의사결정, 이해관계자, 자본, 자본주의의 미래, 주식회사, 주주, 지속가능도시, 지속가능발전도시, 집단지성, 참여, 파이, 포용, 프리드먼 선언, 행정, 혁신, 협치, 회복탄력성

Quiz ※ 빈칸을 채우거나 OX로 답하세요.

01 넓은 의미의 ESG는 자본주의의 미래에 대한 성찰, 도시경영비전으로서의 의미, 가치교육까지 포괄한다. ( )

02 밀턴 프리드먼은 기업의 목적은 이윤 추구이고, 주주들을 위한 이윤 추구만으로도 기업은 이미 사회적 책임을 다한다는 이해관계자 자본주의를 주창했다. ( )

03 계약에 따라 약정된 금액을 받는 주주와 달리 기업의 이해당사자는 잔여재산 청구권을 갖는다. ( )

04 이해관계자 자본주의도 주주의 이윤 추구는 당연히 포함된다. ( )

05 낙수 효과는 파이를 키우면 나누어 가질 파이가 많아지고 '저절로' 모든 사람이 가져갈 파이 몫이 많아진다는 관점이다. ( )

06 지속가능발전이 도시의 새로운 패러다임이 된 데는 저성장 시대의 뉴노멀이 되었기 때문이다. ( )

07 지속가능도시로서 회복탄력성과 포용의 도시가 되면 도시의 혁신은 저절로 이루어진다. ( )

08 오늘날은 경제발전을 위한 혁신과 환경문제, 사회문제를 해결하기 위한 혁신의 구분이 어렵다. ( )

09 선출된 단체장이 주요 의사결정마다 주민의 의사결정을 반영하고 참여를 보장하는 것도 포용도시의 의미에 포함된다. ( )

10 E+ESG는 도시경영 행정이 공익을 추구하며 동시에 이윤을 추구할 필요가 있다는 의미이다. ( )

Discussion

01 넓은 의미의 ESG를 가정과 학교에 적용해 보자.

02 밀턴 프리드먼이 주주 자본주의를 적극적으로 주창한 이유는 무엇인지 토론해 보자.

03 주주 자본주의가 자본주의 발전을 견인한 이유는 무엇인가?

04 노동이사제와 관련된 토론을 찬성과 반대 입장에서 해보고 어떤 정책이 바람직한지 생각해 보자.

05 현 정부의 경제 정책은 낙수 효과와 분수 효과 중 어디에 초점을 맞추고 있는지 알아보자.

06 과거 도시와 오늘날 도시의 패러다임을 비교해 보자.

07 지속가능발전도시의 3가지 특징인 회복탄력성, 포용, 혁신의 관계에 대해 더 알아보자.

08 지속가능도시를 시도하고 있는 구체적인 사례를 알아보자.

09 도시 의사결정의 지배구조로서 포용도시의 의미에 대해 토론해 보자.

10 서울특별시 성동구가 E+ESG 구상을 어떻게 현실화하고 있는지 조사해 보자.

기업의 사회적 책임과 ESG

CHAPTER

02

04
사회공헌에서 지속가능발전으로

기업의 사회공헌활동

기업의 사회공헌활동은 기업의 사회적 책임으로 확대되었다. 기업의 사회공헌활동과 사회적 책임은 같은 표현(Corporate Social Responsibility, CSR)을 쓴다. 그러므로 기업의 사회공헌활동을 기업의 사회적 책임과 동일한 의미로 쓰는 경우도 있다.

기업의 사회공헌활동은 불우이웃을 돕거나 환경미화를 하는 일회성 행사도 있지만, 큰 규모의 체계적인 활동으로 봉사와 장학이 중심이다. 아산사회복지재단은 봉사와 장학은 물론 의료복지에도 신경을 쓰고 재단 명칭을 아예 사회복지로 지어서 성격을 나타냈다. 장학사업은 미래 세대에 대한 투자이면서 기업의 이미지 제고 차원에서도 큰 도움이 된다.

기업들이 사회공헌활동을 수행하는 방식은 다양하다. 대개는 홍보나 마케팅처럼 특정 부서에서 맡아서 시작한다. 규모가 작은 기업들은 담당자 없이 홍보 부서에서 전담하기도 하고, 규모가 큰 기업들은 아예 사회공헌재단을 설립하기도 한다. 재단을 설립하면 원 기업과 법적 주체가 달라진다. 고정된 예산이 편성된 셈이기 때문에 안정적인 사회공헌활동이 가능하다.

기업 이름을 붙여 '○○사회공헌재단'이라고 하는 경우가 일반적이지만 현대차 정몽구 재단처럼 다른 명칭을 쓰기도 한다. 정몽구 재단의 원래 명칭은 '해비치 사회공헌문화재단'으로, 아산사회복지재단처럼 창업주의 본명을 직접 넣지는 않았다. 아산은 정주영의 호다.

사회공헌활동은 공익을 실현하는 점에서 공익활동이라고 할 수 있다. 그렇지만 민간기업 본연의 업무라는 점에서 일반적인 공익활동과는 차이가 있다. 활동의 내용과 목적은 공익적으로 볼 수 있지만, 기업은 이윤 추구가 본연의 목적이기 때문에 순수한 공익활동으로 분류하기는 어렵다. 그러므로 사회공헌활동은 이윤 추구라는 주된 활동에 대한 보조적인 활동이다. 기업 이미지 제고 등에 도움이 되기 때문에, 즉 이윤 추구에 도움이 되기 때문에 벌이는 활동이라는 시각도 만만치 않다.

사회적 경제조직은 일반 기업과 달리 주목적을 사회적 가치 추구로 하고 이를 위해 이윤을 추구한다. 나타나는 현상은 같을지라도 순서가 다르고 방점에 차이가 있다.

사회공헌활동은 어떻게 보면 일반 기업 입장에서는 굳이 하지 않아도 되는 일이다. 그렇지만 이미지 제고나 외부의 요구에 부응해서 적극적으로 활용한다. 이윤 추구에 간접적으로 도움이 된다는 경영학 연구들이 있어 대기업들은 적극적으로 활용한다.

국제적으로 ESG의 중요성이 대두되면서 기업의 전통적인 사회공헌활동은 ESG 경영으로 포괄되어 가는 추세다. 구체적인 의미의 차이는 있지만 ESG 경영은 사회공헌활동의 연장선으로 볼 수 있다. 물론 ESG 경영은 사회공헌활동을 넘어서는 의미가 있다.

그림 2-1 현대차 정몽구 재단 사업전략

출처: https://www.hyundai-cmkfoundation.org/usr/com/fiCompIdentity

읽고 생각하기

'청년 주거와 복지' 심포지엄 오늘 개최…아산사회복지재단, 창립 46주년 기념

아산사회복지재단(이사장 정몽준)은 22일(목) 한국프레스센터 국제회의장에서 학계와 관련 전문가를 초청해 '청년 주거와 사회복지'를 주제로 학술 심포지엄을 개최한다.

이번 심포지엄에서는 '미래 사회의 위기, 청년과 사회복지'를 주제로 2022년 아산재단 학술 연구 지원 사업에 선정된 연구자 중 우수 연구자 3명이 '청년 주거와 사회복지'를 주제로 연구 결과를 발표한다.

김미영 한림대 사회학과 교수는 '그들은 어디에 모여 사는가? 수도권 청년 빈곤층의 공간적 집중과 구성 변화'를 주제로 수도권 청년 빈곤 가구의 시공간적 분포와 빈곤층 집중 지역에 거주하는 청년들의 사회경제적 특성을 발표한다.

박종훈 한밭대 경제학과 교수는 '청년 주거는 안녕한가요? 청년 1인 가구와 신혼부부'를 주제로 청년 1인 가구 및 신혼부부 가구의 주택 점유 형태와 주거 만족도 분석을 통한 주거 안정성에 대해 발표한다.

김윤민 창원대 사회복지학과 교수는 '열악한 주거 환경과 청년의 삶에 대한 연구: 지옥고(지하방, 옥탑방, 고시원) 거주 청년 경험을 중심으로'라는 제목으로 청년들이 경험하는 열악한 주거환경의 '현재'와 열악한 주거환경이 청년의 '미래'에 미치는 영향을 발표한다.

올해로 창립 46주년을 맞는 아산재단은 사회발전과 복지 증진을 위해 지난 1979년부터 매년 학술 심포지엄을 개최하고 있다.

출처: 한국일보, 2023.06.22.(https://www.hankookilbo.com/News/Read/A2023062209330000816?did=NA

문화 지원도 기업의 사회공헌활동인가?

정몽구 재단의 원 명칭(해비치 사회공헌문화재단)에는 문화가 들어간다. 기업들은 예술인들에 대한 문화 지원도 많이 한다. 넓게 보면 사회공헌활동이지만 일반적인 복지적 성격과는 다소 구분된다.

기업의 문화 지원은 '메세나'라는 외래어를 쓴다. 메세나(mecenat)는 프랑스어로 고대 로마의 가이우스 마에케나스에서 유래했다. 마에케나스는 아우구스투스 황제 시절의 실권자로 많은 예술가를 후원했다.

그림 2-2 아우구스투스에게 문예를 바치는 마에케나스

출처: http://www.sjmecenat.or.kr/content/businesst

서양예술에서 미켈란젤로, 레오나르도 다빈치 같은 르네상스 시절의 예술 업적은 빠질 수 없다. 흔히 기업의 메세나 활동으로 인한 대표적 성과로 꼽는다. 피렌체의 경제를 좌지우지하던 메디치 가문은 많은 예술가를 후원했다.

문화예술을 지원하는 현대의 메세나 활동이 본격화된 계기는 1960년대 미국이다. 체이스 맨해튼 은행 회장 데이비드 록펠러(David Rockefeller)가 제안했다. 이미 상당한 금액을 책정하고 있는 기업 사회공헌활동의 예산 일부를 문화 쪽으로도 쓰자는 제안이었다.

미국의 카네기홀, 한국의 호암아트홀은 대표적인 메세나 활동의 일환이다. 호암은 이병철 삼성 창업주의 호다. 기업인 자서전들을 읽어 보면 오늘날의 메세나 활동이 예전에는 어떻게 이뤄졌는지 대략 알 수 있다. 예컨대 소리하는 사람을 불러 공연을 하게 하고 집 한 채 값을 줬다는 식의 스토리다.

기업의 문화에 대한 각종 지원은 ESG 항목에 포괄하기가 어렵다. 메세나는 아무래도 창작 능력이 뛰어난 예술인들에게 초점을 맞출 수밖에 없다. 일반적인 기업 사회공헌활동이 복지적 성격, 곧 사회적 약자를 향하는 점과는 차이가 있다.

물론 문화 지원도 아직 열악한 환경에 있는 예술인들을 발굴하고 지원한다면 복지의 의미를 갖게 된다. 만약 지역의 문화 향유권 확대를 위한 활동을 전개한다고 해도 복지의 의미를 갖게 된다. 그런데 이런 종류의 활동들은 엄밀한 의미의 메세나라고 하기 어렵다.

문화 지원, 곧 메세나는 기업의 사회공헌활동이기는 하지만 ESG에 포괄하기는 어렵다. ESG 실천 여부를 평가할 때 문화에 대한 지원은 포함되어 있지 않은 것이 일반적이다.

그림 2-3 **새 호암아트홀 조감도**

출처: https://realty.chosun.com/site/data/html_dir/2023/11/16/2023111601196.html

공익법인

기업의 사회공헌활동을 전담하기 위해 별도로 설립한 법인조직을 '공익법인'이라고 한다. 물론 기업만이 공익법인을 설립하는 것은 아니지만, 그렇다고 개인들이 십시일반으로 모아서 큰 규모의 예산이 있는 공익법인을 설립하기는 어렵다.

100% 그렇다고 볼 수는 없지만, 개인들은 모여서 주로 시민단체를 결성한다. 시민단체는 사단법인으로 등록하는 경우도 있지만, 법적인 지위를 획득하지 않고 활동을 전개하기도 한다.

기업이 아닌 공익법인 설립 주체는 주로 종교단체가 많다. 교회나 사찰은 헌금이 많기 때문에 일정 규모의 자금을 돌려서 공익법인을 설립한다.

기업이 큰 액수의 돈을 따로 빼 공익법인 설립 예산으로 사용하면 원 회사와는 분리돼서 법적인 주체가 된다. 공익법인은 대체로 재단법인을 의미하며 사단법인으로 설립해도 무방하지만, 일반적으로 재단을 만들어 설립한다. 공익재단이 법적인 표현은 아니지만 일상에서 많이 사용한다.

공익법인의 목적은 사회복지와 장학, 문화 지원 등이다. 의료사업도 당연히 포함된다. 종교 관련 목적도 가능하다. 대체로 정치적인 목소리는 내지 않는 것이 활동의 내용 면에서 시민단체와 크게 구분되는 지점이다. 학자들의 연구를 지원해 관련 정책의 개선을 제안하는 간접적인 방법을 활용한다.

사회공헌활동을 전개하기 위한 기업의 공익법인 설립은 실리적인 유용함도 상당하다. 이미지 제고처럼 간접적인 유용함도 있지만, 절세 효과가 크다. 기업은 버는 돈에 대해 상당히 많은 세금을 내야 한다. 개인이 소득세를 내듯이 기업의 소득은 법인세로 나간다. 하지만 기업이 공익법인을 설립해 이윤의 일부를 공익법인으로 보내면 세금을 계산하는 대상 금액이 줄어든다.

공익법인을 설립하면 원 회사에서 재단으로 돈이 들어가는데, 법적으로는 증여가 된다. 따라서 개인이 사망하면서 재산을 재단으로 보내면 상속이다. 증여든 상속이든 원래는 돈을 받는 사람(법인 포함)은 증여세나 상속세로 내야 한다.

그렇지만 공익법인으로 들어가는 돈에는 세금을 징수하지 않는다. 일반적으로 증여세와 상속세를 많이 걷는 이유는 불로소득을 줄이는 등 여러 이유가 있다. 하지만 공익법인의 활동은 말 그대로 공익적이기 때문에 증여하거나 상속된 돈이 좋은 일에 쓰인다고 보고 세금 징수를 하지 않는 것이다.

기업인들 입장에서는 어차피 세금으로 나가야 할 돈을 좋은 일에 생색내면서 쓸 수 있다. 재단 같은 공익법인을 설립하면 법적으로는 기업인들과는 완전히 별개다. 그렇지만 실질적으로 영향력을 행사할 수 있고 자손들이 이사장 같은 주요 자리를 맡을 수도 있다. 기업인도 좋고 사회적으로도 좋은 윈윈이다.

기업이 ESG 실천을 위해 따로 법인을 만드는 경우는 없다. ESG의 실천은 기업 본연의 이윤 추구 목적과 함께 기업 본연의 동시적 목적이 되었기 때문으로 볼 수 있다. 기업의 사회공헌활동 개념이 확장되어 기업의 사회적 책임이 되고 ESG가 되었지만, 기존의 사회공헌활동을 수행하던 재단과 같은 별도의 법인은 거의 그대로 유지한다. 기업 입장에서는 사회공헌활동과 ESG를 별도로 수행하는 셈이다.

공익단체·공익재단과 공익법인의 구분

규모가 큰 기업사회공헌재단이 모두 공익법인은 아니다. 공익법인은 공익법인법(공익법인의 설립 · 운영에 관한 법률)에 따른 명칭이다. 공익법인법은 공익법인을 "재단법인이나 사단법인으로서 사회 일반의 이익에 이바지하기 위하여 학자금 · 장학금 또는 연구비의 보조나 지급, 학술, 자선에 관한 사업을 목적으로 하는 법인(제2조)"이라고 정의한다. 민법에 따라 재단법인이나 사단법인으로 등록한다. 민법의 적용을 받지만, 목적이 학자금 등에 해당하면 공익법인법을 적용한다. 일부 민법과는 다르거나 없는 내용이 있다.

반면, 공익단체나 공익재단은 법적인 개념이 아니다. 물론 법조문 표현으로 아주 가끔 쓰기는 한다. 4 · 16세월호참사 피해구제 및 지원 등을 위한 특별법(세월호피해지원법)이 그 예이다. 법은 피해자와 안산시 주민의 심리적 안정과 공동체 회복을 위하여 여러 프로그램을 개발하도록 했다. 그중 안산시에 소재하는 건강 · 복지 · 문화 · 체육 등 비영리민간단체, 공익단체와 동호회 등의 참여와 연계 프로그램도 포함한다(제31조). 사단법인이나 재단법인이 아닌 단체에도 예산을 지원할 수 있게 한 것이다. 공익 목적을 수행하는 비영리민간단체는 공익단체로 볼 수 있다. 공익법인도 성격은 공익단체다. 장학이나 연구 지원, 자선 사업은 모두 공익적이다.

세월호피해지원법에서 공익단체를 따로 명시한 이유는 무엇일까? 사단법인이나 재단법인으로도 비영리민간단체로도 등록하지 않은 곳, 즉 법적으로 등록하지 않은 단체도 지원하기 위해서라 할 수 있다. 동호회는 법적으로 등록할 필요는 전혀 없지만 세월호참사에 대해서는 동호회 같은 단체에 대해서도 도움이 필요하다는 법적 판단인 셈이다.

공익재단은 재단법인 중 공익 목적을 수행하는 곳으로 보면 된다. 사실 재단법인은 대부분 공익적이다. 영리를 추구하는 재단법인은 개념상으로는 가능하지만, 법에는 없다. 영리를 추구하는 재단 법인은 회사다.

향후 ESG의 실현을 위한 다양한 공익단체나 공익재단이 설립될 수 있다. 현재까지는 기업의 ESG를 지원하는 조직이 대부분이지만, 넓은 의미의 ESG를 실현하는 단체나 재단은 그 성격상 공익단체나 공익재단이 된다. 법적으로도 공익법인법이 개정되어 내용이 반영될 수 있다.

장학재단

중소 규모의 공익법인은 대체로 장학재단이 많다. 공익법인법 조문을 보면 왜 장학재단이 많은지 쉽게 유추할 수 있다. 시행령 제2조는 더 상세한 내용을 규정하고 있다. 1호는 장학 목적 사업, 2호는 연구 지원 사업, 3호는 도서관 · 박물관 · 과학관 같은 사업, 4호는 불행 · 재해 기타 사정으로 자활할 수 없는 자를 돕기 위한 모든 자선 사업이라고 되어 있다. 도서관 같은 시설 사업은 돈이 많이 들고, 자선 사업으로 병원 같은 활동을 하려면 역시 비용 규모가 크다. 소액의 자선 사업은 복지법인 제도가 따로 있다.

장학금 지급은 상대적으로 적은 돈으로 시작할 수 있다. 예컨대 10억 정도만 있으면 금융회사에 넣어놓고 이자를 가지고 몇 사람이라도 바로 지원 가능하다. 규모가 적다고 무시할 수 있겠지만, 1억 원으로도 충분하다. 정기예금 금리가 1%라고 해도 1억이면 연 100만 원의 이자가 나온다. 10만 원씩 10명, 100만 원 1명만 지원해도 그게 어딘가? 사실 서민들에게는 적은 돈은 아니다.

학술 연구도 만만치 않다. 가장 작은 규모로 학자 한 사람이 두세 달 연구를 해서 보고서를 낸다고 하면, 자격에 상응하는 만큼 보수를 줘야 한다. 교수로 임용되지 않았더라도 인건비만 적어도 월 1~2백만 원은 나간다. 이 정도의 금액을 금융회사에서 이자로 받으려면 원금은 얼마가 되어야 할까?

공익법인은 대체로 재단법인이다. 돈을 내놓고(출연) 법인으로 등록한다. 출연한 돈은 기본재산이라고 한다. 기본재산은 목적사업에만 써야 한다. 공익법인의 목적이 되는 장학, 연구, 자선 사업을 목적사업이라고 한다.

그렇다면, 1억 원의 기본재산으로 100만 원씩 100명에게 장학금을 주면 어떨까? 당연히 그렇게 해도 된다. 하지만 이렇게 되면 더는 재단에 남는 돈이 없게 되고 재단법인은 계속해서 목적사업을 할 수 없게 된다. 재단법인은 계속해서 목적사업을 할 수 있어야 한다. 그렇기 때문에 기본재산은 그대로 둔 채 사업을 계속할 수 있는 방법을 찾는다. 그 방법 중 하나로 금융회사에 맡겨서 안전하게 투자이익을 얻는 것이다. 계속해서 출연받아 기본재산을 늘린다면 당연히 더 좋다.

장학사업은 공익법인으로 등록하지 않고 사업을 해도 상관없다. 다만 이 경우엔 재산을 내놓고도 세금 혜택을 받을 수 없다. 공익적 목적사업에 기업들이 많이 관심을 쏟을 수 있도록 법을 제정해 각종 지원을 주는 것이므로 가능한 공익법인으로 등록하는 것이 좋다.

장학사업은 ESG 중 어느 영역에 포괄할 수 있을까? 장학사업은 일반적으로 두 층위로 이루어진다. 경제적 형편이 어려운 학생들과 우수한 학생이다. 전자는 사회적으로 교육의 평등을 증진하는 의미가 있고, 후자는 우수한 학술적 성취를 통해 사회에 기여하게 하는 의미가 있다. 경제적 형편이 어려운 학생들에 대한 지원은 사회적 가치의 증진과 직접 연결될 수 있을 것이다.

읽고 생각하기

동서식품장학회, '2018년 장학증서 수여식' 개최

동서식품장학회는 27일 '2018년 장학증서 수여식'을 개최하고 고등학교와 대학교 장학생 60명에게 총 5,400여만 원의 장학금을 전달했다고 밝혔다.

이날 진행된 장학증서 수여식에는 이홍희 동서식품장학회 이사장, 김석수 동서식품 감사가 참석해 장학증서를 수여하고 간담회를 하며 장학생들의 학업 의지를 격려했다.

동서식품장학회는 기업 이익을 사회에 환원하고 유능한 인재를 양성, 국가 발전에 기여한다는 취지로 동서식품이 1993년 설립했다. 우수한 재능을 갖고 있으나 경제적 어려움으로 학업을 계속하기 어려운 고등학생과 대학생들을 장학생으로 선발해 등록금 및 수업료 전액을 지원하고 있다.

본격적으로 장학사업을 시작한 1996년 이후 현재까지 총 2,414명의 고등 · 대학생에게 약 40억 원 규모의 장학금을 지급해왔다.

출처: 조선비즈, 2018.06.27.(https://biz.chosun.com/site/data/html_dir/2018/06/27/2018062702302.html)

사회공헌활동과 CSR(기업의 사회적 책임)

CSR(기업의 사회적 책임)은 Corporate Social Responsibility의 약자다. 사회공헌은 social contribution 정도를 써야겠지만, CSR을 사회공헌과 같이 쓴다. 개념이 번역되는 과정에서 어느 쪽이 먼저인지, 어떻게 변형되었는지는 사회학이나 계보학 쪽으로 접근이 필요하다.

기업의 사회공헌활동이 점차 외연을 넓힌 개념을 기업의 사회적 책임으로 보기도 한다. 일각에서는 기업이라는 단어가 들어가는 부담 때문에 사회공헌활동이 되었다고 한다. 사회공헌활동은 기업뿐만 아니라 대학 등으로 확산하는 추세다.

사실 두 말의 뉘앙스는 상당히 다르다. 기업의 사회공헌은 자선이나 복지, 의료, 교육 같은 느낌을 주지만, 기업의 사회적 책임은 외연이 더 넓다. 더 큰 문제는 기업이 무언가 잘못하고 있기 때문에 사회에 대해서 책임을 져야 한다는 뉘앙스라는 점이다.

CSR과 관련된 이론적 논쟁은 다양하다. 크게 구분하면 이윤 창출 자체로 기업이 사회적 책임을 다한다는 주장과 그 이상을 해야 한다는 주장이 대립한다. 전자는 때론 신자유주의적 시각으로 매도되지만, 일리가 있다. 반면, CSR을 주장하는 사람들은 대체로 후자의 시각이다.

이윤 추구로 사회에서 책임을 다한다는 주장에서 말하는 CSR은 경제적 책임이다. 법률적 책임도 CSR의 일부로 포함된다. 많은 사람이 생각하는 반기업 정서는 기업이 불법을 대놓고 저지른다는 이미지에서 비롯되는 경우가 많다. 영화를 비롯한 대중문화에서 과장된 스토리나 가끔 불거지는 일부의 일탈들을 모든 기업에 적용하는 오류다. 그렇지만 어느 집단이나 대중문화에서는 과장되고 일탈자들은 나오기 마련이라는 점을 기억해야 한다.

경제적 책임과 법률적 책임에 더해 추가로 논의되는 CSR은 자선적 책임과 윤리적 책임이다. 자선적 책임은 사회공헌활동이 갖는 이미지, 곧 자선이나 교육, 복지, 의료 등으로 보면 되고, 대체로 기업이 금전적으로 사회 다른 분야에 도움을 주는 방식으로 나타난다.

윤리적 책임은 CSR을 논할 때 가장 중심이 되는 개념이다. 경제적 책임은 이미 수백 년간 해온 기업의 활동을 정당화, 합리화하고 명예를 부여하는 개념이다. 기업을 규제하는 법은 계속 만들어져 왔고 어기는 기업들은 법적인 제재를 받았다. 자선적 책임은 사실 대부분의 기업들이 많이 해왔다. 윤리적 책임은 근래 주요 트렌드로 부상한 사회적 가치의 실현과 연관된다. 환경을 생각하라거나 아동 노동을 시키지 말라거나 현지 생산자들을 더 고려하라거나 하는 요구들이다. 나라마다 법이 다르기 때문에 법률적 책임과 윤리적 책임은 경계를 명확히 나누기 힘든 경우도 많다. ESG와 관련된 국제규범도 기업의 윤리적 책임 쪽에 가깝다.

사회공헌활동과 CSR을 같은 것으로 보든 그렇지 않든 ESG는 CSR의 일환으로 볼 수 있다. 기업에 요구되는 CSR 중 3가지 부문에 초점을 맞추었다고 볼 수도 있다. 그렇지만 반대로 생각하면 CSR의 이름으로 진행되는 기업의 활동들은 ESG 경영에도 대체로 포괄된다. 특히 S(사회적 가치)의 의미가 상당히 포괄적이기 때문이다.

읽고 생각하기

'기업의 사회적 책임'은 선택 아닌 생존조건

미국 뉴욕과 보스턴 등에서 월가의 정경유착과 탐욕을 규탄하는 시위가 연일 벌어지는 등 국내외적으로 '기업의 사회적 책임' 문제가 이슈로 떠오르고 있다. 국내 정치권과 정부도 '상생'과 '동반성장'이라는 화두를 통해 재계를 압박하고 있다.

국내 대기업들은 이에 중소기업에 대한 지원과 사재 출연 등을 약속하기도 하고 사회적인 캠페인을 강화하기도 한다. 하지만 중소 상공인들과 자영업자, 노동자 등은 여전히 비판의 시선을 멈추지 않고 있다. 문어발식 확장과 집단 해고, 인권 유린 등을 거론하며 여전히 각을 세우고 있다. 과연 '기업의 사회적 책임'은 무엇이고 어떻게 이행해야 할까.

KBS1의 '시사기획 KBS 10'은 4일 오후 10시 최근 세계적으로 이슈가 되고 있는 기업의 사회적 책임에 대한 논의와 함께 우리 사회의 실태를 점검하고 개선 방향을 모색하는 '기업의 사회적 책임' 편을 방송한다.

기업의 사회적 책임은 선진국과 국내 학계에서 진작부터 CSR(Corporate Social Responsibility) 또는 '지속가능발전 기업' 등의 용어로 알려져 있다. 이는 재벌기업(총수)의 이익을 사회에 환원한다는 차원을 넘어 기업활동의 전 과정을 아우른다. 즉, 소유지배 구조와 사업행태, 고용 창출 및 안정, 노동 및 인권 문제, 환경문제, 부의 환원과 재투자 등 기업 활동 전반을 포괄한다.

독일을 필두로 한 유럽연합 국가들은 진작부터 사회적 책임을 기업의 지속적인 성장과 사회통합 및 발전을 위한 의제로 주목해 왔다. CSR이 사회의 요구와 교감하면서 선순환 구조로 이어지도록 제도와 관행을 바꿔가고 있다. 국제표준화기구(ISO)도 지난해 11월 ISO 26000, 즉 사회적 책임 국제표준을 제정했다. ISO 26000의 주요 의제를 한국 기업에 적용하면 어떨까, 우리 기업은 무엇을 준비하고 어떻게 달라져야 할까.

출처: 세계일보, 2011.10.03.(https://entertain.naver.com/read?oid=022&aid=0002315189)

CSR과 CSV의 차이

경영학에는 CSR을 CSV로 개념을 넓히려는 이론도 있다. 약자는 비슷하지만 말은 완전히 다르다. CSV는 공유가치 창출(Creating Shared Value)이다. 여기서 공유의 의미는 경제적 가치와 사회적 가치를 의미한다.

기업이 경제적 가치와 사회적 가치를 함께 창출하는 방향으로 가야 한다는 주장이다. 경제적 가치는 곧 이윤이다. 지금까지 기업 본연의 사명이었다. 여기에 더해 사회적 가치를 창출해야 한다는 것이다.

CSV 개념을 주창한 학자는 하버드 대학교 마이클 유진 포터(Michael Eugene Porter) 교수다. 당위성만 내세운다면 사실 경영학 이론이라고 하기 어렵다. 포터는 CSV가 기업 경쟁력의 핵심이 되고 있다고까지 주장한다.

그림 2-4 **마이클 유진 포터**

출처: https://ko.wikipedia.org/wiki/%EB%A7%88%EC%9D%B4%ED%81%B4_%ED%8F%AC%ED%84%B0

기업의 사회적 책임을 논할 때는 기업의 이윤 추구(경제적 책임)와 다른 책임은 분리된다. 그런데 공유가치 창출이라고 할 때는 이윤 추구가 곧 다른 책임을 동시에 수행함을 의미한다. 이윤과 함께 사회적 가치를 추구하기 때문이다.

네슬레(Nestlé)의 소포장 판매는 CSV의 대표 사례로 소개된다. 네슬레는 영양상태는 좋지 않고 돈은 부족한 빈곤국 소비자들에 대해 선진국과 다른 마케팅 기법을 적용했다. 가격은 내리고 포장은 작게 한 것이다. 네슬레의 이러한 마케팅은 크게 성공했다. 이는 영양상태를 증진시키고자 하는 사회적 가치의 추구가 경제적 이윤 추구까지 긍정적으로 작용한 것이다.

포터의 주장에 대해 학계나 기업 현장에서는 아직 공감대가 확산되지 않고 있다. 포터는 현시대가 소비자의 영혼에까지 마케팅의 초점을 맞춰야 한다고 주장한다. 이성-감성-영혼의 시대로 구분하는 거시적 시각도 제시한다. 이성의 시대는 품질이 좋다고 객관적 근거를 제시하면 소비자가 선택한다는 의미다. 감성의 시대는 비슷한 품질의 기업이 많아진 상태에서 브랜드나 포장을 잘한 곳이 선택된다.

일부 대기업에서 네슬레처럼 사회적 가치를 직접 실현하는 방향에서 마케팅 전략을 실행하는 현상은 당연히 칭찬받을 일이다. 포터는 사회적 경제를 언급하진 않지만 사회적 경제와 일맥상통한다. 사회적 경제는 사회적 가치(사회적 목적)의 실현을 기업적 방식(이윤 추구)으로 실현하려고 하기 때문이다. 어떻게 보면 CSV는 대기업이, 사회적 경제는 규모가 작은 기업이 역할을 분담하고 있다고 봐도 된다.

대기업은 CSV를 기업 전반으로 확산해야 하는 과제가 있다. 사회적 경제를 담당하는 규모가 작은 조직들은 큰 규모로 성장해야 한다. 양자가 지속적으로 성공리에 추진되면 사회 전체는 사회적 가치 창출에 큰 진전이 있게 된다.

CSV는 CSR의 확장 개념으로 볼 수 있다. ESG는 학자에 따라 논의는 다양하지만, CSV와 거의 동일한 의미를 갖는다. ESG는 비재무적 요소를 의미하지만, 재무적 요소와 함께 기업 성과를 평가하라는 균형이 중요하다는 점을 상기해야 한다. 따라서 공유가치를 추구해야 한다는 CSV의 관점과 일맥상통한다.

가치의 의미 차이

기업에서 쓰는 가치라는 말은 원래는 회계 용어다. 부가가치세(value added tax, VAT)를 생각해보면 좋다. 부가가치는 기업이 생산을 통해 부가된 가치다. 이때 가치는 가격이라고 생각하면 된다. 부가가치에 붙인 세금이 부가가치세다.

예컨대 자동차를 생산하려면 중소기업에서 부품을 사고 에너지도 써야 한다. 구매에 따른 구매액을 지급한 후 자동차를 만들면 구매액에 더해 가치가 부가된다. 부품회사도 동일하게 철강을 구매해 부품을 만들었다고 하면, 구매한 철강에 가치가 부가되어 부품이 되는 식이다.

어느 정도 규모가 있는 기업은 회계장부를 작성해 실적을 보고해야 한다. 회계장부는 국가적으로 세금을 걷을 수 있는 기준이 된다. 부가시장가치나 경제적부가가치처럼 회계를 정리할 때 가치라는 말이 쓰인다.

가치라는 말은 기업경영에서 가격이라는 말로 주로 쓰이지만 가격이 아닌 다른 의미로 쓸 때도 있으므로 잘 구분해야 한다.

가치중심경영(Value Based Management)이라고 할 때 가치는 회계 용어로서 가격이라는 뜻이다. 가치중심경영은 단기적이 아닌 중장기적으로 가치를 증대해야 한다는 관점이다.

해마다 회계장부를 작성하기 때문에 보통은 그해 매출액이나 시장점유율 등으로 성과를 판단한다. 전문 경영인(CEO)의 실적도 매년 평가된다. 매년 평가에서는 성과가 좋았는데, 몇 년 지나서 보니 회사가 몰락해가는 과정이었음을 알게 되는 경우도 있다. 중장기적 관점이 제기된 배경이다. 여기에는 미래의 현금흐름을 현재의 가치로 환산해야 한다는 등의 어려운 회계학 개념이 동원된다.

기업이 내세우는 핵심 가치(core value)가 무엇이냐고 물을 때는 가격의 의미가 아니다. 기업 구성원들이 공통으로 보유하는 비전이나 방향성 등을 의미하며, 이러한 핵심 가치는 주로 기업 로고에 나타난다.

기업의 사회공헌활동, 기업의 사회적 책임, 기업의 ESG 실천 등은 모두 기업이 사회적 가치를 실현해야 한다고 주장한다. 이때 사회적 가치는 가격과는 다른 의미이다. 환경을 얼마나 보전했느냐, 사회에 대한 영향력을 얼마나 고려했느냐, 의사결정 구조가 얼마나 민주적이냐 하는 가치는 가격과 완전히 의미가 다르다.

그림 2-5 **(주)한화 트라이서클**

출처: https://www.hanwhacorp.co.kr/hanwha/company/ci.jsp

가치 개념의 딜레마

공유가치 창출(CSV)에서 말하는 경제적 가치는 가격으로 이해해도 된다. 원래 가치는 가격을 의미했고 경제적 가치였다. 그런데 사회적 가치 논의가 대두되면서 가치의 의미를 구분할 필요성이 생겼다.

사회적 가치는 가격으로 표시할 수 없다는 문제가 있다. 가격으로 표시할 수 없다는 문제는 회계장부에 기록할 방법이 없다는 말이다. 더 정확하게는 부정적으로 기록된다. 예컨대 일자리를 늘려 사회적 가치를 실현했다고 하자. 분명 사회적 가치를 실현했고, 좋은 일이다. 그런데 임금이 더 나가고, 기업의 회계 기준으로는 비용이 증가한다. 기업으로서는 수익이 줄어든 셈이다.

기업의 실적으로든 CEO의 능력이든 부정적인 평가를 받게 된다. 사회적 가치를 증진하려고 했는데 부정적인 평가를 받게 되니 웬만한 사명감으로는 하기 어렵다.

수익의 일정 비율을 인권 관련 단체에 기부하는 경우는 조금 다르다. 인권을 증진한다는 사회적 가치는 훌륭하다. 회계상으로 세금 혜택도 받을 수 있게 된다. 기업이 돈을 기부하면 전체 매출액이 줄어 세금을 계산하는 기준이 약간 줄어들기 때문이다.

조금 다르긴 하지만 사회적 가치를 창출한 것이 경제적 가치로 불이익하게 표시되는 점은 마찬가지다. 사회공헌활동과 차이도 없다.

이러한 딜레마 때문에 사회적 가치를 경제적 가치로 표현하는 방법을 다양하게 고안하고 있다. 여러 나라에서 다양한 제안들이 나왔지만, 일반적으로 받아들여지는 안은 없다.

우리나라에서는 SK그룹이 앞서가고 있다. 최태원 회장은 2016년에 앞으로 경제적 가치와 사회적 가치를 동시에 추구해야 한다는 선언을 한 바 있다. 이른바 '더블 보텀 라인(double bottom line)' 경영이다. 자체 개발한 사회적 가치 평가 기준에 따라 2019년부터 발표하고 있지만 SK그룹의 선구적인 노력도 아직 널리 확장되지 못하였다.

기업의 사회적 가치 실현 여부를 금액으로 환원하려는 연구도 진행되고 있다. 기업이 재무적 성과 지표를 반영하는 회계장부에 ESG 지표를 금액으로 반영하는 방안은 국제적으로 상당한 수준까지 논의되고 있다.

하지만 사회적 가치를 금액으로 평가하는 방법이 일반적으로 받아들여져도 기존의 회계장부와 통합되는 데까지는 상당한 시간이 소요될 것으로 보인다. 시간은 걸리겠지만, 일반적으로 통용되는 의미의 ESG 가치와 회계장부에서 재무적 수치로 표현되는 가격으로서의 가치가 통합되는 날이 오게 될 것이다.

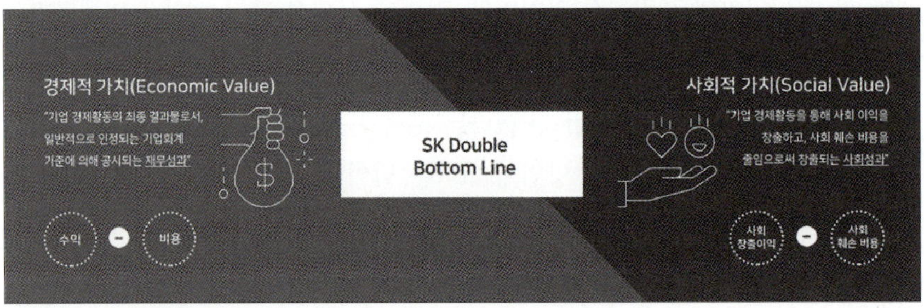

그림 2-6 SK 더블 보텀 라인

출처: http://www.skenergy.com/together/happiness.asp

공유가치 창출과 공유경제의 차이

기업의 핵심 가치를 공유가치라고 한다. 같은 말을 쓰지만 CSV(공유가치 창출)에서 말하는 공유가치와는 다르다. 기업의 핵심 가치를 의미하는 공유가치는 기업 구성원들이 특정한 가치적 지향을 공유한다는 뜻이다.

공유가치 창출의 공유가치는 경제적 가치와 사회적 가치를 합친 개념이다. 같은 표현인데 뜻이 다른 경우가 여럿 있다. '국공유' 할 때도 공유가 나온다. 요즘 새로운 트렌드로 부상한 공유경제는 어떤가?

국공유에서 공유는 지방자치단체의 소유를 의미한다. 국유, 곧 국가의 소유와 지자체의 소유를 합한 말이 국공유다. 국공립대학이라고 하면, 국가에서 설립한 대학과 지자체에서 설립한 대학을 합한 말이다.

공유경제는 협력소비라고도 한다. 때로는 셰어링(sharing)경제라고도 한다. 일반적인 소유는 각자가 필요한 물건을 각자가 소유하면서 쓴다. 공유경제는 한 사람의 소유물을 여럿이 함께 쓰자는 의미다. 쉽게 말하면 나눠 쓰는 현상이다.

한자도 다르다. 국공유의 '공'은 '公'자를 쓰고, 공유경제의 '공'은 '共'자를 쓴다. 공유(共有)는 함께 소유한다는 뜻이다. 그래서 sharing 경제를 번역해서 쓰긴 하지만 뉘앙스가 매우 다르다. 영어에서 share는 함께 소유한다는 뜻도 되고 같이 쓴다는 말도 된다. 나눠서 갖는다는 의미도 있다. 하지만 우리말의 공유는 소유의 뉘앙스만 있다. 앞으로 함께 쓴다는 뉘앙스도 포함하게 될 가능성이 있다.

법학에 가면 또 세부적인 의미에 차이가 있다. 민법의 공유는 공유경제에서 말하는 공유와는 완전히 다른 의미다. 민법은 공동소유 형태로 공유, 합유, 총유를 규정한다. 공유는 아파트, 합유는 협동조합, 총유는 교회를 생각하면 쉽다.

아파트의 토지는 전체 소유자들이 몇 분의 1을 소유하고 있는지 구분되어 있다. 언제든 소유자가 자유롭게 팔아도 상관없다. 협동조합은 조합원들이 각자 자기 지분이 얼마인지는 구분되어 있지만, 팔려면 다른 조합원들의 승인이 필요하다. 공동체성을 중시하는 협동조합의 특징 때문에 마음대로 처분할 수 없다. 자칫 조합이 깨질 수도 있기 때문이다. 교회의 경우 교회 신도 전체의 재산이다. 하지만 신도 각자에게 얼마의 지분이 있다고는 말할 수 없다. 아무리 헌금을 많이 했더라도 교회를 떠나면 교회의 재산은 개인과는 상관없다.

공유경제에 대한 논의는 많지만, 사회적 가치의 실천과는 직접적인 연관성은 없다고 봐야 한다. 공유경제를 수행한다고 표방하는 기업들의 ESG 실천은 별개의 문제다. 공유경제 자체가 사회적 가치 실천의 일환이냐고 했을 때 그 의미는 다르다.

일반적으로 근래의 공유경제는 기업의 새로운 비즈니스 모델이다. 예컨대 카셰어링은 초단기 렌트업이라고 보는 것이 적절하다. 일반 주택을 숙박객에게 제공하는 플랫폼 사업도 집을 공유하는데 돈을 받으니 본질은 렌트업이다.

진정한 공유경제는 예컨대 특정한 마을의 마을 주민 모두가 소유하는 기금이 있고 그 기금의 사용과 수익을 마을 주민 모두가 결정하는 식이 되어야 한다. 국내외 소규모 사례는 있지만 널리 일반화되어 있지는 않다.

국공유재산의구분

- 국 · 공유재산의 의미
  - 국가 및 지방자치단체가 소유 또는 건설 중에 있는 재산
- 국 · 공유재산의 종류 및 관리부서
  - 국 · 공유재산은 그 용도에 따라 이를 행정재산과 일반재산으로 구분함.

행정재산	• 국가 및 지방자치단체가 직접 행정 목적을 수행하기 위해 보유하고 있는 재산 – 공용 재산: 청사, 관사, 시도립학교, 도서관 등 – 공공용 재산: 도로, 공원, 하천, 제방, 구거 등 – 기업용 재산: 상하수도, 건설 중인 지하철, 공영개발 사업 등 • 관리부서: 행정목적에 따라 해당부서에서 관리(예 도로 → 건설관리과, 공원 → 공원녹지과, 어르신 사랑방 → 어르신복지과) – 보존용 재산: 국가나 지방자치단체가 보존하거나 보존하기로 결정한 재산 (예 문화재, 사적지, 명승지 등)
일반재산	• 행정재산 이외의 모든 재산 • 관리부서 : 재무과 등

그림 2-7 **국공유재산의 구분**

출처: https://www.yangcheon.go.kr/site/yangcheon/03/10301060100002016081013.jsp

ISO 26000

ISO는 국제표준화기구(International Organization for Standardization)의 줄임말이다. ISO는 1946년에 설립되었고 본부는 현재 스위스 제네바에 있다. ISO는 각종 상품과 서비스의 국제표준을 설정하는 역할을 한다.

예를 들어, 화재 현장에서 안전하게 사용할 수 있다고 광고하는 수건을 생각해 보자. 업체에서는 수건에 산소발생기를 부착했기 때문에 질식사고를 예방할 수 있다고 주장한다. 재난에 대비한 안전 제품으로 현장에서 유용하게 쓰일 수 있다는 것은 회사의 주장이다. 이 제품이 정말로 회사의 주장처럼 불이 났을 때 코와 입을 막고 탈출할 때 산소가 나와 질식사를 막아줄 수 있을까? 소비자 개인이 제품을 사서 불이 난 곳에 가서 써보기 전에는 확인할 수 없다.

이런 경우 일정 정도 믿을 수 있는 기준을 설정하는 곳이 바로 표준화 기관이다. ISO는 국제적으로 통용되는 기준(이러한 기준을 '표준'이라고 한다)을 정하는 곳이다. 국가마다 별도의 표준을 정하기도 하는데 우리나라는 KS 마크(Ⓚ)를 사용한다. KS는 한국산업표준(Korean Industrial Standards)의 약자다. 우리나라 정부와 관련 업계에서는 국가표준이라는 말을 사용한다.

ISO에서 가장 유명한 국제표준은 ISO 9000이다. ISO 9000 시리즈는 소비자 중심의 품질보증제도다. 제품의 생산과 유통과정 전반에 걸쳐 국제규격을 제정했다. 1976년 영국에서 시작돼 세계로 퍼져나갔다. BSI(영국표준협회)는 ISO 9000 제정을 주도한 영국의 품질인증기관이다. 해외로 상품을 수출할 때 해당 업체에서 ISO 9000 인증을 받은 것만 받겠다고 하면 수출기업으로서는 ISO 인증을 받을 수밖에 없다.

ISO 26000은 기업의 사회적 책임과 관련된 기준을 국제표준으로 제정했으며 2010년 11월 채택됐다. 민간기업뿐만 아니라 공공부문과 비영리 조직에도 적용된다. 어떤 조직이든 사회적 책임을 준수할 수 있는 가이드라인과 지침을 제공한다. ISO 26000의 7가지 핵심 주제는 다음과 같다.

표 2-1 ISO 26000의 7가지 핵심 주제

핵심 주제	내용
조직 거버넌스	사회적 책임 원칙을 존중하고 이를 기준의 사업 관행에 통합하는 활동
인권	조직 내와 조직의 영향권 내의 인권을 존중하고 보호하며 준수하며 실현하는 활동
노동관행	조직 내와 협력업체를 대상으로 근로자의 노동환경에 영향을 미치는 정책과 관행
환경	환경에 미치는 조직의 영향을 줄이기 위해 조직의 결정과 활동의 의미를 고려하여 통합적으로 접근하는 활동
공정 운영 관행	조직과 파트너, 공급자 등 조직과 타 조직간 거래의 윤리적 행동에 관심을 두는 활동
소비자 이슈	소비자 교육, 공정하고 투명한 마케팅 정보와 계약, 지속가능소비촉진 등 소비자 권리 보호 활동
지역사회 참여 및 발전	지역사회의 권리를 인식하고 존중하며 그 자원과 기회를 극대화하려고 노력하는 활동

읽고 생각하기

ISO 26000은 결과보다 과정이 중요

"ISO 26000은 서열이나 점수화가 목적이 아닙니다. 사회 모든 구성원이 자발적으로 표준을 도입해 충분한 시간을 갖고 가이드라인에 맞춰나가는 노력, 그 노력이 핵심입니다."

김치동 지식경제부 기술표준원 지식산업표준국장은 "사회적 책임 표준은 특정 기술이나 기법을 도입하면 해결되는 '결과'의 개념이 아니라 지속적으로 사회의 요구에 맞춰나가는 '과정'으로 생각하는 접근이 필요하다."라고 강조했다.

향후 표준이 어떠한 방향으로 흘러갈지 지금 상황에서 단정 지을 수 없기 때문에 지금은 사회적 책임과 관련된 사회 각 조직의 수준을 냉정하게 파악하고 이를 면밀히 개선해 나가는 과정이 필요하다는 설명이다.

"ISO 26000이 가이던스 인증 등 강제적 내용이 포함돼 있지는 않지만 사회적 책임 표준이 국제교역 조건으로 작용할 가능성은 상존하고 있습니다. 또 앞으로 인증으로 추진될 수도 있습니다. 따라서 미래를 대비해 지금부터 충분한 대처를 해나가는 것이 최선의 준비입니다."

기표원은 이와 관련해 국내기업, 노동단체, NGO 등을 대상으로 ISO 26000 표준에 대한 교육과정을 개설하고 자가진단지표를 개발해 보급할 예정이다. 또 대한상의 · 전경련 등과 함께 ISO 26000 표준 도입에 대한 홍보도 지속적으로 진행한다는 계획이다.

"ISO 26000 표준 조기 정착의 관건은 기업의 CEO나 각 단체의 운영자의 이해와 윤리철학에 달려있습니다. 교육과 홍보를 통해 사회적 책임 표준 도입 분위기를 조성하고 각 의사결정자의 인식을 개선하고자 합니다."

김 국장은 이와 함께 표준에 대한 논의가 기업위주로 이루어지는 것을 경계해야 한다고 지적했다. "사회적 책임은 말 그대로 사회를 구성하는 모든 조직에 해당되는 개념입니다. NGO가 이해관계자로서 어떤 기업의 사회적 책임에 대한 모니터링을 요구했던 것이 지금까지의 그림이었다면 ISO 26000은 다양한 사회 주체가 서로 사회적 책임에 대한 검증과 개선에 참여할 수 있도록 요구하고 있습니다. 정부 · 시민단체 · 종교단체 등 모든 사회구성원이 사회적 책임 표준에 대상이 됩니다."

그는 또 "충분한 사전 대응만 있다면 내년부터 본격적으로 시작되는 ISO 26000 표준의 도입과 운영에 큰 어려움은 없을 것으로 예상합니다."라고 말했다.

"ISO 26000은 우리나라의 신뢰성과 기업의 국제경쟁력을 확보할 기회가 될 수 있습니다. 사회적 책임 표준을 단기적인 과제로 판단하지 말고 단계적인 개선을 목표로 도입해 그동안 진행해온 투명성, 도덕성 제고 노력을 연계한다면 ISO 26000의 본래 취지에 부합하는 성공사례를 창출해 낼 수 있습니다."

출처: 전자신문, 2010.07.07.(https://www.etnews.com/201007050042)

기업시민

기업시민이라는 말은 아직 일반적이지 않다. 우리나라의 경우 포스코에서 2018년 기업시민경영을 경영이념으로 선포하면서 대중적인 담론이 됐다. 학계에서는 훨씬 일찍부터 논의됐다.

우리나라의 경우 2003년 단행본으로 출간된 주성수의 『기업시민정신과 NGO』(아르케)가 대표적이다. 영어 문헌으로는 2008년 출간된 'Next Generation Corporate Citizenship'이라는 부제 문구를 달고 있는 Googins, B., Mirvis, P., Rochlin, S.의 『Beyond Good Company』(Palgrave MacMillan) 정도를 들 수 있다.

기업시민(Corporate Citizenship)은 기업과 시민이 결합된 말이다. 시민은 민주주의 사회의 구성원으로 국가와 국제사회가 보장하는 권리를 향유하는 주인이자 자연과 사회를 유지, 발전시키는 책임이 있는 주체이다. 원래 시민의 개념은 개인, 곧 자연인을 전제로 한다. 기업시민은 기업을 하나의 시민처럼 생각하는 것으로 민주주의 사회의 시민처럼 자각하고 행동하는 기업을 일컫는 개념이라 할 수 있다. 기업시민에는 ESG, 사회적 가치, 지속가능경영 등이 모두 포괄된다.

기업시민으로 인정받기 위해서는 여러 가지를 지향하고 실천해야 한다. 자연과의 공존은 ESG의 환경(E), 사회와의 공생은 ESG의 사회(S), 구성원들과의 공영은 ESG의 지배구조(G)와 연결된다. 지속가능성을 위해 기업이 협업하는 주체로 거듭났음을 의미한다고 봐도 무방하다.

기업시민은 기업을 자연인인 시민과 같이 시민의 권리를 누리고 책임을 다하도록 하는 개념으로 이해할 수 있다. 민주주의를 기본 운영 원리로 하는 사회에서는 기업의 설립과 운영, 곧 이윤 추구는 거의 무한대에 가까울 정도로 보장되어 있다고 해도 과언이 아니다. 권리를 누리는 만큼 사회에 대한 책임을 다하는 것이 필요하다는 문제의식의 반영으로 볼 수 있다.

포스코는 기업시민을 기업에 시민이라는 인격을 부여한 개념으로, 현대 사회 시민처럼 사회발전을 위해 공존 · 공생의 역할과 책임을 다하는 주체를 의미한다고 설명한다. 기업시민 포스코의 임직원은 기업시민 경영이념을 모든 의사결정의 기준으로 삼아 업무와 일상생활에서 배려와 나눔의식을 기반으로 더 나은 사회를 만드는 데 자발적으로 참여하고 있다고 표방한다.[1]

1 포스코 홈페이지(https://www.posco.co.kr/homepage/docs/kor7/jsp/esg/citizens/s91a5000100c.jsp)

포스코는 기업시민 경영이념을 ESG 경영 이상의 가치로 설명한다. 2019년에는 포스코 기업시민헌장을 발표하기도 했다. 성숙한 시민을 법규 준수 이외에도 다른 이들의 숨겨진 고통을 이해하고 돕기 위해 자발적으로 행동하는 주체로 이해하는 바탕에서 경제적 이윤 창출을 넘어 사회문제 해결에 동참하고, 더 나은 세상을 만들어가는 데 한 걸음 더 기여하는 기업을 기업시민으로 정의한다.[2]

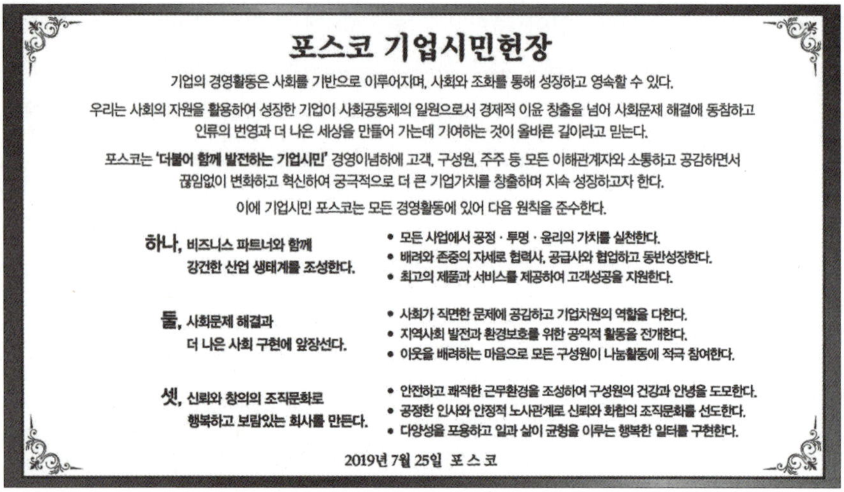

포스코 기업시민헌장

기업의 경영활동은 사회를 기반으로 이루어지며, 사회와 조화를 통해 성장하고 영속할 수 있다.

우리는 사회의 자원을 활용하여 성장한 기업이 사회공동체의 일원으로서 경제적 이윤 창출을 넘어 사회문제 해결에 동참하고 인류의 번영과 더 나은 세상을 만들어 가는데 기여하는 것이 올바른 길이라고 믿는다.

포스코는 **'더불어 함께 발전하는 기업시민'** 경영이념하에 고객, 구성원, 주주 등 모든 이해관계자와 소통하고 공감하면서 끊임없이 변화하고 혁신하여 궁극적으로 더 큰 기업가치를 창출하며 지속 성장하고자 한다.

이에 기업시민 포스코는 모든 경영활동에 있어 다음 원칙을 준수한다.

하나, 비즈니스 파트너와 함께 강건한 산업 생태계를 조성한다.
- 모든 사업에서 공정 · 투명 · 윤리의 가치를 실천한다.
- 배려와 존중의 자세로 협력사, 공급사와 협업하고 동반성장한다.
- 최고의 제품과 서비스를 제공하여 고객성공을 지원한다.

둘, 사회문제 해결과 더 나은 사회 구현에 앞장선다.
- 사회가 직면한 문제에 공감하고 기업차원의 역할을 다한다.
- 지역사회 발전과 환경보호를 위한 공익적 활동을 전개한다.
- 이웃을 배려하는 마음으로 모든 구성원이 나눔활동에 적극 참여한다.

셋, 신뢰와 창의의 조직문화로 행복하고 보람있는 회사를 만든다.
- 안전하고 쾌적한 근무환경을 조성하여 구성원의 건강과 안녕을 도모한다.
- 공정한 인사와 안정적 노사관계로 신뢰와 화합의 조직문화를 선도한다.
- 다양성을 포용하고 일과 삶이 균형을 이루는 행복한 일터를 구현한다.

2019년 7월 25일 포 스 코

그림 2-8 **포스코 기업시민 홈페이지**

출처: http://corporatecitizenship.posco.com/citizen/kor/simin/s919w1000100c.jsp

지속가능성의 두 가지 의미

지속가능성은 사회공헌활동이나 기업의 사회적 책임에 가끔 언급되기도 했지만, 본격적으로 연관된 개념은 아니었다. 그렇지만 ESG는 지속가능성을 핵심 개념으로 하고 있다. 향후 투자 결정 시 지속가능성을 기준으로 삼겠다는 래리 핑크 블랙록 CEO의 서신으로 ESG 경영을 통한 지속가능성의 추구는 전 세계적으로 거스를 수 없는 대세가 되었다고 해도 과언이 아니다.

지속가능성의 추구는 ESG가 전 세계적으로 확산되는 데서 UN이 주도적 역할을 했기 때문에 당연한 목표라고 할 수 있다. 환경문제의 해결에서 시작되어 지속가능성이라는 개념은 온 인류와 지구의 존속과 오랜 발전을 의미하게 됐다. UN이 설정한 지속가능발전목표는 온 인류가 함께 추구해야 할 전 지구적 공동 목표이다.

2 기업시민 포스코 홈페이지(http://corporatecitizenship.posco.com/citizen/kor/simin/s919w1000100c.jsp)

그런데 지속가능성에 이런 의미만 있는 것은 아니다. 지속가능성은 기업 자체의 존속과 발전을 의미하기도 한다. 래리 핑크를 비롯한 세계 주요 투자자들의 ESG 강조는 지구와 인류의 지속가능성을 목적으로 한다. 그렇지만 기업 자체의 지속가능성도 중요하다.

혹자는 ESG를 'Enterprise Sustainability Guide'로 해석한다. 이는 기업의 관점에서 지속가능성을 파악하는 시각이다. ESG를 기업의 장기적인 존속에도 도움이 되는 의미로 볼 수 있게 된다.

유럽과 미국 등 주요 선진국들은 ESG의 실천을 의무화하는 법규를 제정하는 방향으로 나아가고 있다. 이들은 국제적 표준화 작업도 서두르고 있다. 그저 기업에 규제를 하는 차원의 의미를 넘어선다. 장기적으로 기업이 이윤을 추구할 수 있으려면 어떻게 해야 할까? 이러한 고민에 대한 답이 바로 건전한 사회를 육성하는 것이고 관련 법규의 제정으로 이어진다. 지금 당장 눈앞의 일시적인 이윤의 창출이 중요하지 않기 때문이다. 기업의 장기적인 지속가능성을 확보하는 거시적 시각을 취한다.

미국의 BRT가 새로이 기업의 목적을 천명하면서 ESG 실천을 통한 지구와 인류의 지속가능성의 추구는 이제 자본주의 자체의 변화, 곧 이해관계자 자본주의로의 전환을 본격화한 계기로 이해되고 있다.

그렇다고 이러한 관점을 기업의 지속가능성을 위해 인류와 지구의 지속가능성을 이용한다고 보는 것은 곤란하다. 인류와 지구의 지속가능성을 고려하지 않아도 별문제가 없던 시절과 경제성장의 달성이 다른 가치를 압도하던 시절이 분명 과거에는 있었다. 그렇지만 지금은 인류와 지구의 지속가능성이 곧 기업의 지속가능성을 동시에 뜻한다는 점을 깨닫는 것이 필요하다.

Summary

- 기업의 사회적 책임에 대한 뿌리는 19세기 영국에서 찾을 수 있다.
- 기업의 사회공헌활동은 사회적 책임으로 확대되었고, 점차 ESG 경영으로 포괄되고 있다.
- 메세나(Mecenat)는 대표적인 기업의 사회공헌활동이지만 ESG 실천으로 보기는 어렵다.
- 공익법인은 기업의 사회공헌활동을 전담하기 위해 별도로 설립한 법인조직이다.
- 공익법인은 법적인 개념이며, 공익단체 또는 공익재단과는 구분된다.
- 장학사업은 상대적으로 적은 돈으로 시작할 수 있고 경제적 형편이 어려운 학생들에 대한 지원은 사회적 가치의 증진과 직접 연결될 수 있다.
- 사회공헌활동과 기업의 사회적 책임은 의미를 구별할 필요가 있다.
- CSR은 경제적 가치를 추구하는 기업에 추가로 요청되는 사회적 책임을 의미하지만, CSV는 기업이 경제적 가치와 사회적 가치를 동시에 추구하는 위상 변화를 뜻한다.
- 기업경영에서 '가치'라는 말은 오늘날 '사회적 가치'의 '가치'와는 다른 의미로 사용됐다.
- 기업의 사회적 가치 실현은 경제적 가치로는 불이익하게 표시되기 때문에 양자를 통합하려는 연구가 진행되고 있다.
- '공유'는 다양하게 쓰이고 있어 의미의 명확한 구분이 필요하다.
- 국제표준화기구는 기업의 사회적 책임과 관련된 국제표준으로 ISO 26000을 내놓았다.
- 기업시민은 기업을 자연인인 시민과 같이 권리를 누리고 책임을 다하는 주체로 보는 개념이다.
- 인류와 지구의 지속가능성이 곧 기업의 지속가능성을 동시에 뜻하는 시대가 되었다.

Keyword

ESG 경영, ISO 26000, 가격, 경제적 가치, 경제적 책임, 공유가치, 공유경제, 공익단체, 공익법인 공익재단, 국제표준, 기업시민, 기업시민헌장, 기업의 사회적 책임, 기업의 지속가능성, 김만덕, 메세나(Mecenat), 목적사업, 문화지원, 민주주의, 법률적 책임, 사회공헌활동, 사회적 가치, 사회적 가치 창출, 사회적 약자, 사회적 책임, 산업표준, 산업혁명, 셰어링, 시민, 시민단체, 윤리적 책임, 인류와 지구의 지속가능성, 자선적 책임, 장학재단, 재단법인, 재무적 성과, 증여, 지구적 공동 목표, 핵심 가치

Quiz ※ 빈칸을 채우거나 OX로 답하세요.

01 19세기 유럽을 제외하면 기업의 사회적 책임의 기원을 찾기 어렵다. (　　)

02 기업의 사회공헌활동은 직접적으로 이윤 추구에 도움이 된다는 연구가 많다. (　　)

03 일반적으로 기업의 사회공헌활동은 복지적 성격을 갖는다. (　　)

04 기업은 ESG 실천을 위해 별도로 법인을 설립하기도 한다. (　　)

05 공익 목적을 수행하는 비영리민간단체는 공익단체로 볼 수 있으며, 모두 공익법인이다. (　　)

06 기업의 장학사업은 반드시 공익법인으로 등록해야만 가능하다. (　　)

07 CSR을 이윤 창출로 기업이 사회적 책임을 다하고 있다는 의미로 쓰기도 한다. (　　)

08 CSR은 (　　　　　　　　), CSV는(　　　　　　　　)의 줄임말이다.

09 가치중심경영은 기업이 사회적 가치를 얼마나 증대했는지를 중시하는 개념이다. (　　)

10 기업의 사회적 가치 실현은 회계 장부상 경제적 가치도 이익으로 표시된다. (　　)

11 새로운 비즈니스 모델로 공유경제의 대표적인 사례로 떠오른 카셰어링의 본질은 (　　) 업으로 보는 것이 적절하다.

12 ISO 26000은 민간기업만의 사회적 책임 이행과 관련된 가이드라인과 지침을 제공한다. (　　)

13 기업시민은 기업의 법규를 잘 준수하는 시민으로 보는 개념이다. (　　)

14 지속가능성은 인류와 지구의 지속가능성을 기업의 지속가능성보다 중시하는 개념이다. (　　)

Discussion

01 조선 시대 김만덕 이외에 기업의 사회적 책임의 뿌리라고 할 수 있을 만한 역사적 사례를 찾아보자.

02 기업의 사회공헌활동과 사회적 책임, ESG 경영의 관계에 대해서 토론해 보자.

03 기업의 문화지원, 곧 메세나의 의의에 대해서 토론해 보자.

04 기업이 공익법인을 설립하는 목적은 무엇인가?

05 스스로 공익 목적을 실현하는 조직을 결성한다면, 어떤 형태로 만들고 싶은지 생각해 보자.

06 기업이 장학사업을 하는 이유에 대해서 토론해 보자.

07 경제적 책임으로 CSR이 충분하다는 시각과 CSR은 경제적 책임 이상의 의미가 있다는 시각에 대해 찬반 토론을 해보자.

08 CSR과 CSV의 본질적인 차이는 무엇인지 토론해 보자.

09 다른 기업의 가치중심경영 사례를 찾아 발표해 보자.

10 기업의 사회적 가치 실현이 기업의 경제적 가치에 미치는 장단점에 대해 알아보자.

11 공유경제의 예를 찾아보고, 비즈니스 모델의 본질이 무엇인지 생각해 보자.

12 기업의 사회적 책임과 관련된 국제표준의 필요성에 대해 찬반 토론을 해보자.

13 기업시민의 의의에 대해 토론해 보자.

14 인류와 지구의 지속가능성과 기업의 지속가능성이 일치하는 사례와 상충하는 사례를 찾아보자.

05

사회적 가치를 추구하는 기업과 일반 기업의 통합

기업4분면

사회적가치연구원은 기업4분면을 통해 기업을 크게 4가지로 구분한다. 한 축은 기업의 재무적 성과 지표를 반영하는 경제적 가치(EV)로 놓고 다른 한 축은 비재무적 성과 지표를 반영하는 사회적 가치(SV)를 기준으로 한다. 기업4분면은 이렇게 EV와 SV를 기준으로 하여 기업을 어리석은 기업, 괜찮으나 치사한 기업[3], 도덕적인 기업, 존경받으면서 현명한 기업으로 나눈다.

3 사회적가치연구원은 '치사한'이라는 수식어만 사용했으나 일반 기업 전부를 치사하다고 할 수는 없다고 보아 '괜찮으나'라는 수식어를 추가했다. 사회적가치연구원도 영어 표현으로는 'cunning'과 함께 'good'을 포함함.

표 2-2 기업4분면

SV \ EV	×	○
○	도덕적인 기업	존경받으면서 현명한 기업
×	어리석은 기업	괜찮으나 치사한 기업

기업이 경제적 가치를 추구하는 것은 당연하지만 기업을 표방하면서도 경제적 가치를 추구하지 않는 기업을 두 가지 유형으로 구분한다. 사회적 가치는커녕 경제적 가치도 추구하지 못하는 기업에 대해서는 '어리석은'이라는 수식어가 적절해 보인다. 경제적 가치는 달성하지 못하고 있지만, 사회적 가치를 추구하는 기업은 도덕적인 기업이다.

경제적 가치를 추구하지만, 사회적 가치를 추구하지 않는 기업은 괜찮으나 치사한 기업이다. ESG 실천이 시대적 트렌드가 되었다고는 하지만 아직 사회적 가치를 어떻게 실천해야 하는지 잘 모르거나 의지는 있어도 능력이 부족한 기업도 많다. 양자를 모두 잘 추구하는 기업은 그야말로 투자자들의 집중적인 관심을 받을 수 있는 존경을 받으면서 현명한 기업이 된다.

기업이 아닌 사회조직 중에 사회적 가치를 추구하는 곳도 많다. 정부와 시민단체가 그렇다. 정부는 존립 근거가 공익 추구이며, 시민단체는 공익적 목적 수행을 위해 회비와 후원금, 자원봉사 등에 의존한다.

사회적가치연구원은 사악한 기업을 기업4분면 바깥에 따로 설정해놓기도 했다. 사회적 가치를 훼손하면서 경제적 가치만 추구하는 기업이다. 과거 정부의 규제나 시민운동의 감시가 있기 전 온갖 공해를 일으킨 기업이 대표적인 예이다. 극히 열악한 저임금을 기반으로 기업을 운영했던 경우도 여기에 포함될 수 있다.

UN의 적극적인 노력을 통해 오늘날 기업의 ESG 실천은 당연한 기업활동의 일환이 되었다. 이미 앞에서 제4섹터로서 사회적 경제조직이 출현했다가 제2섹터로 통합되는 과정에 있다고 살핀 바 있다.

사회적 경제조직은 기업4분면의 분류에 따르면 존경받으면서 현명한 기업이다. 그런데 우리나라의 경우 사회적 가치를 실현하고자 하는 지향이 뚜렷하나 경제적 가치 곧 비재무적 성과 지표의 달성이 제대로 되지 않는 곳이 상당하다. 이러한 곳은 목적과 달리 현재의 상황이 도덕적인 기업에 머무르고 있다고 할 수 있다. 크게 성장한 사회적 경제조직도 상당수 존재하지만 아직 갈 길이 멀다.

이 장에서는 사회적 경제, 곧 사회적 가치를 추구하는 기업으로서 출현한 제4섹터에 대해서 더 구체적으로 살펴보고 ESG의 의미를 심화적으로 이해한다.

사회적 기업

사회적 경제조직, 곧 사회적 가치를 추구하는 기업의 대표 주자는 사회적 기업이다. 사회적 기업은 학자마다 다양하게 정의한다. 언론, 정치권도 그 의미를 저마다 다르게 쓰고 있다. 사회적 기업을 운영하고 있는 사람들도 구체적으로 물어보면 모두 다른 답변을 내놓는다. 2007년에 사회적 기업 육성법(이하, 사회적기업법)이 제정되면서 법적으로도 다른 개념이 생겼다. 보통명사로서의 사회적 기업과 고유명사로서의 사회적 기업을 구분할 필요성이 생겼다.

사회적기업법에는 사회적 기업을 "취약계층에게 사회서비스 또는 일자리를 제공하거나 지역사회에 공헌함으로써 지역주민의 삶의 질을 높이는 등의 사회적 목적을 추구하면서 재화 및 서비스의 생산 · 판매 등 영업활동을 하는 기업으로서 … 인증받은 자(제2조)."로 규정하고 있다.

요약하면 사회적 목적을 추구하는 기업 중에 인증을 받은 곳이 사회적 기업이다. "인증받지 않은 곳은 사회적 기업이라는 말도, 유사한 명칭도 써서는 안 된다(제19조)."라고 규정하고 있다.

인증을 받으면 다양한 혜택이 있다. 우선, 경영 지원(제10조), 교육훈련 지원(제10조의 2), 시설비 지원(제11조)을 받을 수 있다. 공공기관에서는 다른 일반 기업보다 우선 구매(제12조)하도록 했다. 조세(세금)나 사회보험료도 감면(제13조)해준다.

인증은 고용노동부 소관으로 혜택이 많다 보니 인증을 받으려고 하는 곳이 많다. 경쟁률은 세고 문턱도 높다. 그래서 예비 사회적 기업 제도가 생겼다. 법에 따라 인증을 받을 정도는 아니어도 어느 정도의 지원은 해줄 수 있는 제도다. 지자체와 정부 부처에서 조례나 지침을 정해서 선정한다. 예컨대 다른 조건은 다 되는데 매출액이 인증 기준에 조금 못 미치는 경우 지자체와 정부 부처에서 고용노동부의 인증을 받을 수 있도록 도와주는 제도다.

사회적기업법이 만들어지기 전에는 인증 여부에 상관없이 모두 사회적 기업이라는 말을 사용했다. 지금은 법적으로는 그럴 수 없다. 그러다 보니 사회적 목적을 추구하는 기업이라도 법적인 인증을 받기 어렵거나 아예 인증을 받을 의사가 없는 곳은 다른 개념을 사용하기도 한다. 소셜벤처나 사회적 경제조직이라는 말이 대표적이다.

결국 현재 사회적 기업은 좁은 의미와 넓은 의미로 구분된다. 좁은 의미의 사회적 기업은 법적으로 인증을 받은, 곧 법으로 특별한 취급을 받을 수 있고 사회적 목적을 추구하는 기업이며, 넓은 의미의 사회적 기업은 사회적 목적을 추구하는 모든 기업이다.

그림 2-9 **성북구 사회적 기업 제품판매장**

출처: http://www.asiae.co.kr/news/view.htm?idxno=2013080607485935900

사회적 기업의 인증 요건

좁은 의미의 사회적 기업, 곧 법적인 사회적 기업으로 인증을 받으려면 여러 요건이 필요하다. 일단 사회적 목적을 추구하는 기업들 중에 인증을 주기 때문에 기업이어야 하고 사회적 목적을 추구해야 한다.

사회적 목적 추구는 사실 별로 어렵지 않은 문제다. 정관이나 규약에 사회적 목적 실현을 조직의 주된 목적으로 규정해 놓으면 된다. 정관이나 규약 개정도 어렵지 않다. 이것은 이미 존재하거나 새로 창립하는 수많은 기업이 사회적 기업으로 인증을 받아 혜택을 누릴 수 있다는 말이다.

취약계층에게 일자리를 제공한다고 사회적 목적을 규정한 기업이 있다고 가정해 보자. 목적은 정관을 거쳐 명시했지만, 정작 1명도 취약계층을 고용하지 않았다면? 그래도 사회적 목적을 추구하는 기업임은 분명하다.

이러한 경우를 대비해 현재(2020년 기준) 법은 고용한 근로자 전체 중 취약계층이

30%를 넘은 경우만 사회적 기업으로 인정한다. 고용한 근로자 10명 중 취약계층 1명을 고용하고 나머지 9명은 취약계층이 아니라면, 비록 취약계층을 고용했다 하더라도 인증을 받을 수 없다. 다만 지자체나 다른 부처의 예비 사회적 기업으로 선정될 가능성은 있다.

사회적기업법은 사회적 목적에 따라 추가적으로 필요한 요건을 정해놓았다(제8조 3호). 취약계층에게 일자리를 제공하거나 취약계층에게 사회서비스를 제공하거나 지역사회에 공헌하는 각각의 경우에 모두 기준이 다르다.

기업이 사회적 목적을 실현한다고 해서 모두 인증을 주지도 않는다. 유급 근로자를 고용해야 하기 때문에(제8조 제2호) 1인기업은 그 어떤 사회적 목적을 실현하더라도 인증받지 못한다.

영업활동을 통해 얻는 수입도 상당한 기준을 충족해야 한다(제8조 제5호). 일정 수준은 실제로 돈을 벌어야 한다. 다시 말하면 사회적 목적을 실현하는 기업 중 상당한 실적이 있는 곳을 인증한다.

또한 이윤의 1/3 이상을 창업자와 투자자들이 가져가서도 안 된다. 법은 이윤의 2/3 이상을 사회적 목적을 위해 사용하도록 했다(제8조 제7호). 물론 상법상 회사에만 해당하지만, 상법상 회사가 아닌 다른 형태의 기업들이 그리 많은 이윤이 나기는 어렵다.

읽고 생각하기

울산시, 하반기 지역형 예비 사회적 기업 지정 공모

울산시는 취약계층에 대한 사회서비스 제공과 일자리 창출을 위해 '2022년 하반기 지역형 예비 사회적 기업 지정 신청 공모'를 실시한다고 밝혔다. 울산시는 올 상반기에 이어 두 번째로 실시되는 이번 하반기 공모를 통해 예비 사회적 기업을 지정 · 육성하고 400여 개 이상의 취약계층 일자리를 창출해 나간다는 계획이다.

지정 요건은 주된 사무소의 소재지가 울산시에 있어야 하며 '사회적 기업 육성법'에서 정한 조직형태(상법에 따른 회사, 협동조합, 민법에 따른 법인 · 조합 등)를 갖추고, 주된 목적이 사회적 목적 실현이어야 한다. 또 반드시 영업활동을 수행해야 하고, 배분 가능한 이윤을 사회적 목적으로 사용하도록 정관에 명시해야 한다. 신청은 오는 15일까지 사회적 기업 통합정보시스템에서 접수하면 된다. 제출서류는 예비 사회적 기업 지정신청서, 사업계획서, 조직형태를 확인할 수 있는 서류, 영업활동 실적을 객관적으로 증명할 수 있는 서류, 노동관계 법령 및 수행사업 관련 법 준수 확인서 등이다.

울산시는 구 · 군 및 지원기관 등과 함께 서류검토 및 현장실사, 심사위원회의 심사를 거쳐 오는 8월 말 최종 선정 결과를 울산시 누리집에서 발표할 예정이다. 예비 사회적 기업으로 지정되면 일자리창출사업비(인건비) · 사업개발비 지원 등 재정지원사업 공모에 참여할 수 있는 자격이 부여된다. 자세한 사항은 울산시 누리집에 게재된 2022년 하반기 지역형 예비 사회적 기업 지정 계획 공고문을 참고하거나 울산시 사회혁신담당관, 각 구군청 사회적 기업 담당부서, 울산사회적경제지원센터로 문의하면 된다.

한편 울산사회적경제지원센터는 기업의 원활한 응모를 지원하기 위해 1차 7월 5일 오후 2시(울산광역시청 본관 2층 대회의실), 2차 7월 6일 오후 2시(온라인) 두 번에 걸쳐 설명회를 개최한다.

출처: 메트로, 2022.07.01.(https://www.metroseoul.co.kr/article/20220701500049)

기업인데 안 되는 경우, 기업이 아닌데 되는 경우

사회적 기업으로 인증받을 수 있는 경우를 살펴봤으나 예외가 있다. 기업이라고 다 되지도 않고 기업이 아닌 곳도 일부는 인증을 받을 수 있다. 사회적기업법은 조직 형태상 제한도 요건으로 규정했기 때문이다.

일상에서는 회사나 기업을 같은 의미로 쓰는 경우가 많다. 그런데 법적으로는 다르다. 경영학이나 경제학에서 많이 쓰는 기업이라는 개념은 수익사업을 통해 이윤을 추구하는 조직을 의미한다. 법적으로는 많은 기업이 회사가 아니다.

회사는 상법에 따라 사람(자연인)이 아니지만, 사람처럼 법적 주체로 인정한 법인을 의미한다. 법인 중에서도 투자자들에게 이윤을 돌려주고자 하는 목적의 영리법인이다. 여기에는 주식회사, 유한회사 등이 있다.

개인기업은 법인이 아닌 개인 사업자로 등록한다. 기업의 규모가 크다고 해서 반드시 법인으로 등록할 필요는 없다. 그렇지만 사회적 목적을 추구하고 다른 요건을 충족했더라도 개인기업은 사회적기업법상 인증을 받지 못한다.

사회적기업법은 법으로 정하는 조직 형태를 갖출 것도 함께 요구한다. 민법에 따른 법인이나 조합, 상법에 따른 회사나 합자조합, 다른 특별법에 따른 공익법인, 비영리민간단체, 사회복지법인, 협동조합이어야 한다.

통상 시민단체라고 하는 NGO는 일부는 민법상 법인으로 등록하고 있지만, 아닌 경우가 더 많다. 비영리민간단체로 등록하면 정부에서 일정한 지원을 하는 제도가 따로 있다. 등록된 비영리민간단체는 기업과는 완전히 다르지만, 사회적기업법상 인증을 받을 수 있다.

공익법인과 사회복지법인도 NGO처럼 수익사업을 기본적 활동으로 삼지는 않는다. 하지만 수익사업을 통해 일정한 실적이 있으면 사회적 기업 인증이 가능하다. 원래 기업이 아니지만, 특별법으로 사회적 기업으로 인정하는 셈이다.

비영리조직이 사회적 기업 인증을 추진하는 경우는 그리 많지 않다. 수입의 기본이 회비나 후원금처럼 펀드레이징(fund-raising) 방식에서 나오기 때문이다. 정부의 위탁을 받은 경우는 정부 예산이 기본적인 수입이 된다.

개인 사업자는 소상공인이나 자영업자 같은 다른 명칭으로 불리는 경우가 많다. 사회적 기업 인증을 받으려면 협동조합처럼 법이 인정하는 조직 형태로 전환해야 한다.

사회적 목적이란 무엇인가?

조직 형태도 살펴봤고 실적 기준이 필요하다는 점도 확인했다. 과연 사회적 목적이란 무엇일까? 사회적기업법 제2조는 사회적 목적을 실현하는 기업 중 일정한 실적이 있는 곳을 인증한다고 했다.

제1조에서는 "우리 사회에서 충분하게 공급되지 못하는 사회서비스를 확충하고 새로운 일자리를 창출함으로써 사회통합과 국민의 삶의 질 향상에 이바지함을 목적으로 한다."라고 사회적 기업 육성 목적으로 다른 표현을 사용한다.

그렇다면 사회서비스 확충과 일자리 창출을 사회적 목적으로 볼 수 있다. 제2조에서 이미 사회적 목적의 예도 나와 있다. '취약계층에게 사회서비스 또는 일자리를 제공하거나 지역사회에 공헌함으로써 지역주민의 삶의 질을 높이는 등'이라고 되어 있다. 지역사회 공헌이 추가되었지만, 사회서비스와 일자리는 공통된다.

사회서비스는 원래 사회복지에서 쓰는 개념으로 법적인 개념 정의는 사회보장기본법에 나와 있다. 국가 · 지방자치단체 및 민간부문의 도움이 필요한 모든 국민에게 복지, 보건의료, 교육, 고용, 주거, 문화, 환경 등의 분야에서 인간다운 생활을 보장하고 상담, 재활, 돌봄, 정보의 제공, 관련 시설의 이용, 역량 개발, 사회참여 지원 등을 통하여 국민의 삶의 질이 향상되도록 지원하는 제도(제4조)이다.

이미 사회서비스에는 고용이 포함되어 있다. 사회적기업법이 다른 사회서비스와 함께 일자리를 따로 명시한 이유는 우리 사회에서 사회적 기업 논의가 본격화된 배경과 관련이 있다. 90년대 후반 경제 위기로 IMF 구제금융을 받고 실업이 큰 사회적 문제로 대두되면서 사회적 기업이 도입되기 시작했다.

사회적기업법은 2007년에 제정되었으며, 이후에 제출된 사회적 경제 관련 법은 사회적 목적보다는 사회적 가치라는 표현을 쓴다. 뒤에서 살펴보겠지만 사회적 가치는 사회적기업법의 사회적 목적보다는 넓다. 인권과 평등이나 환경과 보건 같은 가치도 포함한다.

향후에 사회적기업법에 언급된 사회적 목적의 개념도 확장될 것으로 보인다. 현 단계에서는 사회적 목적을 사회적기업법상의 의미로 좁게 봐야 한다.

(1) 주식회사

제1장 총칙

제1조 (상호) 이 회사의 상호는 '주식회사 ○○○○'라 한다.

제2조 (목적 및 사업) 이 회사는 취약계층에게 안정적인 일자리와 사회서비스를 제공하고 지역사회에 공헌함을 목적으로 다음 각 호의 사업을 수행한다.

1. 국내 여행업
2. 체험학습, 역사문화교육, 여행 서비스 제공을 위한 교육서비스업
3. 여행, 교육과 관련된 출판 및 컨설팅업
4. 기타 회사의 목적을 달성하기 위한 제사업

※ 일반적으로 주식회사는 정관의 목적에 사업내용만 기재하지만 사회적기업 인증을 받기 위해서는 사회적기업으로서의 목적을 별도로 명시

제3조 (본점 소재지 및 지점의 설치)

① 이 회사의 본점은 ○○시에 둔다.

② 이 회사는 필요에 따라 이사회의 결의로 국내외에 지점을 둘 수 있다.

제2장 주식

제5조 (회사가 발행할 주식의 총수) 이 회사가 발행할 주식의 총수는 40,000주로 한다.

제6조 (1주의 금액) 이 회사가 발행하는 주식 1주의 금액은 금 5,000원으로 한다.

제7조 (설립시 발행하는 주식의 총수) 이 회사가 설립시에 발행하는 주식의 총수는 10,000주로 한다.

그림 2-10 **사회적 기업 표준정관 예시**

출처: https://gnsenet.kr/926

사회적 목적과 사회적 가치의 차이

사회적 가치에 대해서도 학자마다 의견이 분분하다. 아직 국회에서 통과된 법률은 없고 지자체 차원에서 사회적 가치를 언급한 조례는 있다.

서울특별시 사회적 가치 증대를 위한 공공조달에 관한 조례(2014)는 "좋은 일자리 확대, 취약계층 고용기회 증진, 협력업체와의 상생협력 및 공정거래, 지역경제 기여, 지역공동체 발전, 사회적 공헌 등과 같이 공공의 이익을 중시하는 가치"라고 정의하고 있다.

서울특별시 사회적 경제 기본 조례(2014)는 사회적 가치의 실현을 위해 사회적 경제와 시장경제 및 공공경제가 조화를 이루도록 하는 것을 기본이념으로 한다고 명시하고 있다. 여기서 사회적 가치는 사회구성원 공동의 삶의 질과 복리 수준의 향상, 사회경제적 양극화 해소, 사회안전망의 회복, 협동의 문화 확산 등(제2조)을 의미한다. 제3조에는 안정적인 양질의 일자리 창출, 지역사회 재생, 남녀의 기회평등, 사회경제적 기회에서 배제될 위험에 처한 사회구성원의 회복, 공동체의 이익 실현, 윤리적 생산과 유통, 환경의 지속가능성 보전, 그 밖에 노동 · 복지 · 인권 · 환경 차원에서 지역 및 사회구성원의 사회적 · 경제적 · 문화적 · 환경적 복리 증진으로 항목을 나눠 좀 더 자세하게 정의한다.

사회적 목적과 사회적 가치는 굳이 두 개념을 구분해서 다른 의미로 쓸 의도는 없어 보인다. 처음에는 사회적 경제에 대한 논의가 진행되면서 사회적 목적을 실현하는 사회적 기업을 중심으로 고민했다. 점차 사회적 가치의 실현으로 개념이 확장되었다고 보면 된다.

최근에는 사회적 가치의 구체적 내용이 12+1안으로 정리되고 있다. 2014년에 제출된 공공기관의 사회적 가치 실현에 관한 기본법안(문재인 의원 등 60인)에서 비롯되었다. 이후 제출된 유사 법안에도 12+1안은 유지되고 있다. 내용은 다음과 같다.[4]

4 공공기관의 사회적 가치 실현에 관한 기본법안(문재인 의원 등 60인), 의안정보시스템

'사회적 가치'의 정의

사회적 · 경제적 · 환경적 · 문화적 영역에서 공공의 이익과 공동체 발전에 기여하는 가치로서 다음 각 목의 내용을 포괄하는 가치를 말한다.

가. 인간의 존엄성을 유지하는 기본권리로서 인권의 보호

나. 재난과 사고로부터 안전한 근로 · 생활환경의 유지

다. 건강한 생활이 가능한 보건복지의 제공

라. 노동권의 보장과 근로조건의 향상

마. 사회적 약자에 대한 기회제공과 사회통합

바. 대기업, 중소기업 간의 상생과 협력

사. 품위 있는 삶을 누릴 수 있는 양질의 일자리 창출

아. 지역사회 활성화와 공동체 복원

자. 경제활동을 통한 이익이 지역에 순환되는 지역경제 공헌

차. 윤리적 생산과 유통을 포함한 기업의 자발적인 사회적 책임 이행

카. 환경의 지속가능성 보전

타. 시민적 권리로서 민주적 의사결정과 참여의 실현

파. 그 밖에 공동체의 이익실현과 공공성 강화

서울시 조례와 구체적인 표현에서 다소 차이가 있지만 그 내용은 같다고 보아도 무방하다. 서울시 사회적 경제 기본 조례의 내용이 좀 더 확장되었다고 봐도 좋다. 조례는 '등'을 붙이고 12+1안은 '그 밖'이라는 말로 사회적 가치의 내용을 넓게 잡을 수 있도록 열어놓았다.

'사회적 목적'이라고 표현한 사회적기업법도 '등'을 썼다. 결국 사회적 목적은 사회적 가치와 같다고 봐도 큰 무리는 없다. 12+1안은 국회 회기가 몇 번 바뀌는 동안 아직 통과되지 않았다. 통과되면 사회적기업법의 사회적 목적도, 서울시 조례의 다른 표현도 통일적으로 바뀔 가능성이 크다.

사회적 경제기업

사회적 기업과 혼돈하기 쉬운 비슷한 표현들이 많다. 사회적 경제기업, 사회적 경제조직, 소셜벤처…. 역시 학자마다 서로 다른 정의를 내린다. 조례나 법률로 정의가 설정되면 학계에서도 결국 따라가게 되는 경우가 많다. 통과된 법이나 제출된 법안에 제시된 내용으로 구분해 본다.

사회적 경제기업은 서울특별시 사회적 가치 증대를 위한 공공조달에 관한 조례에 등장한다. 조례는 공공조달 시 사회적 가치를 구현하고 지역사회복리 증진에 기여함을 목적으로 한다. 크게 두 가지 방도를 언급하고 있다.

사회적 경제기업 등의 지원과 기업의 사회적 책임 평가다. 후자는 일반 기업 중에 사회적 가치에 대한 기업의 이행 책임을 다하는 곳이다. 사회적 경제기업은 다음의 다섯 가지를 언급하고 있다(제2조).

중증장애인생산품 생산시설(중증장애인생산품 우선구매 특별법), 자활기업(국민기초생활보장법), 사회적 기업과 예비 사회적 기업, 협동조합, 마을기업이다. 사회적 경제 기본 조례도 다섯 가지는 같고 추가적인 내용이 있다.

그 밖에 공유경제, 공정무역 등 시장이 정하는 기준에 따라 사회적 가치 실현을 주된 목적으로 경제적 활동을 하는 기업 및 비영리법인 또는 비영리민간단체 등도 사회적 경제기업으로 본다.

중증장애인생산품 생산시설은 장애인 직업재활시설이나 장애인복지단체에서 운영한다. 정신건강증진 및 정신질환자 복지서비스 지원에 관한 법률에 따른 재활훈련시설도 지정받을 수 있다.

자활기업은 국민기초생활보장법상 수급자와 차상위자가 설립할 수 있다. 공유경제나 공정무역은 점차 논의가 확산되고 있어 향후 공공조달에서 일정한 지원을 할 수 있도록 포함되어 있다고 보면 된다.

그림 2-11 '2023년 성동구사회적경제+소상공인 가치상생 페스티벌' 포스터

출처: http://www.lifein.news/news/articleView.html?idxno=16231

협동조합

국어사전을 보면 여러 가지를 모아 한 묶음을 만들었을 때 '조합한다'라고 한다. 예컨대 '한글 자모를 조합한다'라는 말을 보자. 자음 14개, 모음 10개를 어떻게 조합하느냐에 따라 다양한 글자가 나온다.

여러 사람이 모여서 경제활동을 할 때 조합이란 말을 쓴다. 사회적 경제에서는 협동조합이 있다. 이외에도 노동조합, 재건축조합, 소비조합 같은 말이 있다. 민법에는 계약의 한 유형으로 조합을 규정한다.

민법상 조합 계약은 2인 이상이 상호출자하여 공동사업을 경영할 것을 약정함으로써 그 효력이 생기는(제703조) 계약이다. 출자는 보통 돈을 낸다는 뜻이지만, 민법상 조합계약에서 상호출자는 노무, 곧 돈 대신 일을 해도 된다.

사업가 중에는 동업하는 사람들이 있다. 동업의 법적 성격은 민법상 조합계약이다. 보통 여러 사람이 돈을 모으고 일을 배분한다. 번 돈을 어떻게 나눠 가질지에 대해 미리 정해서 동업을 한다.

협동조합, 노동조합, 재건축조합, 소비조합도 기본 성격은 동업과 같다. 다만 법적으로 특별한 의미를 부여해 약간씩 다른 권리와 의무를 부여한다는 점에서 차이가 있다. 또한 해당 정부 부처에 등록하게 해서 관리를 하는 경우가 대부분이다.

협동조합은 여럿이 협동하여 조합을 구성한다는 뜻이지만, 법적으로 협동조합은 문자적 의미를 넘어선다. 노동조합은 노동자들의 모임인데, 노동법의 적용을 받는다. 아파트 소유자들이 새 아파트를 짓고 싶을 때는 재건축조합을 구성하는 방식으로 해야 하며, 관련 행정법이 따로 있다. 소비조합은 협동조합 중 소비자생활협동조합을 의미한다.

협동조합 관련된 법은 상당히 많다. 협동조합기본법은 2012년 제정되어 일반 기업이나 회사에 비하면 역사가 짧다. 하지만 농업협동조합은 1957년 제정되었다. 지금은 농협을 일반 은행처럼 인식하는 사람들이 많지만, 처음부터 그렇지는 않았다.

농협과 비슷한 수협, 곧 수산업협동조합법은 1962년에 제정됐다. 엽연초생산협동조합법(1963), 신용협동조합법(1972)도 상당히 일찍이 제정된 법이다. 1950~70년대 제정된 협동조합 관련 법은 해당 분야의 육성과 지원을 위한 정책적 필요에 따라 제정되었다.

사회적 경제에서 말하는 협동조합은 1990년대부터 법이 만들어졌다. 소비자생활협동조합법이 1999년에 제정됐고, 기본법이 뒤를 이었다. 90년대 이후 협동조합과 관련된 법을 제정한 이유는 과거와 다르다. 특정 분야에 대한 정부 차원의 집중육성보다는 국민들이 다양하게 자발적으로 협동조합을 결성하라는 의미가 크다.

법이 없을 때도 협동조합은 존재했다. 한국의 대표적인 소비자생활협동조합인 한살림은 1986년에 설립됐으며, 동국대 소비자생활협동조합도 관련법이 제정되기 전인 1994부터 일을 시작했다.

관련법이 생기면 별도의 법인으로 법적 주체가 된다. 법이 제정되기 이전에는 협동조합이란 말을 썼더라도 참여자들의 이름으로 개인사업자처럼 활동을 해야 했다. 협동조합 관련법의 조문을 보면 설립등기를 하게 되어 있다. 설립등기를 하면 법인이 되어 법적 주체가 된다.

우리나라에서는 1980년대부터 소비자생활협동조합이 많이 생기기 시작했으며, 나중에 법이 만들어져 독립법인으로, 법적 주체로 인정받게 되었다. 협동조합기본법은 소비자생활협동조합 말고도 다른 주제의 협동조합을 다양하게 육성하겠다는 뜻으로 보면 된다.

읽고 생각하기

시스템 반도체 협동조합 출범…"공동 연구 · 사업화 협력"

시스템 반도체 협동조합이 출범했다. 한국팹리스산업협회는 1일 '한국시스템반도체협동조합 창립총회'를 개최했다. 시스템 반도체에 특화한 조합으로, 이사장은 김경수 넥스트칩 대표가 맡는다.

협동조합은 협동조합기본법에 따라 재화 또는 용역의 구매 · 생산 · 판매 · 제공 등에 협력, 조합원의 권익을 보장하는 사업 조직을 뜻한다. 특수 목적을 위한 영리 단체다.

시스템반도체협동조합은 개인 · 기업 · 기관이 힘을 합쳐, 공동 연구개발(R&D)부터 반도체 관련 사업까지 전개하는 것이 목표다. 반도체 설계 · 개발 기업이 보유한 반도체 설계자산(IP)을 중개하고 거래하는 플랫폼 역할도 추진할 예정이다. 공동 R&D를 위한 연구소를 내년 초 설립하기로 했다.

이서규 한국팹리스산업협회장(픽셀플러스 대표)은 "조합원 간 시너지를 극대화하기 위해 팹리스뿐 아니라 반도체 위탁생산(파운드리) 업계 및 관련 지방자치단체까지 조합에 참여할 수 있도록 저변을 넓히겠다."라고 말했다.

출처: 전자신문, 2023.12.01.(https://www.etnews.com/20231201000024)

그림 2-12 **서울우유협동조합 연혁**

출처: https://www.seoulmilk.co.kr/enterprise/company/history.sm

소비자생활협동조합

소비자생활협동조합(생협)은 소비자가 자신들의 권익을 확보하기 위해 결성한다. 필요한 물건을 싸게 사거나 더 좋은 품질로 구입하기 위한 목적인 경우가 많다.

한살림은 좋은 농산물을 값싸게 도시민들에게 공급하기 위한 목적으로 만들어졌다. 80년대에 처음 활동을 개시했을 때 겉으로 보기에 일반적인 쌀가게와 구분하기 힘들었지만 중간 유통을 생략하고 농촌 현지와 직접 연결해서 쌀을 가져와 저렴하게 공급할 수 있었다.

이는 창립자의 철학 덕분이었다. 점차 규모가 커지고 취급하는 품목도 많아져 전국에 한살림 매장이 생겼고 물건 가격도 많이 내려갔다. 초창기에는 품질이 좋은 농산물을 가져와 일반 슈퍼나 시장보다 훨씬 비싸게 팔기도 했지만, 백화점을 비롯한 중간 유통 단계를 많이 거친 매장보다는 저렴했다. 같은 품질이라도 직거래였기 때문에 가능했다.

동국대 생협의 주된 사업 영역은 학생 식당 운영이다. 보통 대학의 학생 식당은 외주를 주기 때문에 대기업 케이터링(catering) 업체도 많이 들어와 있는데 동국대

학생 식당은 생협이 운영한다.

소비자생활협동조합법은 생협을 상부상조의 정신을 바탕으로 한 소비자들의 자주 · 자립 · 자치적인 생활협동조합으로 규정하고 있다. 법의 목적은 조합원의 소비생활 향상과 국민의 복지 및 생활문화 향상이다(제1조).

협동조합기본법상 협동조합은 재화 또는 용역의 구매 · 생산 · 판매 · 제공 등을 협동으로 영위함으로써 조합원의 권익을 향상하고 지역사회에 공헌하고자 하는 사업조직(제2조)으로 정의하고 있다.

협동조합기본법 조문에서 볼 수 있는 재화 또는 용역의 구매, 판매, 제공은 소비자생협의 활동 내용과 겹친다. 소비자생협이 1980년대부터 활성화되었기에 관련 법이 먼저 만들어졌다. 이후 2000년대 들어 다른 분야의 생협도 법적 주체로 인정하고 장려하기 위해 기본법을 제정했다고 보면 된다.

그림 2-13 **동국대 생협 조합원카드**

출처: https://dgucoop.dongguk.edu/public/public.php

협동조합과 주식회사의 차이

협동조합을 구성하는 사람들을 조합원이라고 한다. 한살림은 질 좋은 농산물을 싸게 사려고 하는 소비자가 모여 있다. 대학 생협은 학부생, 대학원생, 교직원, 교수 등 대학사회를 구성하는 사람들을 조합원으로 가입시킨다.

조합원은 조합비를 내고 협동조합의 의사결정에 참여한다. 협동조합의 사업이 잘 돼서 이익이 많이 생기면 출자금에 따라 이윤을 받게 된다. 상품이나 서비스를 구매해 소비자에게 판매한다. 한살림은 주로 농산물을 팔고, 동국대 생협의 경우 식당 서비스를 제공한다.

여기까지만 보면 일반적인 회사의 대표 형태인 주식회사와 별 차이가 없다. 회사의 주식을 사면 주주가 돼서 주주총회에 참여한다. 사업이 잘되면 주식 비율에 따라 배당금을 받는다. 회사는 상품과 서비스의 공급이 본연의 역할이다.

둘의 차이는 근본적인 목적에 있다. 협동조합도 돈을 벌고 이윤을 추구하지만 그 목적이 조합원의 권익 향상이나 지역사회 공헌(협동조합기본법 제2조)에 있다.

주식회사도 주주, 곧 투자자의 권익 향상과 다양한 사회 공헌을 한다. 하지만 주식회사는 이윤 추구가 근본 목적이고, 나머지는 부수적이다. 이윤 추구를 위해 사회 공헌을 활용한다고 보는 것이 더 정확하다. 투자자들도 돈을 벌기 위한 목적이 우선이다.

개인적으로 그렇지 않은 사람도 있다는 점은 중요하지 않다. 만약 협동조합의 조합원들이 근본 목적과 상관없이 주식회사처럼 이윤 추구를 중심에 놓게 되면 어떻게 될까? 법적으로 협동조합으로서 혜택을 더는 줄 수 없게 된다.

대체로 협동조합은 많은 이윤을 추구할 기회가 있어도 다른 선택을 한다. 예컨대 한살림은 좋은 농산물을 무작정 싸게 사는 것에서 끝나지 않는다. 농민들이 좋은 농산물을 생산하고 제대로 된 더 많은 대가를 가져가도록 하며, 조합원인 도시의 소비자들은 기꺼이 감수한다.

조합원들이 이 사회를 살아가면서 타인을 위해 또는 공동체에 이바지하는 방향으로 사업을 운영해간다. 이윤이 생겨도 조합원들이 다 가져가지 않도록 하는 경우도 많다. 일정 비중의 이윤은 좋은 일에 쓰도록 제도화한다.

대체로 그렇다는 것이지 100% 모든 협동조합이 그렇다고 보면 오산이다. 협동조합의 외피만 쓰고 잘못된 행각을 벌이는 이들도 가끔 있다. 일반 기업도 마찬가지이기 때문에 협동조합에만 지나치게 엄격한 도덕 기준을 들이대면 곤란하다.

주식회사와 협동조합의 또 다른 차이는 의사결정 방식에 있다. 주식회사는 주식 투자액, 곧 돈을 기준으로 표결권을 준다. 예를 들어, 1인의 대주주(A)가 51%를 갖고 있고, 49명의 소액주주가 1%씩 갖고 있다고 하면, A는 51%의 표결권을 갖는다. 의사결정은 다수결로 이루어지기에 이론적으로는 모든 사안을 마음대로 할 수 있다. 하지만 협동조합은 한 사람이 한 표씩 행사하기 때문에 민주적인 조직이라고 할 수 있다.

협동조합의 의사결정 방식은 굳이 많은 출자금을 내더라도 다른 사람보다 더 많은 표결권을 주지 않는다. 또한 이윤이 많이 나더라도 특정한 몇 사람이 다 가져갈 수 없는 구조다. 민주적이긴 하지만 돈벌이에는 비효율적인 면도 있다.

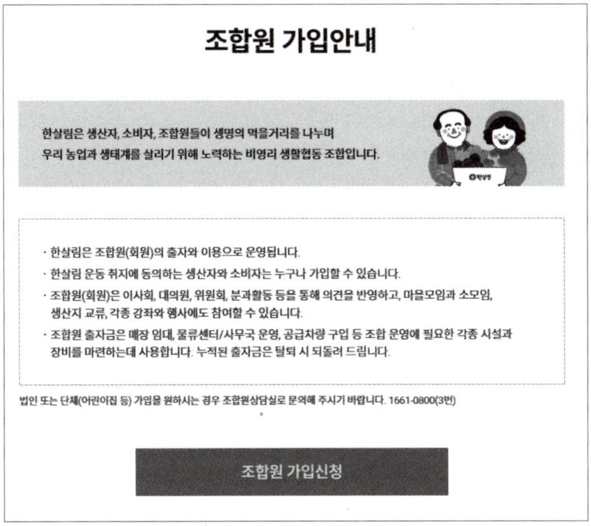

그림 2–14 **한살림 조합원 가입안내문**

출처: https://shop.hansalim.or.kr/shopping/register/registerStep01.do

소셜벤처[5]

소셜벤처는 일반적으로 사회적 목적을 달성하기 위해 혁신적인 방법을 시도하는 조직으로 정의된다. 이러한 관점에서 기술혁신에 초점을 맞추는 벤처기업과는 달리 사회혁신조직이라고 할 수 있다. 소셜'벤처'라는 명칭 때문에 일각에서는 벤처기업 중에 일부를 소셜벤처로 인식하는 경향도 있으나 이는 기술혁신기업으로서 벤처기업과 사회혁신조직으로서 소셜벤처를 혼동하는 개념의 혼란에서 비롯된 것이라고 할 수 있다.

소셜벤처의 특성은 ① 혁신가 측면에서 사회적 목적을 위한 기회 추구, 혁신적이고 모험적인 사업 모델 도입 및 적용, ② 조직의 운영 측면에서는 투자 가능한 효과적 사업 모델 실현과 이를 통한 조직의 성장과 지속가능성 확보, ③ 조직의 성과 측면에서는 경제적 이익의 발생과 함께 사회적 가치를 창출함으로써 사회적인 영향력을 확대한다는 특성을 보유한다고 볼 수 있다(중소기업연구원, 2018).[6]

법적으로 소셜벤처를 규정한 곳은 서울특별시 성동구 조례(「청년 소셜벤처 육성

5 "성동구 소셜벤처 육성 및 발전 방향 수립 연구 보고서(2019)"의 내용을 보완한 것이다.

6 중소기업연구원은 소셜벤처의 특성을 기업가, 기업 운영, 기업 성과의 측면으로 구분하여 설명하고 있지만 본 보고서에는 문맥에 맞게 '기업'을 '조직'으로 수정하여 사용하였다.

및 생태계 조성 지원에 관한 조례」 제2조)가 있다. 조례는 소셜벤처를 '혁신적이고 지속가능한 경제 모델을 활용하여 사회적 가치를 실현하는 기업'으로 정의하고 있다. 성동구가 현재 우리나라 소셜벤처 정책을 선도하고 있으며, 소셜벤처의 개념 정의가 가장 적절하고 합리적이라고 평가할 수 있다.

※ 이 조례·규칙은 **행정안전부에서 제공하고** 있습니다.

서울특별시 성동구 소셜벤처 육성 및 생태계 조성 지원에 관한 조례

[시행 2020. 5. 19.] [서울특별시성동구조례 제1364호, 2020. 5. 19., 일부개정]

서울특별시 성동구(일자리정책과), 02-2286-6397

☐ **제1조(목적)** 이 조례는 소셜벤처를 육성하고 지속가능한 소셜벤처 생태계 조성을 지원하여 지역의 사회적 가치 실현을 목적으로 한다.<개정 2020.5.19.>

☐ **제2조(용어의 정의)** 이 조례에서 사용하는 용어의 뜻은 다음과 같다.<개정 2020.5.19.>

1. "소셜벤처"란 지속가능한 수익활동을 통해 사회적 가치를 실현하는 기업 또는 조직을 말한다.
2. "사회적 가치"란 사회·경제·환경·문화 등 모든 영역에서 공공의 이익과 공동체의 발전에 기여할 수 있는 가치로서 다음 각 목의 내용을 포함한다.
   가. 인간의 존엄성을 유지하는 기본 권리로서 인권의 보호
   나. 재난과 사고로부터 안전한 근로, 생활환경의 유지
   다. 건강한 생활이 가능한 보건복지의 제공

그림 2-15 서울특별시 성동구 소셜벤처 육성 및 생태계 조성 지원에 관한 조례

출처: https://www.law.go.kr

소셜벤처의 개념에 대해서는 이상과 같이 정리하는 것이 바람직하나, 소셜벤처에 해당하는 사회적 경제 주체들에 대한 법제도적 체계의 혼란상이 현존하는 상황에서는 정책 실천적 개념으로서 협의의 소셜벤처 개념을 도입할 필요가 있다.

협의의 소셜벤처 개념을 도입하는 경우 이상에서 정리한 소셜벤처는 광의의 소셜벤처로 보는 것이 타당하다. 협의의 소셜벤처도 지속가능한 수익 활동을 통해 사회적 가치를 실현하는 기업·법인·단체라는 정의에 부합해야 한다. 다만 현재 법 제도적으로 규율되지 않고 있는 조직 형태를 의미한다.

협의의 소셜벤처는 법적으로 인증받은 사회적 경제조직을 제외하고, 기존의 사회적 경제 관련 법의 제도적 인증을 받지 않았거나 받을 의사가 없지만 사회적 가치를 실현하는 (일반)기업과 수익 활동을 병행하는 NGO가 속하게 된다. 사회적 기업, 협동조합, 마을기업, 자활기업 등 법적으로 인증받은 사회적 경제조직은 광의의 소셜벤처로 분류할 수 있다.

사회적 가치를 실현하고 있지만 아직까지 법적인 인증을 받지 못한 일반기업, NGO들은 협의의 소셜벤처로 분류할 수 있으며, 개인사업자, 소상공인, 자영업자 등의 다양한 명칭으로 불리는 개인기업도 사회적 가치를 실현하는 경우 협의의 소셜벤처로 분류할 수 있게 된다.

사회적 경제

사회적 경제에 대해서는 많은 정의가 있다. 학자마다 다르고 국가별로도 다르게 규정한다. 많은 정의가 있지만, 국회에 제출된 법률안에서 정의하는 내용을 참고할 만하다. 법률안이 통과되면 법에 언급된 내용은 가장 일반적인 정의가 된다. 관련 법안도 다수 있지만 2020년 김영배 의원 등이 제안한 내용은 다음과 같다.

> 생산과 소비, 유통 등 경제활동의 모든 과정에서 사회적 가치 실현과 공동체 구성원의 이익을 고려하는 경제방식.
>
> 경제활동에서 호혜와 협력, 연대를 실천함으로써 양극화 해소와 지역공동체 활성화, 국민 삶의 질 향상을 도모하는 경제(제안 이유).
>
> 사회구성원 간 연대와 협력을 바탕으로 자율적이며 민주적인 조직 운영을 통해 양극화 해소와 공동체 활성화, 국민 삶의 질 향상과 사회통합, 사회혁신 등 사회적 가치 실현과 공동체 구성원의 이익을 추구하는 개인과 조직의 모든 경제활동(안 제3조제1호).[7]

좋은 말들이 많지만 좀 어렵다. 법을 정의할 때와 비슷하다. 법을 설명할 때 민법, 형법, 헌법, 도로교통법, 양성평등기본법처럼 예를 들면 좀 쉽다. 서울시가 2014년 제정한 사회적 경제 기본 조례를 참고할 수 있다.

> 가. 「사회적 기업 육성법」 제2조제1호에 따른 사회적 기업과 「서울특별시 사회적 기업 육성에 관한 조례」 제2조제2호에서 정한 예비 사회적 기업
>
> 나. 「협동조합 기본법」 제2조 또는 개별 법률에 따라 설립된 협동조합 또는 협동조합연합회(사회적협동조합, 사회적협동조합연합회를 포함한다)
>
> 다. 「도시재생 활성화 및 지원에 관한 특별법」 제2조제1항제9호에 따른 마을기업 및 서울특별시장(이하 "시장"이라 한다)이 정하는 마을기업
>
> 라. 「국민기초생활 보장법」 제18조에 따른 자활기업, 자활노동사업단(보건복지부장관이 인정한 자활근로사업단을 말한다) 및 시장이 인증하는 자활기업
>
> 마. 「중증장애인생산품 우선구매 특별법」 제9조의 중증장애인생산품 생산시설
>
> 바. 그 밖에 공유경제, 공정무역 등 시장이 정하는 기준에 따라 사회적 가치 실현을 주된 목적으로 경제적 활동을 하는 기업 및 비영리법인 또는 비영리민간단체 등

간단하게 정리하면 사회적 기업, 협동조합, 마을기업, 자활기업, 중증장애인생산품 생산시설이 사회적 경제기업이다. 서울시장이 추가로 더 인정할 수 있다. 공유경제나 공정무역 같은 곳이다.

7 사회적 경제 기본법안(김영배의원 등 21인) 제안이유 및 주요내용(2020-10-26), 의안정보시스템

서울시 조례는 사회적 경제기업이라고 표현한다. 곧, 사회적 경제는 사회적 경제기업을 기본 단위로 하는 경제로 보면 된다. 사회적 경제가 궁금하면 먼저 여러 가지 종류의 사회적 경제기업을 공부해야 한다. 앞에서 살펴본 곳들이다.

읽고 생각하기

지나치게 포괄적인 '사회적 경제'보다 연대 · 협력을 보여주는 '사회연대경제' 더 바람직해

국제연합(UN)과 국제노동기구(ILO), 경제협력개발기구(OECD) 등 국제기구에서 최근 '사회연대경제(Social and Solidarity Economy)' 활성화와 관련한 결의안을 채택했다. 해당 사례에서 알 수 있듯이 국제사회에서는 협력과 연대를 기반으로 한 사람 중심의 경제를 가리키는 용어로써 '사회연대경제'라는 표현을 사용하는 빈도가 증가하고 있다. 이에 라이프인은 국제사회 추세에 발맞추고, 사회적 경제의 이미지 제고와 외연 확장을 위한 새로운 도전으로서 '사회연대경제'로의 용어 전환을 제안한다. 이를 위하여 사회적 경제 현장과 학계, 입법부 등 다양한 분야에서 용어 전환에 관한 의견을 청취하며, 사회적 경제 활성화를 위한 새로운 길을 모색하고자 한다.

이미 통용되고 있는 용어를 바꾼다는 것은 어느 정도의 혼란을 감수해야 한다는 의미를 담고 있다. 하지만 우려보다 필요성이 더 크다면 용어 변경을 적극적으로 검토해 볼 수 있을 것이다.

라이프인이 '사회적 경제'의 용어 변경을 제안하는 이유는 '사회연대경제'가 국제적인 추세를 반영하고, 성장 동력을 끌어모으며, '연대'라는 가치를 보다 명시적으로 나타낸다고 판단했기 때문이다. 이는 궁극적으로 사회적 경제가 도약하는 계기가 될 수 있다.

이와 같은 맥락에서 사회적 경제 활성화를 위한 제도적 기반 마련 또한 중요하기에 당적을 초월하여 국회의원과 당원들의 의견을 청취하고자 했다.
(※ 해당 기사에서는 현재 한국 사회에서 통용되는 '사회적 경제'라는 용어를 우선 사용한다.)

사회적경제기본법은 제19대 국회, 2014년부터 발의다. 제21대 국회 임기 만료일인 2024년 5월 29일까지 통과되지 못하면 국회로는 3번째, 햇수로는 10년 이상 빛을 보지 못하는 것이다.

Q. '사회연대경제(Social and Solidarity Economy)'가 국내에서는 아직 생소한 개념이다. 해당 용어를 접한 적이 있는가?

물론이다. 정의당은 지난해부터 당의 비전을 토론해 오고 있는데, 경제 분야에서 중요한 축을 담당하는 영역이 '사회연대경제'다. 사회연대경제에는 순전히 시장에서 활동하는 기업과 달리 '호혜와 연대라는 동기로 세상을 이롭게 하는 경제가 커져야 한다.'라는 가치가 반영돼 있다. 정의당은 지난 대통령선거 공약으로 '사회연대일자리'를 내놓기도 했다. 주요 정당 중 정의당이 '사회연대'라는 용어에 가장 익숙하지 않을까 싶다.

Q. 국내에서는 사회적 기업, 협동조합, 마을기업, 자활기업, 소셜벤처를 '사회적 경제'라는 범주로 파악하고 있다. 해당 범주의 용어를 '사회연대경제'로 바꾸는 것에 대해 어떻게 생각하는가?

바람직하다고 생각한다. '사회적'이라는 용어는 대중이 보기에 지나치게 포괄적이고, 목표와 의도가 명확히 드러나지 못한다는 점이 아쉽다. '사회연대경제'라는 용어는 이윤획득과 무한경쟁을 동력으로 삼는 시장질서와 대비되면서 구성원 사이 연대와 협력, 상호부조와 돌봄, 호혜와 평등이라는 가치를 보여주기 때문에 용어 변경을 적극적으로 고려하는 것이 필요하다.

Q. 사회적 경제계에서 오랫동안 제기한 정책과제 중 하나가 바로 '사회적경제기본법 제정이다. 사회적경제기본법은 지난 2014년 법안이 최초로 발의된 후 9년이 지나도록 법안 발의와 폐기가 반복되고 있다. 법안을 만들고 정책을 입안하는 입장에서 '사회연대경제기본법'의 국회 통과 가능성을 어떻게 평가하는지 궁금하다.

가능성만 따지면 쉽지 않다. 우선 현 정부의 태도부터 문제다. 윤석열 정부는 '사회적'이라는 말을 '이익 카르텔'과 동의어로 해석하고 있다. 시장기업과 정부 이외에 협동조합이나 결사체, 사회적 기업과 상호부조단체 등의 가치를 전혀 인정하지 않고 '기생적 존재'로 판단해 적출을 시도하고 있다. 그 결과가 사회적 경제 예산을 대폭 삭감한 것에서 드러난다. 이러한 정부의 공격에 맞서면서 시민에게 사회연대경제 필요성에 대해 널리 말하고, 보수정치 진영도 사회적 경제의 가치를 수긍할 수밖에 없도록 설득해야 한다.

Q. 사회적 경제의 용어 변경에 대한 기타 의견과 사회적 경제의 양적 · 질적 성장을 위한 제언이 있다면 자유롭게 말씀 부탁드린다.

아직도 많은 국회의원이 '사회적'이라는 말에서 사회주의를 떠올리거나 시장경제를 부정한다는 인식을 갖고 있다. 유엔과 국제노동기구에서 결의안이 채택되고, 20개국 이상이 사회적경제기본법을 마련했고, 협동조합은 다국적기업보다 많은 일자리를 제공하고 있다. 국제사회와 완전히 동떨어진 낡은 이념적 태도는 시민들의 삶을 어렵게 할 뿐이다.

정의당은 '사회연대경제'가 단순히 시장경제의 보조적 역할로 머물기를 기대하지 않는다. 사회연대경제는 지역소멸 위기에서 일자리를 만들고, 약탈적인 금융이 판치는 곳에서 서민들의 숨통을 틔워주고, 투기적 재생에너지 사업자가 이익을 쓸어 담는 곳에서 시민들에게 이익이 분배되는 모델을 만들 수 있다. 사회연대경제가 대한민국 문제를 해결하는 해법으로서의 가능성을 구체적인 현장에서 확장하는 정치적 노력이 필요하다.

출처: 라이프인, 2023.12.05.(http://www.lifein.news/news/articleView.html?idxno=16414)

마을기업

마을기업의 정의는 도시재생법(도시재생 활성화 및 지원에 관한 특별법)에 규정되어 있다. 마을기업은 지역주민 또는 단체가 해당 지역의 인력, 향토, 문화, 자연자원 등 각종 자원을 활용하여 생활환경을 개선하고 지역공동체를 활성화하며 소득과 일자리를 창출하기 위하여 운영하는 기업을 말한다.

도시재생은 인구의 감소, 산업구조의 변화, 도시의 무분별한 확장, 주거환경의 노후화 등으로 쇠퇴하는 도시를 지역 역량의 강화, 새로운 기능의 도입 · 창출 및 지역자원의 활용을 통하여 경제적 · 사회적 · 물리적 · 환경적으로 활성화시키는 것을 말한다(제2조).

재개발과 구분하면 이해하기 쉽다. 재개발은 오래된 구 도심지역을 다시 개발하여 아파트를 짓겠다는 말이지만 도시재생은 도시를 다시 살아나게 한다는 뜻이다. 말 그대로 되도록 뒤집어엎지는 않고 개선해서 살기 좋게 해보자는 뜻으로 보면 된다.

대규모 아파트 단지를 조성하는 경우 원래 살던 집보다는 가격이 훨씬 높아진다. 개발을 통해 충분히 상쇄되는 경우에는 상관없지만, 원주민 중에는 감당하기 힘든 사람들도 있기 마련이다. 또 어떤 사람들은 아파트 형태의 주거문화를 좋아하지 않기도 한다. 전통과 공동체의 파괴 같은 명분도 사실 무시할 수 없다. 여러 이유로 도시재생은 재개발의 대안으로 추진되고 있지만, 재개발해야 한다는 의견도 많다.

관련법에 따르면 마을기업은 도시재생의 일환이다. 마을 주민이나 단체가 협력하여 먹고살 수 있는 길을 찾을 수 있도록 한 법으로 아직 성공적인 모범 사례가 그리 많지는 않다.

자주 인용되는 사례는 인천 미추홀구다. 2010년 공모사업을 통해 마을기업 육성을 지원했다. 설립된 마을기업은 세탁소, 농산물 직판장, 공예체험장, 북카페 등이다. 명분이야 좋지만, 마을기업도 관의 지원이 끊기는 경우 스스로 생존할 수 있는지에 대한 의문이 제기된다.

읽고 생각하기

미추홀구 제물포 도시재생사업 '주민주도 공동체' 사업 첫 결실

인천 미추홀구 제물포 도시재생사업으로 추진 중인 주민주도 공동체 사업이 첫 결실을 맺었다.

시는 제물포 스테이션-제이(Station-J) 도시재생 거버넌스 교육(사진)으로 집수리 특화형 주민주도 공동체가 '다소다 협동조합'으로 설립되고, 이 조합이 시가 지정하는 '예비마을기업'에 선정됐다고 3일 밝혔다.

제물포 스테이션-제이(Station-J) 사업은 인천대학교 송도국제도시 이전으로 침체돼 있는 제물포역 일대에 다양한 분야의 창업을 유도하고, 기업의 성장을 지원 · 유치해 지역 활성화를 도모하기 위한 도시재생사업이다.

시는 이 사업의 일환으로 제물포역 인근 주민들이 지역 자원을 활용해 사업하며 일자리도 창출하고, 지역의 문제를 해결해 지역경제를 활성화하는 주민주도 공동체 활성화 사업을 추진하고 있다.

이를 위해 시가 운영하는 제물포역 일대 도시재생현장지원센터는 지난해부터 도시재생대학 등에서 집수리 기술 및 집수리 공정별 실습교육 등 주민역량 강화 교육을 진행했다. 이렇게 모인 주민들이 만든 집수리 특화형 공동체는 지난 5월 지역관리 협동조합인 '다소다 협동조합'을 설립했고, 지난 6월 시 예비마을기업으로 최종 선정되는 성과를 보였다.

다소다 협동조합은 이번에 예비마을기업에 선정되면서 자립에 필요한 보조금 1천만 원을 지원받았다. 앞으로 노후주택 집수리, 도시 피크닉, 교육 서비스 등의 비즈니스 모델을 기반으로 사업개발을 추진하고 있으며, 내년에는 행정안전부 신규 마을기업 지정에 도전할 계획이다.

아울러 현장 지원센터는 지난해부터 제물포역 일원 상인들의 경쟁력 강화를 위해 교육 및 협의체 구성을 위해 상권 활성화 사업을 추진했는데, 이 사업을 통해 구성된 협의체가 미추홀구 제2호 '골목형상점가'로 지정되는 성과도 거뒀다.

'골목형상점가'는 '소상공인기본법' 제2조에 따른 소상공인이 운영하는 점포가 2천㎡ 이내의 면적에 30개 이상 밀집해 있는 구역을 대상으로 상인조직의 신청을 받아 지정한다. '골목형상점가'에 지정될 경우, 정부와 지자체가 지원하는 공모사업 지원을 통해 상권환경개선을 하고, 온누리상품권 취급으로 고객 유입이 늘어 상권 활성화를 기대할 수 있다.

최도수 시 도시균형국장은 "주민의 참여로부터 시작돼 조직화 단계를 거쳐, 예비마을기업 지정까지 이뤄낸 '다소다 협동조합'의 성장은 남다른 의미가 있다."라며 "특히 모든 역량을 집약해 지역발전을 선도하는 협동조합의 성장과 지속가능한 제물포 상권을 만들기 위해 노력하겠다."라고 강조했다.

출처: 전국매일신문, 2023.09.03.(https://www.jeonmae.co.kr/news/articleView.html?idxno=978858)

자활기업

자활은 재활과 다르다. 재활은 신체의 기능을 최대한 회복하게 한다는 뜻이다. 하지만 더 치료할 수 없는 장애가 있을 때는 의료용 보조구 등을 사용하여 장애가 없는 상태처럼 생활할 수 있도록 돕는다. 재활은 의학적 개념으로 보는 것이 적절하다.

자활도 전문가들의 의미 정의는 복잡하다. 경제적 자립을 돕는 복지적 개념으로 보면 크게 틀리지 않는다. 주로 일반적인 취업이 곤란한 경우에 일할 수 있도록 돕는 것을 의미한다.

자활기업은 국민기초생활보장법에 나온다. 국민기초생활보장법은 생활이 어려운 사람에게 필요한 급여를 실시하여 이들의 최저생활을 보장하고 자활을 돕는 법이다(제1조).

스스로 생계를 꾸리기 어려운 일부 국민에게 국가나 지자체에서 일정한 금액의 돈을 지급하거나 복지 서비스를 제공한다. 급여를 받는 사람을 수급자라고 하고, 차상위자는 형편은 조금 낫지만 지원이 필요한 사람을 말한다.

수급자 및 차상위자는 상호 협력하여 자활기업을 설립 · 운영할 수 있다(제18조). 사실 기업은 누구나 설립할 수 있는 자유가 있다. 하지만 자활기업을 법에 따로 규정한 이유는 국가나 지자체가 특별히 지원할 수 있도록 하기 위해서다.

국민기초생활보장법은 국가나 지방자치단체가 실시하는 사업이나 조달구매 시 자활기업에 우선 위탁하거나 우선 구매할 수 있도록 했다(제18조). 이런 특별 지원 규정이 없으면 자활기업은 경쟁력을 확보하기 쉽지 않다. 국회나 구청 같은 공공기관에 가보면, 화장실의 휴지 걸이를 장애인 ○○○에서 생산했다는 식으로 붙어 있는 경우를 볼 수 있다.

자활기업은 사실 장애인만을 대상으로 하지는 않는다. 장애가 있으면 빈곤층이 될 가능성이 크다. 장애인에 대해서는 중증장애인생산품 우선구매 특별법이 따로 있다. 중증장애인생산품 생산시설에서 생산한 제품에 대해 다소 특혜를 주는 법이다. 법은 제품뿐만 아니라 서비스도 포함하고 있다.

중증장애인생산품 생산시설은 장애인복지법에 따라 설립한 장애인 직업재활시설과 장애인복지단체다. 정신질환 장애인도 정신건강증진 및 정신질환자 복지서비스 지원에 관한 법률에 따른 재활훈련시설에서 생산한 제품은 지원받을 수 있다(중증장애인생산품법 제2조).

읽고 생각하기

근로 빈곤층 자립 돕게 '자활기업 일자리' 2만 개 더 만든다

정부가 2022년까지 기초생활보장 수급자와 차상위자 등 근로 빈곤층의 자립을 위해 자활기업 일자리 2만 개를 더 늘린다.

보건복지부는 25일 이런 내용을 담은 '자활기업 활성화 대책'을 발표했다. 자활기업은 정부의 자활근로사업에 참여해 기술을 습득한 기초생활보장 수급자와 차상위 계층이 설립한 기업이다. 주로 청소, 집수리, 폐자원 재활용, 돌봄서비스를 맡는다. 복지부는 빈곤층 일자리 확대를 위해 현재 1,100개인 자활기업을 2022년까지 2,100개로 늘리고 고용자 수를 1만 1,000명에서 3만 1,500명으로 2만 명 이상 늘리기로 했다.

이를 위해 34세 이하 저소득 청년층의 자활기업 취업과 창업을 적극적으로 유도한다. 현재 청년층 생계수급자는 15만 명으로 다른 계층 청년보다 근로 의욕이 낮은 편이다. 복지부는 자활근로사업에 참여한 지 만 2년이 되지 않은 18~34세 청년을 대상으로 하반기부터 '청년 자활근로사업단'을 운영한다. 사업단은 청년이 선호하는 카페, 제과, 인테리어, 애견, 디자인, 온라인 쇼핑몰 사업을 창업할 수 있도록 돕는다.

사업단에 지급하는 사업비의 50%를 자율적으로 쓸 수 있도록 보장하고 최대 3000만 원의 사업 개발비를 별도로 지급할 예정이다. 복지부는 자활기업이 수급자 청년을 고용하면 5년간 인건비를 지원한다. 올해 인건비 지원액은 101만 원이다. 첫 2년간은 지원액의 100%, 이후 3년간은 50%를 지급한다.

자활사업에 참여하는 청년은 내년부터 자활근로소득의 30%를 소득공제 받을 수 있어 소득이 올라간다. 4인 가족의 가장인 29세 청년의 월 소득은 138만 원에서 177만 원으로 늘어난다. 복지부는 자활기업이 사업을 장기간 유지할 수 있도록 구성원의 3분의 1 이상을 기초생활수급자로 고용하는 규정을 차상위 계층까지 포함해 3분의 1 이상(수급자는 5분의 1 이상)을 고용하도록 개선할 방침이다. 자활근로 참여자에 대한 급여 최대액은 올해 101만 원에서 내년 129만 원으로 28만 원(26%) 오른다.

이 밖에 복지부는 자활사업 지원을 위해 운영되고 있는 중앙자활센터와 광역자활센터를 '한국자활복지개발원'으로 통합해 운영 효율성을 높일 계획이다. 지역자활센터는 지역 특성에 맞는 사업을 직접 수행할 수 있도록 사회적 협동조합 등으로 전환하도록 유도한다. 전국 233개 지방자치단체에 4000억 원이 적립돼 있는 자활기금은 조성 취지에 맞춰 자활기업 활성화에 적극 활용하는 방향으로 정책을 전환한다.

출처: 서울신문, 2018.07.26.(https://n.news.naver.com/mnews/article/081/0002932164)

공유경제는 사회적 경제인가?

경제가 덜 발달하고 이웃 간의 공동체적 개입이 만연했던 과거에는 옆집 물건을 빌려 쓰는 경우가 흔했다. 특히 대형 망치나 곡괭이 같은 도구들은 굳이 모든 집에 마련해 두지 않았다. 또한 집안에 큰 행사가 있을 때는 상이나 그릇을 빌려 쓰기도 했다.

수십 년이 흐른 지금 말하는 공유경제는 원래 수익 활동의 대상이 아니었던 소유물을 소액으로 빌려주는 개념이다. 우버(Uber)의 자동차 공유, 에어비앤비(Airbnb)의 숙박 공유를 예로 들 수 있다. 과거에는 돈을 받고 빌려주는 발상은 용납되기 어려웠을 것이다.

처음부터 우버나 에어비앤비 같은 형태로 운영하기 위해 많은 물건을 구매해서 회사를 창업하기도 한다. 예를 들어 30분이나 1시간 단위로 자동차를 빌려 쓸 수 있는 쏘카(Socar)와 급속도로 늘어난 전동킥보드 대여 업체들이다. 사무실 공유를 표방한 회사도 마찬가지다. 이러한 회사들의 비즈니스 모델은 일종의 렌트 사업이다. 자동차 렌트의 경우 최소 24시간을 기준으로 렌트가 가능했기 때문에 짧은 시간을 이용하기에는 비용이 만만치 않았다. 하지만 소비자의 편의를 위해 아주 적은 시간도 이용할 수 있게 했다.

전자는 사회적 경제인가? 쏘카와 같은 논리로 우버도 환경으로 칠 수는 있다. 돈벌이에는 활용되지 않던 물건들이 수익을 창출하니, 지역경제로 넣어야 할까? 하지만 소유자와 이용자 간에 공동체성이 증진되지는 않는다. 기존 업체, 예컨대 택시와 갈등은 오히려 지역경제 침체나 기업 간 상생의 장애물이다.

서울시 사회적경제 기본 조례는 공유경제가 사회적 경제기업에 속한다고 못 박았다(제3조). 조례에 따른 사회적 경제기업은 우선 사회적 기업, 협동조합, 마을기업, 자활기업, 중증장애인생산품생산시설 다섯 가지가 있다. 그 밖에 공유경제, 공정무역 등 시장이 정하는 기준에 따라 사회적 가치 실현을 주된 목적으로 경제적 활동을 하는 기업 및 비영리법인 또는 비영리민간단체 등도 포함한다고 규정했다.

아직 관련 규칙은 제정되지 않았기 때문에 개념과 의의에 대한 컨센서스 형성도 쉽지 않다. 기성의 수익 활동을 침해하는 경우도 있다 보니, 긁어 부스럼 만들고 싶지도 않았을 것이다.

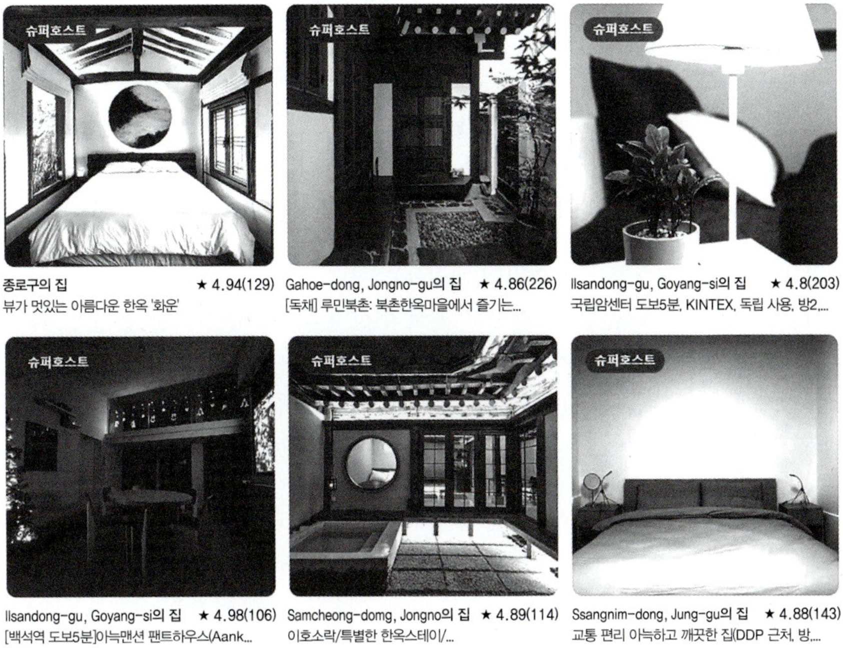

그림 2-16 **숙박공유경제 플랫폼 에어비앤비**

출처: https://www.airbnb.co.kr/deogyang-gu-goyang-si-south-korea/stays/kid-friendly

기업 역할의 근본적 변화

많은 일반 기업들, 앞서 기업4분면의 기준에 따르면 괜찮으나 치사한 기업들이 이제는 적극적으로 ESG를 실천한다. 한국의 SK그룹은 기존의 사회공헌활동을 담당하는 재단, 기업 차원의 ESG 실천과 별도로 사회적가치연구원을 설립해 전문적인 연구를 수행하고 있다. 연구뿐만 아니라 상당수의 사회적 경제조직을 대상으로 가치를 평가해 돈으로 보상해준다. 사회적 가치를 실현하느라 돈을 덜 벌었으니(?) 우리가 대 준다는 뜻으로 봐도 무방하다. 포스코는 학계의 기업시민 개념을 아예 경영이념으로 받아들인 경우다.

앞으로 더 많은 일반 기업들의 ESG 실천이 더욱 확산될 것이다. 설립과 운영의 목적 자체가 사회적 가치의 실현이었던 사회적 경제조직들도 앞으로 크게 성장하게 되면 – 경제적 가치도 사회적 가치 실현만큼 달성하게 된다면 – 그야말로 제2섹터와 제4섹터의 구분은 없어지게 된다.

기업의 ESG 실천은 지구와 인류의 지속가능성, 기업의 지속가능성 양자를 의미한다고 했다. 이미 이 정도를 넘어서는 사례도 나오고 있다. 그야말로 기업 역할의 근본적인 역할 변화이다.

2015년 미국 인디애나주에서 있었던 일이다. 주 의회에서 통과된 법안이 LGBTQ(성소수자) 차별을 합법화할 수 있는 내용을 담고 있었다. 시민단체와 뜻있는 개인도 당연히 나섰겠지만, 애플을 비롯한 주요 테크놀로지 기업들도 나서 법안을 강력히 비판하면서 지역에 대한 투자를 철회하겠다고 압박했고 결국 법안은 수정됐다.

LGBTQ 차별은 오늘날 대표적인 인권침해의 사례다. 인권을 침해하는 지역 정부의 법을 기업이 투자를 철회하겠다고 해서 행정의 의사결정을 바꾼 셈이다. 과거에 기업이 오염물질을 배출하고 열악한 임금을 지급하면서 이윤을 추구하면 정부가 나서 규제를 하고 국민 또는 주민의 인권을 실현하려고 했다. 아직 많지는 않지만, 인디애나주의 사례는 정부가 잘못된 결정을 하니 기업이 나서서 정부의 결정을 수정토록 한 것이다.

시대가 정말 달라졌다는 말이 실감난다고 할 만하다. 환경 이슈와 기업의 성장은 과거에는 상충된다고 보았지만, 이제는 문제 해결을 위해 기업을 적극적으로 이용해야 한다는 시각으로 전환되었다. 더 나아가 기업을 통해서만 해결할 수 있다는 주장도 있다.

Summary

- 경제적 가치와 사회적 가치를 기준으로 기업은 4가지로 구분할 수 있다.
- 사회적 목적을 추구하는 기업 중에 법적인 인증을 받은 곳은 사회적 기업이다.
- 사회적 기업으로 인증을 받으려면 사회적 목적을 추구하고 다른 인증 요건도 충족해야 한다.
- 사회적기업법은 비영리조직도 사회적 기업으로 인증할 수 있는 길을 열어두고 있다.
- 2007년 제정된 사회적기업법은 '사회적 가치'가 아니라 '사회적 목적'이라는 표현을 사용하고 있다.
- 사회적 목적을 실현하는 사회적 기업은 사회적 경제의 부상에 따라 사회적 가치 실현으로 개념이 확장됐다.
- 사회적기업법 외에도 사회적 가치를 실현하기 위한 다양한 법이 있다.
- 과거에도 협동조합은 존재했지만, 사회적 경제에서 말하는 협동조합은 1990년대부터 법이 만들어져 적극적으로 육성되고 있다.

- 소비자생활협동조합법은 상부상조의 정신을 바탕으로 한 소비자들의 자주 · 자립 · 자치적인 생활협동조합으로 조합원의 소비생활 향상과 국민의 복지 및 생활문화 향상을 목적으로 한다.
- 주식회사와 협동조합은 조직의 목적과 의사결정 방식 등에서 큰 차이가 있다.
- 사회적 가치를 실현하고 있지만 아직은 법적인 인증을 받지 못한 일반 기업, NGO들은 협의의 소셜벤처로 분류할 수 있다.
- 사회적 경제는 많은 정의가 있지만, 사회적 가치 실현을 목적으로 하는 사회적 경제기업을 기본 단위로 하는 경제로 이해할 수 있다.
- 마을기업은 지역주민이 지역의 자원을 활용하여 지역을 위하여 운영하는 기업이다.
- 국민기초생활보장법상 수급자와 차상위자는 자활기업을 설립, 운영할 수 있다.
- 공유경제는 서울시 조례의 경우 사회적 경제기업에 속한다고 규정했지만, 논란이 있다.
- 제2섹터로 분류된 기업의 사회적 가치 실현이 늘어나면 제4섹터와의 구분은 없어지게 될 수 있다.

Keyword

12+1안, 공정무역, 괜찮으나 치사한 기업, 기술혁신기업, 기업, 넓은 의미의 사회적 기업, 도덕적인 기업, 동업, 배당금, 복리증진, 사회서비스, 사회적 가치, 사회적 경제, 사회적 경제기업, 사회적 경제조직, 사회적 목적, 사회혁신조직, 생협, 생활문화, 소비자, 소비자생활협동조합, 소셜벤처, 어리석은 기업, 영업활동, 의사결정 방식, 인증, 자활기업, 조직 형태, 조합, 조합원, 존경받으면서 현명한 기업, 좁은 의미의 사회적 기업, 중증장애인생산품생산시설, 출자금, 취약계층, 협동조합, 호혜

Quiz ※ 빈칸을 채우거나 OX로 답하세요.

01 경제적 가치는 달성하지 못하지만, 사회적 가치를 추구하려고 하는 기업은 도덕적인 기업이다. (　　)

02 사회적기업법은 취약계층에게 사회서비스 또는 일자리를 제공하거나 지역사회에 공헌함으로써 지역 주민의 삶의 질을 높이는 등의 사회적 (　　　　)을 추구하면서 재화 및 서비스의 생산 · 판매 등 영업활동을 하는 기업을 사회적 기업으로 인증한다.

03 사회적기업법은 사회적 기업으로 인증을 받으려면 이윤의 (　　　　) 이상을 사회적 목적을 위해 사용하도록 했다.

04 개인사업자도 사회적 목적을 추구하고 법적 인증 요건을 갖추면 사회적 기업으로 인증받을 수 있다. (　　)

05 사회서비스 확충과 일자리 창출은 사회적 목적에는 해당하지만, 사회적 가치에는 해당하지 않는다. (　　)

06 인권의 보호는 사회적 가치에는 포함되지만, 사회적 목적에는 포함되지 않는다고 봐야 한다. (　　)

07 사회적 기업도 사회적 경제기업의 일환이다. (　　)

08 우리나라의 협동조합은 2012년 협동조합기본법이 제정된 이후 생겨나기 시작했다. (　　)

09 생협은 소비자가 자신들의 권익을 확보하기 위해 결성한다. (　　)

10 협동조합의 의사결정 방식은 굳이 많은 출자금을 내서 다른 사람보다 상대적으로 불리한 표결권을 가질 필요가 없게 한다. (　　)

11 넓은 의미의 소셜벤처 개념은 법적으로 인증받은 사회적 경제조직도 포괄한다. (　　)

12 사회적경제기본법안에 따르면 사회적 가치 실현과 공동체 구성원의 이익을 추구하는 개인의 경제활동은 사회적 경제에 포함되지 않는다. (　　)

13 쇠퇴하는 도시를 지역자원을 활용하여 경제적 · 사회적 · 물리적 · 환경적으로 활성화시키는 것을 재개발이라 한다. (　　)

14 국민기초생활보장법은 국가나 지방자치단체가 실시하는 사업이나 조달구매 시 자활기업에 우선 위탁하거나 우선 구매할 수 있도록 했다. (　　)

15 공유경제는 이웃 간 공동체성을 증진하는 사회적 경제활동으로, 법적으로 규정되어 있다. (　　)

16 기업4분면의 기준에 따르면 괜찮으나 치사한 기업들이 이제는 적극적으로 ESG를 실천하면서 제2섹터화되고 있다. (　　)

Discussion

01 기업4분면에 따른 기업 분류 유형에 속하는 기업의 사례를 조사해 보자.

02 사회적 기업의 좁은 의미와 넓은 의미를 구분해 보자.

03 사회적 기업으로 인증받은 곳을 골라 어떤 사회적 목적과 인증 요건을 구비하고 있는지 알아보자.

04 내가 만들고 싶은 사회적 기업의 사회적 목적은 무엇인지, 어떻게 인증 요건을 갖출 것인지, 조직 형태는 어떻게 할 것인지 등 구상을 발표해 보자.

05 사회적 목적과 사회적 가치의 관계에 대해서 토론해 보자.

06 12+1 안에 담긴 사회적 가치 중 관심 있는 것을 골라 더 자세한 내용을 알아보자.

07 사회적 경제기업의 구체적인 사례를 찾아보자.

08 2012년 협동조합기본법 제정의 의의에 대해 말해보자.

09 한살림과 대학생협의 역사와 운영에 대해 조사해 보자.

10 창업하고 싶은 기업의 비즈니스 모델은 무엇인지, 어떤 조직 형태가 적절할지 생각해 보자.

11 좁은 의미의 소셜벤처 개념이 필요한 이유는 무엇인가?

12 사회적 경제에 대한 찬반 의견을 찾아보고 각각의 입장에서 토론해 보자.

13 마을기업의 사례를 찾아 구체적인 내용을 알아보자.

14 자활과 재활의 차이가 무엇인지, 관련 법의 내용을 중심으로 토론해 보자.

15 공유경제의 성격과 장단점에 대해 알아보자.

16 제2섹터와 제4섹터의 구분을 계속해야 할 것인지에 대해 토론해 보자.

CHAPTER 03

기업의 ESG 실행

06
경영이념으로서 ESG

준법경영으로서 ESG

맥도날드 전 최고경영자 스티브 이스터브룩(Steve Easterbrook)에 대한 소송은 ESG 가운데 사회(S) 분야에 대한 상징적인 사건[1]으로 평가된다. 이스터브룩은 CEO로 재직하는 동안 부하 직원들과 성적인 관계를 맺고 e메일로 수십 건의 누드 사진과 영상 등을 주고받았다. 이들 중 한 명에게는 수십만 달러 상당의 맥도날드 주식도 넘겨준 것으로 드러났다. 맥도날드의 회사 규정은 부하 직원과 성적인 관계를 금지하고 있다. 맥도날드는 이스터브룩의 행동을 회사 규정상 해고 사유에 해당한다고 판단하여 2019년 해고하였고 이스터브룩에게 이미 지급한 퇴직금과 주식을 반환하라는 소송을 청구했다.[2]

1 나석권, 『지금 우리가 알아야 할 ESG 이야기: Impact Story 30』, 아이포유웍스, 2023.

2 "성추문 들통난 맥도날드 전 CEO, 퇴직금 1,200억 원 반납", 파이낸셜뉴스, 2021.12.17.

맥도날드의 이스터브룩 소송 건은 ESG를 기업경영에서 준법경영의 일환으로 보는 사례라고 할 수 있다. 준법경영은 준법통제기준을 바탕으로 한 준법교육과 준법 감시를 통해 회사의 경영에 산재한 법적 리스크를 선제적으로 관리하고, 임직원의 준법의식을 고양하기 위한 경영방침을 의미한다.[3]

준법경영은 ESG의 일환으로 자리매김하고 그렇게 평가할 수도 있지만, 전통적인 기업의 리스크를 관리하는 차원에서 이해하는 것이 더 바람직하다. 기업은 창업과 경영 과정에서 수많은 위험에 직면하게 된다. 기업의 영업 실적과 성과가 좋아도 준법경영을 제대로 하지 않으면 크고 작은 법규 위반으로 인해 큰 리스크를 입게 될 수 있다.

스티브 이스터브룩과 부하 직원의 부적절한 관계는 회사의 규정을 위반함으로써 회사에 큰 타격을 주게 되었다. 일반적으로 ESG 중 사회 영역의 좋은 예로 들기는 하지만, 어떠한 사회적 가치를 실현하는 것인지는 좀 애매한 면이 있다. 보도된 기사에 따르면 갑을 관계를 이용한 성희롱이나 성폭력에 해당하는지는 확실하지 않다. 만약 성희롱이나 성폭력에 해당하는 경우라면 인권과 같은 사회적 가치와 직결된다. 하지만 맥도날드가 임직원 간의 자율적인 성적인 관계를 금지하는 윤리적인 기준이 높은 규정이 있었던 경우라면 그저 일반적인 사규 위반을 근거로 한 회사 내부의 이해관계 대립이 된다.

그림 3-1 이스터브룩 소송 건을 보도한 외신 화면

출처: https://www.sportsseoul.com/news/read/1084898?ref=naver

3 한국무브넥스(http://www.koreamovenex.com/dh/quality_manage2)

준법경영은 기업의 구성원들이 법을 지키지 않아서 일어날 수 있는 위험을 대비하는 차원의 경영이라고 할 수 있다. 영어로는 컴플라이언스(compliance) 제도라고 한다. 한국어로는 일반적으로 준법지원인 또는 준법감시인(compliance officer)[4] 이라고 한다. 주로 변호사가 관련 업무를 맡는 경우가 많으며, 직원들이 자산관리, 위험관리, 고객관리 등의 규정을 준수하는지 점검하고 직원의 불공정행위를 감시하는 역할을 한다.[5]

준법경영은 그 의미에 대한 완전한 합의는 이루어지지 않았지만, 이미 세계적인 기준이 제안되어 있다. ISO 37301은 ISO가 2021년 4월 제정한 준법경영 분야의 국제표준이다. 준법경영은 청렴경영, 윤리경영을 포괄하는 의미로도 사용된다.[6] ISO 37301은 준법경영, 청렴경영, 윤리경영 3가지 모두 다룬다. 부패방지도 준법경영의 일환으로 포함된다. 우리말로 규범준수경영시스템 인증이라고 하기도 한다.

읽고 생각하기

롯데홈쇼핑, 업계 최초 준법경영 국제인증 'ISO 37301' 획득

롯데홈쇼핑은 업계 최초로 국제표준화기구(ISO)의 규범준수경영시스템 인증인 'ISO 37301'을 획득했다고 3일 밝혔다. ISO가 2021년 4월 제정한 ISO 37301은 기업의 준법경영과 지배구조, 윤리 경영 등이 글로벌 수준에 부합한다고 공인하는 국제 인증 규격이다.

롯데홈쇼핑은 2017년 부패방지 경영시스템(ISO 37001) 국제인증에 이어 ISO 37301 인증을 획득함으로써 국제적인 수준의 준법 · 부패방지 경영시스템을 공인받게 됐다고 자평했다.

롯데홈쇼핑은 외부 감시 · 자문기구 운영, 소통 · 신고 채널 확대, 공정거래 강화 등 준법경영 시스템을 강화해왔다. 아울러 김재겸 대표의 윤리경영 실천 의지에 따라 투명하고 청렴한 조직 문화를 만드는 데 힘쓰고 있다고 롯데홈쇼핑은 밝혔다.

오갑렬 컴플라이언스부문장은 "앞으로 준법경영 체계를 더 고도화하고 임직원 윤리 의식을 내재화해 더 신뢰받는 기업이 되도록 하겠다."라고 말했다.

출처: 연합뉴스, 2023.08.03.(https://www.yna.co.kr/view/AKR20230803040800003?input=1195m)

---

4 법적인 개념은 '준법감시인'이다. 예컨대, 금융회사의 지배구조에 관한 법률(금융사지배구조법) 제25조는 '준법감시인의 임면 등'이라는 제목으로 제1항을 다음과 같이 규정하고 있다. ① 금융회사(자산규모 등을 고려하여 대통령령으로 정하는 투자자문업자 및 투자일임업자는 제외한다)는 내부통제기준의 준수 여부를 점검하고 내부통제기준을 위반하는 경우 이를 조사하는 등 내부통제 관련 업무를 총괄하는 사람(이하 "준법감시인"이라 한다)을 1명 이상 두어야 하며, 준법감시인은 필요하다고 판단하는 경우 조사결과를 감사위원회 또는 감사에게 보고할 수 있다.

5 https://terms.naver.com/entry.naver?docId=72912&cid=43667&categoryId=43667

6 장대현, 『청렴 · 윤리 · 준법경영의 솔루션, ISO 37301』, 렛츠북, 2022.

준법으로 끝나지 않는 ESG

ESG 중 사회(S) 영역에 대한 국제적 관심을 일으킨 대표적인 사례로는 아동의 노동력을 착취한 나이키를 꼽을 수 있다.

1990년대 파키스탄의 12세 소년이 일급 1달러도 받지 못하고 온종일 나이키 축구공을 꿰매는 모습이 라이프지를 통해 보도되며 나이키는 아동 노동 착취를 하는 비윤리적 기업으로 낙인이 찍히게 되었고 브랜드 이미지에 큰 타격을 입게 된다. 나이키는 이러한 논란에 대한 큰 방안을 제시하지 않다가 태도를 바꾸게 된다. 노동, 환경과 같은 사회적 가치에 대한 윤리가 기업 생존에 중요한 요소로 작용하게 된다는 점을 인정하지 않을 수 없게 된 셈이다. 마침내 나이키는 기업 내 '지속가능성 비즈니스&혁신(SB&I)'팀을 만들었다. 나이키의 전 CEO 마크 파커는 "지속가능성이 나이키의 성장과 혁신의 핵심이다."라며 나이키의 사업전략 전반에 걸쳐 'SB&I'에 점점 더 초점이 맞춰질 것이며 비즈니스, 커뮤니티, 근로자, 소비자, 환경에 더 많은 이익을 제공하기 위해 지속가능한 접근을 만들어낼 것이라고 발표했다.[7]

나이키는 "왜 처음부터 곧바로 태도를 바꾸지 않았을까?"라는 의문에는 크게 두 가지 이유가 작동했다.

첫째, 아이들에게 정당한 노동의 대가를 모두 지급했을 가능성이다. 나이키의 아동 노동 착취와 관련된 자료를 찾아봐도 현지 법에 따라 임금을 제대로 지급하지 않았다는 내용은 찾을 수 없다. "법과 계약 같은 상호 설정한 규범에 따라 대가를 지급하면 다 된 것 아닌가?"라는 생각으로 나이키는 억울할 수 있다.

둘째, 아동 노동은 상당한 경우 아이들의 부모들이 원했다는 사실이다. 인도와 네팔 국경 지역인 비하르주는 인도 내에서 '아동 노동자 거래 시장'의 중심으로 알려져 있다. 아이들은 이곳에서 단돈 1,000루피(1만 7,000원)에 팔렸는데 대부분 빈곤 때문에 노동 현장으로 내몰린 아이들이다. 인도는 매년 15만~20만 명의 아동이 이러한 시장에서 거래됐으며 카펫을 만드는 단순노동에서부터 농업, 마약 운반, 전쟁 등 상상할 수 있는 온갖 노동에 투입됐다.[8] 나이키로서는 해당 지역에 많은 사람이 원하는 일자리를 제공했으니 오히려 자부심을 느꼈을 수 있다.

지금은 중단되었지만 과거 개성 공단의 사례를 보면 북한의 노동자들에게 지급한 임금 수준은 형편없었다. 북한 내 다른 근로자들보다 임금 수준이 높았다고 해서

---

7 "혁신적 '지속가능성' 미래를 위한 나이키의 여정", MHN미디어, 2020.10.08.

8 "전 세계 아동 노동자 1억 6,800만 명 넘어… 절반이 위험 노동", 한국일보, 2014.10.29.

과연 개성 공단 노동자들에게 적절한 수준의 대가를 지급했다고 볼 수 있을까? 개성 공단 노동자들은 성인이기 때문에 아동 노동 착취와는 다르다고 결론 내리면 모두 끝나는 문제인 것일까?

나이키의 사례에서 볼 수 있듯이 기업의 ESG 경영은 준법경영을 통한 리스크 관리 수준을 넘어선다. 법을 다 지키고 계약에 따른 대가를 다 지급했더라도 그 이상의 사회적 가치를 실현해야 한다. 나이키는 처음에 무엇이 문제인지 인식하지 못하다가 나이키와 같이 큰 규모의 다국적기업에는 훨씬 큰 책임을 요구한다는 점을 뒤늦게 인지하게 되어 태도 변화에 나서게 된 셈이다.

읽고 생각하기

전 세계 아동 노동자 1억 6,800만 명 넘어… 절반이 위험 노동

ILO 협약은 아동 노동 철폐를 위해 제138조 '최저연령 협약'(1973년)에서 고용 최저연령을 15세 미만으로 정했다. 이후 아동 노동 근절 목소리가 높아지자 1999년 제182조 '가혹한 형태의 아동 노동금지 협약'을 비준했다. 18세 미만 아동에 대한 가혹노동(노예제, 매춘, 마약 밀매, 무력 분쟁 등)을 금지시킨 것이다.

그래도 여전한 아동 노동을 없애기 위해 관련 NGO들은 각국에서 다양한 운동을 전개 중이다. BBA는 인도에서 아동 노동을 통해 만들어진 제품의 불매운동을 벌이고 해당 사업장을 상대로 소송도 진행하고 있다. 이들은 또 남아시아의 카펫 공장들을 조사해 14세 이하 아동을 고용하지 않고 직조공에게 최저임금을 보장하는 업체에 '러그마크(Rugmark)' 인증을 해 아이들이 만들지 않은 제품이 더 잘 팔리도록 하여 소비자들의 인식 전환에도 기여하고 있다. 아울러 BBA는 '위험한 환경에서만' 14세 미만 노동을 금지하는 인도 법률을 14세 미만 아동 노동 전면 금지로 바꾸자는 캠페인도 벌이고 있다.

인도처럼 아동 노동 문제가 심각한 방글라데시에서도 NGO들의 노력이 이어지고 있다. 국제 NGO 세이브더칠드런은 5~17세 아동 740만 명이 일하는 방글라데시의 현실을 감안해 장기적인 시각으로 문제 해결에 접근 중이다. 이들은 일하는 아이들이 부모와 연락을 지속하고, 장기간 노동 때문에 교육에서 멀어지지 않도록 하는 추적 프로그램을 도입했다. 세이브더칠드런 활동가 마이클 맥그래스는 "아이들의 생활을 추적하는 시스템을 만들어 아동 노동자들이 최소한의 권리를 보장받도록 하고 있다."라며 "일 년에 한 번씩 집에 들를 수 있게 하고 여러 마을에 교육 센터를 꾸려 운영 중"이라고 말했다.

브라질에서는 유니세프가 유해한 아동 노동을 줄이기 위해 1996년부터 해당 가정에 직접 현금을 지원하고 있다. 돈을 받는 가정은 아이들이 방과 후 프로그램에 의무적으로 출석하도록 해야 한다. 유니세프에 따르면 이 제도를 통해 브라질에서는 10년 새 아동 노동 시간이 절반으로 줄었다.

이 같은 정부, NGO의 노력을 높이 평가하면서 한 걸음 더 나아가 국제사회의 협력도 중요하다고 보는 ILO는 2002년부터 매년 6월 12일을 '아동 노동 반대의 날'로 정해 캠페인을 벌이고 있다.

출처: 한국일보, 2014.10.29.(https://www.hankookilbo.com/News/Read/201410291150849174)

쉽지 않은 ESG : 동해안 송전탑의 사례

밀양에서는 2005년부터 송전탑 반대 투쟁이 시작됐다. 2000년 산업자원부가 수립한 제5차 장기전력수급계획의 일환으로 송전탑 건설을 결정했지만, 대상 지역의 주민들과 환경단체 등이 대거 참여한 반대 투쟁이 지속적으로 이어졌다.

2023년 7월에는 민간 발전회사인 강릉에코파워가 공기업 한국전력거래소를 상대로 전력판매단가 인상을 요구하는 가처분 소송을 냈다. 강릉에코파워는 동해안에서 수도권으로 전기를 보내는 송전망을 확보하지 못해 가동률이 50% 아래로 떨어졌다고 주장했다. 송전망 부재로 발전을 원천 봉쇄당하고 그로 인해 감당하기 힘든 경영 부실이 발생하고 있다는 것이 민간 발전업계의 주장이다.[9]

송전탑 반대 투쟁도 민간 발전회사의 소송도 2000년대 들어 전력 수급량에 대한 계획에서 비롯됐다. 전력 부족이 우려된 정부는 민간기업에 발전소 건설 투자를 요청했다. 2010년대 이후 발전사업에 뛰어든 곳은 민간기업 강릉에코파워 말고도 GS동해전력, 포스코 등이 있다. 정부는 민간기업에 발전사업 참여를 요청하면서 송전망 확충을 약속했다. 송전망이 확충돼야 생산한 전기를 보낼 수 있기 때문이다. 그런데 송전탑 반대 투쟁이 전국적으로 벌어지면서 정부는 약속을 지킬 수 없게 됐다.

한전은 2008년 처음 동해안 송전선로 계획을 밝혔지만 15년이 지난 현재까지 첫 삽조차 뜨지 못하고 있다. 당초 2022년 준공을 목표로 했던 송전선로 사업은 차일피일 미뤄져 2026년까지 지연됐다. 민간기업들은 정부의 요청과 약속에 따라 발전사업에 수조 원대의 투자를 했지만, 송전망 확충이 제대로 되지 않아 가동률은 50%에도 미치지 못하는 상황이 이어졌다.[10] 계속 적자를 볼 수 없다고 판단한 강릉에코파워는 전력 도매가라도 높여서 적자를 줄이려고 소송을 낸 것이다.

9 "'산업 혈관' 송전망 건설, 더 이상 지체할 수 없다", 한국경제TV, 2023.07.21.

10 "정부가 약속해놓고…동해안 송전탑 15년째 삽도 못 떴다", 한국경제, 2023.07.20.

송전탑 반대 투쟁 과정에서 정부와 한전의 논리는 충분한 보상과 절차를 이행했다는 것으로 요약된다. 전기사업법과 공익사업을 위한 토지 등의 취득 및 보상에 관한 법률의 관련 조항은 상당히 복잡해서 이해하기 쉽지 않은데, 주민들은 법으로 책정된 보상금액이 비현실적이라고 주장한다.

반대 투쟁 과정에서 분신한 故 이치우는 시가 4억여 원 규모의 논을 소유하고 있었다. 하지만 이 땅에 송전탑을 세우려던 한전은 합의에 실패하자 보상금 명목으로 6,000만 원을 은행에 공탁하고 공사를 시작했다. 법에 따르면 송전탑을 설치한 곳은 송전탑이 차지하는 면적만 보상범위로 정하고, 감정평가액의 100%를 보상한다. 송전선로가 지나는 땅은 공중공간(땅 위)이기 때문에 원소유자가 땅을 사용할 수 있다는 판단으로 감정가의 25~35%를 보상하게 된 것이다.[11]

늘어나는 전력 수급량을 대비하기 위해 송전탑 건설이 필요했고, 법에 저촉되지 않는 범위 내에서 진행하였기 때문에 정부와 한전의 입장에서는 억울할 수 있다. 해당 지역주민들과 환경단체 등의 주장도 분명히 일리가 있다. 이러한 사례를 ESG 기준으로 보면 해당 지역주민들과 환경단체 등의 입장을 더욱 적극적으로 반영하는 결정이 필요하다.

송전탑 반대 투쟁 사례에서 ESG가 준법경영을 넘어선다는 점과 실현 또한 쉽지 않다는 점을 확인할 수 있다.

우리나라 전력 수급망 문제는 지금까지도 진행 중이다. 기업의 ESG를 넘어 전 국민적 ESG 실현 차원에서 늘어나는 전력 수요에 대처하는 정책이 아닌 전력 소비를 줄이는 방향도 가능하다.

하지만 현실은 늘어나는 전력 수급량을 예견하고 그 해결을 위한 정책을 펴다가 송전탑 반대 운동과 민간 발전기업의 소송에 직면하게 된 것이다. 그렇다고 이 지점에서 ESG의 실천보다 늘어나는 전력망 수요에 대처하기 위한 정책이 잘못되었다고 일방적으로 단정할 수 없다.

11 "밀양에서 불거진 송전선로 보상논란", 내일신문, 2012.02.07.

밀양 · 청도 송전탑 반대 투쟁 약사

1기 : 2001년~2012년 1월

2000년 1월, 산업자원부는 신고리 핵발전소에서 생산된 전기를 수도권으로 보내기 위해서 '제5차 장기전력수급계획'에서 765kV 신규 사업을 수립하였다. 이후 송변전 설비계획이 확정되고 2003년 최종 경과지가 선정되었다. 그러나 2005년 환경영향평가서 주민설명회까지 경과지 주민들은 이 사실을 알 수 없었다. 초고압 송전탑이 마을을 지나간다는 사실을 뒤늦게 알게 된 상동면 여수마을 주민들이 2005년 12월 5일 한국전력 밀양 지사 앞에서 사물을 두드리며 첫 집회를 개최하면서 밀양 송전탑 반대 투쟁이 시작되었다. 2006년부터 밀양 지역사회와 정치권, 주민들은 여러 단체를 만들어 대응하였다. 이들은 한전과 정부에 건의한 노선 변경 요구가 받아들여지지 않자 전면 백지화 투쟁을 선언하였다. 초전도케이블 등의 주민 피해를 최소화하는 방안을 한전과 정부에 요구했지만, 이 또한 받아들여지지 않았다. 17대 대선 이후 갈등조정위원회와 보상제도개선추진위원회 등이 만들어지며 보상 방안 등을 논의하였으나 피해를 보상하지 못한다는 결론 끝에 결렬되었다. 한국전력은 끊임없이 공사를 강행했고 경과지 주민들과의 물리적 충돌이 빈번하게 발생하였다.

2기 : 2012년 1월~2014년 6월

2006년부터 2011년 말까지 밀양 지역사회가 송전탑 문제를 풀기 위해 해왔던 노력은 한국전력의 한 치 양보 없는 사업 추진 속에서 물거품이 되었다. 보상 또한 피해가 큰 경과지 주민들 입장에서는 받아들일 수 없었다. 2011년 9차 공사부터는 공사 인부와 용역들을 이용한 한전의 모욕과 폭력이 극심해졌다. 그러던 중 2012년 1월 16일 산외면 보라마을에 살던 이치우 어르신께서 마을 입구에서 분신 자결하셨다. 이 충격적인 사건으로 밀양 송전탑 문제가 전국적으로 알려지게 되었고, 각자의 마을에서 공사를 막는 투쟁을 이어오던 4개면 주민들도 연대자들과 함께 故 이치우 열사 분신대책위위원회(이후 밀양765kV송전탑반대대책위원회)를 구성하여 서로의 마을을 지원하며 투쟁하게 되었다. 2013년 5월 공사 이후 국회 차원의 전문가협의체가 구성되어 밀양 송전탑 문제 해결을 위한 방안이 모색되었지만, 한전의 불성실한 태도와 보고서 대필 문제로 보고서 채택이 무산되었다. 2013년 10월 밀양 지역에 대한 전면적인 공사가 시작되었고 정부는 공사 강행을 위해 대규모 공권력까지 동원하였다. 이후 경찰의 폭력적 진압으로 인권침해 상황이 속출하였다. 주민들은 현장마다 농성장을 지어 저항을 이어갔다. 국가는 2014년 6월 11일 군사작전을 방불케 하는 행정대집행으로 주민들의 근거지를 철거하였다.

3기 : 2014년 6월~2017년 5월

6.11 행정대집행으로 주민들은 현장 투쟁의 거점을 모두 빼앗겼다. 하지만 주민들은 포기하지 않고 〈밀양송전탑 반대 투쟁 시즌 2〉를 선언하였다. 이후 미니팜 협동조합을 통한 농산물 판매 / 시험송전 중단 농성 / 벌금 모금 활동 / SKYM & Sewol(쌍용차, 강정, 용산, 밀양, 세월호) 등 시민사회 투쟁 연대 / 전국송전탑반대네트워크(이하 전송넷) 활동 / 농활과 탈핵 · 탈송전탑 교육 / 백서, 사진집 및 마을공동체 파괴 조사 보고서 발간 / 탈핵운동 등을

펼쳐가며 밀양 투쟁의 가치를 확산해나갔다. 특히 2015년부터 탈핵 · 탈송전탑원정대 활동, 노후핵발전소 폐쇄 투쟁, 신규핵발전소 백지화 투쟁, 전송넷 활동 등으로 탈핵 · 탈송전탑 운동의 구심점이 되었다. 이에 맞물려 2016년 탄핵 정국이 펼쳐지면서 밀양 송전탑 문제 해결에 대한 주민들의 기대는 높아져 갔다.

4기 : 2017년 6월~2021년 12월

촛불 이후 수립된 정부에 대한 기대가 높아진 상황에서 주민들은 상경 기자회견, '탈탈희망버스' 등 다양한 활동을 통해 밀양 송전탑 문제 해결을 촉구했다. 촛불의 요구였던 경찰개혁의 시작으로 인권침해진상조사위도 가동되었다. 2017년 6월, 문재인 정부는 밀양 송전탑 건설의 근거였던 신고리 5 · 6호기 백지화 공약을 깨고 공사 재개 여부를 공론화를 통해 결정하겠다고 발표했다. 이에 밀양 주민들은 사력을 다해 신고리 5 · 6호기 백지화 운동을 이끌었다. 하지만 공론화는 공사 재개라는 결과로 마무리되었다. 주민들은 상심이 컸지만 포기하지 않고 감사원에 22건의 공익감사청구를 청구했다(2018.03). 하지만 이 또한 기각 및 주의 조치에 그쳤다. 이후 산업부에서 밀양 송전탑 문제를 해결하겠다는 의견을 내비치며 진상조사에 대한 협상이 시작되었다. 하지만 이 또한 진정성 없는 산업부의 행태로 인해 결렬되었다. 인권침해 사건에 대한 경찰청장의 공식적인 사과와 재발 방지 약속, 분산형 전원의 법적 명시, 사면복권 등 밀양 송전탑 반대 투쟁의 정의는 계속해서 사회적 인정을 받고 있다. 하지만 마을에 사는 주민들은 여전히 마을공동체의 파괴, 지척에 존재하는 765kV 송전탑으로 고통받고 있다. 밀양 그리고 청도는 정의를 바로 세우기 위한 일상의 투쟁을 이어가고 있다. 〈온라인 기록관〉 또한 그 길에 있다.

출처: 밀양 · 청도 송전탑 반대 투쟁 온라인 기록관(http://my765kvout.org/history/page-01)

인권경영으로서 ESG

제반 법규를 지켜 기업의 리스크를 예방하자는 차원을 넘어 기업 내외 구성원들의 인권을 적극적으로 보장하는 내용의 경영원칙을 인권경영이라고 한다. ESG의 실현은 이러한 내용의 인권경영이념과 대체로 중복된다.

인권경영은 이제 한국 사회에서도 많은 기업이 내부 규정이나 외부로 표방하는 경영이념으로도 채택하고 있다. 예컨대 고양도시관리공사는 2018년 '인권경영규정'을 제정했다. 제2조(정의) 제4항에서 인권경영을 '국제적으로 인정되는 인권의 원칙에 따라 공사 내뿐만 아니라 외부의 모든 이해관계자의 인권을 존중하는 경영활동'이라고 정의했다.

글로벌 바이오 제약 생산기업 삼성바이오로직스는 '삼성바이오로직스 인권헌장'을 제정하여 대외에 공개하고 있다. 모든 생산 및 경영활동 전반에서 임직원을 비롯한 모든 이해관계자의 인권을 존중하며, 인권경영을 실천하기 위해 노력하고 있음을 보여주기 위해서다. 헌장은 세계인권선언(Universal Declaration of Human Rights, UDHR), UN 기업과 인권 이행 지침(Guiding Principles on Business and Human Rights, UNGPs), OECD 다국적 기업 가이드라인, UN 아동권리협약, 국제노동기구 핵심협약 등 국제 인권원칙과 규범에 기반을 두고 있다. 인권 존중 일반 원칙을 비롯해 강제 노동 금지, 아동 노동 금지, 연소자 근로, 근로시간, 임금, 차별 금지, 결사의 자유 등의 내용이 포함되어 있다.[12]

인권경영 원칙을 송전탑 반대 운동에 적용하면 정부와 한전의 입장이 상당히 난처해질 수 있다. 현재 세계인권선언이나 UN이 채택한 인권경영 관련 기준은 기업이 보호해야 하는 인권의 범위를 상당히 넓게 보고 있기 때문이다.

사회적 약자들에게 재산권은 곧 인권을 구성하는 부분이라고 보면 실거래가에 못 미치는 토지보상금만 지급해도 된다고 규정한 전기사업법의 경우 국제규범 위반 소지가 있다.[13] 조상이 묻혀 있는 땅을 떠날 수 없다고 하는 주민들의 항의도 인권의 일환으로서 문화적 정체성의 문제가 된다.[14]

인권경영이 준법경영을 넘어서는 ESG의 의미를 가진다고 보기도 하지만 ESG와 인권경영을 구분하려고 하는 시각도 있다. ESG가 투자자의 경제적 수익을 위한 ESG 정보 공시에 그치는 한 ESG와 인권경영은 별개의 것이 된다. 이러한 시각에서는 기업의 사회적 책임도 기업의 긍정적 기여를 강조하는 반면, 인권경영은 인권침해라는 악을 저지하는 데 초점이 있기 때문에 양자는 구분된다고 본다.[15]

윤리경영

일부 기업들은 윤리경영 이념을 표방하고 있다. 예를 들어 농협은[16] 경제적, 법적, 윤리적 책임 등을 다함으로써 농협의 모든 이해관계자인 고객, 농민조합원, 협력업체, 지역 농·축협, 직원 등 모두가 함께 성장 발전하고 청렴한 농협, 투명한 농협, 깨끗한 농협을 구현하여 함께 성장하는 글로벌 협동조합을 만든다는 내용이다.

---

12 삼성바이오로직스 홈페이지(https://samsungbiologics.com/kr/esg/social/human-rights)

13 아직 인권경영 관련 UN 규범은 국제법으로 효력을 발휘하고 있지는 않다.

14 "밀양 송전탑 반대 투쟁 타당… 헐값 토지보상금은 위헌 소지", 경향신문, 2014.02.16.

15 이상수, 『인권경영, 세상을 바꾸는 패러다임』, 태학사, 2022.

16 NH농협 홈페이지(https://www.nonghyup.com/ethic/ethicIntro/meaning.do)

농협은 윤리경영을 공표하기 위한 전제로 기업윤리를 정의한다. 일반적으로 CEO나 임직원이 기업활동에서 갖추어야 할 윤리를 말한다. 기업경영 및 활동 시 '윤리'를 최우선 가치로 생각하며 모든 업무 활동의 기준을 '윤리규범'에 두고 투명하고 공정하며 합리적으로 업무를 수행할 것을 표방한다. 기업윤리를 지키는 것은 기업의 의사결정이 경제원칙만 기초로 하는 것이 아니라 투명한 회계, 공정한 약관, 성실 납세, 환경 보호 등의 윤리적 판단을 전제 조건으로 하며 법이나 정부 규제 준수 이상으로 공정하고 정당하게 지키는 것을 의미한다고 한다.

다른 기업들도 대동소이하다. 경제원칙만을 기초로 의사결정을 하지 않는다는 점에서는 비재무적 성과 지표까지 고려하는 ESG와 일맥상통한다. 법이나 정부 규제 준수 이상을 고려한다는 점에서도 준법경영을 넘어서 ESG와 연결된다고 볼 수 있다.

그렇지만 기업윤리에 대한 정의에서 알 수 있듯이 윤리가 의미하는 바가 포괄적이기 때문에 많은 내용을 기업윤리에 포함할 수 있다. 학계에서 통용되는 컨센서스(consensus)도 없다. 일부 연구는 있지만[17], 폭넓게 공신력을 인정받았다고 보기는 어렵다.

실무적으로 체계화한 시도[18]도 있는데 너무 많은 내용이 포괄적으로 들어가 있다. 적절한 내부 통제시스템 구축, 소비자 권리의 보호장치, 제조물 책임법(PL) 대응체제 구축, 품질개선 노력 활동, 주주와 투자자 신뢰 획득, 종업원 능력 향상 프로그램 등이다.

주주와 투자자 신뢰 획득은 주주 자본주의 논리와 이해관계자 자본주의 논리에서 모두 설명할 수 있다. 종업원 능력 향상은 ESG의 사회적 가치 영역으로 볼 여지도 있을 것이다. 굳이 연결하자면 연결할 수 있고 관련을 부인하면 그런 결론도 타당하다.

사실 윤리경영과 같은 개념은 CSR과 ESG가 본격 부상한 이후 뒷전으로 밀려났다고 해도 과언이 아니다. 윤리경영에서 다루고자 했던 내용이 대부분 준법경영, CSR, ESG에 반영되어 있기도 하다. 준법경영은 그나마 ISO 표준도 제정되고 법적으로 많은 부문에서 준법감시인 배치도 의무화되어 있어 너무 포괄적이라 할 수 있는 윤리경영과는 다르다.

농협을 윤리경영에 경제적, 법적, 윤리적 책임을 모두 포괄하고 있다. CSR에서 널

17 최만기, 유재언, 김영복, 『윤리경영: 이론과 실제』, 탑북스, 2021.

18 편집부, 『기업의 윤리경영 매뉴얼과 사례(총괄편)』, 에프케이아이미디어(FKI미디어), 2006.

리 컨센서스로 인정되는 이론으로 CSR의 내용을 4가지로 설명하는 것이다. 경제적 책임과 법률적 책임에 더해 자선적 책임과 윤리적 책임을 기업의 사회적 책임으로 보는 논의다. 윤리경영은 이 중 윤리적 책임에 방점을 맞춘다고 볼 수 있지만, 이론적 논의나 현업 실무도 두루 포괄하고 있다.

환경경영

환경경영은 ESG의 본격화 이전에 국제적으로 환경 문제에 대한 해결이 강조되면서 경영이념화 됐다. ISO 14001은 모든 산업 분야 및 활동에 적용할 수 있는 환경경영시스템에 관한 국제규격으로 1996년에 제정됐다.[19]

ESG의 대두는 1970년대 다보스포럼으로 거슬러 가지만, 본격적으로는 2000년대 들어 UN의 움직임이 있고 나서부터였다. 환경 문제의 해결을 위한 UN의 노력은 이미 수십 년의 역사를 가진 만큼, 2000년대 들어 UN이 환경을 넘어 지속가능성 전반으로 영역을 확대했다고 이해해도 된다.

ISO 14001은 환경적으로 건전하고 지속가능한 개발을 달성하기 위한 실천적 방법론으로 환경경영이 새로운 기업경영 패러다임으로 등장함에 따라 1992년 리우 지구정상회의를 계기로 제정되었다. 이는 기업에 경제적 수익성뿐만 아니라 환경적 지속가능성을 포괄하는 경영전략을 도입할 것을 강력히 요구하는 것으로, 일부 환경담당자들에 의해 운영되어 오던 기존의 관리방식에서 탈피하여 전 직원의 참여를 통해 사전에 환경 문제를 관리하도록, 곧 시스템적으로 접근하도록 했다. ISO 14001 인증은 과거의 이윤 추구와 환경 보전은 배치된다는 인식을 경제적 이윤 창출과 환경성과 개선이라는 두 가지 효과를 동시에 누릴 수 있는 것으로 바꾸려고 시도하였다.[20]

한국표준협회는 ISO의 환경경영인증시스템과는 별도로 녹색경영시스템(Green Management System, GMS) 인증을 실시한다. 우선, 저탄소 녹색성장 기본법 제2조에 따라 녹색경영을 조직이 경영활동에서 자원과 에너지를 절약하고 효율적으로 이용하며 온실가스 배출 및 환경오염의 발생을 최소화하면서 사회적, 윤리적 책임을 다하는 경영으로 정의한다. 녹색경영시스템(GMS)은 ISO 14001 요구사항에 저탄소 녹색성장 기본법의 녹색경영 정의에 따른 녹색경영 필수요소를 추가하고, 기업의 지속적인 녹색경영 활성화를 위한 성과평가 요구사항을 추가하였다. 녹색

19 https://terms.naver.com/entry.naver?docId=2078837&cid=50305&categoryId=50305

20 한국표준협회 홈페이지(https://www.ksa.or.kr/ksa_kr/978/subview.do)

경영시스템(GMS) 도입 취지에 대해서는 전 세계적인 기후변화 대응 노력에 동참하고 지속적으로 강화되는 환경규제에 대응하기 위해서 국가 녹색성장 역량 강화가 필요하게 되었다. 또한 녹색경영의 목표를 달성하기 위한 체계적인 관리 수단을 제공하고, 녹색기술, 녹색산업을 지속적으로 개선, 발전시킬 수 있는 녹색성장의 초석을 마련하고자 도입하였다고 설명한다.[21]

ISO는 환경경영시스템 표준과 별도로 에너지경영시스템(Energy Management System, EnMS) 인증을 별도로 제정하여 운용 중이다. 조직이 원가절감을 위해 에너지효율 향상 활동을 통합적이고 체계적인 경영전략으로 구축하여 전사적, 지속적으로 추진할 수 있는 기술 측면과 경영 측면이 조화된 에너지관리 시스템 표준을 지향한다.[22]

환경경영은 ESG 경영이 환경(E) 영역을 포괄함에 따라 자연스럽게 ESG의 일환으로 이해되고 있다. 기업의 입장에서는 환경만 해도 벅차다고 할 수 있는 시기는 이미 지나갔고, 이제는 사회와 지배구조까지 잘해야 하는 시대가 된 셈이다.

사회(적)책임경영

사회책임경영은 ESG가 본격화되기 전에 기업의 사회적 책임에 대한 논의 과정에서 경영이념으로 제출된 개념이다.

중소벤처24는 중소벤처기업부 산하 다양한 기관에 흩어져 제공되던 서비스를 한 곳에서 통합 제공하는 중소벤처기업을 위한 포털[23]로, 중소벤처기업부는 중소기업의 사회적책임경영을 위해 중소벤처24에 별도의 메뉴를 두어 지원하고 있다.

중소벤처24는 기업 관련 인증 · 증명(확인)서 발급 및 지원사업 안내 · 신청, 중기부 소관 민원 등 중소벤처기업부 산하 다양한 기관에 흩어져 제공되던 서비스를 한 곳에서 통합 제공하는 중소벤처기업을 위한 포털이다.[24]

사회책임경영의 학계 연구는 많지 않으며, ESG가 전면화된 이후에는 점차 뒤안길로 밀리는 형세다. 기업이 사회책임을 적극적으로 이행하는 사회책임경영만이 21세기에 생존하면서 경쟁력을 강화해 나갈 수 있는 길이라는 지적이나 사회책임경영이 기업의 평판을 높이고 새로운 사업 기회를 열어주는 등의 효과가 있어 장

21 한국표준협회 홈페이지(https://www.ksa.or.kr/ksa_kr/984/subview.do)

22 한국표준협회 홈페이지(https://www.ksa.or.kr/ksa_kr/986/subview.do)

23 중소벤처24 홈페이지(https://www.smes.go.kr)

24 중소벤처24 홈페이지(https://www.smes.go.kr/portalIntro)

기적으로는 수익 창출에 도움이 될 수 있다는 지적[25]은 ESG에 대한 논리와 대동소이하다. 사례로 들고 있는 곳도 나이키의 아동 노동 착취처럼 중복된다. ESG는 환경경영과 사회책임경영을 모두 포괄하고 더 나아가 지배구조와 관련된 내용까지 포함하기 때문에 환경경영이든 사회책임경영이든 ESG로 수렴되었다고 할 수 있다.

사회책임경영도 ISO 26000(ISO SR)이라는 ISO 인증 기준이 따로 있다. ISO 26000은 환경, 인권, 노동, 지배구조, 공정한 업무 관행, 소비자 이슈, 지역사회 참여의 7개 분야에 대한 지침이 있고 2010년 국제표준으로 발간됐다.[26]

사회책임경영을 표방하고 있는 기업은 상당수 있지만, 여전히 사회공헌활동 정도의 의미로 이해하고 있는 곳이 많다. 남양유업의 사례는 사회책임경영에 대한 기업의 이해 수준을 잘 보여준다. 기껏해야 사회공헌활동 정도로 이해했다가 결국 '협력이익배분제'라는 타율적 자율 규칙을 제정하기에 이르렀다.

중소벤처24 유관시스템

- 기업가정신
- 기술파트너매칭
- 중소기업 수위탁거래종합포털
- CSR 사회적 책임경영
- M&A거래정보망
- 비즈니스지원단
- COBIZ 협업정보시스템
- 인력지원사업 종합관리시스템
- 창업보육센터 네트워크시스템
- SOEP 중소기업 해외전시포탈
- 납품대금 연동제 시스템
- 해외규격인증획득지원시스템
- 메인비즈넷
- 수출바우처사업지원시스템
- 중소기업수출지원센터
- 참괜찮은중소기업플랫폼
- 벤처확인종합관리시스템
- 화상회의실 예약 포털

출처: 중소벤처 24(https://www.smes.go.kr/partInfo)

25 안영도, 『전략적 사회책임 경영』, 필맥, 2011.

26 https://terms.naver.com/entry.naver?docId=3436525&cid=42346&categoryId=42346

사회책임경영을 둘러싼 개념의 혼란상: 남양유업의 사례

남양유업의 경우 사회책임경영을 표방하며 미혼모자 생활시설 '애란원' 정기 분유 후원 및 봉사활동[27] 정도를 대표적인 활동으로 언급한다. 아무리 경영 환경이 어려워도 소외계층을 위한 사회공헌활동을 소홀히 하지 말아야 한다는 것이 홍원식 회장의 경영방침이었다는 내용도 있다.[28]

홈페이지에 소개된 "'더불어 함께 하는 기업문화'를 바탕으로 고객만족, 주주가치 극대화는 물론 임직원과 협력사의 만족을 최우선 과제로 사회책임경영을 실천하고 있다."[29]라는 내용만 보면 ESG 실천이나 이해관계자 자본주의를 적극적으로 실현하고 있는 것처럼 보일 수도 있다.

남양유업은 국내 2위 우유업체였는데, 2021년 창업 57년 만에 오너경영이 막을 내렸다. 남양유업은 2021년 5월 27일 국내 사모펀드 한앤컴퍼니에 홍원식 전 회장 지분 51.68% 등 오너 일가의 지분 전체(53.08%)를 3,107억 원에 매각하는 계약을 체결했다. 홍 회장이 '불가리스' 파문의 책임을 지고 사퇴하며 쇄신에 나섰지만, 소비자 불매운동 여파가 가라앉지 않자 오너 일가는 아예 경영권을 넘긴 것이다. 남양유업은 2013년 '대리점 갑질'을 비롯해 외조카 마약 사건, 경쟁업체 비방 댓글 사건 등이 잇따르면서 기업 이미지가 추락했다.[30]

이른바 남양유업의 대리점 갑질 사태는 이후 수년에 걸친 공정거래위원회 조사를 거쳐 결국 자율적 협력이익공유제 도입까지 이어졌다. 공정위는 남양유업에 대해 2020년 4월 29일 동의의결[31] 최종안을 확정했다. 확정된 동의의결안에는 △농협 위탁 수수료율 업계 평균 유지, △대리점 단체구성권과 교섭 절차 보장, △거래조건 변경 시 대리점 단체와의 사전협의, △자율적 협력이익공유제 시점 도입 등의 핵심 내용이 담겨 있다.[32]

동의의결안의 내용 중 농협 위탁 수수료율과 관련된 내용은 애초에 남양유업의 대리점 갑질 사태가 농협 위탁 수수료율에서 비롯됐기 때문이다. 남양유업은 농협

---

27 "[남양유업 사회책임경영 Care&Cure] 분유 후원과 봉사활동으로 아기들과 미혼모에게 따뜻한 마음을 전합니다", 남양유업 공식 블로그, 2022.08.04.

28 "남양유업 홍원식 회장의 경영방침 '사회공헌과 기업문화 개선'", 남양유업 공식 블로그, 2018.12.21.

29 남양 홈페이지(https://company.namyangi.com/overview/safety.asp)

30 "기업 주인까지 바꾼 남양유업 사태의 교훈", 매일경제, 2021.05.29.

31 동의의결은 공정위가 조사 대상 기업이 제시한 시정 안이 타당하다고 인정되면 법 위반 여부를 확정하지 않고 사건을 종결하는 제도다.

32 "대리점 갑질 남양유업,'자율적 협력이익공유제' 도입", 노컷뉴스, 2020.05.06.

하나로마트에 우유와 같은 유제품을 납품하면서 255개 대리점에 주는 수수료를 사전 협의 없이 기존 15%에서 13%로 내린 혐의를 받았다. 공정위는 앞서 '대리점 물량 밀어내기' 갑질 사건을 계기로 대리점 수수료를 올려준 남양유업이 수수료를 다시 일방적으로 낮춘 행위를 거래상 지위 남용으로 보고 조사해왔다.[33]

자율적 협력이익공유제 도입은 더불어민주당과 정부가 2018년 말 추진 계획을 발표했지만 법제화되지 못했다. 경제계를 중심으로 "세계적으로 유례없는 과도한 경영 개입인 데다 경영에 부담된다."라며 강하게 반대해 왔기 때문이다. 외국의 사례를 보면, 영국의 롤스로이스와 미국 구글, 아마존 등은 협력이익배분제의 일종인 판매수익공유제를 시행하고 있다. 또, 미국 크라이슬러와 캐리어는 목표이익을 초과하는 이익을 배분하는 '목표초과이익공유제'를 운영한다. 글로벌 차원에서 이익공유제는 중소기업을 지원하는 제도이기도 하지만 대기업의 생산성을 높이는 방안으로 받아들이고 있다.[34]

남양의 협력이익배분제는 전국 500여 개 대리점에 대해 2023년까지 총 3억 2,000여만 원이 지급됐다.[35] 해마다 대략 1억 원 원씩 지급된 셈이다. 대리점 1곳당 20만 원 정도의 금액이 돌아갔다고 볼 수 있는데, 제도가 유지되고 있다는 점에서는 높이 평가할 만하다.

그림 3-2 **2013년 남양유업 대리점협의회 시위 장면**

출처: https://n.news.naver.com/mnews/article/003/0005138546

---

33 "[협력이익공유제가 뭐길래] '수수료 갑질' 제재 앞둔 남양유업 첫 시행", 내일신문, 2020.01.1.

34 "[협력이익공유제가 뭐길래] '수수료 갑질' 제재 앞둔 남양유업 첫 시행", 내일신문, 2020.01.1.

35 "남양유업, 대리점과 '상생' 10년… 이젠 100년을 바라본다", 시사위크, 2023.08.04.

표 3-1 성과공유제와 협력이익공유제 비교

구분	성과공유제	협력이익공유제		
		협력사업형	마진보상형	인센티브형
협력 사업	프로젝트	프로젝트+협력사업	협력사업(콘텐츠 등)	협력관계
대상 업종	제조업 등	제조업 등	유통 · IT · 플랫폼	전 업종
공동 목표	원가절감	이익 향상		
공유 대상	현금성, 물량, 매출확대	현금성	단가 · 마진율 · 수수료 등	현금성
공유 방법	발생한 성과의 직접 이익분 공유, 성과와 무관	위탁기업 판매량 등 연계	위탁기업 매출 등 연계	대기업 자율 판단에 따라 이익 공유
공유 정보	대기업, 협력사 공동의 성과 정보	대기업 재무적 이익 정보		
법적 근거	상생협력법 제8조	상생협력법 개정		

읽고 생각하기

협력이익공유제 '지지부진'… 반년 동안 위탁기업 6곳뿐

문재인 정부의 100대 국정과제로 추진되고 있는 협력이익공유제가 제 속도를 내지 못하고 있다. 시범 사업이 실시된 지 반년이 지났으나 협력이익공유제를 도입한 위탁기업은 6개에 그친 것으로 확인됐다.

6일 중소벤처기업부(중기부) 산하인 대 · 중소기업 · 농어업협력재단(협력재단)에 따르면 현재 협력이익공유제 위탁기업 수는 6개이며, 이들 모두 1대 1 협약을 맺어 수탁기업도 6개다. 협약 유형은 6개 기업 모두 인센티브형이다. 협력이익공유제는 △협력사업형, △마진보상형, △인센티브형 3가지로 나뉜다.

협력이익공유제는 지난해 11월 6일 중기부가 시범 도입을 알리며 시행됐다. 문재인 정부가 100대 국정과제로 내세웠던 협력이익공유제는 위 · 수탁기업과 협력 관계를 맺고 물품 등을 판매해 발생한 재무적 성과를 사전 약정에 따라 공유하는 협력 모델이다. 당시 당정은 협력이익공유제 시행을 위해 상생협력법 개정안 통과에 협력하기로 했다. 법안 통과에 앞서 중기부는 곧바로 시범사업에 들어가고, 도입을 희망하는 기업을 중심으로 먼저 시행한다고 밝혔다. 기획재정부(기재부)도 올해 3월 '2019년 기획재정부 주요 업무 추진계획'에서 협력이익공유제 도입 시범사업을 50개 업체 대상으로 벌이고, 하반기에는 법제화를 추진한다고 밝혔다.

하지만 위탁기업 수는 도입 7개월째인 현재 6개에 그치며, 지난달에는 협력이익공유제가 아닌 기존 성과공유제를 활성화하는 법안이 발의됐다. 지난달 10일 정갑윤 자유한국당 의원이 대표 발의한 '대 · 중소기업 상생협력 촉진에 관한 법률 일부개정법률안'은 협력이익공유제를 둘러싼 우려가 제기된다고 지적하고 있다. 해당 개정안은 "협력이익공유제는 이익은 공유하되 손해는 공유하지 않으므로 대기업의 재산권 침해 소지가 있으며 사실상 기업들에 강제성을 가진 의무 제도로 운영될 가능성이 크다는 우려가 제기되고 있다."라며 "이의 대안으로 새로운 제도를 도입하는 대신 현행법에 따라 시행 중인 성과공유제를 활성화하는 방안이 대두되고 있다."라고 적시했다.

실제 정부가 협력이익공유제 추진안을 발표한 뒤 재계는 강력하게 반대 입장을 표명했다. 대표적으로 전국경제인연합 산하 한국경제연구원은 목표이익 설정 · 기여도 평가 불가, 기업 혁신 유인 약화, 주주 재산권 침해 등을 이유로 반대했다.

성과공유제는 사전에 합의한 비율에 따라 원가 절감분을 위탁기업과 수탁기업이 나누는 제도다. 다만, 원가절감은 제품이 더 많이 팔려도 제품 판매에 따른 이익은 공유할 수 없다는 맹점이 있다. 협력이익공유제는 이 같은 맹점을 보완한 것이다. 성과공유제는 협력이익공유제와 마찬가지로 주무부처는 중기부이며 운영 주체는 중기부 산하 협력재단이다. 6일 기준으로 성과공유제에 참여하는 위탁기업 수는 396개이며, 수탁기업은 6,700여 개에 달한다.

중기부는 지난해 11월 협력이익공유제 법제화를 추진하겠다고 밝혔다. 국회에 계류 중인 '대 · 중소기업 상생협력 촉진에 관한 법률 일부개정법률안' 4개 안을 묶어서 해를 넘기기 전에 입법화한다는 방침이었다. 그러나 김경수, 심상정, 조배숙, 정재호 의원이 각각 대표 발의한 개정안들은 2016년 6~7월, 2017년 3월 발의 뒤 지금까지 통과되지 못하고 있다.

협력재단 관계자는 "법제화되면 힘을 더 받을 수 있을 것"이라며 "아직 시범 사업이다 보니 관망하는 기업들이 많다."고 말했다. 이어 "취지에 공감하는 기업은 많지만, 성과공유제보다 성과 공유 범위가 기본적으로 넓고, 성과 목표를 정하는 것과 목표 달성 시 성과를 어떤 비율로 나눌지 정하는 것이 생각보다 어려워 주저하는 것 같다."라고 덧붙였다.

출처: 이투데이, 2019.06.07.(https://www.etoday.co.kr/news/view/1763675)

지속가능경영

지속가능경영은 ESG의 실천을 모두 포괄하는 경영이념이다. UN이 지속가능한 개발을 전 세계적 실천 과제로 제시하면서 기업에 대해서는 ESG의 실현을 권고하게 되는 과정과도 맞아떨어진다. 기존의 환경경영, 사회책임경영 등을 모두 포괄하는 개념으로 보면 된다.

지속가능경영은 당연히 기업 자체의 지속가능성만 의미하지 않는다. 환경과 사회와 지배구조까지 지구와 인류의 지속가능성을 실현하는 경영을 의미한다. 물론 기업의 지속가능성, 지구와 인류의 지속가능성 양자 모두의 성과적 달성을 의미한다.

ESG 경영을 정말 잘한다고 하는 기업은 자사의 지속가능경영을 넘어 '사회 혁신'까지 이뤄낸다. ESG 경영을 통해 환경, 사회에 대한 근본적인 문제를 파고 들어가 사회의 관습, 조직, 방법을 바꾸어 놓는 혁신을 의미하는 것이다.[36]

지속가능성은 그 자체로 사회적, 환경적 책임을 다루는 개념이다. 미래 세대가 스스로 욕구를 충족시키는 능력을 감소시키지 않으면서 현세대의 욕구를 충족시키는 것을 지속가능발전(sustainable development)이라고 정의할 때 주로 기후 위기를 비롯한 환경 이슈를 떠올리기 쉽지만, 사회의 안정과 통합과 같은 문제 또한 지속가능성과 관련된다. ESG는 기업에 당연시되는 경제적 책임 외에 환경(E)과 사회적(S) 책임, 그리고 이를 달성하기 위한 건전한 지배구조(G)를 강조하는 용어이다.[37]

지속가능경영에 관한 연구는 상당히 폭넓게 진행되고 있다. 일반적인 경영학적 관점을 넘어 특히 눈에 띄는 부분은 다른 경영이념과 달리 철학적, 종교적 접근까지 광범위하게 진행되고 있다는 점이다.

『비즈니스 윤리와 지속가능경영』은 기업경영에 관해 성경으로부터 배울 수 있는 원리들을 세계화, 공정무역, 노동착취, 인사관리 및 보상, 환경보호, 기업의 사회적 책임, 마케팅 등 다양한 영역에 어떻게 적용할지에 관한 통찰력을 제공한다.[38]

『ESG 시대의 사회적 가치와 지속가능경영』은 단도직입으로 기업은 왜 사회적 가치를 추구해야 하는가를 묻고 사회적 가치의 철학적 기반에 대해 다룬다. 우선 사회적 가치의 이해를 위해서 사회와 가치에 대한 이해가 선행돼야 함을 주장하며 사회와 가치 각각에 대해 철학적인 다양한 이해방식과 그들의 조합에 대해 논의한다.[39]

『ESG시대의 지속가능경영 기업시민』은 지속가능경영과 기업시민을 동일선상에 놓기도 한다. 기업시민으로 인정받았다는 것은 기업이 자연과의 공존, 사회와의 공생, 구성원들과의 공영이라는 지속가능성을 위해 협업하는 온전한 주체로 성장했다는 것을 의미한다.[40]

---

36 신지현, 『한 권으로 끝내는 ESG 수업』, 중앙북스, 2022.

37 송재도, 『ESG 지속가능 마케팅』, 학현사, 2023.

38 스콧 레이, 『비즈니스 윤리와 지속가능경영』, 연암사, 2022.

39 배종석 외, 『ESG 시대의 사회적 가치와 지속가능경영』, 클라우드나인, 2021.

40 송호근 외, 『ESG시대의 지속가능경영 기업시민』, 플랜비디자인, 2023.

Summary

- 준법경영은 기업의 구성원들이 법을 지키지 않아서 일어날 수 있는 위험을 대비하는 차원의 경영으로 ESG의 일환이다.
- ESG 경영은 나이키의 사례에서 잘 볼 수 있듯이 기업이 법을 다 지키고 계약에 따른 대가를 모두 지급했더라도 그 이상의 사회적 가치를 실현해야 함을 요구한다.
- 밀양 송전탑 반대 투쟁은 준법경영으로서 ESG 실현의 어려움을 잘 보여준다.
- ESG는 인권경영의 의미도 포괄하며, 점차 인권경영 원칙을 채택하는 기업이 늘고 있다.
- 윤리경영은 준법경영과 겹치는 부분도 있고, 윤리가 의미하는 바가 상당히 포괄적이다.
- 1992년 리우지구정상회의를 계기로 환경적으로 건전하고 지속가능한 개발을 달성하기 위한 실천적 방법론으로 환경경영이 새로운 기업경영 패러다임으로 등장했다.
- 사회책임경영은 ESG가 본격화되기 전에 기업의 사회적 책임에 대한 논의 과정에서 경영이념으로 제출된 개념이다.
- 남양유업의 사례는 사회책임경영의 의미에 대한 이해의 스펙트럼을 잘 보여준다.
- 지속가능경영은 ESG의 실천을 모두 포괄하는 경영이념으로 기업 자체의 지속가능성과 함께 지구와 인류의 지속가능성을 실현하는 경영을 의미한다.

Keyword

ISO 14001, ISO 26000, ISO 37301, 기업시민, 나이키, 남양유업, 대리점 갑질, 리스크 관리, 리우지구정상회의, 법적 보상, 사회 혁신, 사회책임경영, 세계인권선언, 송전탑 반대 투쟁, 아동 노동 착취, 오너경영, 윤리경영, 윤리규범, 윤리적책임, 인권경영, 인권헌장, 절차 이행, 준법감시인, 준법경영, 중소벤처24, 지속가능경영, 컴플라이언스, 환경경영

Quiz ※ 빈칸을 채우거나 OX로 답하세요.

01 ISO 37301은 준법경영 분야의 국제표준으로 제안되었다. (　　)

02 나이키의 지속가능성 비즈니스&혁신(SB&I)팀은 법을 다 지키고 계약에 따른 대가를 다 지급하는 준법경영의 중요성을 잘 보여주는 사례이다. (　　)

03 송전탑 반대 투쟁 과정에서 정부와 한전의 논리는 충분한 보상과 절차를 이행했다는 것으로 요약된다. (　　)

04 인권경영을 ESG와 구분하는 시각에서는 인권경영은 인권침해라는 악을 저지하는 데 초점이 있다는 점을 강조한다. (　　)

05 윤리경영 개념은 CSR과 ESG가 본격 부상한 이후 ESG 경영에 포괄되는 추세다. (　　)

06 ISO 14001 인증은 이윤 추구와 환경 보전은 배치된다는 인식을 전제하고 있다. (　　)

07 ESG는 환경경영과 사회책임경영을 모두 포괄하고 더 나아가 지배구조와 관련된 내용까지 포함한다. (　　)

08 남양유업은 대리점 협의회와 노동이사제를 합의하고 사회책임경영을 다하고 있다. (　　)

09 지속가능경영에 관한 연구는 일반적인 경영학적 관점을 넘어 철학적, 종교적 접근까지 광범위하게 진행되고 있다. (　　)

Discussion

01 준법경영이 제대로 되지 않은 우리나라의 사례를 찾아보자.

02 만약 나이키의 CEO였다면 어떻게 했을지 토론해 보자.

03 법에 따른 충분한 보상과 절차를 이행하면 된다는 논리에 대해 찬반 입장을 번갈아 가며 토론해 보자.

04 세계인권선언을 찾아 내용을 알아보자.

05 CSR의 일환으로서 윤리적 책임의 구체적인 내용을 조사해 보자.

06 ESG 경영에서 환경경영이 차지하는 위상에 대해서 토론해 보자.

07 중소벤처24의 내용을 ESG 경영 지원으로 바꿔야 할 필요성이 있는지 토론해 보자.

08 사회책임경영의 의미를 어떻게 규정하는 것이 좋은지 토론해 보자.

09 철학적, 종교적 관점에서 지속가능경영을 어떻게 평가할 수 있는가?

07
기업조직구조와 ESG

기업조직구조의 중요성

지금까지 여러 꼭지에 걸쳐 기업경영과 ESG의 여러 측면을 다루었다. ESG는 세 가지 영역 중 환경과 사회 영역에 초점이 맞추어졌음을 알 수 있다. 지배구조(G)는 기업에 당연시되는 경제적 책임과 환경(E)과 사회적(S) 책임의 달성을 위한 기업조직의 구조를 의미한다.

기업조직에 대한 학계의 연구는 많다. 기업조직 자체에 대한 연구뿐만 아니라 조직문화에 대한 연구도 기업조직 구조에 대한 연구로 포괄할 수 있다. 또한, 이사회나 주주총회 같은 상법적 접근도 넓게 포괄할 수 있다.

한국의 경우 과거에는 기업조직구조를 경쟁력 강화 차원에서 주로 이해했다. 예컨대 글로벌화라는 경제환경의 변화에 따라 새롭게 요구되는 경영 패러다임으로

서 조직구조를 재정립해야 한다는 식이다.[41]

기술의 발전[42]이나 환경의 변화[43]에 따른 기업조직의 적응이나 변화를 다룬 연구, 기업조직의 변화가 경영성과에 미치는 영향에 관한 연구[44], 공기업[45]이나 사회적 기업[46]의 조직구조에 관한 연구 등 다양한 연구를 찾아볼 수 있다.

지배구조에 대한 연구도 상당히 많았다. 예컨대, 지배구조와 사업다각화의 관계, 사업다각화와 기업가치의 관계, 기업가치와 지배구조의 관계를 살펴보면서 지배구조와 사업다각화의 상호관계가 기업가치에 미치는 영향을 분석[47]하는 식의 연구를 들 수 있다.

기업의 의사결정을 지배하는 것은 사람이 아니라 기업의 조직구조이다. "지난 40~50년간 이사회가 계속해서 잘못된 결정을 내려 엄청난 실패를 몰고 올 때마다 비난의 화살은 '사람'에게로 향했다. 그러나 제 기능을 다 하지 못한 것은 사람이 아니라 조직이다."[48]라고 피터 드러커(Peter Drucker)는 말했다.

지배구조가 ESG의 한 축으로 자리 잡고 본격적으로 ESG가 대두된 이후에는 기업조직에 대한 연구 방향은 달라질 수밖에 없다.

---

41 예컨대, 이만우, 『글로벌 경쟁력 제고를 위한 기업전략과 조직구축』, 집문당, 2000, 이성래, "企業의 世界化와 組織構造의 變化에 관한 硏究", 연세대 석사학위논문, 1999.

42 예컨대, 장용택, "전자상거래(e-business) 도입에 따른 기업조직구조 변화연구", 동서대 석사학위논문, 2001, 장원준, "전자상거래 기술도입으로 인한 기업조직구조의 변화에 관한 연구 : 국내 보험서비스 기업을 중심으로", 고려대 석사학위논문, 1999.

43 예컨대, 장동, "환경변화에 따른 기업조직의 구조적 대응전략에 관한 탐색적 연구 : 주요 중국 및 한국기업들의 사례비교를 중심으로", 경원대 석사학위논문, 2012.

44 예컨대, 서태건, "게임 기업의 조직구조화와 혁신성향이 경영성과에 미치는 영향에 관한 연구 : 사회적 자본의 매개효과를 중심으로", 호서대 박사학위논문, 2016, 강인숙, "호텔기업의 환경, 경영전략, 조직구조 및 기업성과의 구조적 관계 분석", 경기대 박사학위논문, 2003.

45 예컨대, 채재현, "공기업 조직의 구조적 관성이 제도적 디커플링에 미치는 영향", 국민대 박사학위논문, 2010.

46 예컨대, "조직사회자본이 사회적기업의 성과에 미치는 영향 : 지배구조를 중심으로", 계명대 박사학위논문, 2019.

47 김동욱, 김병곤, 『한국기업의 지배구조와 사업다각화 기업가치』, 한국학술정보2011.

48 프랜시스 후쿠야마, 『기업조직 구조와 사회 책임 경영』, 비즈니스맵, 2009.

읽고 생각하기

스티브 잡스 – 잭 도시 – 샘 올트먼, 창업자인데 이사회에서 쫓겨나

월가에 생성형 인공지능(AI) 열풍을 불러일으키고 있는 샘 올트먼 오픈 AI 최고경영자(CEO)가 전격 해임되자 실리콘 밸리가 충격의 도가니에 빠졌다. 창업 최고경영자(CEO)를 해고하는 것은 실리콘 밸리에서 자주 일어나는 일이다. 초기에 회사의 노선, 경영 전략 등을 두고 이사회와 갈등을 빚다 해고당하는 일이 많이 발생하는 것.

애플은 1985년 창업자 스티브 잡스를 해고했다. 트위터는 2008년 공동 창업자 잭 도시를 해고했다. 잡스는 매킨토시 컴퓨터를 선보이고 성공을 거두었지만, 회사 내부 권력 투쟁으로 애플을 떠나야 했다. 그는 애플을 떠난 이후 넥스트를 세웠다. 이후 애플이 넥스트를 인수하면서 경영 컨설턴트로 다시 애플에 복귀했다. 이후 애플 CEO에 오르며 아이폰을 출시해 애플을 시총 3조 달러의 기업으로 키우는 데 결정적 공헌을 했다. 2011년 췌장암으로 사망했다.

트위터를 공동 창업했던 잭 도시도 이사회에 쫓겨났다 다시 복귀한 경우다. 그는 2008년 자신이 세운 트위터에서 해고당했다 2015년에 다시 복귀했다. 그는 복귀 후 구조조정 등을 통해 2017년 4분기에 첫 흑자를 이뤄냈다. 이번에 이사회에서 해고된 올트먼도 오픈 AI를 공동 창업하고 현재 수석 과학자를 맞고 있는 일리아 수츠케버와 갈등을 빚다 해고당한 것으로 알려졌다.

그가 잡스와 도시처럼 회사에 복귀해 오픈 AI를 반석 위에 올려놓을지 월가가 주목하고 있다.

출처: 뉴스1, 2023.11.20.(https://www.news1.kr/articles/5235931)

기업과 회사의 구분

일반적으로 경영학이나 경제학에서 기업이란 말을 쓰지만, 법적으로 기업은 개인기업과 법인기업으로 구분된다. 개인기업은 개인사업자라고 보면 되고 주변에서 흔히 볼 수 있는 소상공인 또는 자영업이 이에 속한다. 상당히 큰 규모의 중소기업도 법인이 아닌 경우가 있다.

상법은 법인기업 제도로 '회사' 제도를 두고 있고, 주식회사가 가장 일반적인 형태다. 일반적으로 '회사'라는 말은 법적으로 회사인지에 상관없이 두루 쓴다. 영리기업이 아닌 대학 같은 곳도, 국정원 같은 정부조직도 회사에 다닌다고 한다. 그렇지만 법적으로는 상법상 회사만 회사이다. 회사는 일정한 설립 요건을 갖추고 법원에 등기까지 해야 법적으로 권리와 의무의 주체가 된다.

상법상 회사에는 다섯 가지가 있다. 주식회사가 가장 일반적이지만 유한회사, 유한책임회사, 합명회사, 합자회사가 있다. 유한책임회사, 합명회사, 합자회사는 주변에서 찾아보기 어렵다. 정부에서 따로 통계를 잡지도 않아 정확한 정보도 알기 어렵다.

유한회사는 법무법인 같은 곳에서 주로 채택하고 있는 회사 형태다. 주식회사와 거의 유사한데 감사를 두지 않아도 된다거나 하는 식으로 주식회사보다 요구되는 규제가 적은 것 외에 거의 비슷하다. 유한회사의 사원총회는 주식회사의 주주총회에 해당한다. 이때 사원은 사단(법인)의 구성원이라는 뜻으로 회사의 근로자를 의미하는 사원과는 다른 뜻이다.

사업자는 세법상 개념이다. 개인이든 법인이든 돈을 버는 곳에 과세하기 위해 설정하고 있는 개념이다. 주변에서 쉽게 볼 수 있는 소상공인 또는 자영업자는 대부분 개인사업자로 세무서에 사업자 등록만 내면 된다. 법인이 아니기 때문에 법원에 등기할 필요는 없다.

경영학과 경제학상 개념인 '기업'도 법에 두루 들어가 있다. 중소기업, 사회적 기업, 공기업 같은 개념으로 들어가 있다. 공기업은 중앙정부나 지방자치단체가 설립하고 일반적으로 규모가 크기 때문에 보통 법인으로 설립한다. 중소기업은 주식회사 같은 법인인 경우도 있고 개인사업자로 개인기업인 경우도 있다. 사회적 기업은 개인 사업자에게는 명칭을 사용하도록 허용되어 있지 않아 기본적으로 회사법인이다. 비영리단체도 사회적 기업으로 등록할 수 있어, 다른 일반 기업과 차이가 있다는 점에 유념할 필요가 있다.

표 3-2 상법상 회사의 종류

종류	회사대표	의사결정	업무집행	감사기관
주식회사	대표이사	주주총회	이사회, 대표이사	감사
유한회사	대표이사	사원총회	이사	없음
유한책임회사	업무집행사원	정관, 사원총회(임의기관)	업무집행자	없음
합명회사	무한책임사원	무한책임사원	무한책임사원	없음
합자회사	무한책임사원	무한책임사원	무한책임사원	유한책임사원

기업의 의사결정 구조

가장 대표적인 기업 형태인 주식회사는 주주로 구성된다. 주주의 의결권은 보유한 주식의 금액에 달려 있고, 주주들 모두가 모여 주주총회를 개최하며 기업의 주요한 의사결정을 한다. 주식투자를 하면 주주총회에 참가하라는 안내문이 매년 날아온다.

주주총회는 인원도 많고 자주 개최할 수 없기에 기본적으로 이사회가 기업의 의사결정을 한다. 이사회는 이사들의 모임으로 주주총회에서 이사회에 결정 권한을 위임한다. 회사의 업무를 직접 집행하는 단위도 법적으로는 이사회로 본다. 이사회 구성원, 곧 이사 중에서 회사를 대표하는 사람을 지정하는 데 바로 대표이사다. 주변에서 흔히 볼 수 있는 아무개 대표이사 사장/회장이 바로 여기에 해당한다.

이사는 주주총회에서 선임된다.[49] 기업의 의사결정 권한에서 어떠한 사항을 주주총회에 부여할지 이사회에 부여할지는 법과 정관에 따르게 되어 있다. 주주총회는 상법 또는 정관에 정하는 사항만 결의할 수 있고[50], 중요한 자산의 처분 및 양도, 대규모 재산의 차입, 지배인의 선임 또는 해임과 지점의 설치 · 이전 또는 폐지 등 회사의 업무 집행은 이사회의 결의로 해야 한다.[51]

상법의 관련 규정은 많지 않기 때문에 대부분의 주요 결정은 이사회에서 한다고 보면 된다. 물론 이사회를 상시로 개최할 수는 없기 때문에 대표이사와 각 이사에게 업무의 대부분은 위임된 셈이다.

대표이사는 회사를 대표하는 이사이며 이사회의 결의로 선정한다. 상법은 기업이 정관으로 주주총회에서 대표회사를 선정할 수 있도록 허용했다. 수인의 대표이사가 공동으로 회사를 대표하는 것도 가능하다.[52]

그런데 실무적으로 보면 기업의 이사 중에는 이사회를 구성하는 사람도 있고 그렇지 않은 사람도 있다. 이사의 직책을 갖고는 있으나 이사회 구성원으로 포함되지 않는 사람은 당연히 이사회 구성원인 이사보다는 급이 낮다고 볼 수 있다.

감사는 이사의 직무 집행을 감사하는 역할을 한다. 감사는 언제든지 이사에 대하여 영업에 관한 보고를 요구하거나 회사의 업무와 재산 상태를 조사할 수 있다.[53]

---

49 상법(법률 제17764호) 제382조.

50 상법 제361조.

51 상법 제393조 제1항.

52 상법 제396조.

53 상법 제412조.

상법에서 감사는 주주총회에서 선임하도록 규정하고 있으며[54] 감사 대신 감사위원회를 두어도 된다. 감사위원회를 설치하면 3명 이상의 이사로 구성하며 사외이사가 위원의 3분의 2 이상이어야 한다.[55]

그림 3-3 **기업의 주주총회 장면**

출처: http://www.kukinews.com/newsView/kuk201903280164

사외이사

사외이사는 회사 구성원이 아닌 사람 중에 이사회에 포함되어야 하는 사람이다. 일정 규모 이상의 큰 주식회사는 무조건 외부인을 이사에 포함시켜야 한다.

상장회사의 경우 기본적으로 이사 총수의 4분의 1 이상을 사외이사로 하여야 한다. 다만, 자산 규모 등을 고려하여 대통령령으로 정하는 상장회사의 사외이사는 3명 이상으로 하되, 이사 총수의 과반수가 되도록 하여야 한다.[56] 상법 시행령 제34조는 벤처기업이나 기업구조조정 부동산투자회사 등을 규정하고 있다.

상법에 사외이사 관련 조문은 2009년에 도입됐다. 상법의 제정은 1963년으로 거슬러 올라간다. 사외이사 제도가 주식회사에 원래부터 있던 제도가 아니라는 점을 알 수 있다.

54 상법 제409조.

55 상법 제415조의 2.

56 상법(법률 제17764호) 제542조의 8.

사외이사는 비상임이사라고도 하는데, 대주주와 관련 없는 외부 인사를 이사회에 참가시켜 경영에 대한 대주주의 전횡을 막기 위한 제도다. 미국, 독일 등에서는 오래전에 도입됐는데, 한국은 외환위기 이후 기업경영의 투명성 제고와 투자자의 이익 보호를 목적으로 기업의 지배구조를 개선하기 위해 도입됐다.

사외이사 제도는 경영에 대한 대주주의 전횡을 막기 위한 제도라고 하지만 실질적으로 그러한지에 대한 회의적인 시각도 있다. 사외이사가 대주주의 의견에 무조건 찬성하는 '거수기'로 전락했다는 의견도 있으므로 정부는 이를 막기 위한 제도를 도입하기도 했다.[57]

부족한 점은 있더라도 사외이사 제도는 기업의 의사결정 방식에 상당한 변화를 가져온 것만은 분명하다. 기업조직이 기업의 주인인 주주가 이사회에 위임해 의사결정을 하는데 그 구조에서 기업의 대주주와 관계가 없는 사외이사를 의무적으로 두도록 했기 때문이다.

사외이사 제도는 ESG의 마지막 축으로 지배구조가 본격 논의되기 이전부터 이미 기업의 의사결정 방식, 기업의 조직구조와 관련한 논의와 실행을 보여주는 대표적인 예로 볼 수 있다.

읽고 생각하기

사외이사 임기 6년 제한…장기 재임 '거수기' 사라진다

앞으로 한 회사에서 20년 가까이 사외이사로 재직하면서 반대표는 한 번도 행사하지 않는 '장기 재임 거수기' 사외이사를 볼 수 없게 될 것으로 보인다. 사외이사가 총수 등 최대 주주로부터 독립성을 유지하지 못해 제도 자체가 유명무실하다는 지적이 지속돼온 가운데 정부가 사외이사 제도 도입 23년 만에 개선에 나섰다.

정부는 21일 국무회의에서 사외이사 독립성 확보를 위한 '상법 시행령' 개정안을 의결했다. 한 회사에서 사외이사로 '무한대' 재직이 가능하던 것을 한 회사에서 6년, 계열사까지 포함해 9년을 초과하면 더는 근무하지 못하게 한 것이 뼈대다. 개정안은 공포 뒤 즉시 시행되는 터라, 오는 3월 주주총회부터 재임 기간이 '6년 · 9년'을 넘은 임기 만료 사외이사는 재선임될 수 없다. 이와 함께 특정 회사 계열사에서 퇴직하면 2년 동안 그 특정 회사의 사외이사가 될 수 없도록 한 상법 시행령에서 냉각기간을 3년으로 늘렸다.

정부가 팔을 걷어붙이고 나선 건 1998년 국제통화기금(IMF) 금융규제와 함께 경영진에 대

57 https://terms.naver.com/entry.naver?docId=2061738&cid=42107&categoryId=42107

한 견제를 본격화하기 위해 도입된 사외이사 제도가 '거수기' 논란에서 벗어나지 못해 제도의 실효성 자체가 흔들리고 있다고 봐서다. 공정거래위원회가 지난달 공시 대상 대기업집단의 250개 상장사를 분석한 자료를 보면, 2018년 5월 이후 1년간 이들 회사의 이사회 안건 6,722개 중 부결된 건은 단 3건이었다. 99% 이상이 '원안 가결'된 것이다.

그 배경으로 총수 등 최대 주주가 자신의 입맛에 맞는 인사를 사외이사에 앉힌다는 지적과 함께 사외이사 임기의 지나친 장기화가 꼽힌다. 실제 이날 시이오(CEO)스코어가 분석한 자료를 보면 10년 이상은 물론 20년 가까이 사외이사로 재직하며 '찬성'표만 던진 이가 적잖았다. 유진기업의 김진호 사외이사는 해당 기업에서 18년간 사외이사를 맡으며 634건의 이사회 안건에서 반대표를 단 한 차례도 행사하지 않았다. 사업보고서로 확인할 수 있는 2006년부터 2018년까지의 통계다. 김선우 영풍정밀 사외이사는 16년, 오호수 엘에스(LS)네트웍스 사외이사는 12년, 계열사까지 합하면 총 18년을 사외이사로 있으면서 대부분 찬성표를 던졌다. 한국기업지배구조원이 2018년 '코스피 100' 기업을 분석한 자료를 보면 7년 초과 장기 재직 사외이사 수는 '오너 기업'에서 23명이지만 오너 없는 기업에서는 한 명도 없었다.

재계에서는 이번 개정안을 두고 "세계 유례없는 제재"라며 반발하고 있다. 그러나 미국을 비롯한 자본시장 선진국은 총수 일가 등 최대 주주와 특수관계인에게 지분이 집중된 우리나라와 상황이 다르고 우리와 달리 주주대표소송 등이 활성화돼 있어 사외이사가 제 역할을 하지 못했을 때 소송을 당하기도 한다. 게다가 '6년 · 9년' 임기 제한은 이미 국내 금융회사들에 2016년부터 도입돼 시행되고 있는 조건이기도 하다.

전문가들은 이번 임기 제한을 통해 최소한의 독립성을 확보하는 한편 사외이사 인재풀을 다양화하고 실제 견제를 위한 전문성을 강화하는 계기로 삼아야 한다고 조언한다. 대기업 사외이사의 경우 10명 중 4명가량은 관료 출신으로 쏠려 있고 검찰, 국세청, 기획재정부 등 권력기관 출신이 대부분을 차지하고 있다. 이로 인해 사외이사 활동이 감시라는 본연의 구실보다는 '전관'을 통한 로비에 치우치고 있다는 우려가 끊임없이 제기돼왔다.

안상희 대신지배구조연구소 본부장은 "일각에선 사외이사 임기 제한이 '직업 선택권 침해'라고 우려하지만, 제도가 국내에 도입된 지 23년 만에 임기 제한을 통해 독립성을 강화하는 것의 효과가 그 우려보다 작지 않을 것으로 판단된다."라며 "이참에 사외이사의 인력풀을 더 다양하게 넓히고 지금보다 전문성을 보강하는 계기로 삼아야 할 것"이라고 말했다.

출처: 한겨레, 2020.01.21.(https://www.hani.co.kr/arti/economy/economy_general/925324.html)

거버넌스의 의미

UN 차원에서 지속가능한 개발을 전 인류의 목표로 내걸고 적극적으로 추진하면서 지배구조는 ESG의 세 가지 축 중 하나가 되었다. 거버넌스는 행정학, 사회학, 정치학, NGO학 등에서 다양하게 논의된다.

보통 ESG에서는 지배구조라고 표현하지만, 다른 분야에서는 영어를 그대로 사용하여 '거버넌스(governance)'라고 표현하기도 하고 '협치' 같은 한자로 표현하기도 한다. 거버넌스 또는 협치는 거번먼트와 비교해야 정확히 이해할 수 있다.

거번먼트(government)는 중앙정부 또는 지방자치단체 등 공식적으로 의사결정을 담당하는 조직을 의미하며, 법에 따라 정해진 조직이 의사결정의 권한을 가진다. 이와는 다르게 거버넌스는 공식적인 의사결정 조직보다는 다양한 민간 인사가 의사결정에 관여할 수 있도록 하였다.

예를 들어 학교의 경우, 학교운영위원회는 도입되기까지 오랜 시간과 노력이 필요했지만, 지금은 모든 학교에서 운영되고 있다. 학교운영위원회는 학교의 내부 인사(교사)와 외부 인사(학부모, 지역사회)로 구성된다. 학교의 교장은 법에서 정한 공식 의사결정 기관으로, 주요 의사결정은 당연히 교장이 한다. 하지만 주요한 내용에 대해서는 학교운영위원회의 검토 또는 자문을 거쳐 교장이 의사결정을 한다. 물론 학교운영위원회의 결정을 반드시 따라야 할 의무는 없지만, 학교운영위원회를 거치지 않고 교장 단독으로 의사결정을 하면 절차 위반이 될 수 있다.

기업의 지배구조 역시 같은 맥락에서 볼 수 있다. 기업의 법적인 주인은 여전히 주주이며, 주주는 주주총회에서 기업의 주요 의사결정을 담당한다. 법에 따라 이사회가 권한을 갖고 있고 주주총회는 대부분 이사회에 위임하여 의사결정을 한다. 여기까지는 정부의 거번먼트와 유사하다고 할 수 있다.

기업의 지배구조는 정부의 거버넌스처럼 기업의 법적인 주인이 아닌 외부인도 적극적으로 의사결정에 참여하도록 제도화했다. 사외이사가 여기에 해당하며, ESG의 지배구조가 본격적으로 담론화되기 이전부터 도입되었다. 기업의 주요 의사결정은 주주총회에서 하므로 대부분은 대주주가 원하는 방향으로 결정하게 된다. 하지만 기업의 외부인사를 이사회 구성원으로 포함하도록 법적으로 의무화했기 때문에 대주주의 전횡을 막을 수 있다.

그림 3-4 지방자치단체의 거버넌스 활성화 지원사업 포스터
출처: http://www.shinailbo.co.kr/news/articleView.html?idxno=1506950

정부의 거버넌스

정부의 거버넌스는 다음의 두 가지 이유 때문에 정부의 조직기구 중 공무원이 아닌 민간인이 참여하여 정책을 결정하거나 자문하는 위원회로 볼 수 있다.

첫째, 거버넌스에 관한 학계의 다양한 논의를 모두 반영할 수는 없다.

둘째, 현실적으로 위원회는 민간에서 참여한 위원들이 공식 정책을 자문하거나 직접 결정한다는 점에서 거버넌스 관련 논의를 가장 잘 대변한다.

우리나라에서 법제상 위원회라는 명칭으로 된 거버넌스는 헌법 규정에 따라 설치된 위원회, 별도로 제정된 법률에 따라 설치된 위원회, 행정기관위원회법에 따라 설치된 위원회로 세 층위로 구성된다.

첫째, 헌법 규정에 따라 설치된 위원회는 선거관리위원회가 있으며 이는 헌법 기구다. 여기에는 중앙선거관리위원회가 있고, 지자체마다 각급선거관리위원회를 두고 있다.

둘째, 별도로 제정된 법률에 따라 설치된 위원회는 다음과 같다.

- 세월호 선체조사위원회
- 원자력안전위원회
- 농어업 · 농어촌특별위원회
- 방송통신위원회
- 부패방지 및 국민권익위원회
- 사행산업통합감독위원회
- 선거관리위원회
- 경제사회노동위원회
- 국가인권위원회
- 금융위원회
- 노동위원회

셋째, 행정기관위원회법의 정식 명칭은 행정기관 소속 위원회의 설치 · 운영에 관한 법률이다. 모든 행정기관은 이 법에 따라 필요한 위원회를 설치할 수 있다. 다만, 별도의 법률에 따라 설치된 위원회는 이 법의 적용을 받지 않는다.

서울시는 이 법에 따라 지속가능발전위원회, 민주시민교육자문위원회가 구성되어 있다.

행정기관위원회법에 따라 서울시가 구성한 위원회는 현재 231개가 있으며, 건강, 경제, 교통건설, 문화관광, 복지, 세금재정, 안전, 여성가족, 주택도시계획, 행정기타, 환경 등으로 카테고리를 나누어 분류하고 있다. 하지만 서울시의 위원회 카테고리 분류는 엄밀한 고찰 없이 임의로 지정한 것으로 보인다. 지속가능발전위원회는 경제 카테고리, 민주시민교육자문위원회는 행정 카테고리에 포함되어 있다.

정부가 세운 거버넌스가 모두 공익활동이라고 할 수는 없지만, 정부가 민간의 참여를 확대하고 이를 통해 공익적 성격의 일을 더 많이 벌이려는 의도로 볼 수는 있다.

주주 자본주의로서 기업의 지배구조

ESG의 한 축인 기업의 지배구조는 과연 세부적으로 어떤 내용을 담고 있을까? 이에 대해서는 학자들과 현업 전문가마다 다양한 견해를 내놓고 있다.

지배구조 분야를 주주의 권리, 이사회 구성 및 활동, 감사 제도, 관계사 위험, 배당 등 다섯 가지로 나누는 견해[58], 이사회 구조, 투명성, 청렴성, 주주 관계 등을 집중적으로 평가하는 것으로 보는 견해[59], 이사회 구조 및 책임, 회계 공개, 감사위원회 구성 및 감사인의 독립성, 부패 및 뇌물 문제 관리 등으로 보는 견해[60] 등 다양하다.

전통적으로 지배구조와 관련된 논의는 주로 주주, 이사회, 감사와 관련된 내용이었다. 상법은 기업의 주인인 주주를 중심으로 의사결정 조직에 관한 내용을 규정하고 있다.

주주의 권리, 주주 관계, 배당 등은 모두 주주와 관련된 내용이고, 감사 제도, 감사위원회, 감사인 독립성 등은 감사의 영역이며, 투명성, 회계 공개 등의 문제는 기업 공시와 연결된다. 그리고 청렴성이나 부패와 뇌물 문제 등은 컴플라이언스, 곧 준법경영과 직결되는 문제라고 할 수 있다. 결국 ESG의 한 축으로 기업의 지배구조 논의는 사실상 새로운 것이 없다는 결론에 이르게 된다. 최근에는 ESG를 '주주 자본주의'에서 '이해관계자 자본주의'로의 전환으로 적극적으로 해석하고 있지만, 지배구조 영역에서는 그렇지 않다는 것이다. 다만, 관계사 위험을 고려하는 내용 정도는 이해관계자 자본주의와 연결할 수 있어 보인다.

우리나라 기업의 지배구조 개선이 필요하다고 보는 이유는 단순하다. 전체 주주의 이익을 극대화하는 데 소극적이거나, 때로는 의도적으로 주주 이익을 훼손하고 있다고 의심받고 있기 때문이다. 일반적으로 주주는 배당 그리고 기업의 성장에 따른 지분가치 상승이라는 두 가지 방법으로 이익을 극대화한다. 우리나라 기업은 이 두 가지 측면 모두에서 개선이 필요하다고 평가받는다.[61]

이러한 시각에서 보면 ESG에서 지배구조가 삼각 축의 하나로 확실히 자리매김하기 때문에 우리나라의 경우 오히려 이를 지금까지 주주의 이익이 제대로 보장받지 못했던 각종 제도적 제약을 푸는 계기로 삼으려고 활용하는 시각도 포함되어 버린다. 주주의 이익 확대로 ESG의 지배구조로 보는 시각에서는 이해관계자 자본주의의 실현은 환경 영역과 사회 영역에서 실현되어야 하는 문제가 되어 버린다고 할 수 있다.

---

58 매일경제 ESG팀, 『이것이 ESG다』, 매일경제신문사, 2021.

59 최남수, 『이해관계자 자본주의』, 새빛, 2021.

60 김용섭, 『ESG 2.0』, 퍼블리온, 2022.

61 김태한 · 정현상, 『100대 기업 ESG 담당자가 가장 자주 하는 질문』, 세이코리아, 2022.

이해관계자 자본주의로서 지배구조

ESG에서 지배구조를 강조할 때 주주나 이사회, 감사처럼 전통적인 기업의 의사 결정 구조에 대한 논의도 포괄하는 주제임은 당연하다. 또 적극적으로 주주의 이익을 확보하려는 논자들의 주장처럼 혹시 우리나라의 기업 지배구조가 주주의 이익마저 제대로 보장하고 있지 못한다면 제도는 개선되어야 한다.

90년대 중반 이후 소액주주의 권리가 제대로 보장되지 못하고 있다는 이론적 논의와 시민운동의 실천이 많았던 현실을 고려하더라도 당연히 중요한 내용으로 포괄해야 할 것이다. 지배구조(G)는 지배주주와 소수주주 간의 차별적 기업가치 귀속을 합리적으로 개선해야 한다는 면에서 상생의 수단이 될 수 있기 때문이다.[62]

ESG의 세 축을 각기 환경(E)은 선진국과 개발도상국, 현재세대와 미래세대 사이의 외부적 불경제를 해소하는 상생의 도구, 사회(S)는 기득권자와 피기득권자, 사용자와 근로자, 대기업과 중소기업 간의 불균형을 완화시키기 위한 상생의 도구, 지배구조(G)는 지배주주와 소수주주 간의 차별적 기업가치 귀속을 합리적으로 개선하는 상생의 도구[63]로 보게 되면 이해관계자 자본주의는 결국 사회 영역에서만 실현하는 것이 된다.

그렇지만 ESG의 한 축으로서 지배구조를 이해할 때는 주주 자본주의를 넘어 이해관계자 자본주의로의 전환 과정에서 주주와 같은 기업 주인의 이해관계와 함께 다른 이해관계자의 이익을 보장하는 것이 지배구조에서도 확보되는 방안을 논의해야 한다는 점을 염두에 두어야 한다.

ESG에서 지배구조의 중요성은 다음과 같이 쉽게 표현할 수 있다. E와 S를 위한 기업의 모든 활동은 결국 CEO를 비롯한 경영진의 의사결정에서 비롯되는데, 지배구조가 투명하고 민주적인 구조로 이루어져야 여러 이해관계의 충돌을 극복하고 올바른 의사결정을 내릴 수 있기 때문이다. CEO의 독선적 경영, 사내외 이해관계자들에 대한 갑질 경영을 막으려면 지배구조가 제대로 작동해야 하고, 그래야만 이해관계자들의 자발적 참여와 협력을 얻을 수 있다. G가 제대로 갖춰져 있지 않으면 E와 S, 두 요소는 진정성과 지속성을 갖고 추진되기 어렵다.[64]

---

62 현상균 · 홍장원, 『ESG 투자의 정석』, 한스미디어, 2022.

63 현상균 · 홍장원, 『ESG 투자의 정석』, 한스미디어, 2022.

64 김재필, 『ESG 혁명이 온다』, 한스미디어, 2023.

읽고 생각하기

이사회, 이해관계자 중심의 접근법 필요하다

1990년대 전까지만 해도 이사회의 의무는 주주 이익 극대화였다. 이 관점은 오랜 기간 경영진의 사업전략과 지배구조 등에 큰 영향을 미쳤다. 세계적인 경제학자 밀턴 프리드먼이 1970년에 "기업의 유일한 사회적 책임은 이익을 창출하고 주주들에게 이를 환원하는 것"이라고 강조한 건 당시 주주 중심 경영이 일반적인 사업전략이었음을 보여준다.

미국 완성차업체 포드를 창업한 헨리 포드는 사업 초기에 임직원의 임금을 올리고 고객에게 차량을 저렴하게 판매하는 전략을 펴자 거센 저항에 직면하기도 했다. 주주 이익 극대화에 반한다는 이유에서다.

로저 바커 인스티튜트 오브 디렉터스 런던(IoD) 박사가 22일 더벨이 서울 중구 더플라자호텔에서 개최한 '2023 THE NEXT : Corporate Governance Conference'에서 발표하고 있다.

그러나 2000년대 들어 분위기가 바뀌었다. 2008년 글로벌 금융위기가 발생한 이후 시스템에 대한 젊은 세대의 시선이 달라졌다. 기업의 영업활동이 기후변화와 부의 불평등 같은 환경 · 사회적 문제로 이어지면서 기업의 역할과 의무에 대해 다시 생각해야 한다는 목소리가 나오기 시작했다.

실제로 주주 중심 자본주의 모델의 선두 국가인 영국과 미국 기업들마저 이해관계자 중심의 접근법을 채택하는 추세다. 세계 최대 자산운용사 블랙록의 래리 핑크 최고경영자(CEO)는 2018년에 "기업은 주주와 직원, 고객, 기업이 활동하는 지역사회를 포함한 모든 이해관계자에게 이익을 줘야 한다."라고 강조했다.

영국에선 작년부터 '더 나은 회사법(Better Business Act)'에 대한 논의가 시작됐다. 이는 회사법 제172조를 "기업 이사들이 주주들의 이익을 추구하면서 다른 이해관계자들의 이익을 고려해야 한다."로 수정하는 게 골자다.

출처: 더벨, 2023.09.25.(https://www.thebell.co.kr/free/content/ArticleView.asp?key=202309221140470720107055)

이해관계자 이익의 범위

ESG에서 지향하는 이해관계자 자본주의는 기업의 법적 주인인 주주 말고도 다른 이해관계자의 이익도 고려하는 것이다. 그렇다면 기업은 이해관계자의 이익을 어느 수준까지 고려해야 할까?

주주 자본주의에 극단적으로 충실한 견해는 법과 계약에 따라 예정된 대가만 모두 지급하면 충분하다고 본다. 현실에서는 예정된 대가조차도 지급하지 못하는 기업이 상당히 많으므로 이러한 견해도 일리는 있다. 하지만 기업에 대한 ESG 실현의 요청은 여기에서 머무를 수는 없다.

그렇다면 예정된 대가 이상의 대가를 지급하면 될까? 앞서 살펴본 남양유업의 협력이익공유제는 남양유업이 대리점을 대상으로 이윤의 일정 부분을 나누어준다. 지금까지 지급된 금액은 대략 500곳을 대상으로 1억 원 정도를 지급하여 대리점마다 20만 원 정도의 추가적 이익을 공유받았다. 사실 이 정도면 파격적이라고 할 수 있다. 대부분은 기업 이윤의 일정 부분을 그 규모와 상관없이 주주가 아닌 다른 곳에 지급해야 하는 것에 반론이 훨씬 더 크기 때문이다. 큰 기업의 경우 임직원들에게 예정되지 않은 성과급(보너스)을 지급하는 경우는 있지만, 이는 일종의 기업의 시혜적 조치에 해당한다고 봐야 한다.

ESG의 한 축인 기업의 지배구조를 성장과 공정 분배가 서로 엉킨 실타래[65]로 보는 견해는 예정된 대가 이상의 지급을 이해관계자 이익의 범위로 보는 관점이라고 할 만하다. 기업의 지배구조를 누가 건강한 조직으로 만들까[66]의 문제로 보면 이해관계자 이익의 범위는 훨씬 더 커진다.

만약 남양의 대리점들이 이윤의 분배를 비롯한 주요한 의사결정을 하는 이사회에 대리점 대표를 파견할 수 있다면 어떤 결과가 나올까? 노동이사제 또는 노조추천 이사제는 기업이 고용한 근로자 중 대표하는 사람을 이사회 구성원으로 포함해야 한다는 논의다.

지역사회에 대한 기여 역시 마찬가지다. 큰 기업들은 소재하고 있는 지역에 대한 다양한 사회공헌활동을 전개해왔다. 더 나아가 지역민을 대표하는 사람을 이사회 구성원으로 포함하도록 법을 만든다면 어떻게 될까?

ESG의 실현에서 지배구조까지 이해관계자 자본주의의 관점에서 재편되기까지는 험난한 여정이 예견된다. 우리나라의 경우 미국 같은 곳에서 이미 수십 년 전에 도입된 사외이사 제도의 도입도 쉽지 않았다. 이해관계자 자본주의의 실현이라고 할 만한 하청기업대표, 노동조합대표, 지역민대표가 이사회에 합류하는 것은 상당히 오랜 기간이 걸릴 것이다.

이해관계자 자본주의가 발전해 있다고 하는 유럽도 독일 정도만 노동이사제가 법제화되어 있다. 유럽도 주주를 제외한 다른 이해관계자의 의사결정 참여가 쉽지 않은 형편임을 고려하면 우리나라는 훨씬 오랜 시간이 소요될 것이라는 점을 충분히 예상할 수 있다. 그렇지만 결국 진정한 이해관계자 자본주의로의 전환은 결

---

65 김태한 · 정현상, 『100대 기업 ESG 담당자가 가장 자주 하는 질문』, 세이코리아, 2022.

66 신지영, 『지금 당장 ESG』, 천그루숲, 2022.

국 지배구조 영역에서 제대로 다양한 이해관계자의 이해관계가 반영될 수 있도록 기업조직을 개선하는 방향으로 가야 할 것이다.

오너 리스크

기업의 지배구조를 오너 리스크와 관련된 문제로 보는 시각도 있다. 대주주, 기업 회장 등 오너의 잘못된 판단과 불법행위로 인해 기업에 해를 입히는 것을 오너 리스크[67]라고 하며, 통상적으로 기업의 CEO를 오너가 맡기 때문에 CEO 리스크라고도 한다. 물론 전문 경영인과 오너가 분리되어 있을 때 CEO 리스크는 전문 경영인의 잘못으로 인한 기업의 손해를 의미한다. 이러한 경우 오너 리스크는 형식적으로 CEO를 누가 맡고 있느냐에 상관없이 오너 또는 오너 일가의 잘못으로 인한 기업의 손해를 의미하게 된다.

앞에서 살펴보았던 맥도날드의 전 CEO 스티브 이스터브룩 사례는 대표적인 CEO 리스크에 해당하고, 2014년 대한항공 조현아 부사장의 이른바 땅콩 회항 사건은 대표적인 오너 리스크의 사례다.

오너 리스크가 기업에 끼칠 수 있는 부정적인 영향은 그 어느 때보다 크다. 국내에서도 CEO의 폭언과 폭행 등 갑질 문제, CEO 또는 가족의 도덕성 문제, 탈세 및 횡령 같은 재무적 문제까지 발생해 비난의 목소리가 높아지고 온라인 게시물마다 그 '나쁜 행위'를 질타하면서 불매운동까지 벌이기도 했다.[68] 그래서 ESG의 지배구조를 오너 리스크와 관련된 문제로 보는 시각이 상당하다.

오너 리스크는 명성 리스크 또는 평판 리스크의 일환이다. 『기업 생존을 좌우하는 명성 경영 전략』을 쓴 뉴욕대학교 교수 헬리오 프레드 가시아는 "기업의 부정적인 평판이 예전처럼 잠깐 입소문으로 퍼지고 마는 것이 아니라 그 평판이 기업 브랜드 이미지를 실추시키고 이것이 실제 재무 손실로 이어진다."라며 "말 그대로 평판이 곧 돈인 시대"라고 말한다.[69]

ESG의 지배구조를 오너 리스크로 보면 결국 그 의미는 오너 리스크 줄이기[70]가 된다. 이는 일종의 준법경영의 영역으로 보는 것이 더 타당하다. 물론 오너 리스크 줄이기도 필요하다. 오너 리스크는 해당 기업의 손해일 뿐만 아니라 결국 다양

---

67 "오너 리스크, 방지할 수 있을까?", 이코노미조선, 2023.07.31.

68 "오너 리스크, 방지할 수 있을까?", 이코노미조선, 2023.07.31.

69 "유나이티드항공 사태로 본 명성 리스크 관리", 매거진 환경, 2021.11.01.

70 신지영, 『지금 당장 ESG』, 천그루숲, 2022.

한 이해관계자들의 손해이며 사회 전반적인 손해에 해당하기 때문이다.

그렇지만 그저 오너 리스크 정도로 ESG의 지배구조 문제를 보면 곤란하다. ESG의 한 축으로서 지배구조는 오너 리스크를 포함하지만, 훨씬 더 넓은 의미에서 이해관계자 자본주의로의 전환을 의미하는 실천으로 이해할 필요가 있다.

국민연금의 스튜어드십 코드

비행기에서 일하는 승무원을 보통 스튜어디스(stewardess)라고 하고 남성 승무원은 스튜어드(steward)라고 한다. 비행기 승무원이 대부분 여성이기 때문에 여성형 접미사(ess)가 붙었다. 서양에서는 큰 저택의 집사를 스튜어드(steward)라고 한다. 큰 저택이든 비행기든 스튜어드는 책임을 지고 저택의 일을 잘 관리해야 하고 승객이 필요로 하는 일을 서비스한다. 큰 저택 스튜어드의 경우 재산 관리 책임이 중요하다. 스튜어드십(stewardship)은 스튜어드에 'ship'이라는 접미사가 붙어 재산이나 조직의 관리를 의미하는 말로 쓰인다.

큰 기업의 경우 많은 투자자들은 주주로 주주총회에 참여해 적극적으로 기업의 의사결정에 자기 의견을 반영할 수 있다. 물론 대부분의 개인 투자자들은 배당금이나 향후 주가 상승 같은 금전적인 이윤의 배분만을 목적으로 한다.

국민연금 같은 연기금은 워낙 자금 규모가 커서 기업의 주식 비중에서 큰 몫을 차지한다. 그래서 원한다면 기업의 의사결정에 상당한 영향력을 행사할 수 있다. 그렇지만 국민연금 같은 연기금은 전통적으로 기업의 의사결정에는 관여하지 않고 수익의 증대에만 관심을 가져왔다.

그런데 2010년 영국을 필두로 네덜란드, 캐나다, 스위스, 이탈리아 등 10여 개 국가가 스튜어드십 코드를 도입했다. 영국이 처음으로 스튜어드십 코드(stewardship code)를 도입한 것은 2008년 글로벌 금융위기가 주주, 특히 기관투자가의 무관심에서 비롯됐다는 판단에 따른 것이다. 기관투자가가 금융회사 경영진의 잘못된 위험 관리를 견제하지 못했기 때문이라는 지적에서다.[71]

코드(code)는 규정이란 뜻으로 스튜어드십 코드는 국민연금 같은 연기금 또는 기관투자가 스튜어드로서 기업에 대한 관리 책임을 다하라는 내용을 담고 있는 규정이다. 그저 이윤이 나면 배당만 받는 주주로서의 소극적인 역할을 넘어 기업이 적극적으로 위기를 관리하고 수익을 더 많이 창출하도록 의사결정에 적극적으로 참

71 https://terms.naver.com/entry.naver?docId=2268583&cid=42107&categoryId=42107

여하라는 뜻으로 이해할 수 있다.

국민연금은 우리나라에서 규모가 가장 큰 기관투자가로, 2018년 7월 스튜어드십 코드를 도입했으며,[72] 2023년에는 기금운용본부에 '건강한 지배구조 개선위원회(개선위)'를 설치했다.[73] 투자 대상 기업의 지배구조를 개선하고 기업 가치를 높이고자 외부 전문가로 구성된 자문위원회를 설치했다. 국민연금이 주주로 참여하고 있는 기업의 지배구조 개선에 적극적으로 나서겠다는 의미이다. 국민연금의 스튜어드십 코드 도입은 ESG의 실천에서 중요한 의미가 있다. 국민연금이 투자한 기업의 ESG 실천이 미흡하다고 판단하면 투자금을 빼거나 줄일 수 있으므로 기업으로서는 ESG 실천을 강화할 수밖에 없다.

래리 핑크 블랙록 CEO의 서한으로 인해 ESG는 세계적으로 되돌릴 수 없는 흐름으로 인식되었지만, 이미 한국에서도 그 이전부터 ESG는 많은 기업에 발등의 불이 된 셈이다.

연기금(年基金)

연기금은 연금(pension)과 기금(fund)이 합쳐진 단어로, 연금을 지급하는 원천이 되는 기금, 곧 연금제도에 의해서 모여진 자금을 뜻한다. 연금은 노후에 안정적인 소득 보장을 위해 근로 기간에 기여금을 내고 일정한 나이에 도달하면 급여를 받는 제도이고, 기금은 특정 공공사업 자금을 마련하기 위해 정부가 조성하는 자금을 말한다. 이러한 연기금은 가입이 강제적이고 급여 조건과 수준이 법률로 정해져 있다는 점에서 사회보험의 형태를 띤다. 또 자금의 성격상 장기 투자가 필요할 뿐 아니라 거액의 자금을 운용해야 하므로 증권시장에서 대표적인 기관투자가의 하나로서 시장의 지지 세력 역할을 한다. 선진국들은 연기금의 30~50%를 주식투자에 사용해 장기적인 기금 증식에 활용하지만, 우리나라의 경우에는 고유 사업목적을 가진 기금이 대부분이어서 상대적으로 주식투자의 비중이 작다. 우리나라는 국민연금기금, 공무원연금기금, 우체국보험기금, 사학연금기금을 4대 연기금으로 부른다.

출처: 네이버 지식백과

기관투자가(institutional investor)

기관투자가는 개인이나 법인으로 자금을 조성하여 증권시장에 투자하고 있는 법인 형태의 투자자를 말한다. 투자신탁을 비롯해 은행, 증권, 보험, 종금, 신용금고, 연기금, 농 · 수 · 축협 등 국내기관은 물론 외국 투자가들도 이에 포함된다. 기관투자가는 제도적으로 법인세법 시행령 23조의 면세혜택을 받고 있는데 이들에게는 위탁증거금 면제, 배당수익에 대한 비과세, 배당금의 익금불산입 등의 혜택이 주어진다.

출처: 네이버 지식백과

---

72 https://terms.naver.com/entry.naver?docId=3340124&cid=43667&categoryId=43667

73 "국민연금, 2년짜리 지배구조 개선위 만든다", 연합인포맥스, 2023.07.01.

기업지배구조보고서 공시제도

기업지배구조보고서 공시제도는 상장기업이 지배구조 핵심원칙 준수 여부와 이를 준수하지 못하는 경우 그 사유를 설명(comply or explain)하는 보고서를 공시해야 하며, 이로 인해 자율적으로 경영 투명성을 개선할 수 있도록 유도하는 제도이다. 우리나라에서는 2017년 3월 한국거래소의 자율 공시로 최초 도입되었으며, 이 제도는 상장기업을 대상으로 한다. 상장법인은 기업지배구조보고서를 매년(5월 31일까지) 한국거래소 공시 시스템에 올려야 한다.

그렇다고 모든 상장기업이 기업지배구조보고서를 공시할 필요는 없다. 거래소의 경우 2026년에는 코스피 전체 상장사를 대상으로 지배구조보고서 공시를 의무화할 계획이다. 2019년 자산총액 기준 2조 원 이상, 2022년 1조 원 이상으로 의무화 대상을 확대했고, 2024년에는 5천억 원 이상으로 예정돼 있다.

기업지배구조보고서에 포함해야 하는 내용은 주주의 권리, 이사회 및 감사위원회의 구성 및 운영현황, 외부감사인의 독립성 등이다. 거래소가 규정한 기업지배구조 핵심원칙은 주주, 이사회, 감사기구와 관련하여 한국기업지배구조원의 모범규준, G20/OECD 기업지배구조 원칙 등에서 제시한 10가지 주요 원칙을 의미한다.[74]

ESG에서 지배구조의 의미를 주주 자본주의와 이해관계자 자본주의로 나누어 살펴본 바 있다. 현재 거래소가 제시하고 있는 기업지배구조보고서 공시 의무화는 주주자본주의로서 지배구조를 이해하는 관점에 머물러 있다. 기업지배구조보고서 가이드라인의 주요 공시항목 10가지 모두 주주, 이사회, 감사와 관련한 내용이다.

주주 권리의 보장, 주주에 대한 공평한 대우 등 주주에 관한 항목은 2가지이고, 이사회의 경영진에 대한 효과적 감독, 이사회 전문성 · 독립성, 이사회의 효율적이고 합리적 운영, 이사회 내 위원회의 설치 등 이사회와 관련한 항목은 4가지다. 사외이사의 독립성, 사외이사에 대한 평가 및 보상 등 사외이사 관련 2가지 항목을 포함하면 이사회 관련 항목은 6가지다. 감사 관련 항목은 2가지로 내부감사기구의 독립적이고 성실한 업무수행이나 외부감사인의 공정성 및 회계투명성 기여를 내용으로 한다.

---

74 "물적분할 등 기업 소유구조 변경시 주주보호가 강화됩니다. -「기업지배구조보고서」 가이드라인 개정 -", 금융위원회, 2022.03.07.

표 3-3 기업지배구조 공시 핵심 원칙 10가지

핵심 원칙	공시항목 예시
주주 권리의 보장	• 주총소집 통보 · 안건 제공일(주총 4주 前) • 주총 분산 개최 노력, 전자투표 도입 여부 • 배당성향 및 배당계획
주주에 대한 공평한 대우	• IR · 기관투자자와의 대화 실적, 공시의무 위반 이력 • 영문홈페이지 운영 여부, 영문공시 실적 • 계열기업 등과의 내부거래, 경영진 또는 지배주주 등과의 자기거래와 관련된 통제 장치 • 사업 및 소유구조 중대 변화 시 주주의 이익 보호 정책
이사회의 경영진에 대한 효과적 감독	• 이사회의 심의 · 의결사항 및 대표이사 위임사항 • 최고경영자 승계정책 • 내부통제정책(리스크 관리, 준법경영, 공시조직, 내부회계 관리제도 등)
이사회 전문성, 독립성	• 각 이사의 주요 경력, 전문분야 • 대표이사와 이사회 의장의 분리 여부 • 이사후보추천위원회 운영 현황 • 과거 횡령, 배임 판결을 받은 자의 임원 선임 여부
사외이사의 독립성	• 과거 해당 기업 및 계열사에 재직한 경력이 있는지 • 사외이사별 재직기간 및 장기 재직(6년 이상) 현황 • 사외이사 겸직 현황
사외이사에 대한 평가 및 보상	• 사외이사에 대한 평가정책 • 사외이사 보수정책(주식매수선택권 등 포함) • 평가 결과의 보수 및 재선임 결정 반영 여부
이사회의 효율적이고 합리적 운영	• 정기/임시 이사회개최 내역 • 개별 이사 출석 내역, 안건 찬성률 등 주요 활동 내용
이사회 내 위원회의 설치	• 감사위원회, 이사후보추천위원회, 보상위원회, 내부거래위원회, 리스크관리위원회 등 설치 현황
내부감사기구의 독립적이고 성실한 업무수행	• 회계 · 재무 또는 감사전문가 선임 현황 • 독립성 확보를 위한 정책(후보자 선정 요건 등) • 업무수행에 필요한 교육제공 등 지원현황 • 정기적 회의 개최 여부
외부감사인의 공정성 및 회계 투명성 기여	• 외부감사인 선임 기준 및 절차 • 자회사를 통해 비감사 용역을 제공받는지 여부 • 내부감사기구-외부감사인 간 의사소통 실태

출처: "물적분할 등 기업 소유구조 변경 시 주주보호가 강화됩니다. –「기업지배구조보고서」 가이드라인 개정 –", 금융위원회, 2022.03.07.

Summary

- 기업의 의사결정을 지배하는 것은 사람이 아닌 기업의 조직구조이다.
- 경영학과 경제학에서 쓰는 기업과 법적인 개념으로서 회사는 구분할 필요가 있다.
- 주식회사의 의사결정은 주주총회와 이사회에서 담당한다.
- 사외이사 제도는 주로 경영에 대한 대주주의 전횡을 막기 위한 취지로 도입됐다.
- 거버넌스는 공식 의사결정 조직은 아니지만 다양한 민간 인사가 의사결정에 관여할 수 있도록 한 것을 의미한다.
- 정부의 각급 위원회는 민간에서 참여한 위원들이 공식적으로 정책을 자문하거나 직접 결정하는 거버넌스이다.
- 일반적으로 ESG는 주주 자본주의에서 이해관계자 자본주의로의 전환으로 적극적으로 해석하지만, 지배구조 영역에서는 그렇지 않은 시각도 있다.
- ESG의 한 축으로서 지배구조를 이해할 때는 주주와 함께 다른 이해관계자의 이익 보장을 염두에 두어야 한다.
- 기업 이윤의 일정 부분을 주주가 아닌 다른 이해관계자에게 지급해야 한다는 주장에 대해서는 반대하는 견해가 많다.
- ESG의 지배구조는 오너 리스크 줄이기도 포함하지만, 훨씬 더 넓은 의미에서 이해관계자 자본주의로의 전환을 의미하는 실천으로 이해할 필요가 있다.
- 국민연금은 스튜어드십 도입을 통해 기업들의 ESG 실천을 추동한다.
- 우리나라 상장기업들은 2017년부터 기업지배구조보고서를 통해 기업의 지배구조를 공개해야 한다.

Keyword

CEO 리스크, 감사, 거버넌스, 거번먼트, 거수기, 기업, 기업조직구조, 노동이사제, 대주주의 전횡, 사업자, 사외이사, 상생, 성과급, 소수주주, 스튜어드십, 오너 리스크, 위원회, 의사결정, 이사회, 이해관계자, 전문 경영인, 주주, 주주총회, 지배구조, 행정기관위원회법, 협력이익공유제, 협치, 회사

Quiz ※ 빈칸을 채우거나 OX로 답하세요.

01 기업조직구조는 기업의 경쟁력 강화와는 무관하다. (   )

02 법률상 '기업'이라는 표현은 전혀 규정되어 있지 않다. (   )

03 감사는 이사회에서 다른 이사들과 함께 기업의 주요 의사결정을 담당한다. (   )

04 상장회사의 경우 기본적으로 이사 총수의 (   ) 이상을 사외이사로 하여야 한다.

05 기업의 지배구조는 정부의 거버넌스처럼 기업의 직접적인 주인이 아닌 외부인도 적극적으로 의사결정에 참여하도록 제도화한다. (   )

06 정부 조직의 경우 위원회가 설치되면 기관장은 위원회의 결정을 무조건 따라야 한다. (   )

07 주주의 이익 확대를 ESG의 지배구조로 보는 시각에서 이해관계자 자본주의의 실현은 환경 영역과 사회 영역에서 실현되어야 하는 문제로 한정된다. (   )

08 E와 S를 위한 기업의 모든 활동은 결국 CEO를 비롯한 경영진의 의사결정에서 비롯되는데, (   )가 투명하고 민주적인 구조로 짜여야만 여러 이해관계의 충돌을 극복하고 올바른 의사결정을 내릴 수 있다.

09 지역민을 대표하는 사람을 이사회 구성원으로 포함하도록 하는 제도는 노동이사제이다. (   )

10 ESG의 지배구조를 오너 리스크로 보면 결국 그 의미는 오너 리스크 줄이기가 된다. (   )

11 (   )은 2008년 글로벌 금융위기가 주주, 특히 기관투자가의 무관심에서 비롯됐다는 판단에 따라 스튜어드십 코드를 최초로 도입했다.

12 현재 우리나라의 기업지배구조보고서 공시 의무화는 이해관계자 자본주의로서 지배구조를 이해하는 관점에 머물러 있다. (   )

Discussion

01 기업의 조직구조에 대한 논의는 어떻게 변화했는가?

02 기업 또는 회사의 일상적인 의미와 법적인 의미를 구분해 보자.

03 기업 한 곳을 선택해서 주주총회와 이사회 구성이 어떻게 되어 있는지 알아보자.

04 사외이사 제도의 도입 취지와 실제 운영현황에 대해서 알아보자.

05 거버넌스의 다른 사례를 찾아 발표해 보자.

06 자신이 거주하는 지역의 지방자치단체에 설치된 위원회를 찾아보고 누가 참여할 수 있는지 알아보자.

07 ESG의 한 축으로서 기업의 지배구조를 논의하는 의의는 무엇인가?

08 소액주주도 주주인데, 이해관계자의 일원으로 보아야 하는가?

09 노동이사제, 지역민이사제처럼 기업의 이해관계자를 기업지배구조에 의무적으로 참여시키는 법제화가 필요한가?

10 오너 리스크와 기업 성과의 관계에 대해서 알아보자.

11 국민연금에서 스튜어드십 코드 도입의 의의는 무엇인가?

12 우리나라 기업지배구조 공시제도가 주주 자본주의 관점에 머물러 있다고 판단할 수 있는 근거는 무엇인가?

08
ESG 경영

기업의 ESG 대응: 비용 vs. 투자

ESG의 의의와 필요성 등에 공감대가 형성되어도 기업으로서는 과연 ESG를 어떻게 실천할 것인지에 대한 고민이 깊어질 수밖에 없다. 문제는 ESG의 의의와 실천에 따르는 괴리에서 나타난다. ESG는 기업의 비재무적 성과를 평가하겠다는 것이지만, 비재무적 성과를 거두기 위해서는 비용이 들기 때문이다. 즉, ESG의 의의는 비재무적이지만 실천은 재무적이다.

일반적으로 ESG와 관련해서 들어가는 돈(직원들에 대한 복지 및 교육비, 환경 보전을 위한 재활용 및 폐기물 설비, 사회공헌활동 홍보비 등)은 대부분 비용으로 인식돼 영업이익에 영향을 미친다. 장기적 관점에서 ESG 도입의 중요성은 인지하면서도 당장 재무제표상에는 그 효과가 바로 가시화되지 않기 때문에 ESG 도입을 주저하는 CEO들이 적지 않다.[75]

---

75 김재필, 『ESG 혁명이 온다』, 한스미디어, 2023.

ESG 도입이 미래 가치 창출을 위한 투자라는 점은 분명하다. 기업의 지속가능경영을 넘어 사회 혁신까지 이뤄낸다[76]는 점도 분명하다. 그렇지만 ESG와 관련된 온갖 추가적인 비용은 단기적으로 재무제표에 마이너스 효과를 준다는 점도 분명하다.

2021년 3월 글로벌 식품회사 다농의 CEO가 퇴진했다. 다농은 일찍부터 기업의 사회적 책임에 관심이 많은 기업이었지만, 영업 실적 저하와 거버넌스 문제(회장과 CEO직 동시 보유)로 물러날 수밖에 없었다. 다농은 2020년 코로나19 사태에 직면하면서 유제품과 생수 판매 부진이 거듭됐고 경쟁사보다 주가의 하락 폭도 컸다. ESG 열풍에 탐탁잖아 했던 호사가들은 재무적 성과보다 ESG 활동에 전념한 대가를 치른 것이라 했다.[77]

재무성과 부진으로 다농의 CEO가 퇴진한 사례는 ESG 경영의 현주소를 잘 반영한다. ESG가 중요하다고 해도 재무성과를 여전히 강조하기 때문에 ESG를 통한 지속가능경영의 기반 마련은 뒷전으로 밀리게 된다.

그렇지만 기업이 더는 ESG를 실행하지 않을 수는 없다는 점 또한 분명하다. 이제는 ESG의 실천이 중요하다는 점에 대해서는 반론을 제기하기 어렵다. UN을 필두로 자율적인 권고에서 점차 법적 규제로 나아가고 있는 방향도 분명하다. 세계의 주요 투자자뿐만 아니라 국민연금 같은 국내 주요 투자자들도 ESG 실천 여부를 판단 기준으로 삼고 투자를 결정한다. 해외에 수출하기 위해서는 ESG 실천이 더욱 필요하다.

사실 큰 기업의 ESG 대응은 별다른 문제가 없다고 해도 과언이 아니다. 이미 천문학적 액수의 재무적 성과를 거두고 있는 큰 기업은 일정한 금액의 ESG 실천을 위한 비용을 투여한다고 해도 바다에서 물 한 바가지 뜨는 격이라고 할 수 있기 때문이다.

문제는 중소 규모의 기업들이다. "사회적, 제도적, 문화적으로 ESG가 흐르면 대기업의 경우 추가 자본 여력이 있으므로 ESG 경영을 통해 프리미엄을 가져갈 수 있다. 하지만 규모가 작은 기업들은 ESG 경영을 위한 자본 여력이 없어서 이전보다 퇴보할 것이다. 결국 ESG는 하나의 장벽이 될 수 있다."라고 지적한다.[78] 이에 따라 정부와 민간 차원의 다양한 ESG 경영 지원을 위한 방안이 강구되고 있다.

---

76 신지현, 『한 권으로 끝내는 ESG 수업』, 중앙북스, 2022.

77 "ESG 평가의 새로운 흐름, 'ROESG'", 신아일보, 2021.08.20.

78 "이커머스 ESG, 기존 모델로는 추진 어렵다", iTChosun, 2022.08.03.

읽고 생각하기

업무 · 비용 부담에 개념도 모호...ESG 경영 주저하는 중견기업

환경 · 사회 · 지배구조(ESG) 경영 필요성에 대한 중견기업계의 인식이 높아지고 있는 가운데 제도적 인센티브 등 ESG 경영 도입 애로를 해소할 정책적 뒷받침이 필수적이라는 의견이 나왔다.

한국중견기업연합회(중견련)는 'ESG 경영에 대한 중견기업계 의견 조사'를 한 결과 중견기업의 78.2%는 ESG 경영 필요성을 느낀 것으로 나타났다고 14일 밝혔다. 응답자들은 '고객사 및 소비자 요구 대응(42.6%)', 'ESG 규제 대응(34.7%)' 등을 ESG 경영 추진 동기 1 · 2위로 꼽았다. '기업 이미지 제고(12.9%)', '투자자 요구 등 자금 조달(4.9%)' 등이 뒤를 이었다.

이번 조사에서 중견기업의 16.8%는 자사의 ESG 경영 준비 수준이 '높다'라고 응답했고, '보통'은 43.6%, '낮다'라는 39.6%로 집계됐다. 중견기업의 23.8%는 'ESG 대응 조직을 갖췄다'라고 응답했는데, '이사회 전담기구 설치', '사내 전담조직 설치'가 각각 8.3%였고 '기존 조직 내 담당자 지정 및 업무 배정' 방식이 91.7%로 대부분을 차지했다.

중견기업계는 '업무 및 비용 증가(47.5%)'를 ESG 경영 추진의 가장 큰 걸림돌로 꼽았다. 또 '모호한 ESG 개념 및 범위(19.8%)', '기관별 상이한 평가 방식(17.8%)', 'ESG 관련 규제 강화(12.9%)' 등이 뒤를 이었다.

ESG 경영 확산을 위해서는 가장 많은 37.6%의 응답자가 세제 혜택 등 제도적 인센티브가 뒷받침돼야 한다고 응답했다. 불필요한 혼란과 기업 부담을 해소하려면 공신력 있는 ESG 평가 · 공시 기준을 세워야 한다는 목소리(32.7%)도 높았다. 'ESG 경영 관련 교육 · 컨설팅 지원(20.8%)', 'ESG 경영 관련 정보 전달 체계 구축(8.9%)' 등 원활한 ESG 경영 도입과 실효성 제고를 위한 추가적 조치가 필요하다는 의견도 제시됐다.

중견기업의 70.3%는 ESG 경영 도입 시 기업의 부담을 완화하기 위해 제도적 인센티브, 공신력 있는 평가 · 공시 기준 확립 등 정책적 지원 체계를 시급히 구축해야 한다는 의견을 제시했다. 이번 조사는 지난달 4일부터 이달 14일까지 101개 중견기업을 대상으로 진행했다.

반원익 중견련 상근부회장은 "ESG 경영에 대한 중견기업의 인식과 도입 의지는 매우 높은 반면, 불확실한 향후 전망, 다소 부족한 대응 여력 등에 따른 우려도 많다."라면서 "ESG 경영에 대한 명확한 이해를 바탕으로 기업의 선제적 투자를 뒷받침할 정책적 인센티브를 대폭 확대해야 할 것"이라고 강조했다.

출처: 서울경제, 2021.06.14.(https://n.news.naver.com/mnews/article/011/0003923034)

중소기업 ESG 경영 현황[79]

우리나라 대기업들은 ESG의 중요성에 대해 발 빠르게 인지하고 전담부서 등을 설치하여 대응하는 상황이다. 금융회사의 경우 2021년에 KB금융지주 ESG전략부, 신한금융 ESG기획팀, 우리금융 ESG 경영부 등 모두 ESG 전담부서를 설치하고 적극적인 대응책을 마련하고 있다.

문제는 중소기업이다. 대기업을 제외한 중견, 중소 규모 기업들의 경우 인적 · 물적 자원의 한계로 인해 ESG에 대한 사회적 요구에 민첩하게 대응하지 못하고 있다. 중소벤처기업부 「중소기업현황」에서 제공하는 자료에 따르면 2018년 기준으로 우리나라 총 사업체 3,814천 개 중 중소기업에 해당하는 기업은 3,809천 개다. 무려 99.9% 비중을 차지한다. 종사자 수의 경우도 총 종사자 17,712천 명 중 중소기업 종사자 수는 15,883천 명으로 89.7%에 해당한다.

표 3-4 중소기업 ESG 경영 현황 조사 결과

	문항	답변
1	기업성과 달성에 ESG 경영이 중요하다.	4.38(6점 만점) 긍정 응답 비율 82.5%
2	올해 ESG 경영에 대한 이해관계자의 요구가 늘어나는 것을 체감한다.	4.18(6점 만점) 긍정 응답 비율 76.0%
3	장기적으로 ESG 경영이 대부분의 중소기업에 확산될 것이라고 확신한다.	4.36(6점 만점) 긍정 응답 비율 79.0%
4	ESG 운영을 전담하는 실무조직 또는 실무자가 있는가?	예 12.5% 아니오 87.5%
5	중소기업 ESG 경영 도입을 위해 어떤 지원 정책이 필요하다고 생각하는가?	ESG 관련 교육 지원(58.0%) 전문가 자문 지원(51.5%)
6	정부 및 기관에서 ① ESG 가이드북 ② 온라인 교육 ③ 설명회 ④ 개별 기업 컨설팅을 제공하면 이를 활용하겠다.	긍정 응답 비율 ① 94.0% ② 97.0% ③ 92.5% ④ 92.5%

중소기업 ESG 경영 현황 조사 결과에서도 볼 수 있듯이 중소기업들도 ESG의 중요성에 대한 인식의 수준은 전반적으로 높은 편이다. 그렇지만 실제로 ESG를 경영에 도입하거나 적용하는 수준은 아직 낮은 상황이다. ESG 경영의 중요성에 대한 인식은 '중요하다'라는 응답 비율이 70%에 이른다. 그렇지만 ESG 경영 수준은 5점 척도 기준으로 보통(3점) 이하에 해당하는 2.9점이다.

79 경영 · 회계 · 사무 인적자원개발위원회 이슈리포트 (ISSUE REPORT) (2022년 1/4분기)를 재구성한 것이다.

이 조사는 상시 근로자 수 50인 이상의 기업 200곳을 대상으로 한 것이기 때문에 규모가 더 작은 곳은 ESG 경영에 대한 준비가 훨씬 미약할 것이라 짐작할 수 있다.

또 다른 조사인, 대한상공회의소와 KPC가 국내기업 300개 사를 대상으로 설문조사를 한 결과에 따르면 ESG 담당 조직이나 담당자조차 아직 없는 곳이 많은 형편이다. 기업 차원에서 ESG 위원회를 설치한 곳이 15.7%, 전담 조직이 설치된 곳이 21.0%에 불과하다. ESG 담당 임원을 따로 지정하고 있는 곳도 12.7%에 불과하다.

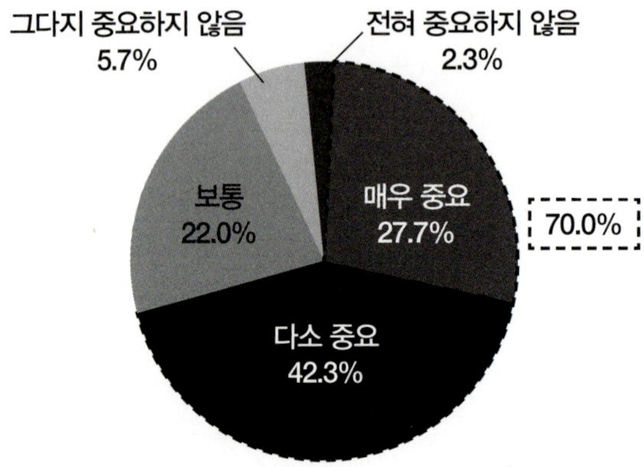

그림 3-5 **기업 ESG 중요성 인식 수준**

출처: 대한상공회의소

중앙정부(중소벤처기업부)의 중소기업 ESG 촉진 정책[80]

중소벤처기업부는 2021년 11월 23일 중소기업 ESG 촉진 방안을 내놨다. 정부가 설정한 정책의 기본방향은 대목표와 추진 원칙으로 구성되어 있다. 대목표는 중소기업의 ESG 경영 참여를 통한 저탄소(E) · 포용(S) · 공정(G) 경제로의 대전환 촉진이다. 추진 원칙은 다음과 같다.

- "규율"보다 "지원"에 초점
- ESG 인식개선 중점 추진
- 인프라 구축 및 인센티브 설계
- 중소기업 부담 · 혼란 최소화
- 자발적 · 능동적 참여 유도
- 공공부문이 ESG 확산 뒷받침

80 중소기업 ESG 촉진방안, 중소벤처기업부, 2021.11.23.

당시 정부는 중소기업의 ESG 촉진을 위한 연간 목표를 다음과 같이 설정했다.

• ESG 자가 진단 50,000개 사/年

• ESG 심층 진단 600건/年

• ESG 교육 · 컨설팅 5,000개 사/年

• 中企 ESG 우수사례 공시 50건/年

중소벤처기업부는 중소기업 ESG 촉진 정책의 추진방안으로 크게 세 가지를 제시했다.

첫째, 중소기업의 ESG 인식 제고다. 이를 위해 중소기업 맞춤형 ESG 체크리스트를 마련하여 활용하게 하고 ESG 교육 · 컨설팅을 진행하며 ESG 사례집을 발간하고 있다. 맞춤형 ESG 체크리스트는 온라인을 통해 자가 진단 서비스가 가능하도록 한 일종의 중소기업 ESG 플랫폼이다. 교육 컨설팅에 필요한 전문인력 양성도 포함되어 있다.

둘째, 중소기업 ESG 생태계 조성이다. 민간이 ESG 확산을 위해 자발적으로 노력할 수 있도록 유도하는 방향에서 정책을 추진한다. 대기업 · 중견기업 · 공기업들이 협력사들에 대해 ESG 경영을 지원하도록 하거나 ESG 유망 창업기업을 육성하는 방안도 포함되어 있다. 부문별 맞춤형 지원 방안도 추진하도록 한다.

셋째, 중소기업 ESG 거버넌스의 구축이다. 중소기업 ESG 준비 민 · 관 협의회를 발족하고 ESG 통합 소통 채널을 구축한다. 지방중기청 및 지역중소기업 지원기관, 협회 · 단체 지부 간 협업을 장려하고 나아가 민간 및 해외 ESG 평가기관 간 협업도 추진한다.

우리 정부의 중소기업 ESG 촉진 방안은 목표 설정 및 추진 방향의 체계화가 적절히 설정되어 있다고 평가할 수 있다. 중소기업의 ESG 경영 참여를 통해 저탄소(E) · 포용(S) · 공정(G) 경제로의 대전환 촉진이라는 대목표를 제시하고 있기 때문이다. ESG 경영을 통해 기업 차원을 넘는 경제 전반의 목표를 제시하고 있다는 점에서 적절하다고 평가할 수 있다.

특히 중소벤처기업부는 E, S, G 각각의 목표를 저탄소 경제, 포용 경제, 공정 경제로 설정했다. 이는 기업의 ESG 경영을 통해 사회 전반적으로 확장적인 효과를 거둘 수 있게 하는 목표의 설정이다. 따라서 근본적으로 기업 활동의 궁극적 목표상을 적절히 제시하고 있다고 평가할 수 있다.

다만, 중소벤처기업부의 중소기업 ESG 촉진 방안에서 제시한 구체적인 추진 방안은 ESG 경영의 구체적인 사업 내용으로는 폭넓게 제시하고 있으나, ESG 경영을 통한 경쟁력 강화 방안에 대한 제시는 부족한 실정이다.

정부는 중소기업의 ESG에 대한 인식 제고, 중소기업 ESG 생태계의 조성, 중소기업 ESG 거버넌스의 구축 등 3축으로 ESG 촉진을 위한 구체적인 방안을 제시하고 있는데, ESG 경영을 통한 경쟁력 강화 방안에 대한 제시로 볼 수 있는 추진방안은 ESG 수출규제 대응 정도이다.

중소기업은 우리나라 경제에서 압도적인 비율의 사업체 수와 종사자 비중을 차지하고 있다. 따라서 중소기업의 ESG 경영에 대한 지원은 더욱 필요한 상황이다.

ISC 제안 중소기업 ESG 경영 도입 로드맵[81]

STEP 1. 기업의 ESG 경영 실태를 진단하라

- 기업의 내부 환경과 외부 환경에 대한 진단은 ESG 경영 도입의 첫걸음이라 할 수 있다 (Zacchetti and Ragaini, 2021).
- 내부적으로는 〈중소기업 ESG 경영 자가진단표4〉를 통해 노무, 안전, 윤리경영, 환경 네 가지 영역에 대한 진단을 실시하여 기업의 ESG 현 수준을 파악할 수 있다.
- 외부 환경에 대한 분석에는 경쟁사 분석, 업종별 규제 분석, 업종 관련 최근 이슈 분석, 주요 이해자 분석 등이 포함된다.

STEP 2. ESG 경영 전략을 수립하라

- 경영이념을 설정하고 ESG 전략과 정렬하라: 모든 노력의 방향성을 일관되게 정렬하기 위해 경영이념과 ESG 전략 간의 정렬이 필요하다.
- 진단 결과를 바탕으로 기업 특화된 ESG 전략을 설정하라: 1단계 진단에서 도출된 AS-IS와 TO-BE 사이의 차이를 메꿀 수 있는 전략이 필요하다.
- ESG 방침을 선포하고 리더십을 공고히 하라: 방침에는 의지(will)와 방향성(direction)을 내포하는 것이 중요하다.

STEP 3. ESG 경영 실행을 위한 우선 과제를 선정하라

- ESG 전략을 바탕으로 도출된 과제들의 우선순위를 파악하여 높은 우선순위의 과제부터 순차적으로 실행할 필요가 있다.

STEP 4. ESG 경영 인프라를 갖춘 조직으로 변화하라

- 본격적으로 기업의 ESG 경영 실행 역량을 갖추는 단계로 의사결정 레벨에서 실무자급 레벨까지 전사적 ESG 경영 체계를 설계 · 구축해야 한다.

81 경영 · 회계 · 사무 인적자원개발위원회 이슈리포트(ISSUE REPORT) (2022년 1/4분기).

- 단기 과제: ESG 전담 조직구축, 임직원 대상 ESG 교육
- 장기 과제: ESG 리스크 관리 시스템 구축, ESG 조직문화 정착

STEP 5. 이해관계자와 소통하라

- 소통 채널을 운영하여 ESG 경영 성과를 이해관계자에게 알리고, 이해관계자들의 새로운 요구를 파악하는 과정이 필요하다.
- STEP 5는 다시 STEP 1과 연결되어 STEP 5의 결과를 STEP 1 과정에 반영한다.

ROESG

일본경제신문은 2019년 처음으로 주식 시가총액 및 자기자본비율, 평가 대상기업을 글로벌 기업에서 추출해 ROESG 랭킹을 공표했다. 대상기업은 시가총액 300억 달러 이상, 자기자본비율 20% 이상의 263개 사를 대상으로 했다.[82]

ROESG 모델은 일본 제약사 에자이(Eisai)의 야나기 료헤이 전무가 고안한 것으로, ESG 비용을 미래 투자로 간주해 이익에 반영시켜 ESG 스코어를 산출하는 모델이다. ESG를 비용이 아닌 장래 기업 가치를 올리는 투자 요소로 인식해 수치화시키는 모델의 일종이다.[83]

ROESG는 ROE(return on equity, 자기자본이익률)와 ESG를 합친 말이다. 이는 기업의 재무적 성과를 평가하는 대표적인 지표로, 기업을 운영하면서 투여한 자본에 비하여 얼마나 이익을 거두고 있는가를 나타낸다. 예컨대 100억 원의 자본을 가진 회사가 10억 원의 이익을 냈다면 ROE는 10%다.

야나기 료헤이가 ROE와 ESG의 관계를 분석한 ROESG 모델은 ESG 활동이 ROE 상승에 있어 중요한 상관관계가 있다는 근거를 바탕으로 구성한 공식이다. ROESG 모델에 사용하는 ESG 스코어는 아라베스크(Arabesque), 서스테이널리틱스(Sustainalytics), FTSE, MSCI, 로베코(Robeco) 등 5개 ESG 평가기관의 평가 점수를 이용한다. 각 평가기관의 상위 10% 기업을 만점(1점)으로 해서 10% 단위로 0.1점씩 감점해 5개 평가기관의 점수를 평균한다. 상위에는 최대 30%의 프리미엄을 주어 최고점을 1.3으로 한다. ROE는 각 사 IR 데이터를 참고로 해 ROE의 3기 평균을 산출한다. 마지막으로 ESG 스코어와 ROE를 곱함으로써 ROESG 수치를

82 "ESG 평가의 새로운 흐름, 'ROESG'", 신아일보, 2021.08.20.
83 "김재필의 'ESG 혁명이 온다'", iTChosun, 2021.08.09.

산출한다.[84]

ROE = (당기순이익 / 자기자본) × 100

ROESG = ROE(%) × ESG 스코어(점수)

ROESG를 제대로 이해하기 위해서는 훨씬 복잡한 실증적 이론이 필요하지만, 간단히 이해하면 재무제표를 작성할 때 ESG를 비용으로 처리하지 않고 투자로 반영하는 방법을 개발한 것이다. 물론 이러한 방법이 회계장부를 거짓으로 꾸미는 분식회계를 뜻하는 것은 아니다.

ROESG가 완벽하지는 않으므로 ESG를 그저 비용으로 처리하지 않는 방법은 계속 연구 중이다. 우리나라도 2021년부터 한경ESG · KB증권에서 ROESG 랭킹을 발표하고 있다.

표 3-5 2022 ROESG 톱 50

순위	기업명	ROESG	ROE(%)	ESG 점수 (1~10점)	순위 변동
1	코웨이	31.9	40.9	7.8	-
2	삼성엔지니어링	24	30.8	7.8	▲1
3	LG생활건강	21.7	25.3	8.6	▼1
4	BGF리테일	18.8	28.5	6.6	신규
5	금호석유화학	18.3	35.1	5.2	신규
6	LG이노텍	17.2	23.8	7.2	▲15
7	롯데정밀화학	16.1	23.7	6.8	▲4
8	네이버	15.7	21.2	7.4	▼2
9	엔씨소프트	14.6	21.5	6.8	▼5
10	KT&G	14.4	17.1	8.4	신규
11	삼성전기	12.8	17.3	7.4	▼1
12	SK하이닉스	12.3	13.7	9	▼7
13	현대글로비스	11.7	16.7	7	▼1
14	CJ제일제당	11.6	13.4	8.6	▼6
15	삼성SDS	11	13.8	8	▼2

84 "김재필의 'ESG 혁명이 온다'", iTChosun, 2021.08.09.(https://it.chosun.com/site/data/html_dir/2021/08/09/2021080900385.html)

16	LG전자	10.9	13.3	8.2	▲3
17	한전KPS	9.6	14.2	6.8	▼2
18	씨젠	8.9	88.9	1	신규
19	GS건설	8.8	14.7	6	▼10
20	포스코인터내셔널	8.5	12.4	6.8	▲4
21	삼성전자	8.3	14.8	5.6	▼14
22	제일기획	8	22.3	3.6	▼8
23	대우건설	7.8	16.2	4.8	신규
24	기아	7.7	11.7	6.6	▲19
24	한온시스템	7.7	13.7	5.6	신규
26	오리온	7.3	20.2	3.6	신규
27	한샘	7.2	13.8	5.2	신규
28	LS일렉트로닉	7.1	9.3	7.6	▼11
29	GS리테일	6.9	15.7	4.4	▲8
29	POSCO홀딩스	6.9	9.6	7.2	▲13
31	현대모비스	6.6	8.6	7.6	▼4
32	포스코케미칼	6.5	8.3	7.8	▼14
33	LG화학	6.2	10	6.2	▲7
34	SKC	6	8.9	6.8	신규
35	한국타이어앤테크놀로지	5.4	8.4	6.4	▼12
36	고려아연	5.2	13.6	3.8	신규
37	삼성SDI	5.1	7.1	7.2	▼3
38	SK텔레콤	4.9	6.3	7.8	▼19
38	KT	4.9	8.7	5.6	신규
40	더존비즈온	4.7	19.8	2.4	신규
40	아모레퍼시픽	4.7	5.6	8.4	▼11
42	롯데케미칼	4.6	8	5.8	▼18
43	SK	4.5	6.5	7	▼17
43	LG	4.5	8.1	5.6	▼21
43	현대건설	4.5	7.1	6.4	▼9
46	DL	4.3	10.2	4.2	신규
46	펄어비스	4.3	23.7	1.8	신규
48	유한양행	4.2	8.2	5.2	▼18

49	한미약품	4.1	7.6	5.4	▼4
49	삼성물산	4.1	6.3	6.4	▼21

ESG와 재무성과의 관계

ESG의 실천이 심화됨에 따라 ESG를 중시하며 경영하는 기업은 성과도 좋은 것으로 나타나고 있다는 주장도 만만치 않다. 2020년 7월에 나온 MSCI 보고서는 ESG 관리 수준이 높은 기업일수록 위험도는 낮고 수익성은 높은 것으로 분석했다.[85]

ESG 옹호 논리는 리스크 회피를 통해 기업의 재무적 성과도 증대시킨다는 논리와 직결된다고 할 수 있다. 그렇다면 ESG의 실천과 기업의 재무적 성과는 어떤 관계가 있을까? 비용으로 투입되어 재무성과를 떨어뜨릴까, 아니면 어떤 경로로든 재무성과를 높이는 방향으로 귀결되고 있을까?

ESG가 재무성과에 긍정적인 영향을 미치는지는 아직 불투명하다. 둘 간의 관계에 대해 상반된 논문들이 나오고 있어서다. 그래도 의미 있게 받아들일 만한 연구가 적지는 않다. 지난해 4월 자본시장연구원에 따르면, 재무적으로 중요도가 높은 ESG 활동 때 주가수익률이 상승했다. 반면, 재무적 중요성이 뚜렷하지 않은 ESG 활동은 주가수익률과 관련성이 유의적이지 못했다.[86]

당장에는 투자 효율성이 떨어지고 기업과 경제에 금전적 부담이 될 수 있다. 미래세대를 위해서는 바람직한 방향[87]이기 때문에 ESG를 실천해야 한다는 논리도 일리가 있지만, 기업 입장에서는 ESG의 실천이 단순한 비용 투여나 장기적 성과가 아니라 지금 당장 재무적 성과를 거두는 것이 금상첨화라고 할 것이다.

아직 학계 연구는 ESG의 실천이 기업의 재무적 성과에 미치는 영향에 긍정적이라는 결과가 많지 않다. 오히려 반대의 결과를 보여주는 경우가 더 많다. ESG를 적극적으로 설파하는 논자들의 주장 또한 일부 성공 사례를 지나치게 일반화하여 ESG와 재무성과의 상관관계를 긍정적으로 보고 있다는 주장도 있다.

그렇지만 최근의 연구는 과거 자료, 곧 우리 사회에서 ESG의 실천이 본격적으로 실행되기 전의 자료를 분석 대상으로 하여 진행되었다는 점을 고려할 필요가 있다. 향후 연구 결과에 따라 다른 결과를 보여줄 가능성이 충분히 있다.

85 최남수, 『이해관계자 자본주의』, 새빛, 2021.
86 "'ESG 배싱'이라고? "기업은 조용히 실천 중"", 매경ECONOMY, 2023.03.20.
87 홍종호, 『기후위기 부의 대전환』, 다산북스, 2023.

ESG와 기업가치의 관계에 관한 연구

우리나라 상장기업의 ESG 평가등급이 기업가치에 미치는 영향에 대해 분석하였다. 우리나라 상장기업의 제조업을 중심으로 2012년부터 2021년까지 10년간 재무 자료를 이용하여 실증분석을 실시하였다. 실증분석은 우리나라 재무 특징이 ESG 평가등급에 미치는 영향을 분석한 후 ESG 평가등급이 기업가치에 미치는 영향을 분석하였다. 분석 결과 첫째, 우리나라 기업들의 ESG 등급에 영향을 미치는 요인은 기업의 수익역량과 자금역량이었다. 즉, 기업의 수익창출이 잘 이루어지고, 기업의 자금역량이 높은 기업은 ESG 평가등급을 잘 관리하는 것으로 나타났다. 둘째, 우리나라 기업들의 ESG 평가등급은 기업가치에 잘 반영되고 있지 못하다. 기업의 ESG 평가등급과 기업의 시장가치는 역의 관계를 보여주었다. 기업을 규모에 따라 분석한 결과 통계적인 유의성을 발견할 수 없었다. 따라서, 기업의 ESG 평가등급은 기업가치에 영향을 미치지 못하는 것으로 보인다. ESG 평가등급의 변동성도 기업가치에 영향을 미치지 못하였다. 종합적인 ESG 평가등급뿐 아니라 개별 평가등급도 영향력이 미미하였다.

본 연구 결과를 보면 우리나라 시장에서 ESG가 기업가치에 반영되는 정도는 아직 미미한 것으로 보인다.

출처: 라영수, 한국경영컨설팅학회 2022 경영컨설팅연구 Vol.22 No.6

ESG 활동과 기업가치의 상관관계와 인과관계

전통적인 가치평가 모형에 따르면, ESG 활동이 기업가치를 제고하기 위해서는 기대현금흐름과 이의 불확실성을 반영하는 할인율을 개별적으로 혹은 유기적으로 개선해야 한다. 본 연구는 ESG 활동이 매출액 및 영업이익률 증가를 통해 기대현금흐름을 개선하거나, 자기자본비용 또는 타인자본비용을 낮추어 기업가치를 제고하는지 실증적으로 분석한다. 2011~2019 기간에 걸쳐 구성된 한국기업지배구조연구원의 ESG 점수자료를 이용한 분석 결과, ESG 점수와 매출액 및 영업이익률 간의 유의한 관계는 찾을 수 없었으나, ESG 점수가 높을수록 타인자본비용 및 자기자본비용은 유의적으로 낮다는 결과를 일부 발견하였다. 그러나 이들 변수 간의 인과관계를 살펴본 그레인저 분석에서는 ESG의 점수 변화가 매출액 및 영업이익률의 변동, 혹은 타인 및 자기자본비용의 변동을 견인한다는 유의한 증거를 찾을 수 없었다. 이러한 결과는 시간에 따라 변동을 보이지 않았을 뿐만 아니라, ESG 활동에 대한 대체적 점수를 사용했을 때도 그대로 유지되었다. 본 연구는 ESG 활동과 기업가치 결정 요소들과의 상관관계와 인과관계에 대한 증거를 차별적으로 제시함으로써, 최근 확산하고 있는 ESG 활동의 경제적 효과에 대한 주장을 전면적으로 받아들이는 데 주의가 필요함을 시사한다.

출처: 김세희, 선우희연, 이우종, 정아름, 한국회계학회 2022 회계저널 Vol.31 No.3

기업의 혁신으로서 ESG

기업이 비용을 많이 들인다고 해서 재무적 성과에 부정적 영향을 끼치기만 하는 것은 아니라는 점은 과거 포드(Ford)의 사례로 충분히 반박할 수 있다. 포드는 거의 한 세기 전 노동자에 대한 파격적인 임금 인상, 곧 엄청난 비용 투여의 확대를 통해 오히려 엄청난 매출 증대를 가져왔다.

포드는 노동자의 임금을 대폭 인상했을 뿐만 아니라 판매하는 차의 가격도 인하했다. 동업자인 다지 형제는 이러한 결정이 주주의 이익을 침해한다며 소송을 제기했고, 1919년 법원은 다지 형제의 손을 들어주었다.[88]

노동자의 임금을 비롯한 비용을 줄이고 제품의 가격을 최대한 인상하는 방법이 기업의 재무적 성과를 최대화할 수 있다는 것은 상식이다. 그렇지만 포드는 비용은 늘리고 판매 단가는 줄였다. 그런데도 기존보다 더 큰 재무적 성과를 거둔 비결은 무엇이었을까?

바로 노동자의 사기 증대는 엄청난 생산성 증대로 이어졌고 낮아진 자동차 가격은 더 많은 판매를 가져와 전체적으로는 더 큰 매출 증대로 이어진 것이다. 박리다매라는 말이 이 경우에 딱 들어맞는다고 할 수 있다.

기업은 혁신을 통해 성장하고 전체 자본주의의 발전을 견인한다. 포드는 자동차 생산 기술의 혁신보다는 경영의 혁신을 통해 더 큰 재무적 성과를 거두었다. 뿐만 아니라 포드 시스템이라는 생산공정의 혁신도 빼놓을 수 없다.

포드 시스템은 부품의 표준화, 제품의 단순화, 작업의 전문화 등으로 생산의 표준화를 이루고, 컨베이어 시스템에 의한 이동조립 방법을 채택해 작업의 동시 관리를 꾀함으로써 원가절감을 통한 대량생산을 가능하게 하는 계기를 마련했다.[89] 대량 생산 시스템(mass production system)이 본격화된 계기였다.

ESG의 시대는 포드의 시대와 많은 것이 다르다. 그렇지만 기업의 혁신이라는 측면에서, 기업의 재무적 성과를 증대할 가능성을 내포하고 있다는 점에서 유사하다. 비용 증대가 매출 증대로 이어지고, 포드가 이룩한 공정의 혁신과 유사한 효과가 ESG를 앞장서 실천하는 기업들에서도 나타나는 사례는 많다.

비용의 증대가 매출의 증대로 이어지는 사례는 이른바 가치소비의 형태가 점차 늘어나는 데서 찾아볼 수 있다. 착한 소비, 윤리 소비 등 다양한 이름으로 불리는 가

88 "프리드먼 선언 50주년을 맞이하며", 아시아경제, 2020.12.14.

89 https://terms.naver.com/entry.naver?docId=1847241&cid=43667&categoryId=43667

치소비는 MZ세대의 소비 패턴의 특징으로 보고되고 있다. ESG를 실천하는 기업에 조금 더 비싼 돈을 내더라도 소비를 하겠다는 흐름에 기업들도 적극적으로 마케팅을 펴고 있는 트렌드다.

사실 친환경 제품을 만들면 단기적으로는 생산 비용이 급증한다. 기업경영에 부정적인 영향을 줄 확률도 높다. 하지만 장기적으로 보면 새로운 시장을 개척하는 효과가 발생하고, 친환경 공정을 통해 신기술을 발견하는 계기를 마련하기도 한다.[90]

3M은 제조공정 개선과 폐기물 재사용 등의 방식을 써서 22억 달러를 절감했고, 3만 5,000대의 수송 차량을 전기차나 하이브리드 차로 전환하는 계획을 추진 중인 페덱스는 지금까지 20%의 차량을 교체해 연료 소비를 19억 리터 가까이 줄였다.[91]

아직은 일부 성공 사례를 지나치게 일반화해 ESG와 재무적 성과의 연관성을 강조한다는 견해가 일리가 있는지도 모른다. 그렇지만 ESG를 그저 비용으로 생각하지 않고 혁신의 계기로 인식의 패러다임을 전환하는 기업들이 새로운 성공 방정식을 쓰고 있는 것만은 분명하다. ESG 기회를 살려 기업가치를 올리는 기업은 투자자로부터 '러브콜'을 받을 가능성이 크다[92]는 점도 고려해야 한다.

표 3-6 대한민국 ESG 경영 혁신대상 평가 지표

대분류	중분류	세부 지표
환경 (E)	오염물질 배출	온실가스 배출량, 대기오염물질 배출량, 수질오염물질 배출량 등
	자원 사용	에너지소비량, 수자원 사용량, 폐기물 발생량 등
	환경 혁신 활동	환경투자 비용, 친환경 제품 구매, 친환경 인증마크 보유 여부 등
	ESG 금융(금융기관만 해당)	ESG AUM(Assets under Management) 비중
	환경 논란	기름, 화학물질, 유독가스, 독극물, 핵물질 등의 유출 및 누출 관련 사건 사고 사례 등

90 "ESG 소문 못내면 소용없어…공시에 공들여라", 매경이코노미, 2021.04.28.

91 최남수, 『이해관계자 자본주의』, 새빛, 2021.

92 "ESG 소문 못내면 소용없어…공시에 공들여라", 매경이코노미, 2021.04.28.

사회 (S)	직원	직원 보건 및 안전, 여성 직원 비율, 성별 평균임금 격차, 장애인 고용률, 직원 만족도, 산업재해 등
	공급망	협력 회사 ESG 리스크 관리 체계 및 지원 체계, 공급망 안정 등
	제품 책임	고객 만족도, 품질관리, 개인정보보호 등
	인권	인권정책, 인권교육, 인권영향평가 등
	지역사회	사회문제 해결 노력, 봉사활동 시간, 기부 금액, 동반 성장 지수 등
	사회 논란	차별, 파업, 부상, 아동 노동, 개인정보 유출 등 관련 사건 사고 사례
지배구조 (G)	주주 권리	주주총회 소집공고, 서면 및 전자투표제, 배당 정책 등
	이사회	이사회 구성의 전문성&다양성, 감사의 전문성, 이사회 출석률 등
	ESG 관리	ESG 전략, ESG 정보 공시, 지속가능경영보고서 발간 등
	윤리경영	임직원 행동강령, 윤리규범 위반 사항 공시, 공정거래 자율 준수, 윤리 위반 제보 등
	지배구조 논란	회계 · 세무, 거래, 부정부패,경영진 관련 사건 사고 사례 등

출처: 대한민국 ESG 경영대상위원회

새로운 성장동력으로서 ESG

ESG에 대한 기업의 입장도 뚜렷하게 바뀌고 있다. 종전에는 규제 회피 중심의 소극적인 자세였다면 이제는 비즈니스 모델 측면에서 수익을 추구하는 적극적인 자세를 보인다.[93] ESG에 대한 인식이 비용에서 장기적 투자로, 다시 혁신으로 바뀌었고, 더 나아가 새로운 성장동력으로서 사고하게 된 것이다. ESG를 기업의 새로운 성장동력으로 본다는 말은 어떤 의미가 있을까? 고려대 경영학과 이재혁 교수의 견해를 참고할 수 있다.

재무가치와 비재무가치 중 어느 것이 중요할까? 사실 이것은 우문이다. 기업의 존재 이유가 이윤창출이고, 기업이 돈을 못 벌면 도태된다. ESG는 절대 새로운 게 아니다. 이윤창출 과정에서 오늘 돈을 버는 기업이 내일도 돈을 벌 수 있는지 보는 게 ESG의 핵심이다. 한밤중 폐수를 버리고 직원을 쥐어짜면 그 기업이 지속가능할까? 그렇지 않다. 기업은 지속가능해야 하고, ESG는 지속가능성과 관련이 있다.[94]

93 최남수, 『이해관계자 자본주의』, 새빛, 2021.

94 매일경제 ESG팀, 『이것이 ESG다』, 매일경제신문사, 2021.

기업의 지속가능성을 아예 새로운 성장동력의 확보로 바라보는 관점이라고 해도 과언이 아니다. 일론 머스크의 전기차는 ESG를 새로운 성장동력으로 바라보는 대표적인 사례다. 전기차는 기후위기 해결, 탄소중립 확보, 환경보전을 위한 확실한 방법의 하나다.

일론 머스크는 전기차를 통해 테슬라를 신사업 분야의 선두주자로 만들어 놓았다.[95] ESG가 새로운 성장동력이라는 것은 그저 듣기 좋은 구두선으로 끝나지 않는다. ESG 중에서 환경 분야는 각국 정부와 UN 차원에서 적극적으로 추진하는 새로운 성장동력이다.

유엔환경계획(UNEP)은 2008년 10월 영국 런던에서 '그린 뉴딜 정책(Green New Deal Policy)'을 새로운 성장동력으로 제시하고 환경 분야에 대한 투자를 활성화하자고 주장했다. 1930년대 미국 전 대통령 프랭클린 루스벨트(Franklin Roosevelt)가 사회간접자본에 투자한 뉴딜 정책으로 대공황을 타개한 것처럼 녹색산업 지원을 통해 일자리와 시장을 창출하자는 계획이다.[96]

그린 뉴딜은 각국의 정책으로 이어졌다. 미국은 2009년 오바마의 그린 뉴딜로 약 900억 달러의 연방정부 예산이 투입되면서 녹색산업의 성장 초기를 형성했다.[97] 바이든 정부의 그린 부양 안은 오바마 정부의 그린 뉴딜보다 큰 규모로 진행된다. 오바마의 그린 뉴딜이 900억 달러였던 것에 비해 바이든의 그린 부양 안은 3,690억 달러로 4배 이상 규모다.[98]

아직 환경 분야를 제외하면 S와 G 영역에서 새로운 성장동력으로서 ESG에 대한 정책 실행은 눈에 띄지 않는다. 그렇지만 환경 분야에서도 수십 년의 세월이 지나면서 녹색이 새로운 성장동력으로 패러다임이 전환되었다는 점에 유념할 필요가 있다. S와 G 영역에서 새로운 성장동력으로서 대안 마련은 향후 뛰어난 기업가와 학자, 정책가의 등장을 통해 새로운 국면을 맞이하게 될 것이다.

---

95 법무법인 화우 ESG 센터, 『MK에디션 실전 ESG 경영』, 매일경제신문사, 2023.

96 https://terms.naver.com/entry.naver?docId=2065545&cid=42107&categoryId=42107

97 "씨에스윈드, 글로벌 '그린 빅뱅' 최대 수혜주-유진", 이데일리, 2023.08.17.

98 "국내 그린산업계, 美 그린부양안 입법화 청신호에 기대감", 에너지경제신문, 2022.08.14.

읽고 생각하기

'그린 뉴딜'은 누구의 말인가

'그린 뉴딜'은 어려운 말이다. '그린'이야 직관적으로 이해된다고 해도 '뉴딜'은 암호다. 설명하는 데 시간이 한참 걸린다. 그 말을 둘러싼 정치사회적 맥락을 함께 이해하지 않으면 그냥 새로운 정책 패키지의 브랜드에 그칠 뿐이다. 그럴 때 혼동과 위험이 발생한다. 9월 4일 문재인 대통령은 한국판 뉴딜 사업 추진을 위해 '뉴딜 펀드'를 포함하는 대규모 금융지원 프로젝트를 발표했다. 그동안 환경운동 내의 제안자들은 그린 뉴딜을 '기후위기를 막고 불평등을 해소하기 위한 사회 대전환' 프로젝트라고 설명해왔다. 그런데 뚜껑을 열고 보니 정부의 그린 뉴딜은 지구환경을 파괴한 성장주의와 금융자본주의에 대한 반성이 아니라 오히려 더 촉진하는 정책이었다. 정부는 디지털, 수소전기자동차, 재생에너지 산업 지원을 위해 170조 원의 금융투자 지원과 여기에 20조 원의 뉴딜 펀드까지 조성해서 투자자들의 수익률과 원금 보장을 약속한다. 한마디로 녹색으로 분칠한 '카지노 자본주의'다.

그린 뉴딜이 왜 이렇게 된 걸까? 2008년 오바마 정부의 그린 뉴딜이 이명박 정부의 녹색성장론으로 처음 수입되었을 때만 해도 국내 환경단체들은 '가짜 녹색'의 가면을 벗겨내고 '녹색경제'의 기만성을 폭로했다. 당시 금융시장 붕괴에서 위로부터 도입이 추진된 그린 뉴딜은 새로운 녹색시장을 열며 위기의 돌파구로 이용되었다. 지금도 마찬가지다. 국가와 자본은 기후시장을 통해 디지털, 에너지, 바이오 산업을 신성장동력으로 삼고자 한다. 달라진 것은 정부와 시민사회의 관계다. 이명박 · 박근혜 정권 때라면 이러한 뉴딜에 맞서 앞장서서 싸웠을 사람들이 지금은 그러지 않는다.

처음 도입될 때부터 이 개념은 위험을 노정하고 있었다. 미국과 유럽의 급진적인 기후운동에서 상징을 가져왔지만, 내용적으로는 정부, 기업, 투자자들이 주도하는 EU의 보수적이고 친시장적인 그린딜에 가까웠다. 친정부 단체와 여당이 그린뉴딜 담론을 주도하면서, 노동자 민중의 정치적 요구와 방향에 대한 논의는 실종되고, '탈탄소론'에 치우친 기후관리와 기술정책담론으로 흡수되었다. 가장 중요했던 불평등 문제도 마치 노동자를 산업 분야 좌초자산의 일부인 양, 쓸모없게 된 노동의 처리 문제처럼 다뤄졌다. 지금 한국판 뉴딜에서 노동 전환 대책은 전무하다. 전환의 필요성과 당위성은 분명했지만, '규모'와 '속도'의 조급함 속에서 철학과 방향을 상실했다. 무엇보다 그린 뉴딜은 노동자 민중의 말이 아니었다.

미국의 노동자계급에 뉴딜이란 말은 1930년대의 기억으로부터 정치적 상상력을 불러온다. 그것은 자본과 노동이 한판 세게 붙었던 시대의 기억이다. 루스벨트 시대의 뉴딜은 어떤 훌륭한 대통령이 노동자들에게 준 선물이 아니라 사회적 투쟁을 통해 만들어낸 결과였다. 노동조합운동, 실업자운동, 흑인민권운동, 여성운동 등 광범위한 민중연대가 자본가를 밀어붙여 새로운 협약(new deal)을 만들어내고 노동자 권리를 쟁취한 그 역사의 힘이 뉴딜이란 말 속에 담겼다. 특히 금융자본에 대한 강력한 규제가 뉴딜의 핵심이었다. 그래서 그 말을 들을 때 월가의 금융가들은 불안하고 초조하지만, '새로운 협약'을 요구하는 미국 민중들은 이겨봤던 자신감을 느끼게 된다.

그러나 한국에서 '뉴딜'이란 말은 그런 힘을 갖지 못한다. 역사성이 없는 말이기 때문이다. 대신 이 말은 누구에게 힘을 주는가? 관료와 전문가들은 늘 대중이 알아들을 수 없는 말을 정책용어로 선호한다. 그런 말은 지배자들에게는 용이하게 쓰이지만, 저항자들에게는 힘을 박탈한다. 자기가 모르는 말로 원하는 것을 요구하고 싸우기는 힘든 법이다. 그린 뉴딜은 점점 더 우리에게 상상력을 주는 말이 아니라 가로막는 말이 되어간다. 그래도 이 말을 계속 써야 할까? 그린 뉴딜이라는 이름을 붙이지 않아도 지구 곳곳에서 기후정의운동은 번져가고 있다.

출처: 경향신문, 2020.09.08.(https://www.khan.co.kr/opinion/column/article/202009080300015)

지속가능경영보고서

지속가능경영보고서는 기업의 ESG 실천을 기업 바깥으로 보여주는 문서이다. 물론 기업마다 명칭은 다양하다. 그대로 '지속가능경영보고서'라고 쓰는 곳도 있고 다른 명칭을 쓰기도 한다.

KT&G의 경우 '통합보고서'라는 명칭을 쓴다. 영문으로 'NEW ENCOUNTER FOR SUSTAINABILITY'라고 되어 있다. CJ그룹[99]과 신한금융지주회사[100]는 'ESG보고서'라는 표현을 쓴다.

포스코 퓨처엠[101], 포스코 이앤씨[102] 같은 포스코 계열사는 '기업시민보고서'라는 명칭을 사용한다. 포스코[103]는 기업시민보고서와 지속가능경영보고서라는 명칭을 병행 표기하고 있다. 포스코는 기후행동보고서와 책임광물보고서를 별도로 내고 있다.

사회책임(경영)보고서라는 명칭을 쓰는 곳도 있다. 유한킴벌리[104]의 경우 지금은 지속가능성보고서를 쓰지만 과거에는 사회책임경영보고서라는 명칭을 쓰기도 했다.[105] 유한킴벌리가 발간한 ESG보고서의 명칭 변경은 사회공헌활동에서 기업의

99 https://www.cj.net/sustainability/esgReport.asp

100 https://www.shinhangroup.com/kr/crm/csrreport/csr_subsidiary.jsp

101 https://www.poscofuturem.com/esg/report.do

102 https://www.poscoenc.com:446/KO/esg/report.aspx

103 https://www.posco.co.kr/homepage/docs/kor7/jsp/esg/report/s91b4000310l.jsp

104 https://www.yuhan-kimberly.co.kr/Society

105 https://www.yuhan-kimberly.co.kr/Society/Report

사회적 책임인 ESG로 발전해온 ESG의 확산 과정을 잘 반영한다.

지속가능경영보고서는 기업의 투명성, 책임 및 변화를 알리는 데 중요한 도구로써의 역할과 기업이 직면한 ESG 과제를 공유하고 이를 해결하기 위한 접근 방식을 보여 줄 수 있는 플랫폼으로써의 역할을 동시에 제공한다.[106]

기업이 지속가능경영 혹은 ESG 경영을 했다는 사실을 사회가 알게 하려고 제도화한 소통이라는 점에서는 사회보고(social reporting)라고 한다.[107] 기업의 ESG 실천과 관련된 정보를 기업 외부로 공개하는 것은 이해관계자 커뮤니케이션의 일환으로 이해된다. 노동자도 소비자도 지역사회도 기업이 공개하는 ESG 관련 정보를 참고할 수 있다.

유한킴벌리는 "2030 지속가능성 목표 달성을 위해 노력하고 그 결과를 이해관계자와 공유하겠습니다."라고 홈페이지에 명기해놓았다.[108]뿐만 아니라 다양한 이해관계자의 의견을 수렴할 수 있는 온오프라인 소통 채널도 다양하게 구비하고 있다.

커뮤니케이션은 주요한 기업경영활동의 일환이다. 커뮤니케이션은 사전적으로는 의사소통 정도의 의미지만 기업경영에서는 브랜드 커뮤니케이션, 위기관리 커뮤니케이션, 마케팅 커뮤니케이션, IR 커뮤니케이션 등 다양하게 활용된다. ESG의 대두에 따라 다양한 이해관계자들을 대상으로 한 ESG와 관련된 내용의 커뮤니케이션이 더욱 중요해진 셈이다. 전략적 이해관계자 관리는 지속가능경영보고서를 통한 ESG 이해관계자 커뮤니케이션의 중요성을 담은 말이다.

전략적 이해관계자 관리는 임직원, 주주, 정부, 지역주민, NGOs, 언론 등 다양한 이해관계자의 요구와 관심을 경영의 위험요인으로 인식하고 체계적으로 관리하는 것이다. 기업의 이해관계자가 누구이며, 무엇을 요구하고 있는지를 파악하고 분석하여 이해관계자 유형별로 합목적적 관리가 필요함을 의미한다.[109]

---

106 권오형 · 최재용, 『AI 챗GPT 시대 ESG 지속가능경영보고서 작성 실무』, 광문각출판미디어, 2023.

107 안치용 · 이윤진, 『ESG 배려의 정치경제학』, 마인드큐브, 2022.

108 https://www.yuhan-kimberly.co.kr/Society

109 이기훈, "지속가능경영과 기업의 이해관계자 대응전략", 한국항공경영학회 추계학술대회 자료집, 한국항공경영학회, 2006.

그림 3-6 2022 KT&G ESG 보고서

출처: https://sports.hankooki.com/news/articleView.html?idxno=6837062

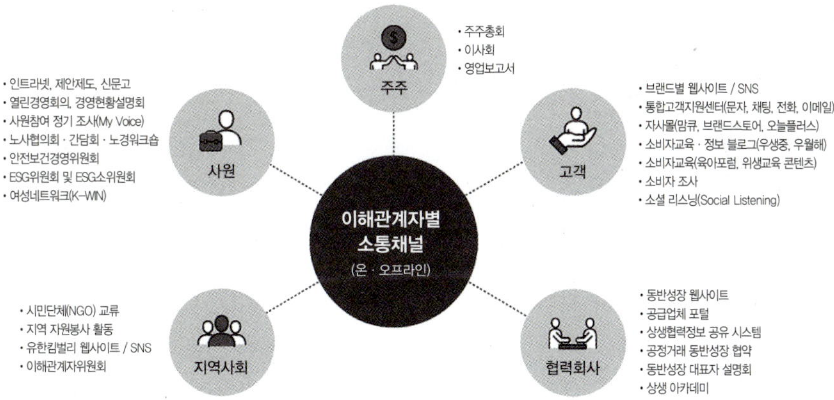

그림 3-7 유한킴벌리의 이해관계자 커뮤니케이션 소통 채널

출처: https://www.yuhan-kimberly.co.kr/Society

GRI

지속가능보고서는 어떻게 작성해야 할까? 답은 기업 마음대로다. 다양한 이해관계자들이 각자 원하는 ESG 실천 내용이 다른데 이해관계자와 커뮤니케이션이 제대로 된다고 볼 수 있을까? 아주 잘 작성된 보고서도 소비자나 지역주민 개인에 따라 자신이 필요로 하는 정보가 없을 수 있다.

이럴 때 활용되는 것이 바로 GRI(Global Reporting Initiative) 같은 지속가능보고서 작성 기준이다. ISSB(International Sustainability Standards Board, 국제지속가능성기준위원회)도 2023년 6월 글로벌 보고서 표준을 발표했으며, SASB(Sustainability Accounting Standards Board, 지속가능회계기준위원회)가 제시한 기준도 있다. 이 중 GRI가 가장 오래된 보고서 작성 기준이며 2000년 6월에 첫 버전(G1)을 발표했다.

유럽연합은 별도의 보고서 작성 기준을 갖고 있다. 2021년 유럽연합은 지속가능성 공시 기준으로 기업 지속가능성 보고 표준(European Sustainability Reporting Standards, ESRS) 최종판을 공개했다.[110]

우리나라에서도 일정 규모 이상의 코스피 상장사에 대해 ESG 공시가 의무화된다. ESG 공시를 해야 하는 대상과 일정은 법적으로 정해져 있지만, 그 내용은 어떻게 할지에 대해서는 규정이 없다. 이 경우 공신력을 획득하기 위해서 국제적으로 통용되고 있는 GRI 같은 보고서 작성 기준을 활용하게 된다.

GRI는 다중 이해관계자를 정보 이용자로 정의해 인사이드-아웃(Inside-Out) 구도로 조직의 활동이 외부의 경제, 환경, 사람에게 미치는 영향을 보여주는 표준이다. GRI에서 중요성은 조직이 외부 환경에 미치는 영향이 높은 주제의 우선순위를 뜻한다. GRI 표준을 활용하면 조직의 지속가능경영에 대한 의지와 성과를 설명할 수 있다.[111]

반면 ISSB는 반대 방향이다. 투자자를 정보 이용자로 정의해 아웃사이드-인(Outside-In) 구도로 외부의 위험과 기회가 기업에 주는 재무적 영향을 보여주는 표준이다. ISSB 표준에서는 중요성이 국제회계기준 정의에 따라 투자자에게 왜곡의 소지가 있는 정보를 중요성 있게 판단하는 것을 뜻한다.[112]

KPMG 인터내셔널이 2022년도에 발행한 지속가능성 보고서 설문(KPMG Survey of Sustainability Reporting 2022)에 따르면 세계 250대 기업(G250) 중 78%가 GRI 표준을 사용했다. 우리나라에서도 2003년 현대자동차가 최초로 G2에 부합(GRI 2002 지속가능 보고서 가이드라인 준수)하는 지속가능경영보고서를 발간했고 같은 해 포스코와 삼성SDI가 뒤를 이었다.[113]

GRI의 보고서 작성 기준은 역사가 오래되었고 현재 가장 많이 쓰고 있지만, 지속

110 "[글로벌 ESG] ESG 지표별 재무 성과 모델링", CHIEF EXECUTIVE Vol.249 (2023년 8월호)

111 "[ESG보고서와 검증⑤] 보고서 표준의 글로벌 강자 GRI", 데일리 임팩트, 2023.07.31.

112 "[ESG보고서와 검증⑤] 보고서 표준의 글로벌 강자 GRI", 데일리 임팩트, 2023.07.31.

113 "[ESG보고서와 검증⑤] 보고서 표준의 글로벌 강자 GRI", 데일리 임팩트, 2023.07.31.

적으로 1위 자리를 고수할지는 의문이다. ISSB는 IFRS(국제재무보고기준)의 산하 조직이기 때문이다. 회계와 친화도가 높다고 볼 수 있다는 점에서 향후 지속가능성보고서의 작성 기준으로 더 많이 확산될 것으로 보는 전망이 많다.

IFRS(International Financial Reporting Standards)는 경제 규모가 상당한 대부분의 국가에서 채택하고 있는 국제적인 회계기준을 확정하는 곳이다. 우리나라도 IFRS의 기준을 약간 변형한 K-IFRS를 활용하여 대부분 기업이 회계장부를 작성한다.

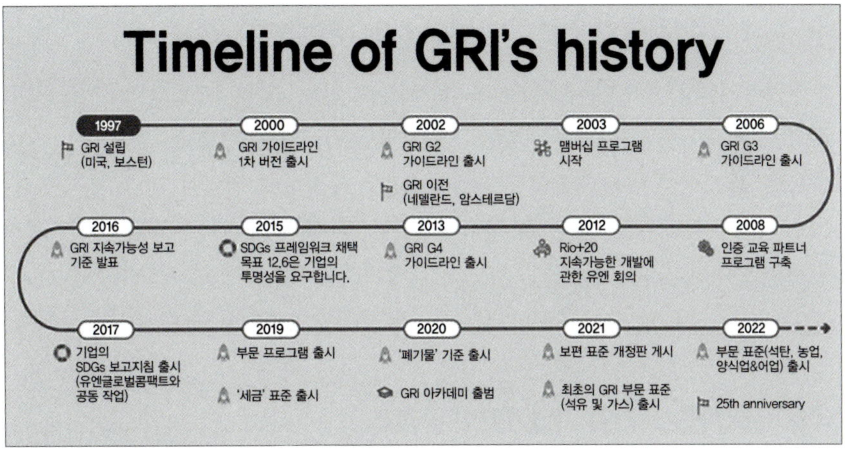

그림 3-8 **GRI 역사 타임라인**

출처: http://www.dailyimpact.co.kr/news/articleView.html?idxno=101352

국내의 지속가능경영보고서

국내에서도 2002년 3월 '지속가능발전 기업협의회(Korea Business Council for Sustainable Development, KBCSD)'가 발족한 이래로 기업들이 2003년부터 지속가능경영보고서를 발간하는 등 지속가능경영에 큰 관심을 보이기 시작했다.[114]

KBCSD는 2000년 6월 전경련의 '환경경영헌장' 선포 이후 지속가능발전을 위한 범세계적인 노력에 동참하기 위한 목적으로 설립됐다. 세계지속가능발전기업협의회(World Business Council for Sustainable Development, WBCSD)의 한국협력기구로 있으며, 2012년에는 WBCSD 총회를 한국에서 유치했다.[115]

114 https://terms.naver.com/entry.naver?docId=1838572&cid=42045&categoryId=42045

115 KBCSD 홈페이지 종합(http://kbcsd.or.kr/page.asp?pageid=info2&pagenum=010200)

또한, 한국공인회계사회 ESG 연구팀이 지난 4월 '제3회 ESG 인증 포럼'에서 발표한 내용에 따르면, 코스피와 코스닥 상장사 2,500여 개 사 중에서 2022년 지속가능경영보고서와 통합보고서를 발행한 기업은 총 222개인데 그중 98%인 217개 기관이 GRI 표준을 사용했다.[116] 2020년부터 2022년까지 3년 연속 지속가능경영보고서를 공시한 기업은 35개 사였으며, 이들 모두 GRI를 기준으로 공시를 작성한 것으로 나타났다.[117]

보고서 작성 기준(표준)은 법적 의무 사항이 아니기 때문에 같은 GRI 표준을 사용한다고 해도 지속가능경영보고서의 내용이 모두 동일하지는 않다.

기업들이 공개한 지속가능경영보고서는 해당 기업의 홈페이지에서 볼 수 있으며, 이를 모두 모아서 서비스하는 곳도 있다. KSA(한국표준협회)는 기업들의 지속가능경영보고서를 ESG 경영추진단에서 DB로 구축하여 열람할 수 있게 하였다. KSA의 ESG 경영추진단은 ESG 분야에서 컨설팅, 교육, 검인증, 표준에 이르기까지 경영 현장에서 필요한 ESG 관련 지식 서비스를 원스톱으로 제공하기 위해 설립되었다.[118] ESG인증센터에서는 ISO의 ESG 관련 인증도 받을 수 있다.

지속가능경영보고서와 기업가치의 관계

지속가능경영보고서를 발간하는 기업은 기업가치 증진에 도움이 되고 있을까? ESG 등급이 재무성과에 미치는 영향에서 일관되게 긍정적인 결과를 보여주지 않듯이 이 경우에도 마찬가지이다. 연구 시기와 방법의 차이 등을 고려하여 면밀하게 살펴볼 필요가 있는 이유가 바로 여기 있다.

경제 성과와 환경 성과 측정에 관한 보고서 작성은 주가수익률과 통계적으로 유의하지 않은 결과가 나타났으며, 사회 성과에서는 작성 내용이 많을수록 주가수익률과 음(−)의 유의성이 증명되었다[119]는 연구가 있는가 하면 반대로 지속가능경영보고서를 공시하는 것은 기업의 가치 상승을 유도하고 기업의 단기적 위험 정도를 감소한다고 볼 수 있다[120]는 결론도 있다.

116 "[ESG보고서와 검증⑤] 보고서 표준의 글로벌 강자 GRI", 데일리 임팩트, 2023.07.31.

117 "지속가능경영보고서 공시기업 확 늘었다…1년새 64% 증가", Biz watch, 2022.12.27.

118 https://ksaesg.or.kr/p_base.php?action=h_introduction

119 서은주, "지속가능경영보고서가 기업의 재무성과에 미치는 영향", 인천대 석사학위논문, 2011.

120 변혜영, "비재무적 공시의 가치 관련성 연구: 지속가능경영보고서 공시를 중심으로", 윤리경영연구 Vol.18 No.1,, 한국윤리경영학회, 2018.

후자의 연구는 지속가능경영보고서를 공시하는 기업의 장기적 가치는 높고 기업의 단기적 위험은 낮았으며, 기업의 지속가능경영보고서 공시 여부와 국제인증기관의 표준 사용 여부는 모두 기업의 장기적 가치를 높이거나 단기적 위험을 낮추는데 긍정적으로 작용하였다.

최근의 한 연구는 지속가능경영보고서의 발간과 인증 모두 주가와 유의한 양(+)의 관계를 가진다고 하였다. 뿐만 아니라 지속가능경영보고서의 인증인이 Big4 회계법인인 경우, 기업가치에 긍정적인 영향을 미치며, 인증받은 지속가능경영보고서에 온실가스 인증서가 포함되는 경우, 기업가치에 긍정적인 영향을 미친다고 한다.[121]

현재의 시대 흐름은 지속가능경영보고서가 기업가치에 긍정적인 영향을 미치는 것과 관계없이 하지 않을 수 없게 되었다고 해도 과언이 아니다. ESG의 실천을 그저 비용의 추가적인 투여가 아니라 혁신으로서 또는 새로운 성장동력으로서 인식의 패러다임을 전환하여 성과를 거두는 곳은 당연히 기업가치가 올라갈 것이고, 지속가능경영보고서와의 상관관계도 높아질 것이다.

ESG 경영 1.0 vs. 2.0

기업경영에서 ESG의 실천 내용에 대해 지금까지 완벽한 합의점은 없다. 국제적으로 지속가능경영보고서 작성의 기준으로 가장 많이 사용되는 GRI도 앞으로 그 위상이 지속가능할 것으로 보지 않는 시각이 있다.

ESG 2.0은 ESG 경영의 내용이 질적 변화를 겪고 있다며 새로운 방향성을 주창하는 견해에서 제기되는 개념이다. 이미 적극적으로 ESG 2.0을 표방하는 기업도 있다.

2022년 3월 25일 SK텔레콤 정기 주주총회에서 유영상 사장은 "ESG 경영이 기업가치를 결정하는 주요 경영 현안이다. 본업과 연계한 ESG 2.0 활동으로 고객에게 사랑받는 기업으로 거듭날 것이다."라고 했다.[122]

2.0이 있으려면 1.0이 이미 있다는 전제가 필요하다. ESG 경영의 단계와 관련된 구분은 학자마다 현업 전문가마다 차이가 있고, 향후 더 다양하고 세부적인 시각이 제출될 가능성도 있다.

SK텔레콤에서 표방한 본업과 연계된 ESG 2.0 활동에 대해 ESG를 비즈니스 모델

121 최현수, "지속가능경영보고서 인증이 기업가치에 미치는 영향", 인하대 박사학위논문, 2021.

122 김용섭, 『ESG 2.0』, 퍼블리온, 2022.

로 인식하고 비즈니스로 전환하는 단계에 진입하겠다는 경영 전략을 의미한다는 평가가 있다. 사회적인 기여와 대외 이미지를 개선하는 것이 ESG 1.0에서의 접근이었다면, ESG 2.0에서는 모든 ESG 화두가 비즈니스 성과와 연결되어 접근해야 한다는 것이다.[123]

ESG 1.0과 2.0은 종전에는 "~을 해서는 안 된다"라는 규제 회피 중심의 소극적 경영이었다면 이제는 ESG를 비즈니스의 관점에서 수익을 추구하는 적극적 경영으로 받아들이고 있다는 견해는 대체로 비슷하다.[124] 물론 그동안의 ESG가 기업에 ESG 경영 체계를 구축하고 목표 선언에 집중하는 1.0단계였다면, 앞으로의 2.0은 제도화를 지향하는 단계[125]로 보는 견해도 있다.

국제금융센터가 ESG 1.0과 2.0을 이해하는 내용도 대동소이하다. ESG의 개념을 이해하고 체계를 구축하며 목표를 선언하는 것을 1.0단계라고 본다면, 본격적으로 투자와 비즈니스로 전환하는 것을 2.0단계로 본다. 또, ESG 1.0에서는 투자자본이 ESG를 주도했으나 2.0에서는 기업경영진이 주도한다고 본다. 환경에 편중됐던 데서 사회적 가치와 지배구조의 중요성이 커진 것도 1.0과 2.0의 차이점으로 본다.

지금까지 ESG와 관련하여 3.0을 언급하는 견해는 그리 많이 발견되지 않는다. ESG라는 용어가 생긴지 얼마 지나지 않은 지금, ESG 3.0을 논할 만큼 급격한 변화가 이루어지고 있다는 시각도 있고,[126] ESG 평가등급과 관련하여 3.0단계로 구분하는 시각도 있다.

ESG 평가등급을 3단계로 구분하는 시각은 다음과 같다. 1.0단계에서는 업종별로 ESG 이슈에 대해 차별점을 거의 반영하지 못했던 때다. 이때는 기업 공시 정보를 얻어서 해석하는 수준이었고, ESG 이슈가 업종별로 다를 때 차이를 설명하는 가중치 체계가 제대로 적용되지 못했다. 2.0단계에서는 학계와 업계에서 ESG 이슈와 재무성과의 상관관계를 연구하기 시작하면서 ESG 등급이 급속도로 발전했다. 투자자가 재무적으로 연관된 ESG 정보에 대해 많이 요구하고, 기업 공시도 더욱 상세하게 공개되고, 보편화되면서 ESG 등급 산업이 고도로 전문화됐다. 3.0단계에서는 중대한(material) 이슈와 중대하지 않은 이슈로 구분한다.

앞으로 ESG의 단계 구분은 더 많은 논란이 있을 것이다. 학계와 현업 전문가들의

123 김용섭, 『ESG 2.0』, 퍼블리온, 2022.
124 최남수, 『이해관계자 자본주의』, 새빛, 2021.
125 김태한 · 정현상, 『100대 기업 ESG 담당자가 가장 자주 하는 질문』, 세이코리아, 2022.
126 "스타트업 ESG, '어떻게'를 논할 때", 대한민국 정책브리핑, 2022.12.29.

단계 구분은 브랜딩 가치나 경쟁력을 높이는 방편일 때도 있다. 면밀한 검토를 통해 견해에 대한 수용 여부를 결정해야 한다.

표 3-7 ESG 1.0과 ESG 2.0

구분	ESG 1.0	ESG 2.0
단계	ESG 개념 이해와 체계 구축, 목표 선언 단계 (방어적 · 소극적 ESG 경영)	본격적 ESG 투자와 비즈니스 전환 단계 (진취적 · 선제적 ESG 경영)
특징	• ESG를 투자자본이 주도 • ESG를 하지 않으면 위기라고 인식 • ESG 중 E에 편중 • 탄소 배출량 Scope 1, 2단계 관리 • 소극적 공시(기업 자율에 맡김) • 형식적 지속가능보고서 발간 • ESG 예산을 비용으로 인식(소극적 집행) • 경영진 · 이사회의 ESG 이해도가 낮음. • ESG 전담 부서 신설(기존 CSR 부서)	• 경영진이 ESG 주도권에 다가감. • ESG를 새로운 기회로 인식 • ESG 중 S와 G의 중요성이 커지고 E는 확대 • 탄소 배출량 Scope 1, 2, 3단계 모두 관리 • 체계적인 공시 시스템 구축(권고 → 필수 추세) • 실질적 지속가능보고서 발간 • ESG 예산을 장기 투자로 인식(적극적 집행) • 경영진 · 이사회가 ESG를 비즈니스 모델로 인식 • ESG 부서의 위상과 영향력 증대

출처: 국제금융센터

Summary

- ESG와 관련된 추가적인 비용은 단기적으로 재무제표에 마이너스 효과를 준다.
- 우리나라 중소기업들은 ESG 경영의 중요성을 대체로 잘 인식하고 있다.
- 정부는 중소기업의 ESG 촉진을 위하여 ESG 인식 제고, ESG 생태계 조성, ESG 거버넌스 구축 정책을 펴고 있다.
- ROESG 모델은 ESG 비용을 미래 투자로 간주한다.
- ESG가 재무성과에 미치는 영향이 긍정적인지, 부정적인지는 아직 불투명하다.
- ESG 기회를 오히려 혁신의 계기로 기업가치를 올리는 기업이 존재한다.
- ESG에 대한 인식은 비용에서 장기적 투자로, 다시 혁신으로 바뀌었고, 이제 더 나아가 새로운 성장동력으로서 사고하고 있다.
- 지속가능경영보고서의 명칭은 다양하지만, 기업의 ESG 실천을 기업 외부로 보여준다.
- GRI는 대표적인 지속가능보고서 작성 기준이다.
- 우리나라도 지속가능경영보고서 작성에서 GRI 기준을 채택한 곳이 많다.
- 현재의 시대 흐름은 지속가능경영보고서가 기업가치에 긍정적인 영향을 미치는지와 관계없이 작성하지 않을 수 없게 되었다.
- ESG 경영의 내용이 질적 변화를 겪고 있다고 평가하거나 새로운 방향성을 주창하는 경우 ESG 2.0 또는 3.0으로 단계를 구분한다.

Keyword

ESG 1.0, ESG 2.0, ESG 3.0, ESG 거버넌스, ESG 생태계, ESG 인식, ESG 지원정책, ESG보고서, ESRS, GRI, GRI 기준 공시, KBCSD, ROE, ROESG, SASB, 국제인증기관, 기업가치, 기업의 존재 이유, 리스크 회피, 비용, 상관관계, 성과 달성, 성장동력, 에자이, 장기적 성과, 재무 성과, 재무제표, 지속가능경영보고서, 지속가능보고서 DB, 추가 자본 여력, 친환경정책, 커뮤니케이션, 컨설팅, 투자, 투자 효율성, 포드, 혁신

Quiz

※ 빈칸을 채우거나 OX로 답하세요.

01 중소기업은 추가 자본 여력이 있기 때문에 ESG 경영을 통해 프리미엄을 가져갈 수 있다. (　　)

02 우리나라 중소기업들은 ESG의 중요성에 대해 발 빠르게 인지하고 전담부서 등을 설치하여 대응하고 있다. (　　)

03 중소기업 ESG 준비 민 · 관 협의회를 발족하고 ESG 통합 소통 채널을 구축하는 정부의 정책은 중소기업 ESG 생태계를 조성하는 차원이다. (　　)

04 ROESG 모델은 ESG 활동이 ROE 상승에 있어 중요한 상관관계가 있다는 근거를 바탕으로 공식을 구성한다. (　　)

05 학계 연구는 ESG의 실천이 기업의 재무적 성과에 미치는 영향에 긍정적이라는 결과를 일관되게 보여준다. (　　)

06 가치소비의 증가는 기업의 ESG 비용 증대가 오히려 매출 증대로 이어질 수 있음을 잘 보여주는 사례이다. (　　)

07 유엔환경계획(UNEP)은 2008년 10월 영국 런던에서 '사회적 가치 뉴딜 정책'을 새로운 성장동력으로 제시했다. (　　)

08 기업의 ESG 실천과 관련된 정보를 기업 외부로 공개하는 것은 주주 커뮤니케이션의 일환으로 이해된다. (　　)

09 지속가능보고서 작성 기준은 법적으로 정해져 있다. (　　)

10 우리나라는 2020년 이후에야 지속가능발전을 위한 범세계적인 노력에 동참하기 시작했다. (　　)

11 ESG의 실천을 그저 비용의 추가적인 투여가 아니라 혁신으로서 또는 새로운 성장동력으로서 인식의 패러다임을 전환하여 성과를 거두는 곳은 당연히 기업가치가 올라갈 것이다. (　　)

12 국제금융센터는 ESG를 본격적으로 투자와 비즈니스로 전환하는 것을 ESG 1.0 단계로 본다. (　　)

Discussion

01 ESG 경영은 비용인가, 투자인가?

02 중소기업이 대기업에 비해 ESG 경영에서 겪는 어려움의 원인과 해결책은 무엇인가?

03 기업의 ESG 실현을 위한 정부의 역할은 무엇인가?

04 ROE가 무엇인지 더 자세히 알아보자.

05 ESG 경영으로 기업의 재무적 성과에 미치는 영향이 부정적일 경우, CEO로서 어떤 결정을 내려야 하는가?

06 과거 포드의 혁신과 오늘날 ESG 경영을 실천하는 기업의 혁신은 어떤 차이가 있는가?

07 일론 머스크의 전기차 사업을 ESG의 관점에서 평가해 보자.

08 지속가능경영보고서의 역할은 무엇인가?

09 지속가능보고서 작성 기준 중 1가지를 골라 구체적인 내용을 더 알아보자.

10 KSA 지속가능성보고서 DB에서 기업 한 곳을 선택해서 내용을 확인해 보자.

11 지속가능경영보고서와 기업가치의 상관관계를 높이는 방법은 무엇인가?

12 ESG 단계를 구분하는 이유는 무엇인가?

CHAPTER 04

ESG 투자와 평가

09
ESG 투자와 유사 개념

ESG 투자의 의미

ESG 투자는 ESG를 실천하는 기업에 투자한다는 뜻이다. 환경을 보전하고 사회적 영향력을 고려하며 의사결정 방식까지 잘 된 기업을 골라 투자한다는 의미이다. 기업의 역할이 단순히 이윤 추구를 넘어 사회적 책임을 다해야 한다는 것에 공감대가 확산하고 그 내용이 ESG로 모이게 됨에 따라 기업에 대한 투자 또한 ESG를 잘 실천하는 기업을 선별하여 투자하는 흐름이 형성되었다.

ESG 투자와 비슷한 뜻을 가진 말이 여러 가지 있지만, 가장 보편적으로 쓰이는 말은 책임투자다. 또는 사회책임투자라고도 한다. ESG 개념이 사회공헌활동에서 기업의 사회적 책임으로 발전되어 오는 과정에서 생긴 말이다. 책임투자는 UN에서 공식적으로 사용하는 개념이기도 하다.

임팩트 투자는 ESG 투자 또는 (사회)책임투자를 통해 발생하는 임팩트에 초점을 맞춘 개념이다. 임팩트는 부정적 영향이 아닌 긍정적인 영향을 의미한다. 환경과 사회에 좋고 기업의 의사결정 방식에도 '착한' 영향을 주어야 한다.

지속가능성 투자는 임팩트의 내용 곧 지속가능성에 초점을 맞춘 명칭이라고 할 수 있다. (사회)책임투자가 일반화되기 전에는 윤리투자라는 개념이 통용되었다. 공식 개념은 아니지만, 투자의 성격에 형용사를 붙인 '착한 투자'와 같은 말도 쓰이고 있다.

ESG와 관련된 논의에서 자본주의의 성격 또한 주주자본주의에서 이해관계자 자본주의로 전환되고 있다는 (또는 전환되어야 한다는) 데 대해서도 동의가 확산되고 있다. ESG 투자는 이해관계자 자본주의 시대의 투자라고도 할 수 있다. 주주뿐만 아니라 다양한 이해관계자들의 이익도 보장하는지를 고려하는 투자가 된다.

ESG 투자는 그야말로 투자다. ESG 투자를 한다고 해도 재무적 성과를 잘 거두는 곳을 대상으로 하는 것은 당연하다. 재무적 성과는 좋지 않은데 ESG만 잘한다면 아무리 좋은 일이라 해도 투자로서의 의미가 없기 때문이다. ESG가 재무적 성과와 비재무적 성과를 함께 고려한다는 본연의 뜻을 가지는 것처럼 ESG 투자는 돈도 잘 벌고 좋은 일도 하는 기업에 투자한다는 뜻이 된다.

ESG 투자는 금융을 활용한 기업에 대한 ESG 강제 실현의 측면도 있다. 지속가능경영보고서를 내고 "우리, ESG 잘하고 있어요!"라고 이야기하는 기업에 대해 투자자들은 투자를 통해 이익을 얻을 수 있는지 판단한다.

투자자들은 ESG를 잘하고 그 과정이 돈을 잘 버는 과정인 것을 같이 살핀다는 점이 중요하다. 비록 투자자들의 ESG 투자가 법으로 규제되고 있는 것은 아니지만 점차 확산되고 있어 기업으로서는 강제 규범과도 같은 의미가 있다.

SRI(사회책임투자)

SRI는 사회(적)책임투자(Social Responsibility Investment)를 의미한다. '사회적'이라는 형용사를 빼고 그저 책임투자라고도 쓰기도 하지만, 사회책임투자라는 개념이 더 일반적으로 쓰인다.

학자와 현업 전문가들은 SRI의 의미에 대해 다양하게 설명한다. (사)한국사회책임투자포럼은 기업의 재무적 성과만을 고려하는 것이 아니라 기업의 사회, 환경, 윤리적 측면을 동시에 고려하는 투자[1]라고 정의한다. 사회책임투자는 경제적 가치뿐

1 한국사회책임투자포럼 홈페이지(https://kosif.org/aboutus1/a6/)

만 아니라 환경, 사회, 거버넌스라는 지속가능성 가치를 추구하므로 ESG 투자 또는 지속가능성 투자와 동일하다.

경영학에서 투자와 관련한 중요한 개념은 적정이익이다. 적정이익은 투자를 통해 얻을 수 있는 적정한 수준의 이익을 말한다. 쉽게 설명하면 은행에 그냥 넣어두었을 때보다 돌아오는 이익이 많아야 투자를 하게 될 것이라는 점을 생각하면 된다.

그뿐만 아니라 투자를 통해 입을 수 있는 위험을 상쇄하고도 조금이라도 더 높은 이익을 거둘 수 있어야 한다.

경영학의 적정이익률 개념을 SRI에 적용하면 어떻게 될까? 일각에서는 적정이익보다 낮은 이익을 얻더라도 좋은 이익을 추구하는 것을 SRI로 보기도 한다. 또 다른 한편에서는 적정이익률은 확보한 상태에서 지나치게 높지 않은 수준의 이윤 추구를 SRI로 보기도 한다.

기업이 어느 정도의 재무적 성과를 얻어야 적정이익이 보장되는지 판단하기 쉽지 않다. 업종에 따라 다르고 국가별로도 차이가 있기 때문이다. 같은 업종, 같은 국가에서도 물가 수준이 달라지면 비율은 또 달라진다.

(사회)책임투자와 ESG 투자는 거의 같은 뜻이지만 완전히 동일하지는 않다. 예를 들어, 우크라이나 전쟁을 일으킨 러시아 제재에 동참하지 않는 기업에는 투자하지 않겠다고 선언한 국제금융회사가 있다고 가정해보자.

투자자가 선정한 사회책임의 내용으로 전쟁을 포함할 수 있다. 그런데 전쟁과 ESG는 직결되기 어렵다. 전쟁이 환경을 파괴하고 사회적으로 많은 사람을 어려움에 빠지게 한다는 점에서 ESG와 연결할 수는 있을 것이다.

러시아 제재에 동참하지 않는 기업에는 투자하지 않겠다고 하면 사회책임투자일 수는 있으나, ESG 투자 여부에 대해서는 논란이 지속될 것이다. 이처럼 ESG 투자와 (사회)책임투자는 완전히 동일하지는 않음을 알 수 있다. (사회)책임투자를 더 일반적인 개념으로 보고 지금 (사회)책임투자의 내용이 E와 S와 G에 초점이 맞춰지고 있어 ESG 투자가 거의 같은 뜻으로 쓰이고 있다고 보면 된다.

4대 원칙, 지속가능한 사회구현을 위한 핵심입니다.

원칙은 철학입니다. KoSIF는 올바른 사회책임투자 문화 정착과 이를 통한 지속가능한 공동체 구현을 위해 4가지 원칙을 철저히 지켜나가겠습니다.

KoSIF는 기업의 환경적, 사회적, 거버넌스(ESG) 이슈가 장기적인 투자수익에 영향을 미치므로, 금융기관들이 수탁자 책무를 다하기 위해서는 이러한 지속가능성 이슈를 반드시 고려해야 한다고 주장합니다.

- **원칙 1: 수탁자 책무와 ESG 원칙(ESG for Fiduciary Duty)**

  KoSIF는 기업의 환경적, 사회적, 거버넌스(ESG) 이슈가 장기적인 투자수익에 영향을 미치므로, 금융기관들이 수탁자 책무를 다하기 위해서는 이러한 지속가능성 이슈를 반드시 고려해야 한다고 주장합니다.

- **원칙 2: 적극적 투자 촉진 원칙(Active Investing)**

  KoSIF는 투자자들이 보다 나은 수익을 얻기 위해서는 기업의 ESG이슈에 대해 보다 적극적인 입장을 취해야 한다고 주장합니다. 이를 위해서는 투자의사결정 과정에서 ESG 이슈 적격심사(screening)는 물론 관여(engagement)와 적극적인 의결권 행사 및 정보공개활동을 요구합니다.

- **원칙 3: 장기투자 촉진 원칙(Long-term Investing)**

  KoSIF는 금융기관의 단기수익 위주의 관행이 효과적인 투자의사결정에 장애가 되고 있으므로 보다 장기적인 관점에서 투자를 하도록 요구합니다.

- **원칙 4: 모두의 책임과 혜택 원칙(Everybody's Role and Benefit for All)**

  KoSIF는 지속가능성투자 활성화를 위해서는 모든 사회구성원의 참여와 노력이 필수적이며, 이를 통한 혜택은 모든 사회구성원이 동시에 얻게 된다고 주장합니다.

출처: KoSIF(https://kosif.org/aboutus1/a7/)

지정학 리스크와 ESG

예일대는 러시아의 우크라이나 침공 이후 서방의 러시아 제재에 동참 또는 불참하는 글로벌 대기업들의 리스트를 작성해서 널리 공유하고 있다. 대학답게 아예 A에서 F까지로 학점을 매겼다. F 학점은 동참하지 않는 기업들이다. 리스트 작성과 평점 부여는 글로벌 자본시장에서 해당 기업들의 ESG 평가에 반영되게 하려는 목적을 가지는 것으로 보인다.

출처: 뉴스1, 2022.05.16.(https://www.news1.kr/articles/?4681012)

읽고 생각하기

한국사회책임투자포럼은? 16년간 국내 ESG를 선도한 지속가능금융 허브

한국사회책임투자포럼(KoSIF)은 ESG(환경 · 사회 · 지배구조)를 고려하는 사회책임투자(SRI)의 촉진과 기업의 사회적 책임(CSR) 장려를 통한 지속가능 사회 건설에 기여하고자 설립된 비영리 기관이다.

2007년 4월 설립 이후 ESG 연구를 기반으로 입법 지원, 정책 개발, 캠페인 및 홍보 등 다양한 활동을 전개하고 있으며 지속가능한 발전 극대화를 위해 국내외 투자자, 시민사회, 정부, 국회 등 여러 주체들과 협력하고 있다.

한국사회책임투자포럼은 2018년에 국내 최초로 금융기관의 탈석탄 선언을 유도한 바 있다. 한국사회책임투자포럼이 주도한 금융기관의 탈석탄 선언에 참여한 금융기관은 현재 104곳에 이른다.

CDP(탄소정보공개프로젝트) 한국위원회에서는 한국사회책임투자포럼이 주도적 역할을 하고 있다.

CDP는 전 세계 금융투자기관 주도로 주요 상장 혹은 비상장 기업에 기후변화, 물 안정성, 산림자원, 생물다양성 등 환경 관련 경영정보공개를 요청하는 글로벌 이니셔티브다. 영국에 소재한 글로벌 비영리 기관의 명칭이기도 하다.

기업들이 공개한 정보를 바탕으로 CDP는 매년 보고서를 발간하고 전 세계 금융기관이 기업 투자와 대출 등 의사결정에 의미 있는 정보로 활용할 수 있도록 지원한다.

현재 CDP를 통해 세계 100여 개 이상 나라에서 1만8천여 개 기업이 환경 관련 기업정보를 공개하고 있다. CDP를 통해 공개되는 기업의 환경정보는 국제연합(UN)에서도 공식적으로 사용하는 등 환경정보공개의 세계 표준으로 자리잡고 있다.

한국에서는 한국사회책임투자포럼이 2008년에 CDP한국위원회를 조직하면서 CDP가 본격적으로 도입됐다. 한국사회책임투자포럼은 국내에서 CDP의 조직화, 평가, 보고서, 시상 등 모든 사항을 수행하고 있다. CDP한국위원회는 현재 시가총액 상위 300개 기업을 대상으로 기후변화 관련 정보공개를 요청하고 있다.

(중략)

이종오 한국사회책임투자포럼 사무국장은 "금융, 기업, 정부, 시민사회 등이 ESG를 고리로 서로 협력하고 대안을 모색하는 명실상부한 지속가능금융 허브로 한국사회책임투자포럼이 자리매김할 수 있도록 할 것"이라고 말했다.

출처: 비즈니스 포스트, 2023.01.31.(https://www.businesspost.co.kr/BP?command=article_view&num=304796)

PRI(책임투자원칙)

PRI는 책임투자원칙(Principles for Responsible Investment)을 의미한다. PRI는 고유명사와 보통명사의 2가지 개념으로 쓰이기 때문에 구분이 필요하다.

우선, 보통명사로서의 PRI는 말 그대로 책임투자의 원칙을 의미하고, 고유명사로서 PRI는 UN이 책임투자원칙을 전 세계적으로 실행하기 위해 설립한 국제기구를 의미한다. 후자의 PRI에는 initiative가 더 붙는다. 우리말로는 '책임투자원칙주도기구'라고 번역하기도 하나 책임투자원칙을 그냥 쓰기도 한다.

현재 PRI는 ESG를 내용으로 하고 있기 때문에 PRI, SRI, ESG 투자는 모두 같은 말로 봐도 무방하다. 엄밀하게는 SRI((사회)책임투자)가 일반적 개념이고, SRI의 내용이 ESG를 중심으로 하고 있으며, UN이 채택한 SRI의 원칙이 PRI이고, 그 실행을 위한 국제기구가 PRI initiative다.

고유명사로서 PRI, 곧 책임투자원칙주도기구는 2005년 UN 사무총장의 요청으로 2006년 결성됐다. 처음 출범 시에는 12개국 20개 투자자 그룹의 대표가 참여했으며, 모두 6가지의 책임투자원칙을 채택했다. PRI는 서명자의 약속(Signatories' commitment)을 채택하고 있는데, PRI에 참여하면 이에 동의한다는 의미가 된다.

PRI 서명자의 약속은 우선, 서명자들이 수혜자들의 최선의 장기적 이익을 위해 행동할 의무가 있다고 전제하면서 ESG가 투자 포트폴리오의 성과에 영향을 미칠 수 있다고 본다. 이러한 인식에 따라 모두 6가지 원칙을 제시하고 있으며, 그 내용은 다음과 같다.[2]

- **원칙 1:** ESG 이슈를 투자 분석 및 의사결정 프로세스에 통합한다.
- **원칙 2:** 능동적인 소유자가 되어 ESG 문제를 소유 정책 및 관행에 통합한다.
- **원칙 3:** 투자 대상 기업의 ESG 이슈에 대한 적절한 공개를 모색한다.
- **원칙 4:** 투자 산업 내에서 원칙의 수용과 이행을 촉진한다.
- **원칙 5:** 원칙을 이행하는 데 있어 효율성을 높이기 위해 함께 노력한다.
- **원칙 6:** 각자의 활동과 원칙 이행을 위한 진전에 대해 보고한다.

UN에서 PRI를 채택하고 PRI initiative를 조직함에 따라 (사회)책임투자는 그야

2 유엔 PRI 이니셔티브 홈페이지(https://www.unpri.org/about-us/what-are-the-principles-for-responsible-investment)

말로 모든 기업의 현안이 되었다. 세계의 주요 투자자들이 대거 UN의 책임투자원칙을 이행하기 때문에 그 내용이 되는 ESG의 실행에 나설 수밖에 없게 된 셈이다. 2023년 1분기 기준, PRI에 참여한 투자회사는 모두 5,381곳이다. 운용자산은 총 121조 달러에 달한다.[3]

읽고 생각하기

한국투자공사, UN PRI 가입… 국민연금 이어 국내 두 번째

KIC는 ESG(환경 · 사회 · 지배구조) 기반 투자역량 및 국제 협력 강화를 위해 UN PRI에 가입했다고 1일 밝혔다.

KIC는 향후 가입기관(Signatory)으로서 '6가지 책임투자 원칙'을 성실히 준수하며, 글로벌 5,100여 개 가입기관과 긴밀한 협력을 통해 글로벌 책임투자 리더로 자리매김할 계획이다.

KIC의 PRI 가입은 지난 10월 데이비드 앳킨(David Atkin) PRI CEO가 KIC 본사를 방문하며 KIC의 가입추진을 위해 상호 협력하기로 합의한 이후 이루어졌다. 국내 공적 투자자 중에서는 국민연금에 이어 2번째다.

진승호 KIC 사장은 "KIC는 스튜어드십 원칙 제정, 투자자산 전반에 걸친 ESG 통합체계(ESG Integration) 구축, 기후변화 대응모델 수립 등 책임투자 기반을 지속적으로 강화해왔다."라면서 "세계 최대 책임투자 협의체 가입을 통해 글로벌 선도 책임투자기관으로 발돋움할 기회를 마련하고자 한다."라고 말했다.

데이비드 앳킨 PRI CEO는 "PRI는 KIC의 가입을 환영한다."라면서 "ESG 이슈는 투자활동 전 과정에 깊은 연관성이 있는 만큼 KIC가 책임투자 원칙을 투자에 반영하기로 한 결정을 환영하며, PRI는 KIC와 협력을 통해 향후 ESG 분야의 긍정적 변화를 이끌어 나갈 것으로 기대한다."라고 말했다.

PRI는 지난 2006년 UN 주도로 글로벌 기관투자자들이 ESG 투자 활성화를 위해 결성한 세계 최대 책임투자 협의체다. ESG 관련 다양한 주제의 워크숍 개최를 통한 투자자 역량 강화 및 네트워크 확대, 협력적 주주 참여 활동 기회, 책임투자 실무를 위한 가이드 등을 제공한다.

현재 5,000개 이상의 기관이 가입했으며, 가입기관의 총 운용자산 규모는 약 121조 달러(한화 17경 4,000조 원)에 이른다.

출처: 서울와이어, 2022.12.01.(http://www.seoulwire.com/news/articleView.html?idxno=488095)

3 https://terms.naver.com/entry.naver?docId=2079157&cid=42107&categoryId=42107

SRI 1.0 vs. 2.0

ESG 경영은 1.0과 2.0을 구분한다. 마찬가지로 SRI도 1.0과 2.0을 구분하는 시각[4]이 있다. 아직 외국이나 우리나라에서도 일반화된 시각은 아니다. 학계와 현업에서도 단계 구분에 대한 일치된 의견을 모으기 쉽지 않다. CSR을 5.0까지 다섯 단계로 나누는 시각[5]도 있다.

SRI 2.0은 ESG 2.0과 비슷한 맥락에 있다고 보면 적절하다. ESG 2.0은 ESG가 그저 비용 투자로 끝나지 않고 오히려 적극적으로 기업의 재무적 성과까지도 견인한다고 보는 입장이다. SRI도 마찬가지다.

서스틴베스트(주) 대표는 '수단적 지위'라는 개념으로 SRI 1.0과 2.0의 구분을 시도한다.[6] SRI 1.0은 투자가 사회책임을 다하기 위한 수단적 지위에 머물렀다. 사회책임이라는 목적을 실현하기 위한 수단이 바로 투자였다는 뜻이다. SRI 2.0은 반대로 더 나은 재무적 성과가 목적이다. 곧 투자를 통한 수익 실현이 궁극의 과제가 된다. 사회책임은 이제 투자 수익 실현을 위한 수단이 된다.

사회책임이 투자 수익 실현을 위한 수단적 지위에 머무른다는 말은 사회책임을 적극적으로 실현하는 기업이 오히려 투자 성과가 좋다는 의미이다. ESG를 적극적으로 실천하는 기업이 오히려 더 많은 이윤을 얻는 데 도움이 된다.

이러한 논의에 대해서는 지금까지 학계 연구에서도 일치된 결론을 내놓지 않고 있다. 기업들의 성과도 들쭉날쭉하다. 파타고니아 같은 기업 정도가 예외적으로 SRI 1.0과 SRI 2.0을 동시에 획득한 대표적인 예라고 할 수 있다.

파타고니아는 2011년 'Don't buy this jacket!'이라는 역발상 광고를 냈다. 파타고니아는 등산 장비로 사업을 시작해서 아웃도어 제품까지 사업을 확장한 회사이다. 회사가 표방하는 사회책임은 거창하다.

그림 4-1 파타고니아의 'Don't buy this jacket' 광고

출처: https://www.joongang.co.kr/article/25214372

---

4 예컨대, Jacques Ninet, SRI 2.0: More than a Makeover – A Fundamental Reformulation, Emerald Group Publishing Limited, 2016.

5 예컨대, 김성택, 『CSR 5.0 : 기업의 사회적 책임과 역할』, 청람, 2012.

6 상세한 내용은 다음 기사를 참조('사회책임투자 2.0'으로의 버전업을 위하여, https://www.edaily.co.kr/news/read?newsId=01098806606057104&mediaCodeNo=257&OutLnkChk=Y)

우리는 최고의 아웃도어 제품을 만들되, 그로 인한 환경 피해를 유발시키지 않으며, 환경 위기에 대한 해결 방안을 수립하고 실행하기 위해 비즈니스를 이용한다.[7]

환경이라는 사회책임의 실행이 기업의 목적임을 표방하고 있다. SRI 1.0의 전형적인 예라고 할 만하다. 기업의 목적으로 표방한 환경과 관련된 사회책임은 예컨대, 아웃도어 수선법을 공개하여 한 번 사면 오래 사용할 수 있도록 구체화되어 있다.

새로운 상품을 다시 사게 해야 더 많은 이윤이 나게 됨은 상식이다. 파타고니아는 반대의 전략을 세웠는데 오히려 성과가 더 좋다. 파타고니아가 투자 성과를 위해 오히려 사회책임을 활용하고 있다는 증거라고 할 만한 자료는 사실 아직 없다. 그런데 결과적으로 파타고니아는 훨씬 큰 성과를 거두고 있다.

SRI 2.0이라는 개념을 쓰지는 않더라도 재무적 성과와 ESG 실현을 통합해서 투자 수익을 평가하려는 다양한 시도가 이미 많이 나왔다. 비록 개념 자체는 쓰지 않더라도 ESG의 흐름은 거스를 수 없는 시대가 되었기 때문에 SRI도 결국 2.0의 시대로 진전됨은 기정사실이라고 해도 무방하다.

윤리투자

UN을 필두로 (사회)책임투자가 일반화되기 전에 윤리투자라는 개념이 있었다. 우리나라에서는 많이 쓰이진 않았고 외국에서도 그리 많은 논의는 발견되지 않는다. '윤리적 투자자' 정도로 번역할 수 있는 Harper Collins의 『The Ethical Investor(Nero, 1994)』 정도가 눈에 띈다. 이 책의 저자는 화석 연료와 담배 산업 같은 곳에 투자하는 것을 독성이 있는 곳에 돈을 대는 일이라고 주장한다. 그래서 책의 부제도 '독성 회사를 끝장나게 하고 부를 늘이는 방법(How to Quit Toxic Companies and Grow Your Wealth)'이다.

윤리투자는 내용 면에서는 사회책임투자, 곧 ESG 투자와 유사하다. 과거에는 윤리라는 잣대로 좋은 회사에 투자하자는 담론이었을 뿐이다. 사회책임투자의 권위자 중 한 사람인 영국의 러셀 스팍스(Russell Sparkes)는 영국 사회책임투자포럼 이사를 역임했는데 영국 감리교 윤리투자자문위원회 사무국장도 지냈다. 윤리투자

7 자기네 옷을 사지 말라는 의류회사, 파타고니아(https://n.news.naver.com/mnews/article/293/0000017877)

와 사회책임투자가 개념상 연장선에 있음을 알 수 있다.

영국 감리교는 다른 종교에서 일반적으로 돈에 대해 잘 언급하지 않거나 부정적인 시각을 표방하는 것과는 달리 좋은 돈 벌기를 강조해왔다. 감리교 창립자인 존 웨슬리(John Wesley)는 '돈의 사용(The Use of Money)'[8]이라는 설교에서 돈을 마음껏 벌라고 설파했다. 다만 스스로 양심을 속이거나 생명을 해치거나 이웃의 재산을 건드리지 않는 선에서 돈을 벌라며 한계를 지어줬다.

존 웨슬리의 설교는 벌써 1760년의 일이다. 물론 존 웨슬리의 돈과 관련된 설교는 윤리투자를 통해 충분히 버는 것만으로 끝나지는 않는다. 많이 저축도 하고 다른 사람에게 베풀 것도 강조한다. 후자의 강조는 대부분 종교에서 볼 수 있지만 돈을 열심히 버는 측면에서 강조한 점 때문에 일각에서는 사회책임투자의 기원을 존 웨슬리의 설교에서 찾기도 한다.

일각에서는 윤리투자에서 윤리의 개념이 모호하여서 ESG 투자로 바뀌었다고 보기도 한다. 일리가 없다고 할 수는 없지만, 윤리투자의 내용이 ESG로 구체화되었다고 보는 것이 더 무방하다고 할 수 있다.

UN이 사회책임투자를 본격화하고 세계 유수의 투자기관에서 이를 받아들인 이후 구체적인 비재무적 정보의 평가 기준으로 ESG가 정립되는 과정을 생각하면, 윤리투자의 내용으로 ESG가 구체화되었다는 분석이 더 적절해 보인다.

과거 윤리투자는 경제계 전반의 관심사가 아니었던 점만은 분명하다. 윤리투자 개념이 문제가 있어 일반적으로는 쓰지 않게 되었다기보다는 UN을 필두로 사회책임투자로 일반적인 개념화가 진행되면서 쓰지 않게 되었다고 보아야 할 것이다.

윤리경영 vs. 윤리투자

윤리경영은 윤리투자와 다르다. 윤리투자는 투자자의 입장이라면 윤리경영은 투자자인 금융기관을 포함하여 기업이 윤리적인 잣대에 따라 경영을 해야 한다는 견해이다. 따라서 양자와 관련된 이론과 실행은 상당한 차이가 있다.

윤리경영은 기업경영의 모든 부분에 적용되기 때문에 자금 조달, 곧 투자를 받는 재무관리 분야도 포괄된다. 그렇지만 투자를 받기 위해 사업 영역을 조정해야 한다는 논의는 일반적인 재무관리의 실행 범위를 넘어선다. 예컨대, Harper Collins

8 설교 원문(https://www.umcdiscipleship.org/articles/the-use-of-money-by-john-wesley)

의 표현을 빌리자면 기업이 스스로 독성 회사인지를 판단해야 하는데, 이는 재무 관리라고 보기는 어려운 것이다.

윤리경영은 국내외적으로 연구가 많다. 이미 많은 기업이 윤리경영을 표방하고 있기도 하다. 윤리경영에 대해서는 다양한 논의가 많고 기업들의 실행 범위도 상당히 넓지만, 일반적으로 반부패경영, 준법경영을 윤리경영과 거의 동일하게 본다.

지멘스(Siemens)는 반부패경영과 준법경영에서 대표적인 사례로 통한다. 지멘스는 2006년 엄청난 부패 스캔들로 세간의 이슈가 되었다. 부패 스캔들 당시 횡령 금액 1억 유로, 비자금 4억 6천만 유로가 밝혀지고, 무려 100억 유로의 벌금 판결을 받기도 했다.[9]

그런데 2017년에는 포브스 선정 '가장 존경받는 기업' 1위가 될 정도로 상황이 달라졌다. 부패 스캔들 당시 새로 취임한 페터 뢰셔(Peter Loescher) 회장은 클린 비즈니스를 표방하고 부패에 대해서는 무관용(Zero tolerance) 정책을 폈다.

지멘스는 2009년부터는 청렴 비즈니스와 반부패 관련 비영리기관을 지원하는 데 1억 달러의 돈을 썼다. 한국에서도 2011년부터 수년간 지멘스의 지원으로 동북아 기업윤리학교(NABIS, Northeast Asia Business Integrity School) 프로젝트가 실시됐다.

지멘스의 사례가 윤리경영과 관련하여 중요하게 언급되는 이유는 그저 기업의 반부패를 달성하기 위한 노력을 진행했다는 데 있지 않다. 지멘스는 준법경영을 통해 오히려 과거에 뇌물같은 부패가 만연했던 시절보다 훨씬 큰 성장을 거두었다.

2006년 부패 스캔들이 불거지기 전에는 지멘스도 돈 되는 일이면 뇌물을 포함해 뭐든 다 하는 기업이었다. 당연히 페터 뢰셔 회장의 부패 무관용 정책에 대해서도 회의적인 시선이 많았다. 그렇지만 지멘스는 각종 정책을 통해 준법경영을 지속했고, 대내외적으로 준법경영이 오히려 기업 성장이 근간이 된다는 점을 확인시켜준 사례로 인정받게 된다.

준법경영, 곧 윤리경영이 오히려 기업 성장의 근간이 된다는 점은 ESG 경영과 SRI 투자가 오히려 기업의 성공을 가져오는 길이라는 시각과 상통한다. 여전히 일부 기업만의 사례라고 폄하하는 시각도 존재하지만, 결국 장기적으로 기업이 가야 할 방향이라는 점만은 분명하다.

9 상세 내용은 "부패 기업에서 준법경영 선도 기업으로, 지멘스의 도약", 기업윤리 브리프스 2018년 04월호(국민권익위원회) 참고(https://www.acrc.go.kr/briefs/201804/sub3.html)

임팩트 투자

임팩트는 영향 또는 충격이라는 뜻이다. 따라서 임팩트 투자는 ESG 투자 또는 (사회)책임투자를 통해 발생하는 영향 또는 충격에 초점을 맞춘 개념이다. 기업 활동을 하면 당연히 임팩트가 발생한다. 그렇지만 임팩트 투자의 임팩트는 긍정적인 의미의 영향이나 충격을 의미한다.

기업 활동을 통해 부정적 영향을 준다면, 예컨대 환경 오염을 일으키거나 노동자의 산업 재해가 자주 발생하거나 하면 임팩트가 아니다. 환경과 사회에 좋고 기업의 의사결정 방식에도 긍정적인 영향을 주는 투자가 바로 임팩트 투자이다.

임팩트 투자를 사회책임투자 또는 ESG 투자와 비슷한 뜻으로 사용해도 무방하다. 학계와 현업 전문가들이 임팩트 투자를 정의하는 내용도 대동소이하다. 좀 더 세밀한 관점에서 구분하면, 향후 임팩트 투자가 포괄하는 범위는 더 넓어질 수도 있다는 점은 염두에 둘 필요가 있다.

사회책임투자에서 책임의 범위가 넓어지는 만큼 임팩트 투자에서 임팩트에 해당하는 범위는 넓어질 수 있을 것이다. ESG는 오늘날 기업에 대한 투자에 따르는 사회책임과 임팩트의 내용이기 때문이다.

임팩트 투자에서 임팩트가 기업 활동을 통한 긍정적인 영향이나 충격을 의미한다면 다음으로 중요한 것은 과연 얼마만큼의 긍정적인 임팩트를 창출했는가를 어떻게 측정할 것인가의 문제다. 이때 임팩트의 의미를 정확하게 이해하기 위해서는 산출(output)과 성과(outcome)의 개념을 구분할 수 있어야 한다.

예를 들어 지역경제 활성화를 위해 지역 주민에 대한 창업 교육 프로그램을 진행하는 기업이 있다고 가정해 보자. 더 많은 지역 주민이 창업하고, 창업기업에 취업하게 되면 긍정적인 영향을 미치는 것만은 분명하다.

지역 주민에 대한 창업 교육 프로그램을 진행하기 위해서는 필요한 인력과 자원이 있다. 이는 투입(input)이다. 금액과 인원수, 시간 등을 수치로 표현할 수 있다. 투입은 활동(activity)을 통해 산출된다. 산출은 몇 명의 주민이 교육을 받았는지, 몇 시간이나 교육이 진행되었는지 등을 의미한다. 투입과 비교해 산출이 효율적이면 산출은 성공한 것으로 볼 수 있다.

성과는 효율성을 넘어 효과성을 본다. 과연 지역 주민들이 창업 교육을 통해 창업 능력이 얼마나 신장하였는지, 실제 창업은 얼마나 이루었는지를 살펴볼 수 있다. 임팩트는 더 나아가 지역사회에 미친 변화 전반을 고려한다.

과연 임팩트를 어떻게 평가할 수 있을지 아직 완전한 합의는 없다고 해도 과언이 아니다. IMP(Impact Management Project)는 임팩트의 측정과 관련하여 국제적인 컨센서스를 확보하기 위해 2016년부터 수행되고 있는 프로젝트이다.

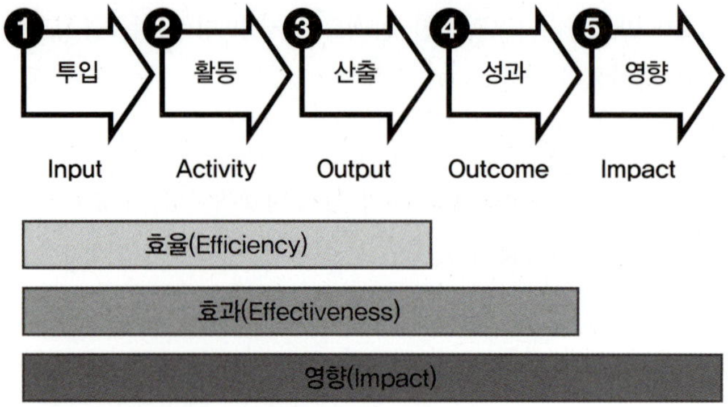

그림 4-2 **프로그램 논리 모형 흐름도**

출처: https://www.hani.co.kr/arti/economy/economy_general/1025514.html

가치 투자

ESG 투자는 이윤 추구 이외에도 환경과 사회, 지배구조 같은 가치를 추구한다. E, S, G를 종합하여 지속가능성이라는 가치를 향해 나아간다. 그래서 가치 투자와 같은 말을 써도 무방하다. 물론 일각에서는 사회책임투자를 가치 투자와 같은 뜻으로 쓰기도 한다.[10] 그렇지만 가치 투자는 일반적으로 ESG 투자 또는 사회책임투자와는 전혀 다른 뜻이기에 구분이 필요하다.

일반적으로 가치 투자는 기업의 가치를 바탕으로 투자하는 것을 의미한다. 기업의 가치는 주가로 표현되는데, 주가가 기업 가치보다 낮다면 적극적으로 매수한다. 기업 가치가 제대로 주가에 반영되면 주가가 올라 많은 이익을 얻을 수 있다. 향후 가치가 성장할 것으로 기대되는 기업에 대한 투자도 포함한다. 장기적으로 기업이 성장한 만큼 주가가 올라간다면 투자자로서는 이익이다.

그림 4-3 **워런 버핏**

출처: https://www.wowtv.co.kr/NewsCenter/News/Read?articleId=A202310300124&t=NN

10 예컨대, 류영재, 『한국형 사회책임투자』, 홍성사, 2010, 지속가능발전기업협의회, 『지속가능 기업에 투자하라』, 호이테북스, 2011.

따라서 일반적인 의미에서 가치 투자는 단기적인 투자를 지양하기 마련이다. 워런 버핏(Warren Buffett)은 단기 투자를 원 나잇 스탠드(One Night Stand), 곧 하룻밤의 정사에 비유한다. 장기투자를 통해 기업의 가치 증진과 맞물려 가는 투자가 아니라면 제대로 된 투자가 아니라는 것이다.

기업의 가치와 맞물린 투자를 가치 투자로 보는 관점은 단기 투자를 투기로 보는 시각과도 연결된다. 투기는 기업의 생산활동과는 관계없이 가격의 오르내림을 통해 이익을 거두려는 행위를 의미하기 때문이다.

자본주의 사회에서 투자는 필수 불가결하다. 주식회사 제도의 도입 이후 자본주의는 과거 수천 년에 걸친 인류의 경제사와는 다른 엄청난 성장을 가져왔다. 산업혁명이 제임스 와트(James Watt)가 개량한 증기기관으로 비롯되었다는 사실은 대부분 알고 있지만, 제임스 와트에게 투자한 매슈 볼턴(Matthew Boulton)은 대부분 잘 알지 못한다.

오늘날 한국과 같은 선진자본주의 국가는 대중 투자사회라고도 한다. 일반 대중이 누구나 소액일지라도 투자에 참여할 수 있고 간접적으로 부의 재분배 효과까지 거두고 있기 때문이다. 국민연금과 같은 연기금은 투자를 통해 재원을 늘려간다. 전혀 개인적으로 투자를 하지 않는 사람도 간접적으로 투자에 참여하고 있는 셈이다.

혹자는 투자는 가치를 더 크게 키우는 일[11]이라고 말한다. 이때의 투자는 당연히 투기와 구분되는 가치 투자를 의미한다. 장기적으로 가치 투자는 사회책임투자나 ESG 투자와도 완전히 동일한 의미로 자리매김할 수도 있을 것이다. SRI 2.0에서 살펴본 것처럼 임팩트 투자가 이제 더 큰 기업의 성공을 위한 방정식이 되는 시대로 나아가고 있기 때문이다.

사회투자

사회책임투자와 비슷해 보이지만 구분해야 하는 개념이 사회투자다. 일각에서는 사회책임투자와 사회투자를 혼동해서 쓰기도 한다. 영국 사회책임투자포럼(the UK Social Investment Forum)의 경우 원어를 직역하면 사회투자포럼이다. 일찍부터 사회책임투자를 선도해온 에이미 도미니(Amy Domini)가 설립한 회사의 명칭도 도미니 사회투자(Domini Social Investments)[12]다.

11 권재원, 『좋은 투자, 나쁜 투자, 이상한 투자』, 창비, 2023.

12 www.domini.com

사회책임투자가 기업의 투자론이라면 사회투자는 국가의 정책적인 면에 초점을 맞춘 개념이다. 사회책임투자는 기업 중 E와 S와 G를 잘하는 기업을 골라 투자하거나 ESG 투자를 통해 더 큰 성과를 거둘 수 있다는 의미이고, 사회투자는 노동자 권익 향상이나 복지 증진을 위해 더 많은 국가적 투자를 하자는 의미로 쓰인다.

국가적 투자로서의 사회투자를 이해하려면 사회정책이라는 말을 먼저 이해해야 한다. 사회정책은 노동정책, 복지정책, 가족정책, 주택정책, 교육정책 등이 포함된다. 국민의 각종 사회적 욕구를 국가가 어떻게 책임지고 얼마만큼 제공할 것인가의 문제가 바로 사회정책의 영역이다. 사람이 살아가는 분야를 정치, 경제, 사회, 문화로 나누는 경우가 많은데 이때 사회 분야가 대체로 사회정책 영역과 겹친다.

사회투자는 노무현 정부 때 '복지 담론'으로 제출되기도 했다. 당시 저출산고령화 시대에 대비하자거나 성장과 분배의 선순환을 거두자는 등의 논의는 사회투자론에 바탕을 둔 것이었다. 사회투자국가는 인적자본에 대한 투자를 강조한다.

국가의 성격으로 사회투자국가를 논하기도 한다. 사회투자국가는 신자유주의국가 등 국가의 성격을 나타내는 다른 개념과 대비되어 쓰인다. 사회투자국가가 기존의 복지국가론을 완전히 대체한다는 견해와 기존의 복지국가의 연장선에 있다는 견해는 아직도 학계에서 논쟁 중이다.

사회투자국가론이 세계적으로 시선을 끈 데는 앤서니 기든스(Anthony Giddens)의 공이 컸다. 당시 영국 노동당은 제3의 길을 내세우면서 신자유주의에 대한 대항 담론으로 사회투자국가론을 내세웠다. 이에 따라 한국과 같이 상황이 다른 곳에서는 적용하는 것이 적절치 않다는 주장도 있다.

노무현 정부 이후 사회투자는 정책 담론 논쟁의 전면에서 사라졌다고 해도 과언이 아니다. 그렇지만 개념은 다르게 사용하더라도 내용 면에서는 비슷한 사회정책도 여전히 상당하다. 근래에는 사회투자를 사회책임투자와 구분 없이 쓰는 이들도 점차 늘어나고 있어 개념의 구체적인 의미를 확인한 후 사용할 필요가 있다.

영국 사회책임투자포럼

The Social Investment Forum (SIF) exists to provide:

- Voice, advocacy and the ability to influence
- Practical collaboration opportunities and ideas to improve effectiveness
- A space to share information and build networks
- Communications support to champion and amplify our work
- Greater co-ordination and coherence to current and future initiatives.

Activities of the SIF aim towards the betterment of the UK's social investment market, through advancing the work of cross-sector initiatives, as well as advocacy and policy work to influence the Government's legislative and regulatory agenda.

출처: https://www.socialinvestmentforum.org.uk

읽고 생각하기

'복지도 투자' 성장주의 담론의 벽을 넘자

진보개혁 진영의 학계 및 정치권 등에서 최근 널리 회자되는 대안 모델은 '사회투자국가'이다. 지난 2월 15일 참여연대가 한국적 적용 가능성을 묻는 토론회를 열었다. 엿새 뒤엔 한국사회정책학회 등 4개 학회가 구체적인 정책 방향을 짚는 심포지엄을 개최했다.

정치권에서도 대선주자로 거론되는 천정배 의원, 유시민 보건복지부 장관 등이 주창하고 있으며, 노무현 정부가 내놓은 중장기 발전계획인 '비전 2030' 등에도 부분적으로 녹아 있다. 영국 등 서구에서 '수입된' 이 모델이 과연 우리 사회의 대안 모델이 될 수 있나? 학계 등 각계가 이 담론의 적용 여부를 놓고 관심을 갖는 것은 궁극적으로 이런 물음에 대한 답을 얻고자 하기 때문이다.

'기회의 평등'을 추구하는 제3의 길=사회투자국가는 영국의 사회학자, 앤서니 기든스가 지난 1998년 처음 내놓은 개념이다. 기든스는 영국 노동당의 '제3의 길'을 이야기하면서 '전통적 복지국가와 신자유주의를 극복하는 제3의 대안'으로 이를 제시했다. 1980~90년대 전통적 복지국가의 위기와 이에 따른 신자유주의적 재편기를 거치면서 등장한 새로운 경제사회정책적 패러다임이라 할 수 있다. 하지만 아직 학계에서 엄격하게 정의된 개념은 아니다.

이 담론의 핵심은 복지를 생산요소, 투자로 본다는 것이다. 따라서 사회(복지)정책과 경제(성장)정책을 대립이 아닌 상호보완적 관계로 본다. 신자유주의의 시장담론을 수용해 국가의 시장에 대한 통제를 인정하면서도 동시에 "시장의 핵심기능이 정치적 행위에 의해 훼손되어서는 안 된다."라고 인식한다. 결과의 평등보다 '기회의 평등'을 중시하며, 시민의 권리도 중요하지만 책임도 따라야 한다는 논지를 내세운다.

임채원 서울대 한국행정연구소 연구원은 『신자유주의를 넘어 사회투자국가로』란 저서에서 '사회투자국가는 사회가 사람에 투자하는 국가'라고 정의한다. 신자유주의의 무한 경쟁과 지식기반 사회에서 가장 중요한 생산요소는 자본이나 토지가 아닌 인적자본이다. 따라서 이를 위한 사회정책은 비용이 아닌 생산요소, 투자라는 것이다. 이 담론의 핵심 구호는 그래서 '사람에 대한 투자'다. 예컨대 국가가 모든 아이들에게 자기개발의 기회를 갖도록 하고자 공공보육 확충정책을 편다고 하자. 당장은 많은 비용이 들지만 아이들을 더 튼튼하게, 더 지적으로 자라게 해, 나중에는 그들이 지속적인 경제발전의 튼튼한 주춧돌이 될 것이란 논리다. 이 정책은 또 여성의 육아부담도 덜게 해 더 많은 여성들이 자기개발과 고용기회를 갖도록 해준다는 것이다.

이념적으론 중도 담론이라 할 수 있다. 신자유주의가 '자유'를, 사회주의가 '평등'을 추구한다면 사회투자국가는 '사회정의'를 추구한다. 영 · 미식의 자유주의형과 스웨덴 · 덴마크 등 사회민주주의형으로 구분되기도 한다.

양극화 해결의 대안 모델인가? 한국 사회는 압축적인 경제성장을 경험한 만큼 성장주의 담론이 유난히 위력적인 힘을 발휘하고 있다. 사회투자국가론이 한국 진보개혁 진영의 눈길을 끄는 데는 이런 성장주의 담론의 벽을 넘어 복지(재정)확충의 당위성을 설파할 수 있는 유용한 도구가 될 수 있다는 인식이 상당히 작용하고 있다. '복지도 투자'란 말이 대표적인 그 예다.

이런 맥락에서 친 복지 학자들이 주로 주창한다. 사회복지 · 노동 · 여성 · 교육 · 가족 등 사회정책적 내용을 중심으로 다양한 적용 가능성이 모색되고 있다.

이 담론을 우리 사회에 적극 수용하자고 주창하는 이들은 우리 사회 경제사회구조의 근본적 변화가 이를 필요로 하고 있다고 말한다. 김연명 중앙대(사회복지학) 교수가 대표적이다. 그는 한국 사회의 경제사회구조가 오늘날 양극화와 저출산, 고령화 등의 새로운 상황과 위험을 맞고 있다고 진단한다. 대기업 노동자와 중소기업 노동자의 월급 격차(2003년 1.53배)가 해마다 늘고 있고, 10가구 중 1가구가 절대빈곤 상태에 빠져 있을 정도로 소득분배가 악화하고 있다. 2005년 현재 4,829만 명이던 인구는 2050년에는 4,234만 명으로 줄어드는 데 비해 65살 이상의 노인은 2005년 전체 인구의 9.1%에서 2050년에는 37.3%에 이를 것으로 예상된다. 김 교수는 이에 대처하려면 새로운 사회경제정책 패러다임이 필요한데, 그게 사회적 투자국가 또는 정책이라는 것이다.

양재진 연세대(행정학) 교수는 「사회투자국가는 사회민주주의의 새로운 경제사회 패러다임인가?」란 논문에서 한국의 선택으로 '영국형 사회투자국가'를 제시했다. 장기적으로는 사회민주주의형 사회투자국가를 목표로 두되, 단기적으로 영국형같은 중간 '정거장'이 필요하다는 얘기다. 양 교수는 구체적으로 아동 · 청소년을 위한 사회적 보육 · 교육을 앞세우되 평생학습체계와 장기요양서비스 구축 등 생애주기별 정책을 펴는 게 중요하다는 정책 방향도 내놓았다.

신광영 중앙대(사회학) 교수는 '복지레짐과 사회투자국가'란 심포지엄 발표문에서 사회투자국가와 이에 따른 정책이 중산층 강화와 사회적 통합 증진'이란 효과를 낳을 것으로 기대했다. 하지만 신 교수는 이 담론이 현실화하려면 노사 간의 사회적 협력 내지 합의가 무엇보다 중요한 요건이라고 지적했다. 윤홍식 전북대(사회학) 교수는 한국형 사회투자국가의 방향으로 아동수당의 도입 등 기본적 복지욕구 충족, 여성의 사회활동 참여 및 사회서비스 확대 등을 제시했다. 그는 다만 "사회투자전략을 뒷받침할 정치세력이 존재하느냐는 판단이 필요하다."라고 덧붙였다.

'사회투자국가론'의 결정적 한계로는 경제이론이 없다는 점이 지적된다. 고전적 복지국가는 케인스주의가, 신자유주의는 통화주의란 경제이론이 있다. 이 모델은 사회정책을 강조한다. 하지만 이를 뒷받침할만한 구체적인 경제(성장) 정책 모형이 없다. 이 때문에 진보학계의 일부 학자들은 사회복지 확충을 위한 긍정적 담론이라고 보면서도 본질적으로는 신자유주의 경제 논리에 투항한 담론이 아니냐는 의구심을 던진다. 유럽 좌파들이 사회투자국가를 '결과적 평등에 대한 좌파적 전통을 부정하는 신자유주의의 아류'라고 평가절하하는 것도 이런 맥락이다. 스웨덴 등 북구 사민주의 국가들의 일부 복지정책을 선별적으로 수용한 것에 불과하다는 비판도 있다.

이주희 이화여대 교수는 "사회투자국가는 사회복지정책이 경제발전에 순기능을 할 수 있다는 입장에서 출발하나, 최소한의 사회안전망만을 주장하는 신자유주의적 접근과 큰 차이를 보이진 않았다."라면서 "이런 정책방향은 시장원칙이 제대로 작동하지 않는 우리나라에서는 혼란과 불평등을 악화시킬 것"이라고 지적했다. 이병천 강원대 교수는 지난달 15일 참여연대 토론회에서 "(사회적 투자국가인) 영국은 본질적으로 (공공 정책이 아닌)민영화 정책을 펼쳤던 만큼 우리가 그대로 가져올 수 없다."라면서 "사회투자국가론은 새로운 생산주의 담론일 뿐'이라고 비판했다. 이에 대해 김연명 교수는 "사회투자국가론은 성장주의적 생산담론과는 달리, 스웨덴처럼 사회정책을 통해 사회 전체의 생산성을 높이는 사회투자형"이라고 반박했다.

정이환 서울산업대 교수는 "대안이라고 하기에는 너무 모호한 점이 많다."라면서 "성장과 고용창출을 위해 평등, 분배 등의 가치를 너무나 희생하고 있다."라고 비판했다. 한국 상황에 맞는 구체적인 개별 정책 내용이 아직은 미흡하다는 지적이기도 하다. 사회투자정책을 현실화할 정치세력이 없다는 점도 종종 한계로 지적된다.

출처: 한겨레, 2007.03.06.(https://www.hani.co.kr/arti/society/society_general/194694.html)

Summary

- ESG 투자는 기업의 재무적 성과와 비재무적 성과를 모두 고려한다.
- 사회책임투자가 적정이익률을 달성해야 하는지에 대해서는 의견이 통일되어 있지 않다.
- PRI는 UN 차원에서 (사회)책임투자를 증진하기 위해 설립한 국제기구이다.
- 사회책임투자는 투자를 통해 사회책임을 실현하는 것을 넘어 더 나은 수익을 실현하는 단계로 나아가고 있다.
- ESG 투자의 개념 정립에 따라 오랫동안 사용되어 왔지만 다소 모호한 윤리투자를 대체했다고 볼 수 있다.
- 윤리투자는 투자자의 입장에서, 윤리경영은 기업의 입장에서 윤리적인 잣대에 따라 경영을 요구하는 개념이다.
- 임팩트 투자는 ESG 투자 또는 (사회)책임투자를 통해 발생하는 긍정적 영향에 초점을 맞춘 개념이다.
- ESG 투자는 가치를 추구하지만, 가치투자의 가치와는 다른 의미이다.
- 사회투자는 국가의 정책적인 면에 초점을 맞춘 개념으로, 기업의 투자론을 의미하는 사회책임투자와는 구분해야 한다.

Keyword

ESG 투자, PRI이니셔티브, SRI, SRI 1.0, SRI 2.0, 가치투자, 감리교, 기업위험률, 대중투자사, 독성 회사, 반부패경영, 부패, 사회정책, 사회투자, 사회투자국가, 산출, 서명자의 약속, 성과, 수단적 지위, 윤리경영, 윤리투자, 임팩트, 임팩트투자, 적정이익(률), 적정이자율, 존 웨슬리, 준법경영, 지속가능성투자, 책임투자, 책임투자원칙, 투기, 투입, 투자, 활동

Quiz ※ 빈칸을 채우거나 OX로 답하세요.

01 ESG 투자는 재무적 성과에 상관없이 기업의 ESG 활동을 보고 투자를 결정한다. (　　)

02 적정이자율과 기업위험률을 합친 (　　　)은 사회책임투자의 정의와 관련하여 고려하여야 할 중요한 개념이다.

03 유엔의 PRI는 투자자와 기업의 자율적인 서명을 원칙으로 한다. (　　)

04 사회책임이 투자 수익 실현을 위한 수단적 지위에 머무른다는 말은 사회책임을 적극적으로 실현하는 기업이 오히려 투자 성과가 좋다는 말이다. (　　)

05 Harper Collins에 따르면 윤리 투자는 화석 연료나 담배 같은 (　　　) 회사에는 투자하지 않는 원칙이다.

06 반부패경영과 준법경영은 일반적으로 윤리경영과 같은 의미로 쓰인다. (　　)

07 임팩트 투자에서 임팩트는 효율성을 넘어 효과성을 본다. (　　)

08 가치투자는 환경과 사회적 가치를 고려하여 투자한다는 뜻이다. (　　)

09 영국 노동당이 내세운 사회투자국가론은 기업의 사회책임투자를 주요 정책으로 삼았다. (　　)

Discussion

01 ESG 투자가 선호하는 기업은 어떤 곳인지 토론해 보자.

02 적정이익률을 달성하지 못했지만, 사회책임투자에 열심인 기업을 어떻게 평가해야 할지, 찬반 입장을 바꿔가며 토론해 보자.

03 우리나라 기업 중 PRI에 참여한 기업을 찾아 사례를 발표해 보자.

04 파타고니아의 시도를 SRI 1.0과 2.0의 관점에서 평가해 보자.

05 윤리투자 개념을 계속 사용하는 것이 유의미한지에 대해 각각 찬반 입장에서 토론해 보자.

06 우리나라에서 윤리경영의 사례를 찾아 발표해 보자.

07 산출과 성과, 영향을 구분해야 하는 필요성에 대해 이야기해보자.

08 ESG 투자가 환경 같은 가치를 고려하는 투자인데도 가치투자라는 말을 쓰지 않는 이유는 무엇인지 토론해 보자.

09 사회정책으로서 사회투자의 의미에 대해 이야기해보자.

10
ESG 투자의 실제

SRI 전략

SRI 전략은 ESG 투자 전략이다. 사회책임투자를 어떻게 해야 할 것인가의 문제다. 지속가능성 투자 또는 임팩트 투자를 하는 방법이라고 해도 무방하다. SRI는 기업에 대한 투자를 통해 긍정적인 임팩트를 거두려고 한다. 도대체 어떻게 해야 할까?

SRI 전략으로는 크게 2가지를 생각할 수 있다.

첫째, 이미 ESG를 잘하고 있는 기업을 고르면 된다. ESG를 잘 실행하고 있어 긍정적인 임팩트를 창출하고 있으면서 재무적 성과도 좋은 기업을 고르는 것이다.

둘째, 내가 투자한 기업이 ESG를 잘하도록 만드는 방법이 있다. 다소 재무적 성과가 떨어지더라도 ESG, 곧 비재무적 성과를 더 거두도록 요구할 수도 있고, ESG가 재무적 성과에 도움이 되도록 노력할 수도 있다. 어느 경우이든 현재보다는 기업이 E, S, G에 더 역량을 투여하도록 하는 것이다.

ESG를 잘하는 기업을 고르는 것을 학계와 현업 전문가들은 포트폴리오 스크리닝이라고 한다. 스크리닝(screening)은 TV나 컴퓨터의 화면인 스크린(screen)을 동사로 쓰고 ing를 붙인 것이다. 명사로는 화면이라는 뜻이지만 동사로는 '가린다' 또는 '차단한다'라는 뜻을 가진다. 곧, ESG 스크리닝은 많은 기업 중에서 ESG를 잘하지 않는 기업을 차단한다는 뜻이다.

기업에 대한 투자에서 기본은 수익률을 높이는 것이다. 수익률 제고는 절대적인 수익률을 높이는 것도 있지만, 리스크를 낮추는 것을 통해서도 가능하다. 따라서 ESG 투자의 방법론으로서 ESG 스크리닝은 ESG를 잘 실천하여 직접적으로 수익률을 높이거나 리스크를 낮춤으로써 간접적으로 수익률을 높이는 두 가지 모두의 의미를 갖게 된다.

내가 투자한 기업이 ESG를 잘하도록 만드는 방법은 기업과의 직접 대화 또는 기업 관여(engagement)가 있다. 투자한다는 것은 기업의 주주나 채권자가 되어 기업의 의사결정 구조에 직간접적으로 참여하게 된다. 물론 투자금액의 비중에 따라 발언권의 크기는 당연히 차이가 난다.

기업과의 직접 대화나 기업 관여는 어떻게 보면 정부의 규제나 시민단체의 캠페인과도 유사한 측면이 있다. 투자자가 아니더라도 기업이 ESG를 잘 실천하도록 요구할 수 있기 때문이다. 다만 ESG 투자의 방법론으로서 기업과의 직접 대화나 기업 관여는 투자자의 위치에서 행한다는 점에서 차이가 있다.

기업의 투자자는 일정한 비율만큼은 스스로가 기업의 주인이다. 따라서 스스로에 대한 ESG 실천의 증대라는 의미가 있게 된다.

에이미 도미니는 지역사회개발 금융기관에 대한 투자도 SRI 투자 전략으로 본다. 지역사회개발 금융기관은 빈민가나 저개발 지역의 주민들을 주된 사업 대상으로 하는 대안적 금융기관을 의미한다. 아직 일반화되어 있지는 않고, ESG 투자와는 다른 맥락이다.

ESG 스크리닝

ESG 투자를 위한 전략으로써 포트폴리오 스크리닝은 크게 네거티브 스크리닝(negative screening)과 포지티브 스크리닝(positive screening)으로 나눈다. 네거티브 스크리닝은 배제 스크리닝이라고도 한다. 예컨대, 담배나 도박, 화석 연료와 같은 사업영역을 가진 기업에는 투자하지 않는다는 것이다.

반대로 포지티브 스크리닝은 ESG 실천을 잘하는 곳을 골라 투자하는 것이다. 예컨대 재생에너지 사용 기업에 투자하거나 다른 곳보다 지속가능경영보고서상의 비재무적 성과가 더 높은 곳에 투자하는 것이다.

규범 기반 스크리닝(norms-based screening)을 추가하기도 한다. UN과 같은 국제기구의 기준을 충족하는지 확인하여 충족하지 못하는 경우 투자 대상에서 배제한다. 이는 네거티브 스크리닝의 일환이라고 볼 수 있다. 국제투명성기구 같은 국제적인 비영리단체의 기준까지 참고하여 규범 기반 스크리닝을 진행하기도 한다.

이론적으로 스크리닝 전략은 그럴듯하다. 하지만 투자자들이 직접, 특히 개인 투자자라면 더더욱 직접 스크리닝하기는 어렵다. 현실적으로 ESG 평가 결과를 공개하는 곳의 자료를 참고해서 투자할 곳을 정해야 한다.

외국의 가장 대표적인 ESG 평가기관은 MSCI(Morgan Stanley Capital International)다. 우리나라는 한국ESG기준원(구, 한국기업지배구조원)과 서스틴베스트가 대표적이다.

ESG 테마 투자를 ESG 스크리닝 전략과는 완전히 별개의 사회책임투자 전략으로 보는 견해가 있다. ESG 테마 투자는 예컨대 재생에너지와 같은 테마로, 투자 대상 기업을 분류한 후 투자 여부를 결정한다. 개별 투자 대상에 대해 스크리닝을 하지 않는다는 점에서는 차이가 있지만 테마가 되는 업종에 대해 스크리닝을 할 수밖에 없다는 점에서는 유사하다. 테마에 속한다고 해서, 예컨대 재생에너지 기업으로 분류된다고 해서 ESG 성과가 우수하다는 보장은 없으므로 주의해야 한다.

ESG 통합 전략도 ESG 스크리닝 전략과는 다른 사회책임투자 전략으로 본다. 재무적 성과와 ESG 성과를 함께 고려한다는 점에서 통합이라는 표현을 쓴다. 그런데 애초에 ESG 투자는 재무적 성과뿐만 아니라 비재무적 성과까지 양자를 모두 고려한다는 개념을 이해한다면, ESG 통합 전략은 적절한 표현이라고 하기는 곤란하다.

표 4-1 스크리닝 전략의 분류

분류	GSIA	PRI
규범 기반 스크리닝 (norms-based screening)	UN, ILO, OECD 및 국제비영리기구(예 국제투명성기구) 등이 발표한 국제규범을 기반으로 하여 이를 충족하지 못하는 기업 등을 투자 대상에서 제외하는 것	네거티브 스크리닝의 한 종류로서, 국제규범(UNGC, 교토의정서, UN 인권선언 등)에 따른 최소한의 기준을 충족하지 못하는 발행기관(회사, 정부 등)을 가려내 투자 대상에서 제외하는 것
네거티브(배제) 스크리닝 (negative/exclusionary screening)	투자 제외 대상으로 판단되는 활동을 한 특정 산업, 기업 또는 국가를 펀드나 포트폴리오에서 배제하는 것 **배제 기준 예시:** 1) 제품 종류(예 무기, 담배) 2) 기업의 행위(예 동물실험, 인권침해) 3) 각종 논란(controversy) 등	특정 산업(섹터), 기업, 또는 증권의 ESG 성과가 동종업계 대비 현저하게 저조한 경우, 또는 특정 ESG 기준(예 특정 제품/서비스/지역 등을 투자에서 배제)에 해당하는 경우 투자 대상에서 제외하는 것 **배제 기준 예시:** 1) 주류, 담배, 도박, 무기, 화석연료, 핵에너지 등의 사업영역 배제 2) 중대성에 대한 기준을 매출에 대한 노출도 기준으로 설정(예 특정 사업 부문이 매출의 10% 차지) 3) 정량적 ESG 평가 방법을 이용해 worst-in-class 배제 4) 샤리아 스크리닝(이슬람 율법에 따른 투자 종목 선별 방식)
포지티브 스크리닝 (positive screening/best-in-class)	동종업계 대비 더 높은 ESG 성과를 달성하거나 정해진 ESG 성과 기준 이상을 충족하는 산업, 기업 또는 프로젝트에 투자하는 것	동종업계 대비 ESG 성과가 높은 특정 산업, 기업 또는 프로젝트를 투자 대상에 포함하는 것(예 재생에너지 관련 기술, 사회적 기업)

출처: 박동빈, "2022 (3) 책임투자 리뷰 – 투자 전략으로서의 ESG(2) : (Screening) 스크리닝 전략을 중심으로"(한국ESG기준원, 2022. 9. 29.), p.2에서 재인용.

강원랜드의 사례

좋지 않은 기업의 대표적인 예로 고리대금업, 도박업, 포르노업, 담배업이 언급된다. 기후 위기에 따른 탄소 중립의 중요성이 강조된 이후에는 석탄이나 석유와 관련된 기업도 대체로 포함된다. Harper Collins의 독성 회사 이외에도 '나쁜', '사악한'과 같은 수식어를 붙인다.

그런데 실질적으로 ESG 투자 전략으로서 스크리닝은 쉽지 않다. 기술적으로 쉽지 않아서 전문적인 ESG 평가기관의 도움을 받는 것이 좋다는 점은 이미 앞에서 살폈다. 더 나아가 철학적 논쟁이 될 만한 문제도 있다.

예컨대 도박산업에 투자되는 건 싫다는 투자자가 있다고 가정해 보자. 강원랜드는 대표적인 카지노 기업이다. 도박산업이기 때문에 일반적으로 착하지 않은 기업으로 볼 수 있다. 강원랜드가 E와 S와 G를 아주 잘 실천하고 있다 하더라도 윤리적인 면에서 도박산업에 투자하는 것이 바람직하지 않다는 시각도 일리가 있다.

그런데 다른 면을 생각해 보자. 강원랜드는 내국인이 출입할 수 있는 유일한 카지노 기업이다. 외국의 카지노에 가기 위해 해외여행을 떠나는 사람도 상당히 많다. 외자 유출을 방지한다는 차원에서 국내 경제에 이바지하는 측면이 있다.

E, S, G 어느 영역에도 해당하지 않는다. 그렇다면 다음과 같은 측면을 살펴보자. 강원랜드는 폐광지역법(폐광지역 개발 지원에 관한 특별법)에 따라 설립됐다. 강원랜드는 정선군 사북읍에 소재하고 있는데, 사북읍은 1980년대 대규모 광부들의 노동항쟁이 일어나기도 했던 곳이다. 폐광지역법은 석탄산업의 사양화로 인하여 낙후된 폐광지역의 경제를 진흥시켜 지역 간의 균형 있는 발전과 주민의 생활 향상을 도모함을 목적으로 하는(제1조) 법이다.

지역 경제를 살리기 위해서는 도박산업이 아닌 다른 방법도 있었을 것이라는 식의 논리도 일리가 있다. 그렇지만 지역 살리기의 일환으로 수익성 높은 도박산업을 선택한 정책적 목적도 근본주의적인 비난으로 끝낼 일은 아니라고 할 것이다.

대형 할인점의 PB상품도 비슷한 철학적 논란이 가능하다. 상품의 저렴한 공급은 소비자에게 분명 도움이 되지만, 지역 상인 또는 소상공인의 생존권은 위협할 수 있기 때문이다. ESG의 S 영역에서 지역경제와 지역사회는 이해관계자의 일환이다. 소비자도 이해관계자의 일환으로 당연히 포함된다.

우크라이나 전쟁을 일으킨 러시아 제재에 동참하지 않는 기업에 투자하지 않겠다는 것 또한 철학적 논쟁이 가능하다. 북한의 핵무기 개발에 반대하는 제재는 UN 차원에서 진행되고 있어 일종의 국제규범이라고 할 만하지만, 우크라이나 전쟁의 성격은 북핵 규제와 동일하지 않다.

읽고 생각하기

강원랜드 2024년 폐광지역 공익 행사에 6억 원 지원

지정기탁은 대기업이 모금기관에 일정한 목적에 사용해 달라고 지정해 기탁하고 모금기관은 사업 수행기관을 모집해 복지사각 지대에 빛을 쐬는 일을 하게 되는 방식이다.

강원랜드는 자사의 사회공헌 예산을 직접 폐광촌 공익사업에 지원하고 이를 관리해 소정의 목표가 달성되도록 이끌고 있다. 2015년부터 총 588개 행사에 모두 39억 원을 지원한 바 있다.

강원랜드가 '2024년 상반기 지역행사 기부금 지원사업 공모'를 실시한다고 20일 밝혔다. '지역행사 기부금 지원사업'은 강원랜드가 강원특별자치도 폐광지역 4개 시 · 군 내에서 개최되는 공익적 행사 지원을 통해 지역경제 활성화와 주민 문화생활 향상에 기여하려는 것이다.

공모 분야는 공익성과 지역 특성 등을 반영한 향토축제, 문화 · 예술행사, 체육행사, 일반행사 총 4개 분야로 내년 폐광지역 4개 시 · 군 내 개최 행사를 대상으로 한다.

강원랜드는 내년 상반기(1~6월)에 실시될 공익 행사에 한해 공모사업을 접수하고 있으며 신청 기간은 오는 25일까지다. 2024년 하반기 지역 행사 기부금 지원사업 공모는 내년 5월에 있을 예정이다.

강원랜드는 지원 자격 심사, 행사 중복 여부 등의 1차 심사 후 외부 위원이 참여하는 '지역행사 공모사업 심의위원회 평가'를 통해 공익성, 사업 · 예산계획 타당성 등을 평가, 내년 1월 초 지원사업 결과를 발표한다.

양현모 ESG상생협력실장은 "다양한 지역축제, 문화 · 예술행사를 지원해 지역경제를 되살리고 더 살기 좋은 폐광지역을 만들어 나가는 데 보탬이 되도록 하는 것이 이 사업의 취지"라며 "꼭 필요한 행사에 지원이 이뤄질 수 있도록 내년 상반기 공익 행사를 기획하고 있는 폐광지역 단체의 많은 관심과 지원을 바란다."라고 말했다.

출처: 헤럴드경제, 2023.12.20.(http://news.heraldcorp.com/view.php?ud=20231220000571)

ESG 펀드

현실적으로 투자는 많은 경우 펀드를 통해 이루어진다. 물론 직접 해당 기업의 주식을 사는 방법도 있다. ESG 스크리닝 같은 SRI 전략에 따라 구성된 펀드를 ESG 펀드라고 한다. SRI 펀드 또는 사회책임투자 펀드는 모두 같은 말이다. 착한 펀드는 공식적인 개념은 아니지만 일반적으로 통용되고 있다.

우리나라의 대표적인 금융 관련 연구소인 자본시장연구원은 정부에서 설립한 곳으로 국가의 정책과 관련된 연구를 하는 국책연구기관이다. 자본시장연구원은 한 보고서에서 2020년 7월 말 기준 국내 ESG 펀드는 총 41개로 순자산 규모를

4,618억 원으로 추정했다.[13]

2023년 8월 25일 현재 미래에셋증권에서 판매하는 'ESG'로 검색되는 펀드는 모두 17개인데 순자산 규모가 다양하다. 1억 원이 채 안 되는 것도 있고 180억 원에 달하는 펀드도 있다. 미래에셋좋은기업ESG증권자투자신탁(주식)[14]은 ESG 관련 주식에 주로 투자하는 펀드로, 130억 원 규모의 순자산을 보유하고 있다.

미래에셋좋은기업ESG증권자투자신탁(주식)의 보유종목 상위 10곳을 보면 삼성전자, SK하이닉스, LG에너지솔루션, POSCO홀딩스, 삼성SDI 등으로 일반적인 펀드와 구분하기는 쉽지 않다. 자본시장연구원에 따르면 ESG 펀드를 구성하는 기업들의 ESG 수준은 평균적으로 일반 펀드와 유사하다.[15]

ESG 요인을 바탕으로 투자한다고 명시하고 있어도 구체적으로 어떤 원칙인지, 투자 대상 기업의 ESG 수준은 어느 정도인지, 그 수준이 충분한지도 설명되어 있지 않은 경우가 많다.[16] 미래에셋좋은기업ESG증권자투자신탁(주식)의 경우도 증권사 홈페이지에는 ESG와 관련된 상세한 설명도 나와 있지 않고, 자산운용보고서를 살펴보라고 되어 있는데 이마저도 쉽게 찾을 수 없다.

읽고 생각하기

에쓰오일 · 노앤파트너스, 폐플라스틱 재활용 'ESG 펀드' 조성

에쓰오일(S-OIL)은 사모펀드 운용사 노앤파트너스와 폐플라스틱 재활용 '자원순환 ESG(환경 · 사회 · 지배구조) 펀드' 조성 업무협약을 체결했다고 13일 밝혔다.

양사는 협약에 따라 폐플라스틱 재활용 밸류체인(가치사슬) 전반에 걸친 기술 노하우와 경험을 바탕으로 중소 · 중견기업에 대한 기술적 분석과 지원, 설비 개선 및 효율화, 금융 솔루션을 제공하고 중소 · 중견기업 투자를 위한 상호 협력 기반 구축에 나설 계획이다.

펀드는 연기금 공제회 등 기관투자자를 대상으로 조성한다. 이를 통해 환경부가 설정한 2030년 폐플라스틱 열분해유 90만t 생산 목표에 부응하고, 국내 중소업체에서 생산한 열

13 상세 내용은 박혜진, "국내 ESG 펀드의 현황 및 특징 분석", 이슈보고서 20-28(자본시장연구원, 2020), p.3. 참조.

14 https://investments.miraeasset.com/fund/view.do?fundGb=2&fundCd=603702

15 상세 내용은 박혜진, "국내 ESG 펀드의 현황 및 특징 분석", 이슈보고서 20-28(자본시장연구원, 2020), p.17. 참조.

16 상세 내용은 박혜진, "국내 ESG 펀드의 현황 및 특징 분석", 이슈보고서 20-28(자본시장연구원, 2020), p.17. 참조.

분해유를 정제 설비와 석유화학 설비에 투입해 휘발유나 석유화학 기초 원료를 생산함으로써 순환경제 상업화 실현에 다가갈 계획이다.

류열 에쓰오일 사장은 "정부가 2050년 탄소중립 계획에 맞춰 폐플라스틱 재활용, 특히 열분해 기술에 대한 정책을 마련하고 있어 해당 산업의 장기적 성장이 기대된다."라며 "에쓰오일의 석유 정제기술을 활용해 폐플라스틱 재활용을 통한 순환경제의 완성에 기여하고자 한다."라고 말했다.

출처: 연합뉴스, 2023.12.13.(https://www.yna.co.kr/view/AKR20231213048800003?input=1195m)

읽고 생각하기

한국투자크레딧포커스ESG펀드, 회사채 공모 펀드 중 1년 수익률 1위

한국투자신탁운용은 한국투자크레딧포커스ESG펀드가 국내 회사채 공모 펀드 중 최근 1년 수익률 1위를 기록했다고 14일 밝혔다. 한국투자크레딧포커스ESG펀드가 기록한 최근 1년 수익률 8.51%(C-e 클래스)는 상장지수펀드(ETF)를 포함해 회사채 공모 펀드 중 가장 높은 수준이다. 연초 이후 수익률 및 최근 3년, 설정(2008년 11월) 이후 수익률은 각각 7.64%, 8.04%, 64.63%로 안정적인 성과를 기록 중이다. 특히 최근 1년 수익률은 전체 채권형 공모 펀드 중에서도 상위권으로 나타났다.

한국투자크레딧포커스ESG펀드는 지난 2008년 출시된 이후 15년간 운용돼 온 한국투자신탁운용의 대표적인 국내채권형 펀드이다. 해당 펀드는 한국투자신탁운용이 자체 개발한 크레딧 투자분석 시스템을 기반으로 A등급 이상의 국내 우량 크레딧 채권을 선별해 투자한다. 편입 자산 선별 과정에는 개별 기업의 영업실적, 현금흐름, 재무안정성, 지배구조 등이 반영된다.

초과수익을 얻기 위한 다양한 포트폴리오 전략도 병행된다. 장단기 스프레드 전략 및 섹터 · 신용등급 · 종목 간 상대가치 전략 등이 대표적이며, 펀드의 유동성 관리를 위해 크레딧 채권 외에 국공채 비중을 일정 수준 유지한다.

또한 저평가된 종목을 적극적으로 발굴해 편입하는 동시에 신용위험 조절을 위해 분기별 실적 점검을 진행한다. 이를 통해 펀더멘탈 저하가 예상되는 자산의 보유 비중을 빠르게 낮추는 것이 특징이다.

50개가 넘는 종목을 편입한 해당 펀드의 포트폴리오 조정은 크레딧 전문운용역과 애널리스트가 협업을 통해 결정한다. 그 결과 해당 펀드는 설정 이후 15년간 보유 자산의 신용등급이 A등급 미만으로 하락한 사례가 단 한 차례도 없다.

듀레이션(가중평균만기)을 2년 내외로 유지하고 있는 점 또한 주목할 만하다. 중단기 수준의 듀레이션을 유지할 경우 향후 금리 인하기에 초단기 채권형 및 단기금융상품 대비 기대

수익을 높일 수 있다는 장점이 있다. 그뿐만 아니라 예기치 못한 금리 상승 국면에서도 중장기 채권형 펀드 대비 높은 안정성을 보인다.

지난 2020년부터는 지속가능한 수익률 창출을 위해 ESG 투자 전략도 더했다. ESG 투자는 환경(Environmental)과 사회적(Social)으로 긍정적인 영향력을 행사하거나 지배구조(Governance)가 우수한 기업에 투자하는 것을 말한다.

한국투자신탁운용은 자체 ESG 스코어링을 통해 재무성과와 함께 비재무적 요인인 ESG 등급을 투자에 반영하고 있다. 이는 ESG 관련 리스크가 낮은 기업의 지속성장 가능성이 높다는 판단에 따른 것이다.

박빛나라 한국투자신탁운용 FI운용2부장은 "내년 중반 이후 금리 인하가 예상되는 만큼 그동안 금리 상승에 따른 위험을 피해 초단기 채권형 상품에 투자하고 있었던 분들은 보다 긴 듀레이션을 가진 채권 상품을 주목할 필요가 있다."라며 "초단기 채권형 상품보다는 듀레이션이 길어 금리 하락 시 기대수익을 높이되, 장기채권형 상품보다는 변동성을 낮춘 중단기 채권형 상품에 투자하기 좋은 시기인 셈"이라고 밝혔다.

박 부장은 "과거에도 경기둔화에 따른 금리 인하 국면에서 크레딧 스프레드는 축소(기업 신용 위험 감소)되는 모습을 나타냈다."라며 "향후에도 우량 크레딧 채권에 대한 선별 투자를 지속하면서 긴축적 금융 여건으로 인한 펀더멘털 저하 여부를 철저하게 모니터링할 예정"이라고 말했다.

출처: 뉴스1, 2023.12.14.(https://www.news1.kr/articles/5261345)

바이스 펀드

바이스 펀드(Vice Fund)는 '악덕 펀드' 또는 '범죄 펀드' 정도로 해석할 수 있으며, 술, 도박, 담배 같은 기업에 투자하는 펀드이다. 도박이나 담배 회사를 운영하는 것 자체로 범죄라고 할 수는 없으므로 악덕 펀드 정도가 적절하다.

우리나라 언론에서는 보통 '사악한 펀드'라고 번역한다. 하이트진로나 강원랜드, KT&G 같은 회사로, 범죄를 저지르지도 사악하지도 않은데 이러한 수식어가 붙는 것이 억울할 만도 하다. 바이스(악덕) 정도의 수식어도 사실 과한 측면이 없지 않다.

술, 도박, 담배는 그나마 과거부터 윤리적으로 손가락질을 받기도 했으므로 넘어간다고 해도 방위산업이나 항공우주산업 같은 경우를 악덕 기업으로 분류하는 것은 어떤가? 국가안보를 위해 필수적이지만 반전과 평화의 시각에서 무기 생산을 용인하지 않겠다는 경우, 시각에 따라 악덕 여부는 결론이 달라질 수 있다.

적극적으로 바이스 펀드를 표방하고 투자자를 모은 사례가 2002년 미국에서 있었다. USA Mutuals Vice Fund Investor Class Shares는 2002년 8월 30일 출시되어 지금까지 운용 중이다.[17]

파이낸셜 타임스(Financial Times)에 게시된 정보를 보면 펀드의 포트폴리오를 구성하는 상위 5개 회사의 비율이 35.93%로, BAE 시스템 PLC, 노스롭 그루먼, RTX, 갤럭시 엔터테인먼트 그룹, 하이네켄 등이다.

BAE 시스템 PLC와 노스롭 그루먼, RTX는 모두 항공우주를 주력으로 하는 방위산업체다. 보안산업도 주력이라고 할 수 있는데, 사이버 전쟁에 필요한 무기 개발을 안 한다고 볼 수는 없다. 갤럭시 엔터테인먼트 그룹은 카지노 운영 회사이고, 하이네켄은 유명한 주류 회사다.

한때 바이스 펀드는 일반 기업에 대한 투자보다 훨씬 수익률이 높다는 이유로 각광을 받은 적도 있다. 특히 술, 담배 산업은 경기방어주라 불황에도 투자 이익이 좋다는 특징을 보인다. 아무리 경제 형편이 좋지 않더라도 술이나 담배 소비를 크게 줄이지 않기 때문에 꾸준한 수익을 확보할 수 있다는 점을 활용한 것이 바로 바이스 펀드다.

윤리적으로야 비난할 수는 있겠지만 투자는 현실의 재무적 성과를 보고하는 것이고, 국가가 금지하지 않는 이상 범죄나 불법도 아니기 때문에 이런 틈새를 적극적으로 활용한다. 국가마다 금지하는 산업의 종류가 다르다는 점도 바이스 펀드의 성과를 보장하는 조건이기도 하다.

반ESG 펀드

2002년 출시된 바이스 펀드는 여전히 운용되고 있지만, SRI의 본격적인 대두로 대놓고 악덕 기업에 투자한다고 표방하는 경우는 많지 않다. 물론, SRI, 곧 ESG 투자에 반대되는 흐름이 없지는 않다. 반ESG펀드로 분류되는 펀드도 있고, ESG 자체에 반대하는 캠페인도 작지 않은 규모로 진행되고 있다.

반(anti)ESG 펀드는 넓은 의미에서는 바이스 펀드를 포함한다. 좁은 의미의 반ESG 펀드는 아직 공신력 있는 정의가 없다. 모닝스타는 반ESG 투자의 종류를 5가지로

17 2023년 8월 24일 기준. 펀드의 상세 내용은 파이낸셜 타임스에서 확인할 수 있다(https://markets.ft.com/data/funds/tearsheet/summary?s=vicex).

정의[18]하고 있지만, 널리 확산되지는 않고 있다. 모닝스타는 정치적으로 보수적인 가치를 추구하는 기업에 투자해도 반ESG 펀드로 본다.

ESG 투자에서 네거티브 스크리닝의 대상이 되는 기업에 오히려 적극적으로 투자하는 경우 여기에 해당할 수 있다. 투자한 기업이 ESG 관련 결정을 내릴 때 반대표를 던지는 경우도 넓은 의미에서는 반ESG 펀드라고 할 수 있다.

반ESG 펀드의 대표 주자는 미국의 스트라이브에셋매니지먼트(Strive Asset Management)가 출시한 Strive US Energy ETF[19]이다. 이 펀드는 미국의 에너지 산업에 투자하는 데 일반적으로 반ESG 펀드로 분류되는 펀드의 자금 유치 규모를 훨씬 뛰어넘어 주목을 받았다. 일반적으로 반ESG 펀드가 2,500만 달러 이상의 투자를 받지 못하는 경우가 많은데 Strive US Energy ETF는 무려 3억 달러를 넘겼기 때문이다.

스트라이브에셋매니지먼트는 이후에도 지속적으로 반ESG 펀드를 출시하여 2023년 1월 기준 총 7억 5천만 달러에 상당하는 자산을 8개의 ETF로 나눠 운용 중이다. Strive US Energy ETF는 수익률도 나쁘지 않아 2023년 1월 기준 연간 환산 수익률은 21.55%에 달한다.[20]

---

18 상세 내용은 다음 내용을 참조할 것."What's Inside Anti-ESG Funds?", 모닝스타 홈페이지. Jun 8, 2023.(https://www.morningstar.com/sustainable-investing/whats-inside-anti-esg-funds) 안티ESG의 내용을 한국어로 번역한 자료는 다음 내용을 참조할 것."반ESG 펀드, 작년 반짝 인기 후 시들... 투자 유입 급감", ESG경제. 2023.06.21.(http://www.esgeconomy.com/news/articleView.html?idxno=3935) 양자의 내용은 일치하지 않는다. 모닝스타 홈페이지의 내용이 구체적이지 않다.

19 Strive US Energy ETF의 상세 내용은 VettaFi 홈페이지에서 확인할 수 있다. (https://etfdb.com/etf/DRLL/#etf-ticker-profile)

20 상세 내용은 "최근 미국 내 Anti-ESG의 확산", 자본시장 포커스 2023-09호, 자본시장연구원. (file:///C:/Users/K/Downloads/(2023-09)_zoomin_%ED%95%98%EC%98%A8%EB%88%84%EB%A6%AC.pdf)

읽고 생각하기

죽은 '화석'이 산 '그린(Green)'으로 둔갑…ESG 죽지 않았다?

'ESG'라는 단어가 이제는 식상해졌지만 여전히 한국 기업이나 금융기관에는 겉도는 느낌이다. 글로벌 ESG 시장에서는 철저한 '을(乙)'이다 보니 시장을 주도하는 서구권의 눈치를 안 볼 수가 없다. 특히나 환경 부문이 그러한데 유럽과 미국이 서로 다른 입장을 내놓으면서 양쪽을 모두 바라봐야 하는 국내 기업들은 방향성을 잡기가 갈수록 어려워지고 있다.

유럽연합(EU)은 속도를 붙이고 있다. 탄소배출이나 화학물질과 관련된 환경 규제를 더 강화하는 추세다. 이에 우리 정부도 기업들을 상대로 EU의 규제 현황과 추후 전망을 설명하는 자리를 갖기도 했다. 금융기관이나 컨설팅업계는 기업 수요에 맞춰 환경 규제를 중심으로 ESG 리스크와 컨설팅을 전담하는 조직을 새로 만들고 있다.

미국은 정반대다. 안티ESG 기조가 강해지고 있다. 그린워싱 논란, 저조한 투자 수익률 등 ESG 회의론이 커지고 있다. 대선 이슈까지 더해지면서 화석연료 의존도가 높은 지역이 텃밭인 미국 공화당이 힘을 싣고 있다. 여기에 고금리, 고물가의 장기화로 경제가 팍팍해지면서 명분보다는 실리를 강조하는 기조가 전반적으로 깔리고 있다.

블룸버그도 안티ESG 기조를 조명했다. 모닝스타가 제공한 데이터에 따르면 ESG 지표에 투자하는 펀드는 올해 3분기 말까지 보유 자산의 약 2.3%를 화석연료 자산에 투자했다. 이는 유럽이 ESG 투자 프레임워크를 도입한 직후인 2021년 초 1.4%에서 증가한 수치다. 러시아의 우크라이나 침공에서 촉발된 유가 급등, 재생에너지의 '끔찍한 한 해'에 따른 자산가치 변화 등이 반영됐다는 평가다. 글로벌 금융계의 거물급 인사들은 화석연료를 ESG 투자룸에 가져와야 한다는 요구를 지속적으로 해오기도 했다.

미국에선 앞으로 '그린워싱'이 그냥 '그린'으로 둔갑할 가능성이 더 커졌다. 재생에너지와 화석연료에너지의 공존을 인정한 셈이다.

국내 기업의 ESG 경영은 어디로 향해야 할까. 전반적인 방향성이 ESG로 가는 것을 부정할 수는 없다. 다만 이전보다 세밀함과 확장성을 가져가야 실리를 챙길 수 있다. 자칫 유럽의 강력한 기준에만 맞추다 보면 미국의 실리적인 기준에 따라가긴 더 어려워진다. 기업 입장에서는 이러지도 저러지도 못하는 진퇴양난이다.

ESG 광풍이 한창 불었을 땐 국내 기업들도 조금은 억지스럽게 여기저기 'ESG'를 갖다 붙였다. 그리곤 그린워싱 논란이 불거졌다. 미국을 중심으로 ESG의 범위가 확장된다면 국내 기업들도 지속성을 위해서라도 속도 조절을 해야 하는 것 아니냐는 얘기들이 ESG 관계자들 사이에서 슬슬 나오기 시작했다. ESG는 단순히 '숫자'로만 나열할 수 있는 문제가 아니다. 이를테면 '화석연료로 만든 전기나 원전은 친환경적인가'라는 질문처럼 기업 또는 국가의 '철학'과 '가치관'이 내포돼 있다.

출처: 인베스트조선, 2023.12.22.(http://www.investchosun.com/site/data/html_dir/2023/12/21/2023122180228.html)

바이스 펀드 포트폴리오 상위 5개 사 관련 기업정보

- BAE 시스템 PLC(https://markets.ft.com/data/equities/tearsheet/summary?s=BA.:LSE)
- 노스롭 그루먼(https://markets.ft.com/data/equities/tearsheet/summary?s=NOC:NYQ)
- RTX(https://markets.ft.com/data/equities/tearsheet/summary?s=RTX:NYQ)
- 갤럭시 엔터테인먼트 그룹(https://markets.ft.com/data/equities/tearsheet/summary?s=27:HKG)
- 하이네켄(https://markets.ft.com/data/equities/tearsheet/summary?s=HEIA:AEX)

반ESG 캠페인

반ESG 캠페인은 반ESG 펀드를 포함해 ESG에 반대하는 정치적 또는 민간운동의 흐름을 포괄하는 개념이다. 반ESG 캠페인의 주된 논리는 ESG가 주주의 이익을 침해할 뿐 아니라 정치적 의제에 경도되어 있다고 본다. 심지어는 좌파의 선전 공세에 불과하다고 폄하하기도 한다.

ESG의 대명사가 된 블랙록의 지속가능투자 부문 임원 출신인 타리크 팬시(Tariq Fancy)는 ESG에 대해 오히려 "공익을 해치는 위험한 플라시보(가짜 약, dangerous placebo that harms the public interest)"[21]라고 주장한다.

미국에서는 반ESG가 논리적 반대 수준을 넘어 다양하게 규범화되고 있다.[22] 2022년 기준 18개 주가 반ESG 정책을 추진 중이다. 특히 2022년 8월 플로리다주의 반ESG 결의안은 크게 주목을 끌었다.

플로리다주의 반ESG 결의안은 투자 시 오로지 금전적 요인에만 근거하여 결정해야 한다는 점을 연기금 등에 요구했다. 다른 사회적, 정치적, 이데올로기적 이익이 포함되지 않아야 한다는 것이다.

플로리다주의 결의안은 결의안으로 끝나지 않았다. ESG의 대표 주자인 블랙록을 통해 투자 중이던 20억 달러를 회수했다. 플로리다주 이외에도 블랙록의 비슷한 규모의 투자금이 회수되었다.

21 Blackrock's former sustainable investing chief now thinks ESG is a 'dangerous placebo', CNBC, AUG.24.2021.

22 미국의 반ESG 규범화와 관련한 상세 내용은 다음을 참조할 것.김혜란, "미국, 반(反)ESG 투자 입법 동향", KiRi 리포트 글로벌 이슈. 2023.04.24.(https://www.kiri.or.kr/report/downloadFile.do?docId=346939)

텍사스주는 2023년 2월 보험사에 대한 반ESG 법안을 발의했다. 발의안은 보험료를 결정할 때 ESG 점수를 고려하지 못하도록 했다. 텍사스주는 이미 2022년에도 친ESG 금융기관과의 거래를 금지한 바 있다.

미국에서 반ESG 캠페인을 주도하는 주는 주로 공화당이 집권한 곳이다. 미국의 일부 주 중에는 적극적인 ESG 투자를 규범화하는 곳도 있다. 코네티컷주는 보험사가 ESG에 반하는 투자를 할 때 과징금을 부과하는 법안을 발의했다.

바이든 대통령은 2023년 3월 연방의회에서 통과시킨 연기금의 ESG 투자 금지 결의안에 대해 거부권을 행사했다. 바이든은 투자 결정 시 '향후 투자에 미칠 모든 영향을 고려'하고 '완전한 정보에 입각'할 것을 요구했다.

그림 4-4 카롤리너 판 데르 플라스 농민시민운동당(BBB) 당수

출처: https://www.seoul.co.kr/news/newsView.php?id=20230317500049&wlog_tag3=naver

유럽 일부 지역에서도 반ESG 캠페인이 진행되고 있다. 네덜란드 농민시민운동당(BBB)은 2023년 3월 15일 지방선거에서 상당한 성과를 거뒀다. 농민들은 정부의 가축 수 감축과 농장 폐쇄에 반발하고 있는데, 2030년까지 질소 배출량을 절반 수준으로 줄이는 데 필요한 조치였다.[23]

ESG 펀드의 성과

공교롭게도 미국의 ESG 펀드는 전반적으로 성과가 별로 좋지 않아 반ESG 캠페인의 논리가 상당한 설득력을 얻고 기세가 이어지고 있다고 해도 과언이 아니다. ESG 투자가 초기에는 이윤과 ESG의 가치가 배치되는 것처럼 인식되기도 했다. 일각에서는 SRI가 더 나은 투자 성과를 얻는 방법이라고까지 주장하는데 투자 결과가 수치로 나타나지 않는다면 설득력이 약할 수밖에 없다.

2022년 4분기 유럽의 ESG 펀드는 상당한 자금의 순유입을 보여 성적이 좋은 편이다. 아시아, 호주, 캐나다 등지도 그리 크지는 않지만, 투자금의 유입이 유출보다는 많다. 미국만 순유출을 기록했다(표 4-2 참조). ESG 투자의 대표 주자 블

23 BBB와 관련 내용은 다음 기사를 참조할 것 "심상치 않은 반ESG, 가속화하는 ESG 규범", 데일리임팩트, 2023.04.06.(http://www.dailyimpact.co.kr/news/articleView.html?idxno=95728)

랙록도 예외는 아니다. 블랙록의 대표적인 ESG 펀드 iShares ESG Aware MSCI USA ETF(ESGU)는 오히려 −8.10%의 수익률 하락을 기록했다.[24]

표 4-2 글로벌 지속가능 펀드 현황(2022년 4분기)(단위:십억 달러, 개)

지역	자금유출입	운용자산(AUM)	펀드 수
유럽	40.0	2,078	5,316
미국	−6.2	286	598
아시아	0.9	76	697
호주/뉴질랜드	1.6	29	198
캐나다	0.5	28	203
합계	36.9	2,479	7,012

출처: "최근 미국 내 Anti-ESG의 확산"(자본시장 포커스 2023-09호, 자본시장연구원)에서 재인용.

2022년 8월, 블랙록은 기후변화 대책과 관련 안건에 반대표를 던지겠다고 밝힌 바 있다. 이에 앞서 2022년 6월, 래리 핑크는 ESG를 더는 사용하지 않겠다고도 했다. 물론 '과도한'이라는 수식어가 붙어 반ESG로 돌아섰다고까지 평가하기는 어렵다. ESG라는 용어를 안 쓰는 것이지 관련 입장을 바꾸었다고 하지는 않았다.

앞으로는 어떨까? 과연 ESG 펀드는 반ESG 펀드를 수익률 면에서 이길 수 있을까? 개별 기업 차원의 ESG 경영 2.0 또는 SRI 2.0은 일부 기업의 일시적인 현상일까? 다행인 것은 아직은 바이스 펀드도, 반ESG 펀드도 주로 미국만의 현상이라는 점이다. 유럽이나 아시아 같은 다른 지역에서 향후 추이가 어떻게 될지 주목되는 지점이다.

투자 성과는 기업마다 부문마다 시기마다 다르므로 일률적으로 말하기는 어렵다. ESG 경영이 기업 성과에 도움이 되는지도 아직은 학자마다 컨센서스가 형성되지 않았다. 공개적으로 ESG와 기업 성과는 관계가 없다고 단언하는 애스워스 다모다란(Aswath Damodaran)과 같은 학자도 있다.

다만, 아직 ESG의 추구 역사가 그리 길지 않은 시점에서 성급한 결론은 이르다는 점을 상기해야 할 것이다. 또한 장기적으로 ESG 투자로 가야 하고 ESG 투자가 더 높은 성과를 거둘 방법을 찾아가는 가는 과정일 것이라는 점도 충분히 짐작할 수 있다. 아직은 갈 길이 멀다.

24 상세 내용은 "최근 미국 내 Anti-ESG의 확산", 자본시장 포커스 2023-09호, 자본시장연구원. (https://www.kcmi.re.kr/publications/pub_detail_view?syear=2023&zcd=002001016&zno=1719&cno=6110)

읽고 생각하기

"허상" vs "당위론"...'실적'을 고장 낸 ESG는 어느 쪽?

(전략) 이종빈 메리츠증권 연구원은 'ESG의 내부 고발자'라는 제목으로 파이낸셜 타임스의 한 기사에 대한 얘기를 전합니다. 해당 기사는 지난 2018년부터 2019년까지 블랙록의 글로벌 지속가능투자 부문 최고책임자(CIO)였던 티라크 팬시가 최근 ESG에 대한 반기를 들었다는 내용입니다. ESG 투자 최전선에 있던 사람이 2년 만에 정반대 쪽에 서게 된 셈입니다. 티라크 팬시는 △ESG 투자는 기업 자본조달비용에 직접적인 영향을 미치지 못하는 점, △투자자 수익률 제고도 쉽지 않은 점, △ESG 투자와 일반 투자자 사이에 투자 시계(Investment Horizon)의 차이가 있는 점, △유통시장 내 증권을 사고파는 행위는 기업에 큰 영향을 미치지 못하는 점, △ESG 펀드의 규모가 영향력을 행사하기엔 작은 점 등을 들며 ESG 투자가 '위험한 위약(Dangerous placebo)'이라고 강조했습니다.

이 연구원은 "티라크 팬시의 핵심 논리는 ESG 투자의 목적과 투자 수익률 간의 괴리가 크다는 것"이라며 "ESG 투자로 기업 ESG의 개선과 높은 수익률을 동시에 추구하는 것이 현실적으로 어렵다는 것으로, 그는 두 가지 모두 성취할 수 있다는 주장을 '위약'에 비유했다."라고 설명했습니다. 이어 "ESG 등급의 하향이 즉각적인 자금회수와 주가 하락의 계기가 돼야 하는데 그렇지 못하며 오히려 단기 투자자들의 차익 실현 기회가 된다는 것"이라고 덧붙였습니다.

밸류에이션의 대가로 불리는 애스워스 다모다란 뉴욕대 교수도 "ESG는 비즈니스 역사상 가장 과장되고 가장 마케팅 목적으로 만들어진 컨셉이라고 생각한다."며 "ESG처럼 기반 개념이 부실한데도 수많은 사람이 지지하는 걸 본적이 없다."고 한 적이 있습니다. 다모다란 교수는 ESG가 정치인들이 하기 어려운 일을 기업이 스스로 하게끔 하는 어떤 시스템이라고 설명합니다. 그러면서 정치 영역에서도 할 수 없던 일이 될 리가 만무하다고 강조합니다.

티라크 팬시나 다모다란 교수나 ESG가 안 된다고 보는 공통점은 ESG로 흘러간 돈이 선순환을 일으키기 어렵다는 점일 듯합니다. ESG 투자자들의 돈을 받기 위해선 기업들은 변화하고자 하는 어떤 절박함을 느껴야 하는데, 이러저러한 이유로 그러기는 거의 불가능에 가깝다는 것입니다. 당장에 ESG 워싱(Washing) 문제도 불거지고 있습니다. 겉으로만 ESG를 내세우고 속으로는 이윤을 위해 반사회적, 반환경적 행위를 저지를 수 있단 우려가 나오고 있습니다. (후략)

출처: 이데일리, 2021.09.04.(https://www.edaily.co.kr/news/read?newsId=01334966629176840&mediaCodeNo=257&OutLnkChk=Y)

ESG 채권

기업에 대한 투자는 주주가 되는 방법도 있고 채권자가 되는 방법도 있다. 기업이 은행으로부터 돈을 빌리면 대출이 되는데, 은행이 채권자가 된다. 기업이 채권을 발행한다는 것은 훨씬 많은 여러 곳의 금융기관이나 투자자로부터 한꺼번에 돈을 빌리는 경우를 의미한다. 이때 회사채라는 말을 쓴다. 투자자 입장에서는 채권을 구매한다고도 하고 채권에 투자한다고도 한다.

당연히 개인은 큰 기업에 돈을 빌려주기 어렵다. 지인과 이웃 간에 소소한 돈을 빌리고 작은 이자를 받을 수는 있겠지만, 지금은 이런 풍경도 거의 사라졌다. 사채시장은 사적인 채권 시장 정도의 뜻인데 은행 같은 큰 금융회사를 통하지 않는 경우를 의미한다. 은행이나 보험사 정도의 규모가 아니라는 뜻이지 사채시장에서 돈을 빌려주는 경우도 회사 형태를 띠기도 한다.

정책금융은 정책적 목적으로 정부가 나서서 기업이 금융기관으로부터 자금을 구할 때 지원하는 역할이다. 예컨대 정부가 아예 자금을 조성해 이자를 싸게 빌려주거나, 은행 같은 일반 금융회사로부터 기업이 빌리는 돈에 보험이나 보증을 서는 경우를 말한다. 기업 입장에서는 회사채 발행이 되고 정부 입장에서는 정책금융 지원이 된다.

엄밀하게 말하면 펀드는 투자자들이 사는 주식이나 채권을 모아놓은 것이다. ESG 채권은 ESG 기준을 반영한 채권이고, ESG 펀드는 ESG 기준을 반영한 펀드다. ESG 채권도 ESG 펀드도 모두 ESG 투자이다.

SIR채권, 사회책임투자채권은 ESG 채권과 같은 말이다. 사회적채권(소셜본드), 사회공헌채권, 지속가능채권과 같은 말도 사용한다. 녹색채권(그린본드)은 ESG 중 E를 중심으로 발행한 채권을 의미한다.

한국거래소는 사회책임투자채권(SRI채권)과 ESG 채권을 모두 포괄하는 개념으로 사용하고 녹색채권, 사회적채권, 지속가능채권은 세부 항목 개념으로 구분하여 사용한다. 지속가능연계채권도 별도로 구분하여 쓴다.

표 4-3 한국거래소 구분 사회책임투자채권(SRI채권)의 종류

구분	내용
녹색채권 (Green Bond, 그린본드)	신재생에너지 등 친환경 프로젝트나 사회기반시설에 투자할 자금을 마련하기 위해 발행하는 채권
사회적채권 (Social Bond, 소셜본드)	사회가치 창출 사업에 투자할 자금을 마련하기 위해 발행하는 채권

지속가능채권 (Sustainability Bond)	환경 친화적이고 사회가치를 창출하는 사업에 투자할 자금을 마련하기 위해 발행하는 채권
지속가능연계채권 (Sustainability-Linked Bond)	발행기관이 사전에 정한 지속가능(ESG) 목표 달성 여부에 따라 재무적 또는 구조적 특성이 변경될 수 있는 채권

출처: https://sribond.krx.co.kr/contents/01/01010000/SRI01010000.jsp

글로벌 ESG 투자 규모

ESG 투자의 규모는 얼마나 될까? 말은 많고 논란도 많은데 과연 얼마나 많은 돈이 ESG를 통해 이익을 거두기 위해 투여되고 있을까? 이와 관련해서는 언론의 기사도 많고 업계의 추정치도 많다. 그 때문에 오히려 혼란스러울 정도인데, GSIA의 자료를 통해 알아보기로 한다.

GSIA는 글로벌지속가능투자연합(Global Sustainable Investment Alliance)의 약자다. ESG 투자 규모와 관련된 정보를 찾다 보면 많이 마주치게 되는 곳이다. 세계 각지의 주요 투자연합체들이 모여 결성하였다.

참여한 투자연합체로는 미국의 SIF, 유럽의 Eurosif, 호주의 RIAA, 영국의 UKSIF, 캐나다의 RIA 등이 있으며, 일본지속가능투자포럼(Japan Sustainable Investment Forum)도 참여하고 있다.

GSIA는 2년에 한 번씩 글로벌 ESG 투자 보고서를 발간하는데 정식 명칭은 '글로벌 지속가능 투자 보고서(The Global Sustainable Investment Review)'이다. 2023년 8월 24일 현재 2020 버전이 가장 최신판이다(이하 'GSIA 보고서 2020'이라 한다).[25]

GSIA 보고서 2020에 따르면 글로벌 ESG 투자[26]의 규모는 모두 35.3조 달러다. 전 세계의 ESG 투자를 총괄한 것이기 때문에 그야말로 천문학적인 액수가 된다. 세계적으로 투자되고 있는 모든 자산 중 과연 어느 정도 비중을 차지할까? 보고서는 35.9%라고 수치를 집계하고 있다. GSIA가 ESG 투자로 집계하는 기준을 엄밀히 따져봐야 할 필요는 있지만, 일단 전반적으로 공신력을 확보하고 있는 곳이기 때문에, 대략 전 세계 투자금액의 1/3이 조금 넘는 규모로 ESG 투자가 이루어지고 있다는 것을 알 수 있다.

지역별로 보면 미국이 17조 달러로 가장 많고, 유럽이 12조 달러를 기록하고 있

25 원문은 GSIA 홈페이지에서 다운로드할 수 있다(https://www.gsi-alliance.org/wp-content/uploads/2021/08/GSIR-20201.pdf).

26 GSIA 보고서 2020은 지속가능한 투자(sustainable investment)라는 표현을 쓴다.

다. 캐나다와 일본이 각각 2조 달러가 넘는 규모의 ESG 투자를 운영한다. 호주는 1조 달러에 약간 못 미치는 규모다.

전 세계 투자 규모에서 ESG 투자가 차지하는 비중은 조금씩 증가해왔다. 2016년에는 27.9%, 2018년 33.4%에 이어 2020년엔 35.9%를 기록했다. 2018년부터 2020년 사이 증가율을 보면 캐나다가 48%로 최고를 기록했지만, 투자금액과 대비하면 42%의 증가율을 기록한 미국이 압도적이다.

미국에서 반ESG 펀드가 출시되고 반ESG 캠페인도 왕성하지만, 어쩌면 가장 큰 규모의 자금이 ESG로 들어가고 있어 반대 움직임 또한 가장 왕성하다고 볼 여지도 있다. 증가율 면에서도 마찬가지로 해석할 수 있다.

표 4-4 글로벌 지속가능투자 자산 현황(단위: 억 달러)

지역	2016	2018	2020
유럽	12,040	14,075	12,017
미국	8,723	11,995	17,081
캐나다	1,086	1,699	2,423
호주	516	734	906
중국	474	2,180	2,874
합계	22,839	30,683	35,301

출처: https://www.gsi-alliance.org/wp-content/uploads/2021/08/GSIR-20201.pdf

국내 ESG 투자 규모

과연 한국의 ESG 투자 규모는 어느 정도일까? 아직 한국 전체의 ESG 투자 규모가 어느 정도인지 공신력 있는 통계는 없다. 사실 통계는 많지만 학계와 현업 전문가들이 공통으로 인정하는 통계에 대한 합의가 형성되어 있지 않다.

2021년 중소벤처기업진흥공단은 5.4조 원에 달하는 정책금융을 전액 ESG 채권(소셜본드)으로 공급한다고 발표했다. 중소벤처기업진흥공단은 정부에서 중소기업과 벤처기업을 지원하기 위해 설립한 공기업이다.

정부에서 설립한 기관 중 중소벤처기업진흥공단 한 곳에서 무려 5조 원이 넘는 ESG 채권을 운용한다고 하니 우리나라 전체 ESG 투자 규모는 엄청날 것 같다. 중소벤처기업진흥공단은 2020년 말을 기준으로 7.7조 원의 ESG 채권을 누적 발행했다고 밝히기도 했다.[27] 합치면 10조 원이 넘는 큰 금액이다.

정책금융 이외에도 일반 기업이 ESG 채권을 발행했다는 기사는 수시로 나온다. 돈을 빌리는 데 ESG 기준을 반영했다는 뜻이다. 예컨대 LG에너지솔루션은 2023년 6월 녹색채권 1조 원을 발행했다. 한국거래소 전체를 기준으로 하면 2023년 2분기에만 녹색채권은 3조 6,573억 원이나 발행됐다.[28]

과연 전체 ESG 채권 발행 규모는 얼마나 될까? 전체 발행 규모와 관련해서는 공신력 있는 자료를 찾기 힘들다. 2020년 39조 3,000억 원[29]이라거나 2022년 2월 23일 기준 164조 4,000억 원[30]이라는 등의 내용은 근거가 제시되어 있지는 않다.

한국거래소는 거래량과 거래대금 정보를 ESG포털을 통해 공개하고 있다. 2023년 7월 31일 기준으로 지난 1년간 SRI채권의 거래량은 총 250.97억 원이고 거래대금은 249.91억 원이다.[31]

그나마 ESG 펀드는 총 규모에 대한 자료를 비교적 쉽게 찾을 수 있다. 자본시장연구원은 2020년 7월 말 기준 국내 ESG 펀드의 순자산 규모를 4,618억 원으로 추정[32]한 바 있는데, 이후 집계 자료는 찾아볼 수 없다.

우리나라의 ESG 펀드 현황을 꾸준히 집계하는 곳은 서스틴베스트 정도다. 서스틴베스트의 2022년 상반기 ESG 펀드 보고서에 따르면 한국의 ESG 펀드 순자산 규모는 7조 548억 원이다. 2022년 상반기 말 기준으로 ESG 펀드의 개수는 모두 127개다.[33]

한국거래소에서도 ESG포털을 통해 ESG 펀드 설정액을 공개하고 있는데, 서스틴베스트의 자료와는 차이가 크다. 2023년 8월 10일 기준 3조가 조금 넘는 설정액을 ESG 펀드로 설정하고 있다. 한국거래소는 에프앤가이드의 자료를 참조했다고

---

27 상세 내용은 "중소벤처기업진흥공단, ESG채권(SRI채권) 한국거래소 상장"(중소벤처기업진흥공단 보도자료, 2021.03.07.) 참조.

28 "기후위기 시대 성큼...녹색채권 · 녹색투자 뜬다", 머니투데이, 2023.08.23. (https://news.mt.co.kr/mtview.php?no=2023082315423643338)

29 https://terms.naver.com/entry.naver?docId=5955282&cid=42107&categoryId=42107

30 나는 ESG채권에 투자한다, Biz watch, 2022.02.24.(http://news.bizwatch.co.kr/article/market/2022/02/ 24/0013)

31 한국거래소 ESG포털(https://esg.krx.co.kr/contents/03/03020000/ESG03020000.jsp)

32 상세 내용은 박혜진, "국내 ESG 펀드의 현황 및 특징 분석", 이슈보고서 20-28(자본시장연구원, 2020), p.3. 참조.

33 상세 내용은 "2022년 상반기 ESG 펀드 보고서 발간"(서스틴베스트 보도자료, 2022.09.06.) 참조.

표시하고 있는데, 에프앤가이드의 홈페이지에서는 관련 내용을 찾을 수 없다.

한국사회책임투자포럼은 2021년 말 기준 한국 ESG 금융 규모가 787조 원이라는 보도자료를 낸 바 있다. '2022 한국 ESG 금융 백서'를 참조하여 작성한 보도자료에는 ESG 대출 340조 원, ESG 투자 272조 원, ESG 금융상품 77조 원, ESG 채권 98조 원으로 ESG 금융의 유형을 구분했다.[34] 아쉽게도 '2022 한국 ESG 금융 백서'는 한국사회책임투자포럼 홈페이지에서도 찾아볼 수 없다.

조회기간 20220731 ~ 20230731 1일 1개월 6개월 1년 조회

채권종류	거래량 (억원)	거래대금 (억원)	발행기관수	종목수
녹색채권	164.53	164.27	29	37
사회적채권	27.99	27.75	15	19
지속가능채권	58.45	57.89	25	33
지속가능연계채권	0	0	0	0
전체	250.97	249.91	64	89

그림 4-5 SRI 채권 연간 거래 현황

출처: 한국거래소 ESG포털(https://esg.krx.co.kr/contents/03/03020000/ESG03020000.jsp)

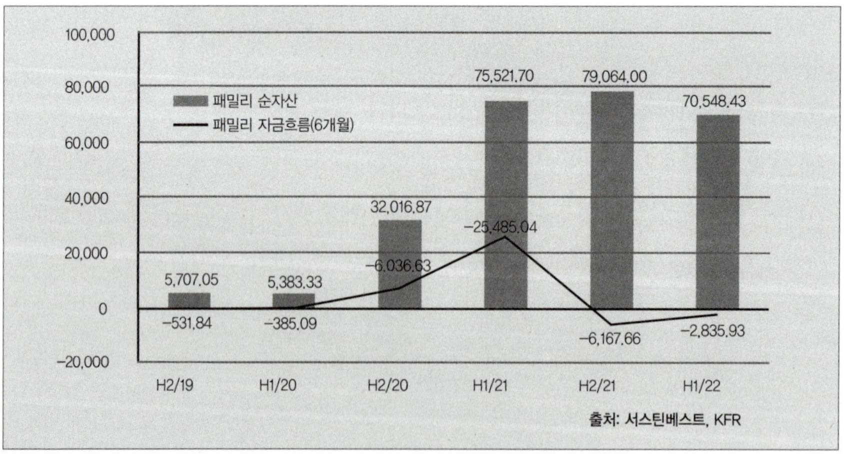

그림 4-6 국내 ESG 펀드의 분기별 순자산 및 자금흐름(단위: 억 원)

출처: "2022년 상반기 ESG 펀드 보고서 발간", 서스틴베스트 보도자료(2022.09.06.).

---

34 상세 내용은 "[보도자료] 한국 ESG금융 규모 2021년 말 787조원, 전년 대비 29%로 큰 폭 증가, ESG 워싱 우려도 그만큼 증가…워싱방지 제도 조기 구축 필요성 높아져"(KOSIF 보도자료, 2022.12.16.) 참조.(https://kosif.org/esg-2/news2/?vid=9)

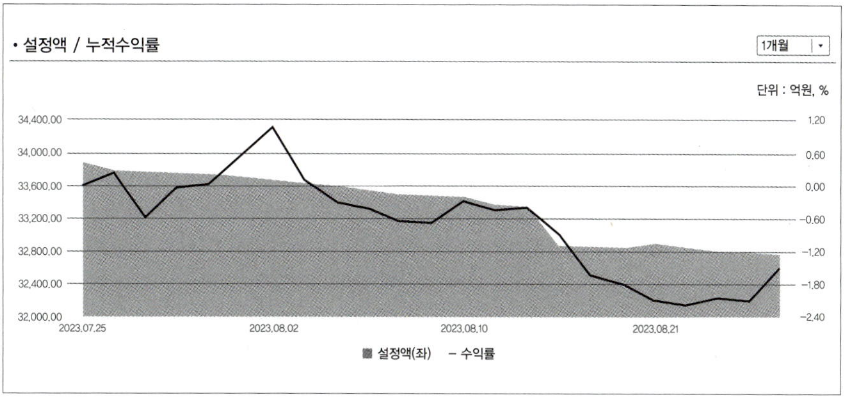

그림 4-7 **ESG 펀드 설정액/누적수익률**

출처: https://www.fundguide.net/hkcenter/esg

Summary

- ESG 투자 전략으로서 SRI 전략은 포트폴리오 스크리닝과 기업 관여 등으로 구성된다.
- 포트폴리오 스크리닝은 크게 네거티브 스크리닝과 포지티브 스크리닝으로 나눈다.
- ESG 투자 전략으로서 스크리닝은 여러 가지 요소를 고려할 필요가 있다.
- ESG 펀드는 ESG 스크리닝 같은 SRI 전략에 따라 구성된 펀드이다.
- 바이스 펀드는 오히려 윤리적으로 지탄받는 회사에 투자하여 높은 수익을 추구한다.
- 반ESG 펀드는 바이스 펀드를 포함하여 ESG에 반대하는 캠페인성 펀드이다.
- 반ESG 펀드가 출시되는 이유가 무엇인지 이야기해보자.
- ESG 펀드의 투자 성과는 기업마다 부문마다 시기마다 다르기 때문에 일률적으로 말하기는 어렵다.
- ESG채권은 ESG 기준을 반영한 채권이다.
- GSIA 보고서 2020에 따르면 글로벌 ESG 투자의 규모는 35조 원을 넘어선다.
- 한국사회책임투자포럼에 따르면 2021년 말 기준 한국 ESG 금융 규모는 787조 원이다.

Keyword

ESG 금융, ESG 반대 캠페인, ESG 테마 투자, ESG 통합 전략, ESG 투자 보고서, ESG 펀드, ESG채권, ESG포털, GSIA 보고서, SIR채권, SRI 전략, 거래량, 경기방어주, 글로벌 지속가능투자연합, 금전적 요인, 기업 관여, 기업성과, 나쁜 회사, 네거티브 스크리닝, 독성 회사, 바이스 펀드, 반ESG 법안, 반ESG 캠페인, 반ESG 펀드, 사악한 회사, 사회책임투자 채권, 수익률, 악덕 펀드, 자산운용보고서, 착한 펀드, 포지티브 스크리닝, 포트폴리오 스크리닝, 플라시보, 한국거래소

Quiz ※ 빈칸을 채우거나 OX로 답하세요.

01 ESG를 잘하는 기업을 고르는 SRI 전략은 (   )이다.

02 UN과 같은 국제기구의 ESG 기준을 충족하지 못하는 경우 투자 대상에서 배제하는 것을 네거티브 스크리닝이라고 한다. (   )

03 도박업을 하는 회사도 다른 관점에서 ESG 투자의 고려 대상이 될 수 있다. (   )

04 ESG 펀드의 순자산 규모는 다양하다. (   )

05 술, 담배 산업은 경기방어주라 불황에도 투자 수익이 좋은 대표적인 바이스 펀드이다. (   )

06 반ESG 펀드는 바이스 펀드를 포함하지 않는다. (   )

07 반ESG 캠페인은 투자 시 오로지 금전적 요인에만 근거하여 결정하라고 요구한다. (   )

08 아직 바이스 펀드나 반ESG 펀드는 주로 미국만의 현상이다. (   )

09 녹색채권(그린본드)은 ESG 중 E를 중심으로 발행한 채권을 의미한다. (   )

10 전 세계 투자 규모에서 ESG 투자가 차지하는 비중은 조금씩 증가해왔다. (   )

11 한국거래소에서도 ESG 포털을 통해 ESG 펀드 설정액을 공개한다. (   )

Discussion

01 SRI전략으로서 기업 관여가 기업에 대한 시민단체의 ESG 실현 요구와 차이점이 무엇인지 토론해 보자.

02 포지티브 스크리닝과 규범 기반 스크리닝의 공통점과 차이점에 대해 이야기해보자.

03 내가 투자자라면 ESG 투자에서 강원랜드를 포함할지에 대해 찬반 입장에서 토론해 보자.

04 일반 펀드와 ESG 펀드의 차이점에 대해 이야기해보자.

05 바이스 펀드를 법으로 금지할 필요성이 있는지 찬반 입장에서 토론해 보자.

06 반ESG 펀드가 출시되는 이유가 무엇인지 이야기해보자.

07 우리나라 반ESG 캠페인 사례를 찾아 발표해 보자.

08 래리 핑크가 2022년 6월 ESG라는 말을 더는 사용하지 않겠다고 한 이유에 대해 토론해 보자.

09 ESG채권과 녹색채권의 차이점에 대해 이야기해보자.

10 미국의 ESG 투자 규모가 의미하는 바가 무엇인지 토론해 보자.

11 국내 ESG 투자 규모와 관련한 추가적 자료를 찾아 내용을 알아보자.

11
기업 ESG 평가의 개요

기업평가

ESG 평가가 무엇인지 알기 위해서는 먼저 기업평가가 무엇인지 알아야 한다. 기업평가의 의미를 이해하기 위해서는 개인 신용평가에 비춰 보면 쉽게 접근할 수 있다. 기업을 대상으로 하는가, 개인을 대상으로 하는가는 분명한 차이가 있지만, 원리는 비슷하기 때문이다.

우리나라는 2003년 개인 신용평가 체계를 도입했다. 외환위기(1997), 카드사태(2003) 같은 금융위기를 겪으면서 개인에 대한 신용평가 제도화의 필요성에 공감대가 이뤄진 것이다. 외환위기나 카드사태 같은 금융위기 이전의 금융기관은 연체 여부에 따라 고객을 관리할 뿐이었다.

쉽게 말하면 일단 돈을 빌려주고 난 다음, 제때 갚지 않으면 추가로 대출하지 않거나 하는 등 사후적 대책을 세우는 식이었다. 특히 카드사태는 무분별한 카드 발급 이후 이를 감당하지 못한 엄청난 규모의 신용불량자를 양산하는 등 큰 사회문제가 되었다.

신용평가는 사전에 개인의 신용 수준을 평가하여 등급이나 점수를 매기고 원천적으로 금융 거래로 인한 연체나 이로 인한 금융회사의 부실을 최소화하는 제도다. 2003년 도입된 개인 신용평가 체계에서는 등급제로 개인의 신용을 평가했다. 2018년 개인 신용평가 체계 개선 방안에 따라 등급제를 점수제로 바꾸어 운용 중이다.[35]

개인 신용평가가 개인의 신용을 평가하는 것처럼 기업평가는 기업을 평가하는 것이다. 개인 신용평가처럼 기업도 신용평가를 받는다. 기업을 M&A하는 과정에서는 신용뿐만 아니라 회사의 가치 전반을 평가하는 것이 필요하다. 전자는 기업 신용평가라고 하고 후자는 일반적으로 다른 수식어 없이 기업평가라고 한다.

신용평가는 개인과 기업뿐만 아니라 국가에 대해서도 행해진다. 국제신용평가사가 한국에 대한 국가신용등급을 유지했다거나 올렸다거나 하향했다는 식의 보도가 바로 국가신용등급 평가이다.

읽고 생각하기

피치, 한국 국가신용등급 'AA-' 유지…전망도 '안정적'

국제신용평가사 피치(Fitch)가 한국의 국가신용등급을 AA-로, 등급 전망은 '안정적'으로 유지했다. 올해 성장률은 1.2%로 둔화하지만, 내년에는 2.7%로 반등할 것으로 전망했다.

14일 기획재정부에 따르면 피치는 한국의 국가신용등급을 'AA-'로 평가했다. 피치는 2012년 한국의 국가신용등급을 'A+'에서 'AA-'로 상향 조정한 이후 같은 등급을 유지해오고 있다.

피치는 또 올해 우리나라 국내총생산 성장률 전망치를 1.2%로 제시했다. 대외수요 위축 및 높은 금리 · 물가로 인해 성장세가 둔화할 거라는 예상이다. 다만 하반기에는 성장 모멘텀으로 전환돼 내년 성장률은 2.7%로 반등할 전망이다. 수출은 반도체 중심으로 상반기까지 부진할 것으로 예상되며, 높은 금리 수준이 투자 · 소비를 제약할 우려가 있다고 봤다.

중국 리오프닝은 성장 하방압력을 완화하는 데 도움이 되겠지만 서비스 중심의 중국 경제 회복세로 영향은 제한될 것으로 내다봤다. 정책금리는 올해 말까지 3.5% 수준이 유지되고,

35 공공기관의 운영에 관한 법률(약칭: 공공기관운영법, 법률 제18795호) 제4조.

내년에는 0.5%p가 인하될 것으로 예상했다. 소비자물가 상승률은 전년 동월 대비 기준 지난달 4.8%에서 올해 말 2.0%까지 완화될 것으로 전망했다.

피치는 높은 가계부채 부담이 소비를 약화시킬 우려가 있으나, 은행 건전성 등을 고려하면 금융시스템 전반에 대한 리스크는 예상하지 않는다고 평가했다. 가계부채가 국내총생산(GDP)의 105.3%에 달해 전 세계적으로 가장 높은 수준이지만, 주택담보대출비율(LTV)이 낮아 자산 가격의 하락이 은행에 미치는 영향은 제한적일 것이라는 예상이다.

GDP 대비 재정적자는 작년 2.7%(추정치)에서 올해 1.0%로 축소될 것으로 예상했다. 피치는 다만 예산 대비 수입 부족이 예상됨에 따라 재정 목표치에 다소 미달할 수 있다고 내다봤다.

올해 경상수지는 GDP 대비 1.9% 정도의 흑자를 기록할 것으로 예상했다. 외환보유액은 확충돼 올해 말 경상지급액의 6.5배에 달할 것으로 전망했다.

기재부는 "우리 경제의 대내외 건전성에 대한 긍정적 시각이 재확인됐으며, 특히 정부의 재정 건전화 노력에 힘입어 재정건전성 관련 평가가 지속 개선됐다."라며 "피치는 자금시장 상황과 관련해 향후 유사 사례에 정부가 효과적으로 대응할 것이라 언급했는데, 이는 그간의 시장 안정을 위한 정부의 노력과 역량이 반영된 결과"라고 평가했다.

출처: 대한민국 정책브리핑, 2023.03.14.(https://www.korea.kr/news/policyNewsView.do?newsId=148912698)

기업신용평가

은행과 같은 금융회사가 기업에 돈을 빌려주었다가 제때 회수하지 못하면 금융회사로서는 큰 손해가 난다. 그저 한 금융회사의 손해로 끝나지 않을 때도 있다. 많은 기업이 많은 돈을 제대로 갚지 못하면 국가 전체로도 큰 위기가 된다. 1997년의 외환위기 사태로 우리나라는 큰 어려움을 겪은 바 있다. 기업에 대한 신용평가가 중요한 이유가 바로 여기에 있다.

기업에 대한 신용평가는 신용평가(회)사(credit rating agency, CRA)가 맡아서 하며, 신용평가기관이라고도 한다. 기업에 대한 신용을 평가해 등급으로 표시하는 경우가 많다. 무디스와 S&P, 피치는 세계적으로 공신력 있는 신용평가사다.

무디스(Moody's Corporation)는 존 무디(John Moody)가 1909년 설립했다. S&P는 스탠더드앤드푸어스(Standard&Poor's)의 약자로 무디스보다도 훨씬 이른 1860년 헨리 바넘 푸어(Henry Varnum Poor)가 설립한 푸어스가 모체이며, 1916년 설립된 스탠더드와 1942년 합병해 S&P가 되었다. 피치는 1913년 설립된 피치 퍼블리싱 컴퍼니(Fitch Publishing Company)가 전신으로, 비교적 최근인 1997년 영국의 IBCA 그룹을 합병하면서 오늘날의 피치가 되었다.

기업의 신용 등급은 금융회사로부터 자금을 빌린 기업이 제때 반환 의무를 이행할 수 있는 능력과 의지를 보여주는 표시다. 물론 투자 매력도나 향후 위험 가능성에 대해서 100% 완벽하게 보여주지는 않지만, 참고자료로 활용되고 있다. 투자자들도 기업에 대한 투자 여부를 결정할 때 신용평가 자료를 활용할 수 있다.

신용평가회사마다 신용 등급을 매기는 기준과 표시법은 다르다. S&P는 AAA, AA, A, BBB, BB, B, CCC, CC, C, D처럼 10등급으로 구분한다. BBB 이상이 되어야 투자 등급(Investment Grade)으로 분류되며, BB 이하는 투기 등급(Speculative Grade)으로 분류된다.

우리나라에도 많은 신용평가사가 있다. 한국신용평가의 경우 1985년 한국 최초로 설립되어 2001년 무디스의 합작 법인이 되었다. 한국신용평가는 D 등급은 없고 A와 B 등급이 훨씬 세분화되어 있다. A 등급의 경우만 해도 7단계로 AAA, AA+, AA, AA−, A+, A, A−로 나누어져 있다.

신용평가사마다 같은 표시를 사용해도 같지는 않다. A라는 문자를 동일하게 사용하지만, 각 사의 기준과 의미가 다르다. 기업신용평가는 세부 평가 대상도 다양하기 때문에 훨씬 더 복잡하다는 점도 고려해야 한다. 회사채 이외에도 기업어음, 단기사채, 자산유동화증권과 같은 다양한 대상에 대해 기업신용등급을 평가한다.

읽고 생각하기

등급 상향에 경기 침체 공포 모르는 이 기업들

대한항공은 8년 만에 신용등급 'A'를 받았다. BBB+등급을 받은 2015년 12월 이후 8년 만의 A등급 복귀다. 한국신용평가는 "주력 부문인 국제선 여객사업 정상화 흐름이 더욱 공고해졌고 화물 시황 둔화 등에 따른 감익 국면에서도 양호한 이익창출력을 유지하고 있다."라고 밝혔다. 대한항공은 신용등급 향상에 따라 기관투자자들의 투자 수요를 확보할 수 있을 것으로 기대하고 있다. 특히 낮은 금리로 회사채 발행이 가능해져 자본 조달이 한층 더 쉬워질 전망이다.

스탠더드앤드푸어스(S&P)는 최근 SK이노베이션의 신용등급 및 전망을 'BBB− 네거티브(Negative)'로 확정해 발표했다. 종전에는 'BBB− 크레딧 워치 네거티브(Credit Watch Negative)'였다. 무디스도 SK이노베이션의 기업 신용등급을 'Baa3'로 재확인하고, 등급 전망을 기존 '부정적'에서 '안정적'으로 상향 조정했다. 무디스는 "SK온이 운영 효율성 개선과

IRA의 AMPC 수혜에 힘입어 향후 12~18개월 동안 수익성 개선세를 지속할 것"이라며 AMPC 영향으로만 2년간 약 1조 3,000억 원의 수익성 개선이 있을 것으로 전망했다.

전 세계 경제가 침체의 늪에 빠져드는 상황에서도 기업 신용등급이 오르거나 장밋빛 전망을 받는 기업이 주목받고 있다. 업황 불황이 끝을 모르고 진행되면서 경쟁사들 신용등급은 추풍낙엽처럼 떨어지고 있지만 이들 기업은 체질을 바꾸고, 사업영역을 다각화하면서 성장성이 조명받고 있다. 자금시장에서는 큰손들이 서로 투자하겠다며 이들 기업의 회사채를 사들이고 있다. 증시에서는 개미(개인투자자)들의 발길을 붙들고 있다.

HD현대그룹 신용도 줄줄이 상향…수주 경쟁력 제고

27일 본지가 국내 3대 신용평가사(나이스신용평가 · 한국기업평가 · 한국신용평가)의 유효 신용등급을 조사한 결과 올해 들어 전날까지 신용도가 오른 기업은 총 23개(중복 제외)다. 지난해 같은 기간(19개)보다 상향 건수가 오히려 늘었다.

나이스신용평가는 HD현대인프라코어와 HD현대건설기계의 신용등급을 'A-'(긍정적)에서 'A0'(안정적)로 상향했다. HD현대그룹 내 건설기계 사업의 시너지 효과로 사업성이 안정됐고, 지역 포트폴리오 다양화를 통한 외형 성장과 이익창출력이 동시에 개선됐다고 판단했다.

HD현대 그룹은 계열사 수주 경쟁력으로 신용 전망이 '안정적'에서 '긍정적'으로 상향됐다. 신용평가사들은 미래에 발생 가능한 긍정적 요인을 등급 상향의 주된 요인으로 삼는다. 영업수익성 하락과 원재료 값 상승 등 부정적 변수보다 수주잔고 개선, 중장기 수익성 등 긍정적 영향이 더 크게 반영된다는 의미다. 한국기업평가는 HD현대중공업과 현대삼호중공업의 등급 전망도 '긍정적'으로 올려 잡았다.

올해 들어서만 신용도가 두 차례 상향한 곳도 있다. 현대로템은 지난 3월 신용전망이 '안정적'에서 '긍정적'으로 상향된 데 이어 지난 8월 'A-'에서 'A0'로 올랐다.

이차전지 사업 성장성과 미국 인플레이션감축법(IRA) 등으로 신재생에너지 전환 수요가 커지면서 태양광업체인 OCI홀딩스는 'A'에서 'A+'로, 에코프로비엠은 'BBB+'에서 'A+'로 신용도가 상향됐다. 완성차 업체인 기아(AA→AA+), 자동차 부품업체인 와이엠, 모베이스전자, 하이호휠, 경창산업 등의 신용 전망도 높아졌다.

금리 인하 시작은 신용등급 · 경영 환경 '긍정적'

신용평가업계는 내년부터 본격적인 글로벌 긴축정책 종료가 시작되면서 국내 기업들의 산업환경이 개선돼 추가적인 신용등급 상향이 늘어날 것으로 내다봤다. 기준금리 인하로 국채 금리가 빠르게 하락할 경우 크레딧 채권에 대한 투자심리가 높아지면서 신용스프레드 확대가 둔화하고, 기업 자금조달 부담이 낮아질 수 있기 때문이다.

건설과 기계 업황은 높았던 중국의존도 해소와 함께 지역포트폴리오 다각화로 사업 안정성이 제고될 것으로 분석됐고, 이스라엘-하마스 전쟁에도 불구하고 국제 유가가 안정화된 정

유사 등도 수급여건 개선에 힘입어 양호한 이익 기조를 유지할 것으로 평가됐다.

신용평가사 관계자는 "내년에 물가하락 등 금융 긴축의 효과가 나타나면서 미국 연준과 한국은행은 기준금리를 1~2차례 인하할 가능성이 높다. 다만 그룹 산하 지원 가능성이 크고, 펀더멘털이 양호한 상위 신용등급 기업에 대한 선별적 투자는 이어질 것"이라며 "신용이벤트 발생에 따른 급격한 투자 수요 경색을 주의해야 한다."라고 설명했다.

NH투자증권에 따르면 국내 신용평가 3사가 하나 이상 '긍정적' 신용 전망을 부여한 기업은 하나에프앤아이, 금호석유화학, S-Oil, 지에스이피에스, 한국자산신탁, 엠캐피탈, SK실트론, 평택에너지서비스 등 22곳이다. 특히 HD현대그룹 계열사만 HD현대건설기계, HD현대인프라코어, HD현대중공업 등 6곳을 차지했다. 신용등급 전망이 '긍정적'이란 뜻은 신평사들이 향후 6개월 내 등급 상향을 검토할 가능성이 크다는 뜻이다.

표 4-5 2024년 신용등급 상향 가능성 높은 기업

기업명	한국기업평가	한국신용평가	나이스신용평가
S-Oil	긍정적	긍정적	긍정적
지에스이피에스	긍정적	긍정적	긍정적
엠캐피탈	긍정적	긍정적	긍정적
하나에프앤아이	긍정적	안정적	안정적
금호석유화학	안정적	안정적	긍정적
한국자산신탁	안정적	긍정적	안정적
SK실트론	긍정적	안정적	안정적
평택에너지서비스	안정적	안정적	긍정적
HD현대건설기계	안정적	안정적	긍정적
HD현대중공업	안정적	긍정적	안정적

출처: 이투데이, 2023.11.27.(https://www.etoday.co.kr/news/view/2306270)

ESG 평가

ESG 평가는 넓은 의미로 기업평가의 일환이다. 기업신용평가는 기업이 주로 대출금을 제때 상환할 수 있는지, 곧 기업의 신용을 평가한다. 좁은 의미의 기업평가는 M&A 시 또는 투자 여부를 결정할 때 기업의 가치 전반을 평가한다. ESG 평가도 넓은 의미에서 일종의 기업평가인 점은 분명하다.

ESG 평가가 다른 평가와 크게 구분되는 점은 평가의 대상이다. 기업신용평가와 좁은 의미의 기업평가는 재무 정보를 기초로 판단한다. 예컨대, 은행으로부터 지금 돈을 빌려서 제때 갚을 수 있는지를 어떻게 판단할지 생각해 보면 된다. 과거에

연체한 적이 있는지, 빌린 돈보다 더 많은 돈을 연간 기준으로 벌고 있는지 등을 보고 판단해야 한다. 기업의 재무 정보를 담고 있는 재무제표가 기본이 된다.

ESG는 기업의 재무 정보, 곧 화폐 금액으로 표현할 수 없는 비재무적 정보이다. 따라서 ESG 평가는 기업의 비재무적 정보를 판단하는 기준을 제공하는 일이다. 화폐 금액으로 표현할 수 없다고 해서 전혀 수치로 표현되지 않는 것은 아니다. ESG가 대두되던 초기에는 그런 경향도 있었지만, 이제는 다양한 연구를 통해 점차 많은 부분에서 수치로 표현되고, 화폐 금액으로까지 환산해서 표시하는 방법이 생겨났다.

대기업과 중소기업의 상생협력을 예로 들어 보자. 대기업과 중소기업의 상생협력은 ESG 중 S 영역의 일환이다. 대기업으로 경제력이 집중되고 협력사 간의 불균형이 확대되는 사회문제를 해결할 필요가 있는 것이다. 대기업이 협력사에 기술지원과 보호를 위한 자금지원을 한 경우 시중은행 평균 금리보다 저렴하게 제공했다면 그 차액을 수치로 표시할 수 있다.[36]

ISSB

아직은 학계와 현업 전문가 사이에서 컨센서스가 형성되어 있지는 않지만, 점점 다양한 측정 기준이 마련되어 가는 중이다. 국제적으로는 이미 재무 정보와 ESG 정보를 통합하여 공시할 방법까지 모색 중이다.

재무 정보의 공시와 관련하여 국제적인 기준을 설정하는 곳은 IFRS(International Financial Reporting Standards)의 국제회계기준위원회(International Accounting Standards Board, IASB)이다. IASB에서 발표하는 회계기준은 대부분의 선진국에서 채택하고 있다. 우리나라도 역시 예외가 아니다.

IFRS는 2021년 IASB와 별도로 국제지속가능성기준위원회(International Sustainability Standards Boards, ISSB)를 설립하였다. ISSB는 2022년 지속가능성 공시 기준서 초안(S1, S2)을 발표했다.

IFRS의 국제적 위상과 재무 정부와 ESG 정보의 통합 필요성을 고려하면 ISSB의 기준이 점차 ESG 평가의 주류로 자리매김할 가능성이 크다. 국내외적으로 ESG 평가기관이 난립하고 있지만, 장기적으로 ISSB 기준을 무시하기는 힘들 것이다.

36 상세 내용은 SV Hub 측정 지표 중 "기술지원 및 보호(현금 무상 · 저리 대여)를 통한 동반성장 및 상생협력 기여" 참고(https://svhub.co.kr/metrics/info/251)

더구나 ISSB의 설립은 2021년 11월 유엔기후변화협약 당사국총회(COP26, Conference of the Parties, 기후정상회담)에서 발표되었다. ISSB는 UN 차원의 ESG 평가 기준인 셈이다. COP26에는 당시 문재인 대통령이 참가하여 기조연설을 하기도 했다.

ISSB가 발표한 ESG 평가 관련 초안 S1과 S2는 2025년부터 본격 적용된다. ISSB는 S1, S2에 이어 S3, S4 초안도 순차적으로 발표할 예정이다. 우선하여 추가될 부문은 △생물다양성, △생태계와 생태계 서비스, △인적자원, △가치사슬 내 인권이다.[37]

읽고 생각하기

'뜨거워진 지구촌'부터 'ESG 법제화'까지

최근 미국과 EU을 비롯해 각국들은 지속가능성 관련 정보에 대한 의무공시 제도화 논의가 본격적으로 이뤄지고 있다. IFRS(국제재무보고기준)재단 산하 ISSB(국제지속가능성기준위원회)는 지난 6월 첫 번째 지속가능성 공시기준인 IFRS S1(일반) 및 S2(기후) 최종안을 발표했다. 이는 내년 1월부터 적용된다. EU 역시 지속가능성공시기준(ESRS)을 확정해 지난 7월 발표했다.

ISSB의 경우 다수 국가들의 기준이 되거나 활용될 것으로 보인다. 국내에서도 관련 법안들이 발의되는 등 ESG 법제화 움직임을 보인다. 수출기업 등을 중심으로 ISSB 기준을 사전에 숙지하고 대비해야 할 필요성이 늘고 있기 때문이다.

현재 KSSB(한국지속가능성기준위원회)는 ISSB를 기준 삼아 ESG 공시 기준안을 마련하고 있다. 국내 기업들의 상황을 고려해 ESG 공시 의무화를 2026년 이후로 유예했다.

출처: 한스경제, 2023.12.28.(http://www.hansbiz.co.kr/news/articleView.html?idxno=675130)

ESG 평가기관

ESG 평가는 ESG 평가기관을 통해 이루어진다. 외국의 가장 대표적인 ESG 평가기관은 모건스탠리캐피털인터내셔널(Morgan Stanley Capital International, MSCI)이고, 우리나라는 한국ESG기준원과 서스틴베스트가 대표적이다.

한국ESG기준원의 모태는 2002년에 설립한 한국기업지배구조개선지원센터이다.

37 "ISSB, S3와 S4 공시 기준의 우선순위 정한다", 임팩트온, 2023.05.10.(http://www.impacton.net/news/articleView.html?idxno=6446)

명칭은 마치 정부 기관처럼 보이지만 증권거래소와 코스닥증권시장 등 6개 민간 기관이 참여하여 기업지배구조 개선 지원을 목적으로 설립됐다. 기업의 지배구조가 투명하게 개선되어야 증시를 끌어올릴 수 있고 외국인 투자도 더 유치할 수 있다는 문제의식에서 비롯됐다.[38]

한국ESG기준원의 전신은 한국기업지배구조원으로, 명칭에서 알 수 있듯이 지배구조에 초점을 맞추어 기업평가를 해오다가 ESG의 대두에 따라 E와 S 영역까지 사업 범위를 넓혔다. 물론 과거의 지배구조 기준과 ESG 대두에 따른 지배구조 기준은 차이는 있다.

2022년에는 한국ESG기준원으로 명칭을 바꾸고, '지속가능경영을 선도하는 World-Class Corporate Governance Service'[39]를 비전으로 표방하고 있다. 연혁과 비전에서 알 수 있듯이 여전히 그 중심은 지배구조다.

서스틴베스트는 2006년 설립된 민간회사이며, CSR과 책임투자에서 시작해 ESG 평가로 사업을 확장해왔다. 2007년 ESG 평가모형 'ESGValue™'을 자체 개발해 현재까지 이어지고 있다. 2019년에는 한국기업거버넌스포럼을 창립해 현재까지 운용 중이다.

ESG 평가의 기준은 평가기관마다 다르다. 한국ESG기준원은 기본 평가를 24개 대분류로 분류하여 323개 핵심 평가항목을 평가하고, 심화 평가는 57개 핵심 평가항목을 평가한다. 기본 평가는 'ESG 위험을 최소화하기 위한 시스템이 잘 갖추어져 있는가?'를 의미하며 심화 평가는 '기업가치 훼손 우려가 높은 ESG 관련 이슈가 발생했는가?'를 의미한다.[40]

한국ESG기준원의 기본 평가 24개 대분류 항목을 살펴보면 표4-6과 같다.

---

38 상세 내용은 기사 참조."[지배구조 모범기업] 경영 투명성이 주가 결정", 한국경제, 2002.07.08. (https://n.news.naver.com/mnews/article/015/0000526345?sid=101), "국내 외국인투자기업 설문 "투명성-정치안정이 최우선"", 동아일보, 2002.01.02.(https://n.news.naver.com/mnews/article/020/0000171000?sid=101)

39 한국ESG기준원 홈페이지(https://www.cgs.or.kr/about/vision.jsp)

40 한국ESG기준원 홈페이지(https://www.cgs.or.kr/business/esg_tab01.jsp)

표 4-6 한국ESG기준원의 기본 평가 24개 대분류

구분	환경(E)	사회(S)	일반상장사 지배구조(G)	금융사 지배구조(FG)
기본 평가 대분류	Ⅰ. 리더십과 거버넌스 Ⅱ. 위험관리 Ⅲ. 운영 및 성과 Ⅳ. 이해관계자 소통	Ⅰ. 리더십과 거버넌스 Ⅱ. 노동관행 Ⅲ. 직장 내 안전보건 Ⅳ. 인권 Ⅴ. 공정운영 관행 Ⅵ. 지속가능한 소비 Ⅶ. 정보보호 및 개인정보보호 Ⅷ. 지역사회 참여 및 개발 Ⅸ. 이해관계자 소통	Ⅰ. 이사회 리더십 Ⅱ. 주주권 보호 Ⅲ. 감사 Ⅳ. 이해관계자 소통	Ⅰ. 이사회 리더십 Ⅱ. 주주권 보호 Ⅲ. 최고경영자 Ⅳ. 보수 Ⅴ. 위험관리 Ⅵ. 감사기구 및 내부통제 Ⅶ. 이해관계자 소통

ESG 평가도 일반적으로 등급을 부여하여 쉽게 확인할 수 있도록 하고 있다. 물론 평가기관마다 표시 방법과 내용은 다르다. 서스틴베스트의 경우 AA, A, BB, B의 4단계로 평가하지만, 한국ESG기준원은 조금 더 구체적으로 세분화하여 평가하고 있다. 특정 기업의 ESG 등급은 평가기관 홈페이지에서 확인할 수 있다.

ESG 등급 조회

- 한국ESG기준원(https://www.cgs.or.kr/business/esg_tab04.jsp)
- 서스틴베스트(https://www.sustinvest.com/esg-ratings)

ESG 평가기관 가이던스

ESG 평가기관의 수는 과연 얼마나 될까? 전 세계에 걸쳐 160개 정도로 추산한다는 시각이 있지만,[41] 해외 평가기관만 무려 6,000곳이 넘는다는 시각도 존재하여[42] 정확하게 파악하기는 어렵다. 지속해서 새로운 평가기관들이 생겨나고 있기 때문이다. 또한 ESG 평가와 관련된 시장규모는 2022년 기준 13억 달러를 넘는 것으로 추산된다.[43]

41 "ESG 평가시장의 투명성·신뢰성 제고방안 -「ESG 평가기관 가이던스」 제정-", 금융위원회, 2023.05.24.

42 "ESG 성공하려면…성과 계량화하고 공시에 힘 쏟아야", 매경이코노미, 2021.06.18.(https://www.mk.co.kr/economy/view/2021/593042/)

43 "ESG 평가시장의 투명성·신뢰성 제고방안 -「ESG 평가기관 가이던스」 제정-", 금융위원회, 2023.05.24.

금융위원회는 2023년 5월 24일 ESG 평가시장의 투명성과 신뢰성 제고 방안으로 'ESG 평가기관 가이던스(이하 가이던스)'를 발표했다. 쉽게 말하면 ESG 평가를 수행하는 많은 회사 중 괜찮은 곳을 선택할 수 있는 기준을 제시한 것이다.

금융위원회는 가이던스 발표의 배경으로 3가지를 들었다. 우선 ESG 평가기관 간의 결과가 일치하지 않아 평가 결과의 신뢰성이 부족하다는 점이다. 다음으로 평가 대상이 되는 기업과 ESG 평가기관의 이해 상충의 문제다. 예를 들어 ESG 평가기관 출신이 평가 대상이 되는 기업의 임직원을 겸직하는 경우, 과연 공정한 평가를 할 수 있을까의 문제다. 마지막으로 평가항목이나 평가과정 등 평가 방법과 체계에 대해 충분한 정보가 공개되고 있지 않다는 점이다.

가이던스는 총 6개 장 21개 조문으로 되어 있다. 제1장 '총칙'을 시작으로 '내부통제체제의 구축', '원천데이터의 수집 및 비공개정보의 관리', '평가체계의 공개', '이해상충의 관리', '평가대상기업과의 관계'의 장으로 구성되어 있다.

평가체계의 공개와 관련해서는 원천데이터의 수집, 평가지표, 가중치의 설정 등 ESG 평가방법론을 공개하도록 했고, 변경할 때도 공개하도록 했다. 평가 결과의 공개와 관련해서는 정보 공개의 일반 원칙을 준수하고 정보 공개 방식의 접근성을 확보토록 했다.

가이던스는 처음에는 자율규제로 도입된다. ESG 평가기관들이 협의체를 구성하여 자율적으로 준수케 한 후 법제화 여부는 2025년 이후에 검토할 예정이다. 2023년 8월 기준, ESG 평가기관의 설립과 관련하여 규제는 따로 없었지만, 향후에는 등록제를 도입하는 등의 방식으로 법제화될 가능성을 열어 둔 것이다.

한국의 '가이던스'는 IOSCO의 ESG 평가시장 관련 10대 권고안을 참고로 한 것이다. 국제증권관리위원회(International Organization of Securities Commissions, IOSCO)는 우리나라 금융위원회도 참여하고 있는 국제기구다. IOSCO는 ESG 평가시장 관련 권고안을 2021년 발표한 바 있다.

ESG 평가시장 관련 「IOSCO 10대 권고안」

1 감독기관에 대한 권고

① 감독기관의 관할 하에 있는 ESG 평가기관과 ESG 등급 및 데이터 상품의 사용에 대해 보다 주의를 기울일 수 있다.

2 ESG 평가기관에 대한 권고

② 투명하고 규정된 방법론을 사용하고 가급적 공공에 공개된 정보원에 근거하여 높은 품질의 ESG 등급 및 데이터 상품을 제공한다.

③ 평가기관의 조직구조, 경영활동, 경제적 이익 때문에 발생할 수 있는 이해관계의 충돌, 정치적 · 경제적 압력에서 독립적인 의사결정을 보장한다.

④ 평가기관의 독립성과 객관성을 손상시킬 수 있는 활동, 관계 등을 회피한다.

⑤ ESG 평가의 방법론 및 프로세스 등에 대해 높은 수준의 공적인 공개와 투명성을 목표로 한다.

⑥ 평가 대상 기업이 ESG 평가와 관련하여 비공개로 제공한 정보에 대해 적절한 방식으로 기밀을 유지한다.

3 정보이용자에 대한 권고

⑦ 금융시장 참여자들은 그들이 내부 의사결정에 사용하는 ESG 등급 및 데이터 상품에 대해 실사(due diligence)를 수행하는 것을 고려할 수 있다.

4 ESG 평가기관 및 평가 대상 기업 간 상호작용에 대한 권고

⑧ 평가기관들은 양자에 효율적이고 효과적인 결과를 가져올 수 있는 방식으로 정보 수집 절차를 개선할 수 있다.

⑨ 평가기관들은 ESG 평가의 객관성을 유지하면서 평가 대상 기업들이 제기하는 문제들에 대해 피드백을 제공하고 해결할 수 있다.

⑩ ESG 평가를 받는 기업들은 지속가능성 관련 정보에 대한 공시 절차를 법과 규제의 범위 안에서 가능한 합리화할 수 있다.

출처: "ESG 평가시장의 투명성 · 신뢰성 제고 방안 -「ESG 평가기관 가이던스」 제정-", 금융위원회, 2023.05.24.

읽고 생각하기

불황에 거세진 ESG 역풍 구호 아닌 성과를 보여줘야

(전략) 최근 몇 년간 무섭게 영향력을 끼쳐온 ESG가 경기 침체, 투자 위축, 우크라이나 전쟁으로 에너지난이 심해지면서 위기를 맞고 있다. 당장 'ESG 전도사'였던 블랙록부터 태도를 바꿨다. 블랙록은 6월 "투자한 기업들의 다음 주주총회에서 기후변화 대책 안건에 반대표를 던지겠다."라며 "과도한 기후변화 대책은 고객사들의 재무적 이익과 일치하지 않는다."라고 밝혔다. 영국 시사주간지 이코노미스트도 최근호에서 환경, 사회, 지배구조를 모두 평가해 점수를 매기는 방식을 비판했다. 평가항목이 너무 광범위하고 기준도 ESG 평가회사마다 제각각이어서 그 결과를 신뢰하기 어렵다는 것이다. 이코노미스트에 따르면 기업 신용평가회사들은 서로 간에 상관관계가 99%인 데 반해 ESG 평가회사 간의 상관관계는 50%를 조금 넘는 수준으로 나타났다.

ESG가 서로 충돌하는 목표를 한꺼번에 점수로 매김에 따라 실질적인 기업가치를 제대로 반영하지 못하고 있다는 지적은 꾸준히 제기돼 왔다. 5월 스탠더드앤드푸어스는 테슬라의 인종차별과 열악한 근로 환경을 지적하며 ESG 지수에서 테슬라를 제외시켰다. 머스크는 "(석유 기업) 엑손은 ESG 지수에서 세계 10위 안에 들었다. ESG는 사기"라고 반발했다. 일각에서는 테슬라가 지배구조 측면에서는 엉망일 수 있지만, 전기차를 대중화시켜 환경에는 도움을 주지 않았냐며 머스크의 주장에 공감하고 있다. (후략)

출처: 동아일보, 2022.08.02.(https://www.donga.com/news/article/all/20220802/114764695/1)

ESG 인증

ESG 평가는 일반적으로 신용평가처럼 AA, A, BB, B(서스틴베스트 기준) 같은 방식의 등급으로 표시된다. ESG 인증은 기업의 ESG 실천이 일정한 기준을 통과했을 때 부여하는 기업에 대한 국제 공인 기구의 인증을 의미한다.

기업에 대한 인증은 KS 마크를 떠올리면 쉽게 이해할 수 있다. KS는 한국산업표준(Korean Industrial Standards)의 약자로 KS 인증을 획득하면 한국에서는 일단 제품의 공신력을 인정받았다고 할 수 있다.

기업에 대한 인증은 국내외적으로 종류가 너무 많아 일일이 열거하기도 어렵다. 또한 새로운 인증이 자꾸 생겨나기도 한다. 예를 들어 독일, 이탈리아, 프랑스, 영국은 유기농 및 천연 화장품에 대한 COSMOS 유기농 및 천연 인증을 운영한다.[44] 인증을 취득하지 않아도 무방하지만, 해당국으로 수출을 하고자 한다면 인증을 취득하는 것이 당연히 유리하다.

ESG와 관련된 기업 인증을 하는 대표적인 기관은 ISO다. ISO는 환경 영역에서는 14001(환경경영시스템), 50001(에너지경영시스템)을 운영한다. 사회 영역에서는 22301(재난/재해 경감), 27001(정보보안 및 개인정보보호), 30405(블라인드 채용 절차 투명성), 45000(근로자 및 사업장 안전관리)을 운영한다. 지배구조 영역에서는 37001(반부패경영시스템), 37301(준법경영시스템)을 운영한다. ISO는 이외에도 인권경영과 기업사회적책임과 관련한 별도의 인증도 운영한다.

ISO가 운영하는 인증은 각기 기준이 다르다. 기본적으로 PDCA(Plan-Do-Check-Act, 계획-실행-평가-수정행동) 기법에 따라 단계마다 필요한 기준을 제시하고 있다.

44 상세 내용은 KTR 홈페이지 참고하면 된다. KTR은 COSMOS의 한국 내 인증기관이다. (https://www.ktr.or.kr/certification/quality/contentsid/455/index.do)

ISO 45001(안전보건경영시스템)의 경우 Plan(계획) 단계에서 안전보건방침, 안전보건목표와 목표 달성을 위한 기획, 리스크와 기회를 다루는 조치, 근로자의 협의 및 참여 등이 포함되어야 한다. Do(실행) 단계에서는 운용기획 및 관리, 비상사태 대비 및 대응 등이 포함되어야 한다.[45]

ESG 인증이라고 하지만 국제적으로 ESG 인증을 검증해주는 공신력 있는 기관은 없다. 다양한 인증기관이 ESG의 대두에 따라서 기존의 인증 제도와 새롭게 도입한 인증 제도를 ESG 기준에 맞춰 ESG 인증이라고 하는 상황이다.

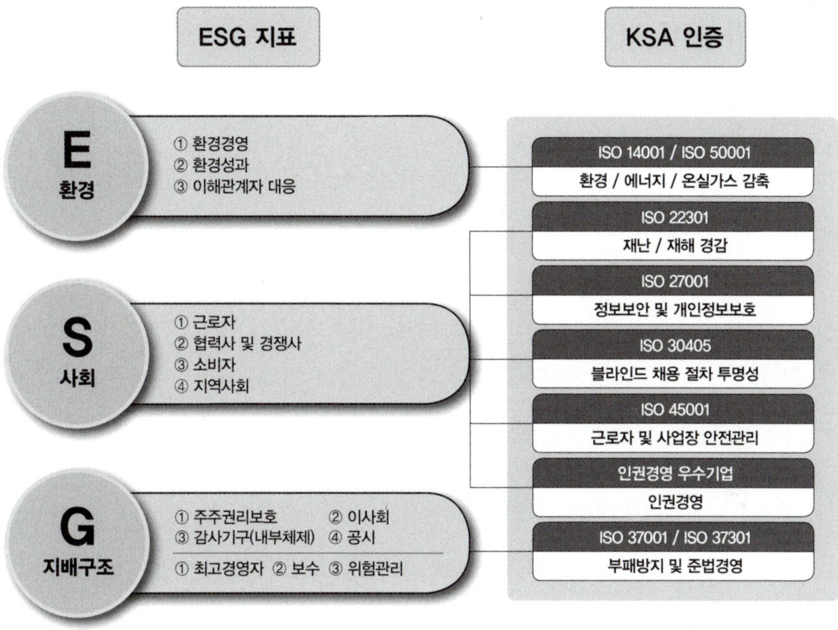

그림 4-8 **ESG 관련 ISO 경영시스템**

출처: https://ksaesg.or.kr/p_base.php?action=h_certi_info

ESG 지수

대표적인 ESG 지수로는 MSCI ESG Leaders 지수, DJSI ESG 지수, FTSE4Good 지수 등이 있다. ESG 지수를 이해하려면 먼저 지수와 주가지수의 개념을 알아야 한다.

45 상세 내용은 한국표준협회 홈페이지 참고하면 된다.
(https://ksaesg.or.kr/p_base.php?action=h_certi_detail_02)

지수(index(numbers))란 사회현상을 수치로 표현하는 방법이다. 예를 들어 물가지수를 보자. 물가지수는 물가, 곧 물건의 값을 간단한 숫자로 표시한다. 다양한 상품과 서비스의 가격을 종합해 특정 시점을 기준으로 100으로 놓는다. 다음 해부터는 100에서 얼마나 변했는지 간단하게 표시할 수 있다. 개별 상품과 서비스의 가격은 천차만별이지만 종합적인 물가 수준의 변화를 간단한 숫자, 곧 물가지수로 판단할 수 있다.

주가지수는 주식의 가격을 종합한 지수다. 복잡한 계산법은 차이가 있지만 기본 원리는 같다. 우리나라의 종합주가지수는 1980년 1월 4일의 주가를 100으로 놓고 이를 기준으로 한다. 2023년 8월 29일 14:00 기준 코스피 지수는 2,551.60이다. 기준 시점보다 250배 정도 주가가 올랐다고 보면 된다.

코스피(Korea Composite Stock Price Index, KOSPI)는 종합주가지수와 같은 말이다. 한국거래소에 상장된 모든 주식의 가격을 종합적으로 보여준다. 코스닥지수는 코스닥시장에서 거래되는 주식의 가격을 보여준다. 코스닥지수는 1996년 7월 1일을 기준으로 하며, 역시 100부터 시작했다.

상장된 모든 주식의 가격을 종합하는 코스피와 달리 코스피200은 200종목만 따로 뽑았다. 200개 기업밖에 안 되지만 가격도 높고 거래량도 많기 때문에 실질적으로 주식시장을 좌지우지한다. 한국의 대표적 우량기업을 뽑아 주가 수준을 보려고 하는 것으로 이해해도 무방하다. 코스피200에 들어가는 기업들은 종목 수로는 20% 정도에 불과하지만, 시가총액은 전체 주식시장의 70% 정도를 차지한다.

코스피200 외에도 주식 종목 중 일부를 뽑아 구성한 다양한 지수가 많다. 코스닥 50 지수는 코스닥시장의 대표 기업 50곳을 뽑아 만든 지수다. 개별 기업을 골라 구성한 지수는 기준에 따라 달라진다. 예컨대, KRX BBIG 뉴딜지수는 한국거래소(KRX)가 만든 주가지수로, 한국판 뉴딜을 선도하는 BBIG 업종으로 구성했다. BBIG는 배터리, 바이오, 인터넷, 게임을 의미한다.

ESG 지수는 이런 식으로 ESG를 잘 실천하는 곳을 골라 만든 주가지수이다. 예를 들어, KRX ESG Leaders 150은 한국거래소(KRX)가 만들었고 ESG 실천을 리드(Lead)하는 150개 기업을 골라 만든 ESG 지수다. 코스피200 ESG 지수는 코스피200을 구성하는 종목 중 ESG 평가가 우수한 종목만 골라 구성한 지수다.

표 4-7 주요 지수 특징 및 추종 ETF(2022.10.11. 기준)

지수	주요 특징 개관	추종 ETF 수	시가총액 합계
KRX 기후변화 솔루션 지수	MSCI Climate Change Metrics의 저탄소 전환점수 상위종목(20개)과 저탄소 특허점수 상위종목(20개), 총 40종목으로 구성	6	약 918억 원
KRX/S&P 탄소효율그린뉴딜 지수	탄소배출량 고시 기업 지수 편입, 탄소효율(매출액 대비 탄소배출량)로 편입 비중 결정	4	약 621억 원
코스피200 ESG 지수	코스피200 구성 종목 중 KCGS ESG 평가가 우수한 종목을 구성 종목으로 하여 유동 시가총액으로 가중	1	약 698억 원
KRX ESG Leaders 150	KCGS ESG 평가 우수 150종목으로 구성, 개별 종목의 ESG 통합점수 비중으로 가중	1	약 123억 원
KRX ESG 사회책임경영 지수(S)	KCGS ESG 평가 대상 기업 중 사회책임 부문 평가점수 상위기업으로 구성	1	약 2,184억 원

출처: "한국거래소의 ESG 지수 발표와 ESG 관련 상장지수펀드 동향", 법무법인 세종 홈페이지(https://www.shinkim.com/kor/media/newsletter/1931)

ESG 지수의 쓸모

ESG 지수를 비롯한 주가지수는 주가의 현황을 한꺼번에 이해하기 쉽게 수치로 표현하는 방식이다. 개별 기업 입장에서는 지수에 포함되는지가 괜찮은 우량기업 여부를 판단하는 기준이 되기도 한다.

물론 코스피나 코스닥 지수는 모든 기업의 주가를 대상으로 하기 때문에 다르다. 하지만 코스피200은 상장 기업 중 상위 약 20%의 기업만을 대상으로 주가지수를 계산하기 때문에 코스피200에 들어간 기업이면 일단 우리나라에서는 상위 1/5 정도의 위상을 갖는 셈이다. 코스피200 ESG 지수에 포함된 회사는 코스피200에 들어 우리나라 내 상위 20%의 기업이며, 여기에 더해 ESG 실천도 우수한 기업임을 알 수 있다.

코스피200에 들어간다는 것은 재무 성과가 좋다고 볼 수 있어 투자자들이 판단하기 용이하다. ESG 실천까지 훌륭하다고 한 번 걸러진 회사들이니, ESG 실천을 보겠다고 표방한 투자자의 관심을 끌 만하다. 물론 전문 투자자들은 세부적으로 복잡한 분석까지 한 후 투자 여부를 판단하겠지만 그래도 지수는 상당한 참고가 된다.

주가지수는 더 나아가서 주식처럼 별도의 거래 상품으로 활용된다. 한국의 대표적인 ESG 지수를 소개하는 표를 보면 추종 ETF라는 말이 있다. ETF(Exchange

Traded Fund)는 인덱스 펀드를 거래소에 상장하여 주식처럼 사고팔 수 있다. 인덱스 펀드는 지수를 구성하는 종목으로 구성된 펀드이다.

ESG 지수는 포함되는 기업을 판단하는 정보로 활용되거나 지수에 포함된 기업으로 구성된 펀드를 만드는 기초 자료로 활용된다. 인덱스 펀드는 일반 펀드와 같지만 펀드의 구성 방식을 해당 지수(인덱스)에 따라 한 것이다.

읽고 생각하기

테슬라, S&P500 ESG 지수에 복귀

테슬라가 환경 공시를 추가한 후 지속가능한 투자 중심 지수인 S&P500 ESG 지수로 복귀했다고 로이터가 21일(현지시각) 보도했다.

테슬라는 인종차별 주장과 자율주행 차량 관련 충돌 때문에 지난해 5월 지수에서 제외됐다. 테슬라가 제외되자 일론 머스크는 자신의 트위터에 "ESG는 사기"라는 트윗으로 분노했다.

당시 S&P 다우존스 인덱스의 북미 ESG 지수 책임자인 마가렛 돈(Margaret Dorn)은 인터뷰에서 "테슬라가 저탄소 전략, 사업 수행 코드와 관련된 세부 정보가 부족한 것이 제외된 이유"라고 설명한 바 있다. 아울러 돈 책임자는 테슬라가 공시가 부족해서 ESG 기준에 따라 회사를 판단하려는 투자자들이 우려하는 상황이라고 덧붙였다.

S&P 글로벌(Global)에 따르면, S&P500 ESG지수를 따르는 자산이 약 80억달러(약 10조 원) 규모다. 이는 S&P500 지수를 따르는 자산 15조 6,000억 달러(약 2경 159조 원)에 비하면 극히 일부다.

미국의 금융조사회사 베터파이(VettaFi)의 연구 책임자인 토드 로젠블루스(Todd Rosenbluth)는 "테슬라의 재진입은 사람들로 하여금 테슬라가 ESG에 비교적 우호적이라는 확신을 더 많이 갖게 할 것"이라고 예상했다.

테슬라는 연간 재조정으로 5월 1일부터 S&P500 ESG 지수에 추가된 39개 기업 중 하나다. 추가된 다른 회사는 거대 에너지 기업 셰브론(Chevron)과 미디어 그룹인 폭스(Fox)가 포함됐고, 엑손모빌과 IT기업 오라클(Oracle)을 포함해서 23개 회사가 지수에서 제거됐다. 테슬라, 셰브론, 오라클은 로이터의 코멘트 요청에 응답하지 않았고, 엑손모빌과 폭스는 언급을 거부했다.

S&P 대변인은 올해 테슬라가 좋은 성과를 거뒀다고 말했다. "특히 자동차 산업에서 회사의 재료가 되는 환경적 요인에서 더 나은 성과를 거뒀다."라고 밝혔다. 테슬라는 물리적 기후위험 평가와 공급망 관리 전략에서 ESG 고려 사항에 대한 정보를 제공했다고 대변인은 덧붙였다.

최근 테슬라의 ESG 관련 문제 중에는 320만 달러(약 41억 원) 규모의 인종차별 관련 판결이 있었다. 지난 4월 3일 미 샌프란시스코 연방법원 배심원단은 테슬라에게 흑인 전직 종업원이 제기한 인종 괴롭힘 소송에 대한 승소 비용으로 약 320만 달러를 지불하라고 명령했다. 이 평결은 2021년 다른 배심원으로부터 1억 3,700만 달러(약 1,770억 원)를 선고받았던 원고 오웬 디아즈(Owen Diaz)의 2017년 소송의 재심에서 나왔다.

디아즈는 캘리포니아주 프리몬트(Fremont) 공장의 직원들이 자주 인종차별적 비방을 하고 나치 표식, 인종차별적 캐리커처 및 별명을 벽과 작업장에 낙서했다고 관리자들에게 여러 번 불평했을 때 테슬라가 제대로 조치를 취하지 않았다고 비난했다. 배심원단은 디아즈에게 정서적 고통에 대한 손해배상금 17만 5,000달러(약 2억 2,615만 원)와 불법 행위를 처벌하고, 징벌적 손해배상금 300만 달러(약 38억 원)를 선고했다.

테슬라는 별도의 서류에서 불법 행위를 처벌하기 위한 배심원단의 징벌적 손해배상금 300만 달러가 원고 디아즈에게 정서적 고통으로 부여된 17만 5,000달러에 비춰 너무 크다며, 약 160만 달러(약 20억 원)로 낮추기로 했다. 미국 대법원은 징벌적 손해배상액이 다른 손해배상액의 9배를 넘지 않아야 한다고 밝혔다.

한편, S&P는 향후 점수에 영향을 미칠 수 있는 "테슬라 공장의 인종차별과 관련된 검토가 진행 중"이라고 덧붙였다.

출처: 임팩트온, 2023.06.23.(http://www.impacton.net/news/articleView.html?idxno=6732)

3대 ESG 지수

우리나라에도 이미 여러 가지 ESG 지수가 있고 추가로 만들어지고 있다. 아쉽게도 아직 외국에서까지 세계적인 공신력을 인정받는 정도는 아니다. 흔히 MSCI ESG Leaders 지수, DJSI S&P500 ESG 지수, FTSE4Good 지수를 3대 ESG 지수로 꼽는다.

ESG 지수의 명칭을 이해하는 방법은 알고 보면 별것 아니다. 지수를 만든 회사의 명칭과 종목 수를 기본으로 하고 기타 지수의 성격을 반영하는 표현으로 구성된다. KRX ESG Leaders 150은 지수를 만든 곳이 한국거래소(KRX)이고, 종목 수는 150개이며, 지수의 성격은 ESG 실천을 리드(Lead)하는 기업을 골랐다는 점이다. 이런 식으로 살펴보면 된다.

MSCI ESG Leaders 지수는 MSCI에서 만든 지수이며, 종목 수는 포함되지 않았고 성격은 ESG 실천을 리드하는 곳이다. MSCI는 미국의 금융기관으로 다양한 기준에 따라 100가지가 넘는 지수를 발표한다.

DJSI S&P500 ESG 지수는 다우존스(DJ)가 만든 지수다. DJSI는 지수 명칭에 지속가능경영지수(Sustainability Indices, SI)라는 말을 포함하고 있다. 뒤에 ESG가 있는데도 SI가 있는 것은 DJSI의 종류가 여러 가지이기 때문이다. 따라서 이 지수는 다우존스의 지속가능경영지수 중에 ESG에 우수한 기업을 선별한 지수로 보면 되고, S&P가 선정한 500곳 기업을 대상으로 한다는 뜻이다.

FTSE Russell의 FTSE4Good 지수는 FTSE에서 만들었다. FTSE는 영국의 언론사 파이낸셜 타임스(Financial Times)와 증권거래소(London Stock Exchange, LSE)가 함께 설립한 회사다. 4Good은 FTSE의 지수가 4개 지역(영국, 유럽, 미국, 전 세계)으로 구분했기 때문이라는 설과 for good(영원히) 지속가능성을 확보한다는 의미를 담았다는 설이 있다.

읽고 생각하기

엡손, 글로벌 ESG지수 'FTSE4Good' 20년 연속 편입

엡손이 글로벌 환경 · 사회 · 지배구조(ESG) 평가척도인 '사회책임투자지수(FTSE4Good)'에 20년 연속 편입됐다고 28일 밝혔다.

FTSE4Good은 파이낸셜타임스(FT)와 런던증권거래소(LSE)가 공동으로 설립한 FTSE그룹이 기업의 ESG 성과를 측정하기 위해 개발한 글로벌 지속가능경영지수다. △환경보호, △인권, △근로법 준수, △반부패 정도 등 환경, 사회, 지배구조 관련 14개 부문, 300개 이상의 항목을 평가해 점수가 매겨진다. 특히, 각 평가 항목 중 한 가지라도 점수가 미달되면 편입이 불가능하도록 엄격한 기준을 적용하는 것으로도 유명하다. 따라서 엡손의 20년 연속 편입 기록은 글로벌 ESG 경영 우수 기업으로 세계적 공인을 받은 것과 같다는 게 회사 측의 설명이다.

엡손은 지난해 창립 80주년을 맞아 '사람과 지구를 풍요롭게 하겠다.'라는 기업목적(Purpose)을 발표하고 지구 환경 개선과 사회적 문제 극복을 위해 ESG 경영을 추진하고 있다. 대표적으로 엡손은 온실가스 감축을 위해 '재생에너지 사용(RE100)'을 추진했다. 현재 일본, 이탈리아, 영국, 미국 포틀랜드, 필리핀, 중국 등 생산 공장의 동력을 100% 재생 전기 사용으로 전환했으며, 2023년 한국을 포함한 전 세계 사업장에서 RE100 달성을 목표로 하고 있다.

앞서 엡손은 설계 및 제조, 운송, 사용, 재활용에 이르기까지 전 과정에서 친환경 시스템 구축을 목표로 2030년까지 1조 원 규모의 친환경 기술개발 투자계획을 밝힌 바 있다. 이 과정에서 친환경 프린팅 솔루션 '히트프리(Heat Free)' 기술로 소비전력과 탄소배출량을 줄이고, 세계 최초의 종이재생장치 '페이퍼랩(PaperLab)'을 개발하며 자원 재생까지 고려하는 솔루션을 선보이고 있다. 한국에서는 이상봉 디자이너와 일본에서는 유이마 나가자토 디자이너와 협력하여 친환경 디지털 텍스타일 프린팅을 활용한 친환경 패션쇼를 열기도 했다.

사회 및 기업의 지배구조 측면에서 엡손은 UN의 지속가능발전목표 'SDGs(Sustainable Development Goals)' 기준 아래 빈곤, 질병, 교육을 해결하고 자원 재순환과 온실가스 배출 저감 등을 위해 노력하면서 여러 환경문제와 국제사회 공동의 지속가능한 미래를 위해 앞장서고 있다.

후지이 시게오 한국엡손 대표는 "엡손이 지속적으로 사회책임투자지수에 편입될 수 있었던 것은 창립 이후 지구 환경을 개선하고 사회적 문제를 극복하고자 꾸준히 노력해온 덕분이라 생각한다."라며 "앞으로도 엡손은 우리 사회에 이로운 영향력을 미치고 지속가능한 미래를 만들어 나가는 일을 최우선 과제로 삼고 실천하겠다."라고 의지를 밝혔다.

출처: 정보통신신문, 2023.08.28(http://www.koit.co.kr/news/articleView.html?idxno=116132)

K-ESG 가이드라인

우선, ESG 평가에는 돈이 든다. 개별 기업들은 대기업처럼 비용을 충분히 쓸 수 있는 상황에서도 과연 어떤 평가기관의 지표를 통해 ESG를 추진해야 하는지 혼란스럽다. 글로벌 ESG 평가기관들은 기관마다 고유한 평가 프로세스, 지표, 측정산식 등을 기반으로 평가를 진행하여 기업 입장에서는 일관된 평가 대응 체계를 수립하기가 쉽지 않다.

산업통상자원부 산업정책과는 2021년 12월 한국생산성본부 지속가능경영본부를 통해 K-ESG(가이드라인 v1.0)를 발표했다. 개별 기업에서 각각의 평가 기준, 평가방식을 파악하기는 쉽지 않은 상황에서 정부가 내놓은 가이드라인은 개별 기업이 독자적으로 ESG 기준에 얼마나 충족하고 있는지를 평가할 수 있는 잣대라고 할 수 있다.

가이드라인은 기업이 먼저 고려해야 할 ESG 경영 요소와 평가기관에서 가장 많이 다루는 평가항목 제시를 위해 국내외 주요 13개 평가지표와 공시 기준 등을 분석하여 공통적이고 핵심적인 61개 사항을 마련했다.

나아가 최대한 국내 상황을 고려한 ESG 요소를 제시하려고 노력했다. 분야별로 전문가, 전문기관, 관계부처 의견 등을 반영하여 글로벌 기준에 부합하면서도 우리 기업이 활용 가능한 문항으로 구성하려고 했다. 글로벌 기준 중심의 기본 진단항목, 글로벌 기준에서도 일부 사용되고 있거나 국내 제도에서 중요시하는 ESG 경영 요소를 추가 진단항목으로 구분하여 제시했다.

K-ESG는 E, S, G 이외에 정보공시(Public) 영역을 대분류로 추가했다. ESG 관련

실천에 대해 기업 외부로 정보 공개를 잘하는지를 별도로 평가하겠다는 의미다. 항목정의서에는 ESG 성과를 과연 어떻게 진단하여야 하는지에 대한 항목 설명과 함께 세부적인 점검 기준과 단계에 대한 예시가 제시되고 있다.

기업들은 K-ESG에 제시된 기본 진단항목에 따라 자사의 ESG 실천 정도를 평가하면 된다. 추가 진단항목은 기본 진단항목에 추가로 더해 기업의 상황에 따라 적용할 수 있도록 했다. 기본 진단항목을 적용할 수 없는 경우에도 적용할 수 있고 향후 미래의 ESG 추가 실천에 대한 길잡이 역할도 할 수 있을 것으로 기대된다.

K-ESG 가이드라인 항목 구성 개요

1. K-ESG 가이드라인 분류 체계

- (영역) 앞서 기술한 ESG 정의를 기반으로 ESG 관련 정보 공개 여부 측정 항목 추가하여, 정보공시(Public), 환경(Environmental), 사회(Social), 지배구조(Governance) 4개 영역을 기준으로 가이드라인 대분류 설정
- (범주) 국내외 ESG 공시/평가기준에서 공통 제시 이슈 기반으로, 조직이 ESG 경영을 통해 추구해야 하는 사회적 가치(Social Value)로 설정
- (진단항목) 가이드라인 각 '범주'에서 추구하고 있는 '사회적 가치'를 정성 · 정량적으로 진단하기 위한 세부 항목

2. 기본 진단항목 정의서 구성 체계

- (항목 정의서) 조직의 ESG 성과를 진단하기 위한 항목 설명, 점검 기준 및 단계 등 진단에 대한 방향성과 예시 제공
- (추가설명) 각 진단항목을 통해 확인 가능한 ESG 경영 방향성과 성과 점검 기준에 대한 상세 설명 기술. 진단항목에 따라서는 대체 진단 기준 및 활용 근거 설명
- (용어정리) 항목 정의서 및 추가 설명 중 별도 기술 필요 용어 정의
- (참고자료) 항목 정의서에 기술된 설명, 산식, 활용과 관련된 법/제도, 해외 유사 지표 제시

3. 추가 진단항목 정의서 구성 체계

- (추가 진단 항목정의) 각 영역의 범주별로 산업 및 조직의 특성을 고려해 현재는 글로벌 평가지표에 속하지는 않으나 ESG 경영의 추가적인 필요 요소를 제시. 기업의 상황에 따라 선택적으로 활용할 수 있는 진단항목
- (활용)① 기본 진단항목 적용 불가 시 대체 활용 ② 기본 진단항목 외 추가적으로 조직의 ESG 성과 점검 ③ 미래지향적 목표 설정에 활용(예 산림탄소흡수량, 고졸직원 채용 등

Summary

- 기업평가는 기업신용평가와 회사 가치 전반을 평가하는 좁은 의미의 기업평가를 포함한다.
- 기업의 신용 등급은 금융회사로부터 자금을 빌린 기업이 제때 반환 의무를 이행할 수 있는지 능력과 의지를 보여주는 표시다.
- ESG 평가는 기업평가의 일종으로 기업의 비재무적 정보를 판단하는 기준을 제공한다.
- ISSB는 2022년 ESG 평가의 기준으로 지속가능성 공시 기준서 초안(S1, S2)을 발표했다.
- ESG 평가는 ESG 평가회사를 통해 이루어진다.
- 정부가 제시한 ESG 평가기관 가이던스는 ESG 평가를 수행하는 회사들 중 괜찮은 곳을 고르는 기준이다.
- ESG 인증은 기업의 ESG 실천이 일정한 기준을 통과했을 때 기업에 부여하는 국제 공인 기구의 인증이다.
- ESG 지수는 ESG를 잘 실천하는 기업을 골라 만든 주가지수이다.
- ESG 지수는 기업을 판단하는 정보로 활용할 수 있고, 지수에 포함된 기업으로 구성된 펀드를 만드는 기초 자료로 활용된다.
- MSCI ESG Leaders 지수, DJSI S&P500 ESG 지수, FTSE4Good 지수를 3대 ESG 지수로 꼽는다.
- K-ESG 가이드라인은 개별 기업이 평가회사에 의뢰하지 않고 독자적으로 ESG 기준에 얼마나 충족되고 있는지를 평가할 수 있는 잣대이다.

Keyword

DJSI, ESG 인증, ESG 지수, ESG 평가기관, ESG 평가시장, ETF, FTSE, IFRS, ISO, ISSB, K-ESG, M&A, MSCI, S1, S2, 가이던스, 공시기준, 기업신용평가, 기업평가, 비재무적 정보, 서스틴베스트, 신용등급, 신용평가, 신용평가사, 우량기업, 인덱스 펀드, 인증, 자율규제, 주가지수, 지수, 진단항목, 평가지표, 한국ESG기준원, 화폐금액

Quiz ※ 빈칸을 채우거나 OX로 답하세요.

01 회사의 가치 전반을 평가하는 것을 기업 신용평가라고 한다. (　　)

02 기업의 신용 등급은 금융회사로부터 자금을 빌린 기업이 제때 반환했는지를 확인하는 표시다. (　　)

03 ESG 평가는 기업의 비재무적 정보에 대한 기준을 제공하기 때문에 전혀 수치로 표현할 수 없다. (　　)

04 ISSB는 UN 차원의 ESG 평가 기준으로 봐도 무방하다. (　　)

05 ESG 평가의 표시 방법과 내용은 평가기관에 상관없이 일률적인 기준을 적용한다. (　　)

06 ESG 평가기관 가이던스는 처음에는 자율규제로 도입되었다. (　　)

07 국제적으로 공신력 있는 ESG 인증을 검증해주는 기관은 없다. (　　)

08 코스피200은 상장된 모든 주식의 가격을 종합한 지수이다. (　　)

09 코스피200 ESG 지수에 포함된 회사는 코스피200에 들어 우리나라 내 상위 20%의 기업이며, ESG 실천도 우수한 기업으로 볼 수 있다. (　　)

10 KRX ESG Leaders 150은 지수를 만든 곳이 한국거래소(KRX)이고, 종목 수는 150개이며, 지수의 성격은 ESG 실천을 리드(Lead)하는 기업을 골랐다는 점이다. (　　)

11 K-ESG는 E, S, G 이외에 정보공시(Public) 영역을 대분류로 추가했다. (　　)

Discussion

01 개인신용평가와 기업평가의 차이점에 대해 이야기해보자.

02 기업신용평가의 필요성에 대해 이야기해보자.

03 ESG 평가와 다른 기업평가의 차이점에 대해 토론해 보자.

04 ESG 평가와 관련된 ISSB의 위상에 대해 이야기해보자.

05 관심 있는 개별 기업의 ESG 등급을 확인해 보고 사례를 발표해 보자.

06 정부가 가이던스를 제시한 이유에 대해 토론해 보자.

07 ESG 인증의 위상에 대해 이야기해보자.

08 본문에서 언급한 각종 지수에 대한 현재 시점 수치를 확인해 보자.

09 특정 기업이 ESG 지수에 포함되는 것은 어떤 의미가 있는지 토론해 보자.

10 3대 ESG 지수의 위상에 대해 토론해 보자.

11 K-ESG 가이드라인의 의의는 무엇인지 이야기해보자.

CHAPTER

05

ESG와 연관 개념의 통합적 이해

12 사회적 가치(12+1안)와 ESG

13 SDGs와 ESG

12
사회적 가치(12+1안)와 ESG

사회적 가치의 의미[1]

이 장에서는 사회적 가치와 ESG를 통합적으로 이해한다. 과연 사회적 가치는 무엇일까? 사회적 가치의 의미를 이해하려면 먼저 가치에 대한 철학적 논의를 이해할 필요가 있다.

「21세기 정치학 대사전」에서는 "일상생활에서 필요와 욕구를 충족시킬 수 있는 모든 것"을 가치라고 정의한다. 즉, 어떤 좋음과 바람직한 것을 말한다. 「칸트사전」에서는 "일반적으로 인간이 사물에 부여하는 값어치와 중요성, 우리 일반인들이 어떤 사물에 대해서 이것의 의미나 이것의 중요성을 부여하는 정도"라고 정의한다.

1 이 꼭지의 내용은 안지훈, "소셜벤처가 추구하는 사회적 가치에 대한 청년층의 추구정향 연구"(서울 : 경희대학교 석사학위논문, 2019)의 내용을 재구성한 것이다.

인간은 연약한 동물이지만 탁월한 공감 능력 덕분에 만물의 영장이 되었고, 항구적인 공동체를 구성하고 협업하며 외부의 위협에 함께 맞설 수 있었다. 이기심과 경쟁이 아닌 공감과 상호부조에 기초하여 누구도 배제하지 않고 모든 사람을 포용하는 윤리적 부의 창출과 지속가능한 경제성장이 얼마든지 가능하다는 사실을 확인할 수 있다. 시장경제 역시 공동체의 테두리 안에서 제대로 작동할 수 있고, 상호부조야말로 인간을 인간답게 만드는 기본 조건임이 탈이념의 시대에 오히려 광범위하게 공감을 얻고 있다(정원오, 2018).

정원오 성동구청장의 언급은 오늘날 사회적 가치와 관련된 논의가 무수히 많이 진행되고 있지만, 과연 사회적 가치란 무엇인지에 대한 좋은 해답을 던져준다. 공감, 상호부조, 협업, 윤리적, 공동체 같은 키워드를 사회적 가치를 표현하는 핵심 개념으로 볼 수 있다. 사실 온갖 좋은 개념들을 사회적 가치라는 말로 포섭할 수 있다.

사회적 가치의 의미 또한 사회적 경제의 개념에 대한 다양한 논의처럼 아직 확립된 정설은 존재하지 않는다. 사회적 가치는 이미 정부를 비롯한 공공부문에서 실행해 온 정책들과 민간단체 NGO 또는 NPO 등에서 추구해 온 가치와 본질에서는 다르지 않은 것으로 보인다.

읽고 생각하기

신목민관열전 | 서울시 유일한 3선, 정원오 성동구청장의 '성동격찬'

2014년에 [성동을 바꾸는 100가지 약속]이란 책을 출간했다. 100가지 약속은 잘 지켜지고 있나?

"구청장 선거를 준비하며 공부하고 구상했던 정책을 7대 분야의 100가지 약속으로 구체적으로 제시했다. 당선 후 345개 약속 사업으로 세분화했다. 첫 임기를 마쳤을 때 공약 이행률은 93.6%였다. 지금까지 97개 약속을 이뤘고, 남은 3개는 일부 추진되거나 추진 중이다. 이 정도면 약속 잘 지켰다고 할 수 있을 것 같다."

쉼 · 삶 · 일 '3터'가 조화로운 도시 만들어 간다.

성동구 성수동은 청년들에게 최고의 핫플레이스로 꼽힌다. 개성 있는 상점과 아기자기하게 꾸민 벽화들이 행인의 시선을 사로잡는다. 정원오 구청장은 성수동 도시재생을 추진하면서 상생 협력 조례를 만들어 젠트리피케이션과 대기업 프렌차이즈 진입을 막았다.

성동구의 경쟁력을 바탕으로 구상하는 발전계획이 있나?

"도시의 난개발을 막고 체계적으로 발전하려면 중장기적 도시비전과 계획이 필요하다. 구청장이 바뀌더라도 흔들리지 않을 '실행계획'도 있어야 한다. 지난 5월 '2040 성동 도시발전기본계획'을 수립했다. 전문가와 현장의 의견을 반영해 '4대 도약+4대 중심' 프로젝트를 만들었다. 구청 · 경찰서를 이전해 왕십리역 일대를 '경제도약' 신행정타운으로 조성하고, 생활SOC 집약을 통한 '행정도약', 서울숲과 삼표 부지, 성수동 인근을 중심으로 한 '문화도약', 덕수고 부지를 활용한 미래교육타운 조성 등 '교육도약'이 핵심이다."

그동안의 대외활동 이력을 보니 사회적 경제에 대한 관심이 엿보인다.

"한국사회의 고질적인 문제 중 하나가 '쏠림' 현상이다. 재벌과 중소기업의 격차가 발생하고, 수도권과 비수도권의 격차가 발생한다. 이런 문제를 해결하기 위해선 무작정 문제 제기만 할 게 아니라 새로운 기업이 성장하고 지자체가 발전할 수 있도록 힘을 쏟아야 한다. 사회적 경제는 단순한 패러다임이 아니라 사람들의 삶을 바꾸는 일이다. 공동체의 자발적 참여와 협동으로 이윤까지 추구하는 것이 사회적 경제다. 성동구는 전국 최초로 소셜벤처 지원 조례를 제정하고 성수동 일대에 수많은 스타트업, 소셜벤처기업을 유치했다. 쏘카나 마리몬드처럼 유니콘이 된 기업들도 많다."

유니콘이 나오면 그 유니콘을 꿈꾸는 청년들이 성수동으로 몰려드는 선순환이 이뤄지는 셈인데?

"그렇다. 그런 생태계가 형성돼 있다. 또 청년들의 사회연대의식이 상당하다. 취임 초기만 해도 성동구에 소셜벤처가 12개였다. 첨단 기술을 활용해 사회적 가치를 창출하고 새로운 분야를 개척하려는 도전 정신이 성동구를 가득 채우고 있다."

아직 많이 남았지만, 이제 구청장으로서 마지막 임기다. 이후엔 어떤 삶을 계획하나?

"여러 구상을 해보는데 늘 바뀌더라. 농사지으며 살고 싶다가도 또 어느 땐 다른 사업이나 자원봉사 활동 같은 것도 해보고 싶고… 하지만 당장은 구민들께서 일 잘하라는 의미로 세 번째 당선을 안겨주셨으니 최선을 다해 세 번째 임기를 수행하고 성동구 발전을 위해 노력할 거다. 박수받는 구청장으로 임기를 마치는 게 당장의 목표다."

출처: 중앙일보, 2022.12.14.(https://www.joongang.co.kr/article/25120240)

고유명사로서 '사회적 가치'

ESG는 이미 한 영역으로서 사회를 포함하고 있다. ESG가 환경과 사회와 지배구조, 세 영역으로 구성되어 있기 때문이다. 따라서 사회적 가치는 ESG의 일부로 이미 포함되어 있다. 그렇지만 ESG에 포섭되는 개념으로서가 아니라 ESG의 연관 개념으로서 따로 사회적 가치를 살필 필요가 있다.

ESG의 연관 개념으로서 '사회적 가치'는 고유명사로서 의미를 살펴야 한다. 고유명사로서 '사회적 가치'는 문재인 정부에서 정책적으로 추진했던 공공정책을 의미한다. 단순히 정부 차원에서만 추진되지는 않았고, SK를 필두로 기업계에서도 적극적으로 '사회적 가치'의 실현을 고민했다.

세계적으로 ESG가 대두되면서 우리나라에도 ESG의 실현 요구가 확산되었는데, 국내에서도 유사한 고민을 정부와 기업이 적극적으로 담아낸 것이다. 내용을 살펴보면 ESG와 겹치는 부분이 상당하므로 양자에 대한 통합적 이해가 필요하다.

보통명사인 사회적 가치를 고유명사로 이해하는 것이 필요하다는 명제는 예컨대 사회적 기업과 관련해서도 유사한 측면을 살펴볼 수 있다. 사회적 기업은 보통명사로서 사회적 가치를 실현하고자 하는 기업을 의미한다. 그런데 사회적기업법이 제정되면서 정부의 인증을 받은 사회적 기업과 인증을 받지 않은 사회적기업으로 나뉘게 되었다. 법에 따라 인증을 받은 사회적 기업을 고유명사로서 사회적 기업이라 할 수 있는 것이다.

조례화된 사회적 가치의 내용: 서울시의 경우

아직 국회에서 사회적 가치와 관련된 법안이 통과되어 제정된 것은 없지만, 지방자치단체에서 조례로 제정된 내용은 여러 곳에서 찾아볼 수 있다. 예컨대, 2014년 5월 처음 제정된 서울특별시 사회적 경제 기본 조례(서울특별시조례 제8552호)는 제3조에서 사회적 가치를 정의하고 있다.

조례에 따르면 '사회적 가치'란 지역 및 사회구성원의 사회적 · 경제적 · 문화적 · 환경적 복리 수준을 향상시키는 공적 개념의 효용을 말한다. 조례는 몇 가지 구체적인 내용을 '각 목의 행위'로 예시하고 있다. 내용은 다음과 같다.

가. 안정적인 양질의 일자리 창출

나. 지역사회 재생

다. 남녀의 기회 평등

라. 사회경제적 기회에서 배제될 위험에 처한 사회구성원의 회복

마. 공동체의 이익 실현

바. 윤리적 생산과 유통

사. 환경의 지속가능성 보전

아. 그 밖에 노동 · 복지 · 인권 · 환경 차원에서 지역 및 사회구성원의 사회적 · 경제적 · 문화적 · 환경적 복리증진

서울특별시에는 사회적 가치가 규정된 다른 조례도 있다. 명칭에 직접 '사회적 가치'를 포함하고 있는 조례만 살펴보면 2014년 5월 처음 제정된 '서울특별시 사회적 가치 증대를 위한 공공조달에 관한 조례'(서울특별시조례 제7044호, 이하 '서울시 공공조달 조례')다.

제2조 4호는 '사회적 가치'를 좋은 일자리 확대, 취약계층 고용기회 증진, 협력업체와의 상생협력 및 공정거래, 지역경제 기여, 지역공동체 발전, 사회적 공헌 등과 같이 공공의 이익을 중시하는 가치로 규정하고 있다.

2021년 제정된 '서울특별시교육청 사회적 가치교육 지원에 관한 조례'(서울특별시조례 제7880호, 이하 '서울시교육청 조례')는 '사회적 가치'를 사회 · 경제 · 환경 · 문화 등 모든 영역에서 공공의 이익과 공동체의 발전에 기여할 수 있는 가치로 규정한다(제2조). 이 조례는 사회적 가치의 예시로 모두 15개의 호를 제시하고 있다. 내용은 다음과 같다.

1. 인간의 존엄성을 유지하는 기본 권리로서 인권의 보호
2. 재난과 사고로부터 안전한 근로 · 생활환경의 유지
3. 건강한 생활이 가능한 보건복지의 제공
4. 노동권의 보장과 근로조건의 향상
5. 사회적 약자에 대한 기회제공과 사회통합 증진
6. 협력업체와의 상생협력 및 공정거래
7. 품위 있는 삶을 누릴 수 있는 양질의 일자리 창출
8. 지역사회 활성화와 공동체 복원
9. 경제활동을 통한 이익이 지역에 순환되는 지역경제 공헌
10. 윤리적 생산과 유통을 포함한 기업의 자발적인 사회적 책임 이행
11. 환경의 지속가능성 보전
12. 시민적 권리로서 민주적 의사결정과 참여의 실현
13. 정치 · 경제 · 사회 · 문화 등 모든 영역에서의 양성평등 실현
14. 문화적 권리의 보장과 일과 여가의 조화
15. 그 밖에 공동체의 이익실현과 공공성 강화

사회적 가치의 정의 법제화 연혁

앞서 서울시의 예만 살펴봤지만, 사회적 가치 관련 조례를 제정한 지자체는 상당히 많아졌다. 구체적인 서술 방식은 다소 차이가 있지만, 사회적 가치를 정의한 내용은 대체로 대동소이하다.

파주시의 경우 서울시교육청 조례와 동일하게 "경제 · 문화 · 환경 등 각 분야에서 공공의 이익과 공동체 발전에 기여하는 가치[2]"를 사회적 가치라고 정의한다.

제주특별자치도처럼 명제 형식이 아닌 구체적인 항목을 풀어서 언급하기도 한다. 사회적 가치란 좋은 일자리 확대, 취약계층 고용기회 증진, 협력업체와의 상생협력 및 공정거래, 지역경제 기여, 지역공동체 발전, 지역 사회 공헌 등과 같이 공공의 이익을 중시하는 가치를 말한다.[3] 서울시 공공조달 조례와 같은 방식이다.

조례로 제정된 사회적 가치의 정의와 관련하여 체계적으로 정리된 내용은 2014년 제출된 법률안에서 찾을 수 있다. 2014년 6월 17일 당시 문재인 의원 등 60인은 '공공기관의 사회적 가치 실현에 관한 기본법안'을 제출하면서 사회적 가치의 구체적인 내용을 13가지로 정식화했다.

사회적 가치와 관련된 법률안 제안과 조례 제정 연혁을 살펴보면 서울시가 사회적 가치 관련 조례안을 최초로 제정하였고, 이어 국회에서 법률안을 추진하는 과정에서 13가지 항목으로 구체화되었음을 알 수 있다. 국회에는 이후 4차례 더 법률안이 제출되었지만 2023년 10월 현재까지도 통과되지 않았다.

비교적 최근 제정된(2021년) 서울시교육청 조례에서는 사회적 가치 항목으로 두 가지가 더 늘어났다. 양성평등과 문화적 권리가 그것이다. '협력업체와의 상생협력 및 공정거래'는 2014년 법률안에서는 '대기업, 중소기업 간의 상생과 협력'으로 되어 있었다.

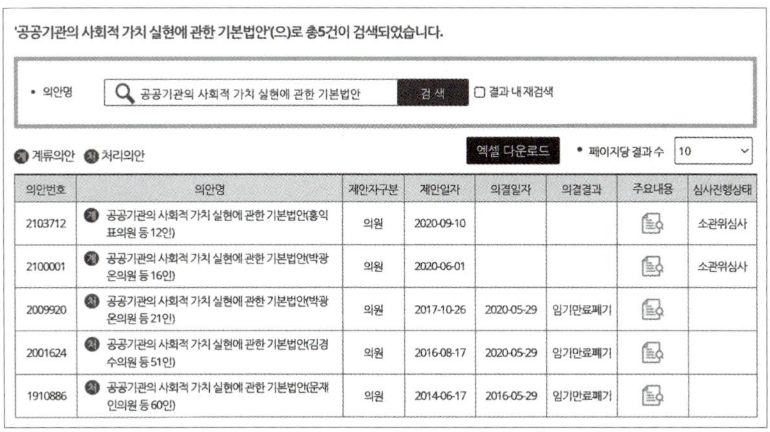
'공공기관의 사회적 가치 실현에 관한 기본법안'(으)로 총5건이 검색되었습니다.

• 의안명 공공기관의 사회적 가치 실현에 관한 기본법안 검 색 ☐ 결과 내 재검색

계 계류의안 처 처리의안 엑셀 다운로드 • 페이지당 결과 수 10

의안번호	의안명	제안자구분	제안일자	의결일자	의결결과	주요내용	심사진행상태
2103712	계 공공기관의 사회적 가치 실현에 관한 기본법안(홍익표의원 등 12인)	의원	2020-09-10				소관위심사
2100001	계 공공기관의 사회적 가치 실현에 관한 기본법안(박광온의원 등 16인)	의원	2020-06-01				소관위심사
2009920	처 공공기관의 사회적 가치 실현에 관한 기본법안(박광온의원 등 21인)	의원	2017-10-26	2020-05-29	임기만료폐기		
2001624	처 공공기관의 사회적 가치 실현에 관한 기본법안(김경수의원 등 51인)	의원	2016-08-17	2020-05-29	임기만료폐기		
1910886	처 공공기관의 사회적 가치 실현에 관한 기본법안(문재인의원 등 60인)	의원	2014-06-17	2016-05-29	임기만료폐기		

그림 5-1 사회적 가치 관련 법률안 제출 현황(검색일 2023년 10월 12일)

출처: 의안정보시스템(http://likms.assembly.go.kr/bill/BillSearchResult.do)

---

2 파주시 사회적 가치 진흥 및 지원에 관한 조례, 경기도파주시조례 제1526호.

3 제주특별자치도 사회적 가치 증대를 위한 공공조달에 관한 조례, 제주특별자치도조례 제2009호.

2014년 사회적 가치 관련 법률안

2014년 문재인 의원 등 60인이 제출한 '공공기관의 사회적 가치 실현에 관한 기본법안'은 조례화된 사회적 가치의 정의와 관련하여 원형이라고 할 수 있다. 줄여서 '사회적 가치 기본법'이라고도 한다. 사회적 가치 기본법은 사회적 경제 기본법, 사회적 경제 기업제품 구매촉진 및 판로지원에 관한 특별법과 함께 사회적 경제 3법에 들어간다.

사회적 가치 기본법의 취지는 공공기관 운영에 있어서 사람의 가치를 이윤과 효율보다 우선시하도록 하는 것이다. 사회적 경제가 점차 우리 사회에서 영향력이 커짐에 따라 공공부문에서 사회적 가치의 실현을 선도하고, 민간부문으로 확산시키고자 하는 취지이다. 이 법안은 사회적 가치를 공공부문 업무 수행 과정에서 핵심가치로 구현토록 하고 있으며, 우리나라 공공기관의 공공성과 신뢰도가 그다지 높게 평가되지 않는 현실을 고려할 때, 공공기관 사회적 가치 제고를 통해 공공성과 신뢰도를 높이는 방안으로 기능할 것으로 기대되었다.[4]

법안은 공공기관에서 실현해야 할 사회적 가치의 개념과 범주를 정의하고(안 제3조), 사회적 가치 실현을 준수해야 할 국가 및 지방자치단체를 포함한 공공기관의 역할과 기본책무를 규정했다(안 제4조).

공공기관의 사회적 가치 실현과 관련한 주요 사항을 심의 · 의결하는 기구로 사회적가치위원회를 설치하고 운영하도록 했으며(안 제15조부터 제16조까지), 공공기관이 사회적 가치 실현을 위한 기본계획을 수립하고 추진하는 과정에서 사회적가치위원회가 의견을 제시할 수 있도록 했다(안 제10조부터 제14조까지).

그 밖에도 사회적 가치 실현의 성과가 우수한 공공기관을 포상할 수 있도록 한다는 내용(안 제28조), 사회적 가치 실현을 위한 민간참여, 금융지원, 사회적 경제 지원, 국공유재산 활용지원, 재정지원 등의 지원체계와 원칙을 규정한다는 내용(안 제18조부터 제22조까지) 등이 포함되어 있다.

법안에 따르면 공공기관은 국민을 대상으로 하는 공공서비스의 계획 수립 · 시행 · 평가 등의 전 과정에서 사회적 가치가 실현되도록 노력하여야 한다(안 제6조 제1항). 법안에 따라 사회적 가치가 실현되어야 하는 공공서비스의 유형은 다음과 같다(제2항).

4 안지훈 외, "성동구 소셜벤처 육성 및 발전 방향 수립 연구 보고서"(2019.09. 성동구청), p.64.

1. 공공기관이 수행하는 물품 및 용역구매 등 조달과 행정사무 민간위탁사업
2. 국가 및 지방자치단체가 수행하는 도시 및 지역개발사업과 관련된 사업(공사 및 용역 포함)
3. 사회적 경제조직의 육성 및 지원과 관련된 정책계획과 시행에 관한 사업
4. 기타 공공기관이 국민을 대상으로 수행하는 서비스 중 대통령령으로 정한 사업

정부 차원 12+1안의 제시

법제화된 고유명사로서 사회적 가치는 모두 13가지로 구성되어 있다. 13가지로 구성된 사회적 가치의 구체적인 항목 제시는 법제화된 사회적 가치의 종합이자 출발점이자 원형이라고 할 수 있다.

13가지의 구체적인 사회적 가치 항목은 그동안 12+1안으로 통용됐다. 마지막 항목이 '그 밖에 공동체의 이익 실현과 공공성 강화'로 되어 있기 때문이다. 어떻게 보면 +1에 해당하는 이 기타 항목은 앞에 구체적으로 언급된 항목을 모두 포괄할 수 있다.

서울시교육청 조례는 2가지 항목이 더 추가된 것처럼 향후 더 추가되는 항목이 나올 수 있을 것이다. 정부가 바뀌면서 정부 차원의 논의는 진전되지 않고 학계 연구도 답보 상태이다. 따라서 이 책에서도 고유명사로서 사회적 가치의 구체적인 내용을 12+1안으로 통칭하는 내용을 그대로 쓰기로 한다.

12+1안은 정부 차원에서 2018년 3월 발표한 "'국민이 주인인 정부'를 실현하는 정부혁신 종합추진계획"(이하, '정부혁신계획')에서 공식화됐다. 당시 문재인 정부는 참여와 협력으로 할 일을 하는 정부, 낡은 관행을 혁신하여 신뢰받는 정부라는 상과 함께 정부 운영을 사회적 가치 중심으로 전환하는 전략을 발표했다. 대통령 신년 기자회견(1월 10일)과 국무회의(1월 16일)에서 정부혁신 필요성을 언급하고 종합 추진계획 수립을 지시한 데 따른 것이었다.

정부혁신계획은 3가지 핵심 키워드 주제를 바탕으로 하여 '사회적 가치 중심 정부', '참여와 협력', '신뢰받는 정부'를 3대 전략으로 제시하고, 사회적 가치 구현을 위한 핵심 과제로는 사회적 가치를 실현할 수 있도록 재정혁신과 국민의 삶을 바꾸는 인사 · 조직 · 성과평가 체계 구축을 제시했다.

정부혁신계획은 모두 21개의 사업 목록을 제시하고 있다. 이 중 사회적 가치 실현을 위한 목록은 6가지이다. 사회적 가치 실현을 위한 재정혁신과 관련하여 인권, 안전 등 사회적 가치 실현 사업 재정 투자 확대(10대 중점사업)와 재정사업 심

사 · 평가에 사회영향평가 요소 반영을 들고 있다.[5]

읽고 생각하기

'재무성과' 평가배점 늘리고 '사회적 가치' 줄이고

공공기관의 사회적 책임을 강조했던 문재인 정부와 달리 현 정부는 공공기관의 비효율과 방만 경영을 해소하는 데 방점을 두고 있다. 지난달 윤석열 정부의 첫 공공기관 경영실적 평가에 착수한 기획재정부는 사회적 가치 구현 평가 배점은 축소하는 대신 재무성과 평가 배점을 두 배로 늘렸다. 공공기관을 평가하는 관점이 바뀐 것이다.

6일 기재부에 따르면 교수를 비롯해 전문가 109명으로 구성된 공공기관 경영평가단은 다음 달까지 130개 공공기관에 대한 서면 평가 등을 진행할 예정이다. 올해는 신종 코로나바이러스 감염증(코로나19) 확산 이후 3년 만에 처음으로 대면 실사도 이뤄진다. 이를 토대로 평가 결과는 올해 6월 20일 확정된다.

올해 평가에선 기존 재무관리 항목과 업무 효율 항목을 '재무성과관리' 항목으로 합치고 배점을 10점에서 20점(공기업 기준)으로 늘린다. 구체적으로는 효율성 관리가 6점, 재무예산 관리가 3점, 재무예산성과가 11점이다. 또 기관별 재무 상황이 다른 만큼 맞춤형 세부평가 지표도 선정했다. 공기업 가운데 부채 규모가 커 부채 관리가 중요한 기관은 안정성 지표의 가중치를 높게 설정하는 식이다.

한국전력공사, 한국토지주택공사(LH), 한국철도공사(코레일) 등 '재무위험기관'으로 지정된 공공기관에 대해선 각 기관의 재정건전화 계획의 적정성과 이행 노력을 점검하는 지표를 만들어 평가에 반영한다. 사업비 외에 공공기관이 지출하는 업무추진비, 여비 등의 비용을 절감하기 위해 '일반관리비 관리' 지표도 새로 만들었다.

앞서 문재인 정부는 사회적 가치 실현을 강조하면서 정규직 전환 실적 등이 반영된 사회적 가치 배점을 25점까지 늘렸다. 반면, 박근혜 정부 때 17점까지 올렸던 재무예산 관리 및 성과 등 재무 관련 지표는 5점으로 낮췄다.

출처: 동아일보, 2023.03.07(https://www.donga.com/news/Economy/article/all/20230307/118202081/1)

12+1안에 대한 정부의 시각

정부 차원에서 12+1안의 의미를 어떻게 보는지는 2018년 정부혁신계획에 잘 나타나 있다. 정부혁신계획에서 정부는 사회적 가치를 사회 · 경제 · 환경 · 문화 등 모든 영역에서 공공의 이익과 공동체의 발전에 기여할 수 있는 가치로 보고, 사회

5 안지훈 외, "성동구 소셜벤처 육성 및 발전 방향 수립 연구 보고서"(2019.09. 성동구청), p.23.

적 가치의 개념에 대해 사회적가치법안과 동일한 세부 분류를 채택하고 있다.[6]

정부혁신계획은 사회적 가치의 체계에 대해서 다음과 같이 설명했다.

> 헌법적 가치로서 사회권을 실질화하기 위한 가치이며, 경제적 · 환경적 · 문화적 가치를 포괄하는 상위 가치
>
> ⬇
>
> 헌법이 지향하는 가치 중 사회의 재생과 건전한 발전을 위한 가치로써 인권, 노동권, 안전, 사회적 약자 배려, 민주적 의사결정과 참여의 실현 등 공동체와 사회 전체에 편익을 제공하는 가치

우선, 헌법적 가치로서 사회권을 실질화하기 위한 가치이다. 헌법이 인정하는 기본권으로는 사회권 이외에도 자유권, 평등권, 참정권, 청구권이 있다. 사회적 가치는 기존에 헌법학에서 등장하는 개념은 아니었다. 헌법에서 일반적으로 인정하는 개념 중 사회권과 연결했음을 알 수 있다.

다음으로 경제적 · 환경적 · 문화적 가치를 포괄하는 상위 가치이다. 사회적 가치를 다른 부문별 가치를 모두 포괄하는 상위 가치로 보고 있음을 알 수 있다. 참고로 헌법은 '정치 · 경제 · 사회 · 문화의 모든 영역'(헌법 전문)으로 국가 활동을 구분한다.

마지막으로 헌법이 지향하는 가치 중 사회의 재생과 건전한 발전을 위한 가치로써 인권, 노동권, 안전, 사회적 약자 배려, 민주적 의사결정과 참여의 실현 등 공동체와 사회 전체에 편익을 제공하는 가치라고 구체적으로 풀어 설명하고 있다. 12+1안의 각 항목을 적절히 요약해서 사용하고 있다.

표 5-1 12+1안의 각 항목에 대한 정부의 견해

사회적 가치	주요 의미
가. 인간의 존엄성을 유지하는 기본 권리로서 인권의 보호	행복추구권, 평등권, 알권리, 직업의 자유, 안정적 주거생활 보장 등 헌법상 보장되는 기본권 보장
나. 재난과 사고로부터 안전한 근로 · 생활환경의 유지	시장에서 해결할 수 없는 국민의 안전을 지키기 위한 공공의 적극적 조치 필요
다. 건강한 생활이 가능한 보건복지의 제공	인간다운 생활의 기본 조건으로서 건강한 생활을 영위할 수 있는 보건 · 의료서비스를 국가에 요구하고 국가는 이를 제공
라. 노동권의 보장과 근로조건의 향상	생계를 유지하기 위해 일할 수 있는 권리보장, 노동3권, 안정적인 근로조건 유지, 최저임금인상, 고용안정 등

6 안지훈 외, "성동구 소셜벤처 육성 및 발전 방향 수립 연구 보고서"(2019.09. 성동구청), p.24.

마. 사회적 약자에 대한 기회 제공과 사회통합	여성, 노인, 청소년, 신체장애자, 기타 생활능력이 없는 국민도 인간으로서의 존엄과 가치를 보장받을 수 있는 사회보장 정책 추진
바. 대기업, 중소기업 간의 상생과 협력	시장의 지배와 경제력의 남용을 방지하고, 경제주체 간의 조화를 통한 경제의 민주화를 위하여 필요한 규제 · 조정
사. 품위 있는 삶을 누릴 수 있는 양질의 일자리 창출	민간 · 공공부문 일자리 창출, 노동시간 단축을 통한 일자리 나누기, 노동이사제, 비정규직 축소 등 좋은 일자리 확대
아. 지역사회 활성화와 공동체 복원	자치와 분권의 원칙을 지역공동체 차원에서 보장하는 지방자치 실현
자. 경제활동을 통한 이익이 지역에 순환되는 지역경제 공헌	지역 간 균형 있는 발전을 위한 지역경제 육성, 수도권 과밀화로 인한 부작용 해소
차. 윤리적 생산과 유통을 포함한 기업의 자발적인 사회적 책임 이행	사회적 존재로서 기업의 사회적 책임 이행, 인권, 노동권, 환경, 소비자 보호, 지역사회 공헌, 좋은 지배구조 형성
카. 환경의 지속가능성 보전	국민이 쾌적한 환경에서 생활할 권리를 보장하기 위한 국가의 의무
타. 시민적 권리로서 민주적 의사결정과 참여의 실현	민주적 의사결정과 시민 참여를 통한 국민주권 국가 실현을 위한 정부 운영방식 개선, 참여 기제 확보, 참여 수준 심화
파. 그 밖에 공동체의 이익 실현과 공공성 강화	경제적 양극화 등으로 파괴된 사회 공동체 회복 추구, 시민사회 등 제3섹터의 지원 및 육성

희망제작소의 제안

가. 인간의 존엄성을 유지하는 기본 권리로서 인권의 보호

- 구성원 인권 보호
- 이해관계자 인권 보호
- 평등 및 차별 금지 : 성별, 종교, 신분, 장애, 학력, 성적 지향 등
- 사회적 약자 및 소수자 인권 보호
- 국내외 노동현장에서 아동 노동 금지

나. 재난과 사고로부터 안전한 근로 · 생활환경의 유지

- 노동자의 자기 보호권 보장
- 적정 노동시간 보장
- 직장에서의 보건 및 안전
- 폭염, 한파와 같은 기후조건 시 노동 금지
- 지역사회 생활환경에 대한 악영향 금지 및 보상

다. 건강한 생활이 가능한 보건복지의 제공

- 조직구성원 및 이해관계자 건강권 보장
- 적정 수준 의료지원 체계

라. 노동권의 보장과 근로조건의 향상

- 노동3권(단결권, 단체교섭권, 단체행동권) 보장
- 노사 공동 결정제
- 노동 이사제
- 강제노동 금지
- 일할 수 있는 권리

마. 사회적 약자에 대한 기회제공과 사회통합

- 사회적 취약계층[7]에 대한 기초 서비스 제공
- 사회적 약자 및 소수자 차별 금지
- 경제사회적 양극화 해소

바. 대기업, 중소기업 간의 상생과 협력

- 대기업–중소기업 간 부당취득 및 뇌물 금지
- 대기업–중소기업 간 상생협력 체계 구축
- 대기업–중소기업 간 거래 투명화

사. 품위 있는 삶을 누릴 수 있는 양질의 일자리 창출

- 동일노동 동일임금 원칙
- 비정규직의 정규직화
- 최저임금 인상 및 생활임금 보장
- 고용 보장
- 민간부문 일자리 창출
- 공공부문 일자리 창출 및 공공서비스 확대

아. 지역사회 활성화와 공동체 복원

- 지역사회 투자 확대[8]
- 지역사회 재생을 위한 조직자원 지원

---

7 취약계층 범위는 다음과 같다. 저소득층, 고령자, 장애인, 갱생보호 대상자, 결혼이민자, 성매매피해자, 북한이탈, 범죄구조피해자, 한부모가족지원법상 보호대상자, 가정폭력 피해자, 청년, 경력단절여성 중 고용촉진장려금 지급대상자 등을 의미한다. 사회적 기업 인증설명회(자료집)(신나는 조합, 제작연도 미상), p.6.

8 지역사회 투자 확대와 관련하여 제안되고 있는 대표적인 방식은 사회적경제기금의 조성이다. 지역의 사회적 경제 주체들이 중심이 되어, 사회적 경제 유관 기관들의 다양한 필요에 맞게 활용할 수 있는 사회적 경제 생태계 조성을 위한 자조 금융을 의미한다. 예컨대 자치구의 경우 구청과 동 주민센터에서 사회적 경제주체로부터 구매한 금액의 0.5%를 출연하여 기금을 조성하는 것이다. 정원오, 『성동을 바꾸는 100가지 약속(성동의 미래지도)』 i&R, 2014, p.117.

• 주민자치 확대
• 기업시민 역할 강화

자. 경제활동을 통한 이익이 지역에 순환되는 지역경제 공헌

• 지역 인적자원 고용 및 양질의 일자리 창출
• 지역자원 구매를 통한 지역경제 활성화
• 지역 창출 성과의 지역 내 재투자 및 분배 강화[9]

차. 윤리적 생산과 유통을 포함한 기업의 자발적인 사회적 책임 이행

• 사회적 경제 상품 및 서비스 구입
• 재생자원 사용
• 아동노동 및 전범 기업 제품 사용 금지
• 소비자 권리 보호, 소비자 옴부즈맨 제도

카. 환경의 지속가능성 보전

• 환경오염물질 배출 최소화
• 화석연료 사용 감축
• 1회용품 배출 최소화
• 자원 소비 최소화
• 환경친화기술 개발
• 녹지공간 확보 및 생활환경권 보장

타. 시민적 권리로서 민주적 의사결정과 참여의 실현

• 조직 의사결정과정 정보 공개 및 이해관계자 참여 보장
• 시민숙의제 확대
• 시민민주교육 지원

파. 그 밖에 공동체의 이익실현과 공공성 강화

• 조직자원을 활용한 공동체 · 지역사회 이익 실현

9 경제활동 이익의 지역 순환과 관련해서는 성동구와 부영그룹의 협력사례를 좋은 예로 들 수 있다. 2015년 연말 부영그룹은 서울숲 앞에 5성급 호텔 건축 허가를 신청했다. 양측은 상호 협의를 통해 용적률 상한선인 768%를 873%로 증가시킬 수 있도록 뚝섬지구단위계획을 변경하고 증가된 용적률 105% 중 45.1%를 성동구에 공공기여했다. 부영은 260억 원 상당의 토지와 건물을 성동구에 기부 채납했다. 기부 채납 받은 토지와 건물을 활용, 성동구는 영세 자영업자들이 저렴한 가격으로 안심하고 장사할 수 있는 장기 안심 상가를 운영했다. 재정 자립도가 취약한 기초 자치단체로서는 토지와 건축물에 대한 자산화는 필요하지만 실천하기 어려운 정책이다. 이런 조건에서 성동구는 기업의 사회 공헌을 끌어내는 방식으로 자산화 정책을 추진하는 선례를 남겼다는 평가를 받았다. 정원오, 『도시의 역설, 젠트리피케이션』, 후마니타스, 2016, pp.209-211.

12+1안의 의의

정부가 교체되면서 사회적 가치는 정부 담론으로 거의 언급되지 않고 있다. 서울시교육청 조례로 12+1안이 확장되어 조례화된 것을 제외하면 지방정부 차원에서도 영향력이 지속되고 있다고 보기는 어렵다.

정부가 설정한 12+1의 의미에 대한 설명이 향후 학계에서 인정받기 힘들 가능성도 있다. 예컨대 경제적 · 환경적 · 문화적 가치를 포괄하는 상위 가치로 사회적 가치를 체계화하는 것은 쉽게 동의를 얻기 어려워 보인다.

사회적 가치는 아직 헌법학계에서 거의 사용되지 않은 개념이며, 헌법은 '정치 · 경제 · 사회 · 문화의 모든 영역'(헌법 전문)으로 국가 활동을 구분하고 있기 때문이다. 기본권의 일종인 사회권으로 사회적 가치를 보면서 경제, 문화 등의 다른 부문별 가치를 모두 포괄하는 상위 가치로 보는 것도 향후 비판에 직면할 수 있다. 정부혁신계획에서도 환경을 경제, 문화와 같이 언급하는 등 사회적 가치에 대한 통일적 개념을 사용하지 않고 있다.

서울시교육청 조례에서 문화 관련 항목이 추가되었으니 문화적 가치를 포함하는 가치로 볼 수도 있겠지만, 12+1안은 문화와 여가 관련 내용은 구체적인 항목으로 제시되지는 않았다. 정부혁신계획이 사용하는 제반 개념, 예컨대 '사회의 재생'이나 '건전한 발전' 등의 표현은 추상성이 강해 다양한 해석의 여지가 있다는 점에서도 문제다.

많은 문제점이 발견되고 당분간 정부 차원의 담론으로 다시 등장할 가능성도 작다는 점에서 12+1안은 이제 시한이 다한 정책과제인지도 모른다. 그렇지만 우리 사회가 인간의 삶의 질을 우선하는 좋은 세상을 지향한다면 12+1안의 내용을 확장적으로 발전시켜야 할 필요가 있다.

부족함이 있다고 해서 그대로 사장하는 것이 옳을까? 당연히 그렇지 않다. 학계의 연구와 시민들의 활발한 참여를 통해 더 풍부한 논의로 발전시켜야 한다. 사회적 가치의 증진이라는 시대적 과제는 우리 사회뿐만 아니라 세계적인 차원에서도 중시되고 있고 거스를 수 없는 대세라는 점에서도 주목해야 한다.

12+1안과 ESG

12+1안과 ESG는 어떤 관계에 있을까? ESG는 이미 앞에서 살펴본 대로 국제적인 차원에서 기업의 새로운 방향성으로 제시되어 사회적 가치를 실현하는 활동이다. 이때 사회적 가치는 보통명사로서 사회적 가치를 의미한다.

12+1안은 고유명사로서 사회적 가치를 의미한다. 따라서 내용 면에서 상당히 중복된다. 환경은 ESG에도 12+1안에도 주요 항목으로 자리 잡고 있다. ESG가 담고 있는 두 번째 항목으로서 사회는 12+1안이 말하는 헌법이 지향하는 가치 중 사회의 재생과 건전한 발전을 위한 가치를 그대로 가져오더라도 문제가 없다. 인권, 노동권, 안전, 사회적 약자 배려 등은 ESG의 S 내용과 같다.

12+1안이 담고 있는 민주적 의사결정과 참여의 실현은 ESG의 지배구조 항목과 연결된다. 기업 차원의 지배구조는 정부나 사회 전반으로 확대하면 의사결정과 참여의 문제가 되기 때문이다.

고유명사로서 사회적 가치는 공동체와 사회 전체에 편익을 제공하는 가치로 정의된다. ESG의 지향과 동일하다. 다만, 12+1안은 우리 정부가 공공부문의 운영 원칙으로 제시한 내용이다. 이미 정부는 공익 실현을 목적으로 하는 조직이지만, 더 구체적으로 공익의 내용을 사회적 가치로 정식화하고 12+1안으로 세부 내용까지 밝힌 것으로 이해하면 적절하다.

ESG는 기업의 새로운 방향성을 3가지 키워드로 정리한 것이다. 우리 정부의 12+1안이 ESG와 직접적인 연관성은 없다고 할 수 있다. 그렇지만 내용 면으로는 우리 사회 내부의 요청과 국제적인 흐름을 반영하여 공공부문의 사회적 가치 실현 방안을 모색한 결과라고 할 수 있다.

비록 12+1안이 말하는 고유명사로서 사회적 가치가 헌법학에서 지금까지 논의해온 사회권으로 보기에 미흡하거나 다른 헌법적 가치를 포괄하는 상위의 개념은 아닐 수 있다. 그렇지만 향후 다른 개념화가 진행되더라도 보통명사로서 넓은 의미의 사회적 가치를 확대하는 방향으로 정부도 기업도 나아갈 것은 분명하다.

읽고 생각하기

안양문화예술재단, ESG 경영 선포식... 사회적 가치 실현 다짐

안양문화예술재단은 지난 26일 오후 2시 안양아트센터에서 'ESG 경영 선포식'을 개최했다.

이번 선포식은 재단은 지속가능발전을 위한 책임경영 요구가 가속화됨에 따라 사회적 책임을 다하는 ESG 가치를 경영 전반에 도입할 것을 다짐하는 자리로 마련됐다.

이 자리에서는 문화 예술을 통한 지속가능 경영 구현을 위한 세부 사항으로 △탄소중립 시설 운영 및 친환경 문화예술사업 추진, △사회적 가치 실현 확산을 위한 사회공헌 실천과 안전보건 경영, 인권경영 추진, △투명한 경영을 위해 윤리경영 강화 및 이해관계자 소통 확대 등을 전략 과제로 삼았다.

박인옥 대표이사는 "ESG 경영을 시스템화 해 지역문화 예술 생태계를 조성하고, 지역사회와 상생 발전하는 문화예술기관으로 성장할 수 있도록 노력하겠다."라고 말했다.

출처: 중앙일보, 2023.12.27.(http://www.joongboo.com/news/articleView.html?idxno=363627917)

Summary

- 사회적 가치는 공감, 상호부조, 협업, 윤리적, 공동체 같은 키워드를 포함한다.
- 고유명사로서 '사회적 가치'는 문재인 정부에서 정책적으로 추진했던 공공정책을 의미한다.
- 서울특별시 사회적 경제 기본 조례에 따르면 '사회적 가치'란 지역 및 사회구성원의 사회적 · 경제적 · 문화적 · 환경적 복리 수준을 향상시키는 공적개념의 효용을 말한다.
- 법제화 추진 과정에서 사회적 가치의 구체적 내용은 일반적으로 13가지로 정식화됐다.
- 사회적 가치 기본법은 공공부문에서 사회적 가치의 실현을 선도하고, 민간부문으로 더욱 확산시키고자 하는 취지이다.
- 12+1안은 법제화 추진과 정부 정책으로 공식화된 사회적 가치의 구체적 내용을 일컫는 표현이다.
- 정부는 12+1안을 헌법적 가치로서 사회권을 실질화하기 위한 가치로 이해한다.
- 12+1안과 관련된 공적 논의가 더 진전되지 않더라도 사회적 가치의 증진이라는 시대적 과제는 우리 사회뿐만 아니라 세계적인 차원에서도 중시되고 있고 거스를 수 없는 대세이다.
- 12+1안은 우리 사회 내부의 요청과 국제적인 흐름을 반영하여 공공부문의 사회적 가치 실현 방안을 모색한 결과물이다.

Keyword

고유명사, 공감, 공공기관, 공공부문, 공공성 강화, 공공의 이익, 공공정책, 공동체, 공동체의 이익 실현, 공적 논의, 공적개념, 구매촉진 및 판로, 기본법, 담론, 사회권, 사회의 재생과 건전한 발전, 사회적 가치, 사회적 가치 중심 정부, 사회적기업법, 상생협력, 상호부조, 시대적 과제, 윤리, 정부혁신계획, 조례, 취약계층 고용기회, 헌법적 가치, 협업, 효용

Quiz ※ 빈칸을 채우거나 OX로 답하세요.

01 사회적 가치는 정부를 비롯한 공공부문에서 실행해 온 정책이나 민간 NGO 또는 NPO 등에서 추구해 온 가치와는 본질적으로 구분된다. (　　)

02 고유명사로서 사회적 가치는 세계적으로 ESG가 대두됨에 따라 국내적으로도 유사한 고민을 정부와 기업이 적극적으로 담아낸 것으로 볼 수 있다. (　　)

03 서울시 조례에 규정된 사회적 가치의 정의는 모두 동일하다. (　　)

04 사회적 가치의 정의와 관련하여 체계적으로 정리된 내용은 2014년 제출된 법률안에서 찾을 수 있다. (　　)

05 사회적 가치 기본법, 사회적 경제 기본법, 사회적 경제 기업제품 구매촉진 및 판로지원에 관한 특별법을 사회적 경제 3법이라고 한다. (　　)

06 2018년 문재인 정부는 '사회적 가치 중심 정부', '참여와 협력', '신뢰받는 정부'를 3대 전략으로 한 정부혁신계획을 제시했다. (　　)

07 12+1안은 헌법적 가치로서 자유권을 실질화하기 위한 가치이다. (　　)

08 12+1안은 많은 문제점이 발견되고 당분간 정부 차원의 담론으로 다시 등장할 가능성도 작다. (　　)

09 12+1안이 담고 있는 민주적 의사결정과 참여의 실현은 ESG의 지배구조 항목과 연결된다. (　　)

Discussion

01 사회적 가치와 관련된 우리 사회의 다양한 용법을 찾아 발표해 보자.

02 보통명사로서 사회적 가치와 고유명사로서 사회적 가치의 차이를 이야기해보자.

03 사회적 가치를 규정하고 있는 서울시 조례의 내용을 비교해 보자.

04 내가 사는 지방자치단체에도 사회적 가치 관련 조례가 있는지 찾아보자.

05 사회적 가치 관련 법률안의 국회 통과를 위한 실천 방안을 생각해 보자.

06 12+1안의 의미에 대해 더 알아보자.

07 12+1안이 담고 있는 사회적 가치의 키워드와 관련된 헌법 조문을 찾아 발표해 보자.

08 12+1안과 사회적 가치의 관련성에 대해 토론해 보자.

09 사회적 가치와 ESG의 연관성에 대해 토론해 보자.

13
SDGs와 ESG

SDGs

SDGs는 지속가능한 발전 목표(Sustainable Development Goals)를 의미하며, 2015년 제70차 UN 총회에서 채택됐다. 지속가능한 발전 '목표'라는 표현에서 알 수 있듯이 국제사회가 이룩해야 할 공동의 목표를 의미한다.

UN 총회에서는 2030년까지 15년 동안 인류가 달성해야 하는 목표를 17가지로 설정하고 세부 목표로는 169개를 제시했다. 또한 인간, 지구, 번영, 평화, 파트너십으로 크게 5개 영역으로 나누었다.

수십억 명이 수백 개의 국가에 나뉘어 사는 인류가 '단 한 사람도 소외되지 않는' 사회로 나아가야 함을 통감하고 있다는[10] 점에서 SDGs는 의미가 크다. SDGs의

10 시라이 준, 고수경 번역, 『경영전략 관점에서 본 SDGs와 ESG』, 북코리아, 2023.

으뜸 구호 '누구도 뒤처지지 않게 하기(leaving no one behind)'에서 보듯이 마지막 한 사람까지 배려하고 돌보면서 인간다운 삶을 살 수 있게 하겠다는 정신이 SDGs에 담겨 있다.[11]

SDGs의 전신은 MDGs다. MDGs는 새천년개발목표(Millennium Development Goals)의 약자로 SDGs보다 15년 앞서 UN에서 채택됐다. 당시에도 전 세계가 15년 동안 달성할 공동의 과제를 제시했다. MDGs는 2015년까지 전 세계의 빈곤을 반으로 줄이자는 목표를 내걸어 빈곤 타파에 초점을 맞췄다. SDGs는 빈곤 타파뿐만 아니라 교육, 보건, 성평등, 기후변화 등 더 다양한 영역을 아우르게 됐고, 명칭도 '지속가능한 발전'으로 확대되었다.

17개 항목으로 구성된 SDGs는 각 목표 항목이 서로 연결되어 있다. 각각의 목표 항목을 따로 떼어 개별적으로 추진하는 방식으로는 성공을 장담할 수 없다. 모든 목표가 서로 연결된 만큼, 어느 특정 목표에 집중하고 다른 목표는 소홀히 한다면, 그 집중 목표 자체도 성공을 거두기 어려울 수 있다. SDGs의 포용적 경제성장, 평화롭고 정의로운 사회, 지구 생태계 보전이라는 세 가지 톱니바퀴로 나타난다.[12]

그림 5-2 UN 본부 앞 SDGs 배너

출처: https://www.un.org/en/desa/sdgs-must-become-dna-business-strategy-and-management

11 안지훈 외, "성동구 소셜벤처 육성 및 발전 방향 수립 연구 보고서"(2019.09. 성동구청), p.28.

12 안지훈 외, "성동구 소셜벤처 육성 및 발전 방향 수립 연구 보고서"(2019.09. 성동구청), pp.26-27.

SDGs의 기본 목표 내용[13]

목표 1 모든 곳에서 모든 형태의 빈곤을 종식시킨다(NO POVERTY).

목표 2 기아를 종식하고, 식량 안보를 달성하며, 개선된 영양상태를 달성하고, 지속가능한 농업을 강화한다(ZERO HUNGER).

목표 3 모두를 위한 전 연령층의 건강한 삶을 보장하고 웰빙(well-being)을 증진한다(GOOD HEALTH AND WELL-BEING).

목표 4 모두를 위한 포용적이고 공평한 양질의 교육 보장 및 평생교육 기회를 증진한다(QUALITY EDUCATION).

목표 5 성평등 달성 및 모든 여성과 여아들이 자신의 능력을 발휘할 수 있도록 한다(GENDER EQUALITY).

목표 6 모두가 물과 위생설비를 사용할 수 있도록 하고 지속가능한 유지관리를 보장한다(CLEAN WATER AND SANITATION).

목표 7 모두를 위한 적당한 가격이며, 신뢰할 수 있고 지속가능한 현대적인 에너지에의 접근을 보장한다(AFFORDABLE AND CLEAN ENERGY).

목표 8 모두를 위한 지속적, 포용적, 지속가능한 경제성장을 촉진하며 생산적인 완전고용과 모두를 위한 양질의 일자리를 증진한다(DECENT WORK AND ECONOMIC GROWTH).

목표 9 복원력이 높은 사회기반시설을 구축하고, 포용적이고 지속가능한 산업화를 증진 시키며 혁신을 장려한다(INDUSTRY, INNOVATION AND INFRASTRUCTURE).

목표 10 국가 내, 국가 간 불평등을 감소시킨다(REDUCED INEQUALITIES).

목표 11 도시[14]와 주거지를 포용적이며 안전하고 복원력 있고 지속가능하게 보장한다(SUSTAINABLE CITIES AND COMMUNITIES).

목표 12 지속가능한 소비 및 생산 양식을 보장한다(RESPONSIBLE CONSUMPTION AND PRODUCTION).

목표 13 기후변화와 그로 인한 영향에 맞서기 위한 긴급 대응을 시행한다(CLIMATE ACTION).

목표 14 지속가능한 발전을 위한 대양, 바다, 해양자원을 보존하고 지속가능하게 사용한다(LIFE BELOW WATER).

목표 15 지속가능한 육상 생태계 이용을 보호 · 복원 · 증진하고, 삼림을 지속가능하게 관리하며, 사막화를 방지하고, 토지 황폐화를 중지하고, 생물 다양성 손실을 중단한다(LIFE ON LAND).

---

13 문도운 외, 『알기쉬운 지속가능발전목표 SDGs』, 국제개발협력시민사회포럼, 2016, pp.16–18.

14 미국의 도시 연구가 제인 제이콥스는 도시에서 가장 필요한 것은 안전과 활기와 다양성이라고 주장한다. 안전과 활기와 다양성 또한 도시의 지속가능성을 생각할 때 포섭할 필요가 있다. 유강은, "옮긴이 후기", 제인 제이콥스 지음, 유강은 옮김, 『미국 대도시의 죽음과 삶』, 그린비출판사, 2018, pp.583–854.

목표 16 지속가능발전을 위해 평화롭고 포용적인 사회를 증진하고, 모두가 정의에 접근할 수 있도록 하며, 모든 수준에서 효과적이고 책임성 있고 포용적인 제도를 구축한다 (PEACE AND JUSTICE STRONG INSTITUTIONS).

목표 17 이행 수단을 강화하고 지속가능발전을 위한 글로벌 파트너십을 활성화한다 (PARTNERSHIPS FOR THE GOALS).

지속가능한 발전의 의미

유엔 세계환경개발위원회(World Commission on Environment and Development, WCED)는 1987년에 보고서 『우리 공동의 미래(Our Common Future)』를 발간했다. WCED는 1983년 유엔 총회가 조직한 환경과 관련된 위원회이다.

과거에 개발은 환경과 배치되는 것으로 여겨졌다. 환경 보존을 위해서는 규제가 필요하고 개발을 회의하는 견해도 많았다. WCED는 명칭에서 보듯이 환경과 개발을 조화롭게 할 수 있는 방법을 모색하기 위한 학계와 NGO의 노력이 UN 차원에서 결실을 맺은 것이다. WCED는 브룬트란트 위원회라고도 하는데, 이는 위원회의 의장 이름을 딴 것이다. 그로 할렘 브룬트란트는 노르웨이 총리 출신으로 위원회의 의장을 맡았다.

WCED가 제출한 보고서는 현세대가 요구하는 개발의 욕구를 충족하는 친환경적인 개발을 '지속가능한 발전'(Sustainable Development)'이라고 명명했다. 지속가능성은 미래 세대에 필요한 개발을 못 할 정도로 환경을 훼손해서는 안 된다는 의미이다.

지속가능한 발전 개념은 결국 환경과 개발, 곧 경제를 분리하여 이해하지 말고 통합적 시각에서 바라보아야 한다는 문제의식을 담고 있다. 1992년에 개최된 리우 유엔환경개발회의에서는 지속가능한 발전이 세계환경정책의 규범으로 채택되기에 이르렀다.

1980~90년대에 지속가능한 발전이 UN 차원의 국제적 규범으로 자리잡게 된 데는 1970년대 로마 클럽의 공이 컸다. 로마 클럽은 1972년 「성장의 한계(The Limits to Growth : A report for the Club of Rome' s Project on the Predicament of Mankind)」라는 보고서를 냈다. 이 보고서는 한정된 지구 공간에서 무한대의 성장은 불가하다고 보고 성장억제 정책과 인구 안정화 정책을 제안했다.

환경 부문에서 시작된 지속가능한 발전은 점차 사회 제반 영역으로 확대되었다.

2022년 우리나라에서 제정된 지속가능발전기본법은 지속가능발전의 의미에 대해 '깨끗하고 안정적인 환경'과 '지속가능한 경제 성장과 포용적 사회'를 뜻한다(제2조 제2호).

SDGs의 목표별 구성 체계

SDGs의 17개 목표는 각각 세부 목표가 있고, 총 169개의 세부 목표로 구성되어 있다. SDGs의 첫 번째 목표인 빈곤 종식을 예로 들면 세부 목표는 5가지로 제시되어 있다. 목표 1의 내용은 모든 곳에서 모든 형태의 빈곤을 종식시키자는 것이다. 세부 목표는 모든 곳과 모든 형태의 내용을 구체화한 것이라 할 수 있다.

예컨대, 첫째 세부 목표는 절대빈곤 인구를 근절한다는 내용이다. 절대빈곤 인구는 하루 1.25달러 미만으로 살아가는 사람을 의미하며, 이는 2008년 세계은행에서 제시한 기준이다. 둘째와 셋째 세부 목표는 국가별로 남녀 · 아동 빈곤 인구 비율 축소와 적절한 사회보장시스템 조치이다.

세부 목표는 목표 달성을 측정할 수 있는 구체적인 지표와 함께 각 목표의 구성 체계를 이룬다. 예컨대 국가별로 적절한 사회보장시스템 조치가 제대로 되고 있는지 어떻게 판단해야 할까? 사회보장시스템 조치 관련 세부 목표의 달성 여부를 판단하기 위해 사회보장제도를 통해 수혜를 입는 인구의 비율 기준을 구체적인 지표로 적시한다.

SDGs의 17개 목표와 세부 목표, 지표의 내용은 모든 국가에 동일하게 적용되는 기준은 아니다. 예컨대, 목표 1의 4번째 세부 목표는 모든 남성과 여성, 특히 빈곤층과 취약계층이 경제적 자원에 대한 권리와 더불어 기초 공공서비스, 토지 및 기타 유형의 자산 · 유산 · 천연자원 · 적정 신기술, 소액금융을 포함한 금융서비스에 대한 오너십과 통제권에 대한 접근에 동등한 권리를 가질 것을 보장하도록 하고 있다.

관련 지표는 남성, 여성, 원주민, 지역 주민 중 토지, 유산, 천연자원에 대한 권리를 문서 혹은 소유권을 증명할 방법으로, 보호받는 사람들의 비율을 따져보라고 한다. 여기서 원주민은 우리나라의 경우에는 해당 사항이 없다.

세부 목표와 관련 지표가 제시되어 있다고는 하지만 구체성이 떨어지고 아직 추상적인 표현에 머무르는 경우도 있다. 목표 1의 5번째 세부 목표의 경우 '빈곤층 및 취약계층의 복원력'이나 '기후 관련 재해와 경제적, 사회적, 환경적 충격 및 재난에 대한 노출과 취약성' 같은 표현을 사용한다. 지표로는 기후변화와 기후변화 이외의 자연재해로 인한 재산의 손실 가격 등을 제시하고 있지만 컨센서스 형성은 사실 쉽지 않다.

목표 1의 세부 목표

1.1 2030년까지 현재 기준으로 하루에 $1.25 미만으로 살아가는 절대 빈곤 인구를 모든 곳에서 근절한다.

1.2 2030년까지 국가별 정의에 따라 모든 측면에서 전 연령층의 남녀 및 아동의 빈곤 인구 비율을 최소한 절반으로 줄인다.

1.3 국가별로 최저 생계 보장 등을 포함하여 모두를 위한 적절한 사회보장시스템 및 조치를 이행하고, 2030년까지 빈곤층과 취약계층에 대한 실질적 보장을 달성한다.

1.4 2030년까지 모든 남성과 여성, 특히 빈곤층과 취약계층이 경제적 자원에 대한 권리와 더불어 기초 공공서비스, 토지 및 기타 유형의 자산 · 유산 · 천연자원 · 적정 신기술, 소액금융을 포함한 금융서비스에 대한 오너십과 통제권에 대한 접근에 동등한 권리를 가질 것을 보장한다.

1.5 2030년까지 빈곤층 및 취약계층의 복원력을 구축하고 기후 관련 재해와 경제적, 사회적, 환경적 충격 및 재난에 대한 노출과 취약성을 경감한다.

출처: 문도운 외, 알기 쉬운 지속가능발전목표 SDGs, 국제개발협력시민사회포럼(KoFID), 2016, p.19.

17가지 목표의 구조화

SDGs의 목표가 17가지나 되다 보니 다양한 기준으로 범주를 나누어 이해하려는 시도가 있다. 국제개발협력시민사회포럼(KoFID)은 경제성장, 사회발전, 환경보존 등 3가지 축으로 구조화한다. 목표 1부터 목표 15까지를 3가지 축으로 구분한 후 여기에 포괄되지 않는 목표 16과 17을 조건과 방법으로 따로 분류한다. 다른 목표 달성을 위한 전제조건이자 방법이라는 뜻이다.

먼저 경제성장은 목표 8부터 목표 11에 해당한다. 경제성장은 완전고용과 일자리를 포함하며(목표 8), 사회기반시설과 산업화, 혁신(목표9)도 담고 있다. 국가 내 국가간 불평등 감소(목표 10)는 경제성장으로 볼 수도 있어 논란의 여지는 있다. 도시와 주거지(목표 11)도 경제성장을 담고 있는데, 사회발전의 영역으로 포괄하는 것이 더 나을 수도 있어 보인다.

목표 1부터 목표 6은 사회발전 영역이다. 빈곤 종식(목표 1)에 이어 기아 종식, 식량 안보, 영양, 지속가능한 농업(목표 2)을 언급한다. 건강과 웰빙(목표 3), 양질의 교육과 평생교육(목표 4), 성평등(목표 5)이 뒤따른다. 물과 위생설비 사용(목표 6)은 사회발전으로 넣었지만, 에너지 접근권(목표 7)은 환경보존으로 분류하여 일관성이 없다는 평가가 있다.

환경보존은 목표 7에 이어 목표 12부터 목표 15에 해당한다. 지속가능한 소비 및 생산 양식(목표 12), 기후변화(목표 13), 바다(목표 14), 육상 생태계와 생물 다양성(목표 15) 등이 포괄된다.

경제성장과 사회발전, 환경보존의 3가지 축을 달성하기 위한 조건과 방법으로는 제도 구축(목표 16)과 글로벌 파트너십 활성화(목표 17)를 들고 있다. 제도 구축은 평화롭고 포용적인 사회 증진을 포함한다. 글로벌 파트너십 활성화에는 이행 수단 강화가 포함된다.

구분	SDGs 17가지 목표
경제성장	목표 8. 모두를 위한 지속적, 포용적, 지속가능한 경제성장을 촉진하며 생산적인 완전고용과 모두를 위한 양질의 일자리를 증진한다(DECENT WORK AND ECONOMIC GROWTH). 목표 9. 복원력이 높은 사회기반시설을 구축하고, 포용적이고 지속가능한 산업화를 증진시키며 혁신을 장려한다(INDUSTRY, INNOVATION AND INFRASTRUCTURE). 목표 10. 국가 내, 국가 간 불평등을 감소시킨다(REDUCED INEQUALITIES). 목표 11. 도시와 주거지를 포용적이며 안전하고 복원력 있고 지속가능하게 보장한다(SUSTAINABLE CITIES AND COMMUNITIES).
사회발전	목표 1. 모든 곳에서 모든 형태의 빈곤을 종식시킨다(NO POVERTY). 목표 2. 기아를 종식하고, 식량 안보를 달성하며, 개선된 영양상태를 달성하고, 지속가능한 농업을 강화한다(ZERO HUNGER). 목표 3. 모두를 위한 전 연령층의 건강한 삶을 보장하고 웰빙(well-being)을 증진한다(GOOD HEALTH AND WELL-BEING). 목표 4. 모두를 위한 포용적이고 공평한 양질의 교육 보장 및 평생교육 기회를 증진한다(QUALITY EDUCATION). 목표 5. 성평등 달성 및 모든 여성과 여아들이 자신의 능력을 발휘할 수 있도록 한다(GENDER EQUALITY). 목표 6. 모두가 물과 위생설비를 사용할 수 있도록 하고 지속가능한 유지관리를 보장한다(CLEAN WATER AND SANITATION).
환경보존	목표 7. 모두를 위한 적당한 가격이며 신뢰할 수 있고 지속가능한 현대적인 에너지에의 접근을 보장한다(AFFORDABLE AND CLEAN ENERGY). 목표 12. 지속가능한 소비 및 생산 양식을 보장한다(RESPONSIBLE CONSUMPTION AND PRODUCTION). 목표 13. 기후변화와 그로 인한 영향에 맞서기 위한 긴급 대응을 시행한다(CLIMATE ACTION). 목표 14. 지속가능한 발전을 위한 대양, 바다, 해양자원을 보존하고 지속가능하게 사용한다(LIFE BELOW WATER). 목표 15. 지속가능한 육상 생태계 이용을 보호 · 복원 · 증진하고, 삼림을 지속가능하게 관리하며, 사막화를 방지하고, 토지 황폐화를 중지하고, 생물 다양성 손실을 중단한다(LIFE ON LAND).

조건&방법	목표 16. 지속가능발전을 위해 평화롭고 포용적인 사회를 증진하고, 모두가 정의에 접근할 수 있도록 하고, 모든 수준에서 효과적이고 책임성 있고 포용적인 제도를 구축한다(PEACE AND JUSTICE STRONG INSTITUTIONS). 목표 17. 이행 수단을 강화하고 지속가능발전을 위한 글로벌 파트너십을 활성화한다(PARTNERSHIPS FOR THE GOALS).

5P

앞파벳 P를 활용하여 SDGs 17개 목표를 5가지로 구조화하는 방식이 5P이다. 5P는 지구(Planet), 번영(Prosperity), 사람(People), 평화(Peace)와 파트너십(Partnership)이다. 지구는 환경보존에 대응하며 번영은 경제개발에 상응한다. 사람은 사회발전과 연결된다. 조건과 방법에 해당하는 목표 16과 목표 17은 각각 평화와 파트너십에 해당한다.

표 5-2 SDGs 17가지 목표와 5P

구분	SDGs 17가지 목표	5P
경제성장	목표 8. DECENT WORK AND ECONOMIC GROWTH 목표 9. INDUSTRY, INNOVATION AND INFRASTRUCTURE 목표 10. REDUCED INEQUALITIES 목표 11. SUSTAINABLE CITIES AND COMMUNITIES	번영 (Prosperity)
사회발전	목표 1. NO POVERTY 목표 2. ZERO HUNGER 목표 3. GOOD HEALTH AND WELL-BEING 목표 4. QUALITY EDUCATION 목표 5. GENDER EQUALITY 목표 6. CLEAN WATER AND SANITATION	사람 (People)
환경보존	목표 7. AFFORDABLE AND CLEAN ENERGY 목표 12. RESPONSIBLE CONSUMPTION AND PRODUCTION 목표 13. CLIMATE ACTION 목표 14. LIFE BELOW WATER 목표 15. LIFE ON LAND	지구 (Planet)
조건 & 방법	목표 16. PEACE AND JUSTICE STRONG INSTITUTIONS	평화 (Peace)
	목표 17. PARTNERSHIPS FOR THE GOALS	파트너십 (Partnership)

5P는 SDGs의 구조화 개념을 넘어 다양한 쓰임새로 확장되고 있다. 한국국제협력단(KOICA)은 코이카의 핵심가치를 5P로 공식 설정했다. 선도적 글로벌 개발협력

기관으로 나아가기 위한 핵심 요소로 SDG 5P와 맥락을 같이하는 조정이라는 설명도 덧붙인다.[15]

내용 면에서 살펴보면 SDGs의 5P는 번영(Prosperity)을 제외하면 ESG와 겹친다. ESG의 E와 SDGs의 지구(Planet), ESG의 S와 SDGs의 사람(People)은 같다. ESG의 G는 SDGs의 5P로 구분되지는 않지만 파트너십(Partnership)의 내용과 일부 겹치거나 간접적으로 연결할 수 있는 내용이 있다.

이상에서 살펴본 바와 같이 SDGs의 5P는 내용 면에서 ESG와 겹침을 확인할 수 있다. SDGs의 번영(Prosperity)은 ESG에는 들어가지 않지만 애초에 기업의 목적은 이윤 추구로 기업의 활동은 곧 국가 차원의 경제성장을 의미한다.

SDGs와 사회적 가치(12+1안)[16]

지금까지 우리 사회에서 사회적 가치를 논의할 때 SDGs와의 연관성에 대해서는 깊이 있게 논의되지 않았다. 그렇지만 지역, 계층, 집단에 따른 불균형과 불평등을 해소하고 모든 사람을 포용하는 데 역점을 두고 있다는 점에서 우리 사회에서 논의하는 사회적 가치와 내용 면에서 일맥상통한다는 점을 쉽게 이해할 수 있다.

UN 차원에서는 SDGs 관련 문서에 '우리 세계의 변혁'이라는 제목을 붙이고 있다. SDGs가 환경문제로부터 비롯되어 시작되었지만, 현재 SDGs는 이제 우리 사회의 제도와 삶의 방식을 대대적으로 바꾸지 않으면 안 된다는 인식 단계에까지 이르렀다고 볼 수 있다(임현묵 · 박환보, 2018).

반면 아직 우리 사회에서는 SDGs에 대해 환경문제와 관련해서만 인식하는 경향성도 크다. SDGs의 세 가지 톱니바퀴인 포용적 경제성장, 평화롭고 정의로운 사회, 지구 생태계 보전은 '포용적', '평화롭고 정의로운' 같은 수식어에서 쉽게 확인할 수 있듯이 우리 사회에서 일반적으로 논의되고 있는 사회적 가치의 내용과 일맥상통한다.

따라서 SDGs를 우리 사회에서 논의되고 있는 사회적 가치의 차원에서 국내적 맥락과 국제적 맥락을 조화롭게 비교 검토하여 국제적으로 통용되는 인식을 국내적으로 편입할 필요성이 있다.

---

15 상세 내용은 KOICA 블로그 참조(https://blog.naver.com/prkoica/222547384983)

16 이 꼭지의 내용은 안지훈, "소셜벤처가 추구하는 사회적 가치에 대한 청년층의 추구정향 연구", 경희대학교 석사학위논문, 2019.의 내용을 재구성한 것이다.

사회적 가치의 국제적 맥락으로서 SDGs와 우리나라의 사회적 가치의 인식에 대한 국내적 맥락을 비교해볼 때 가장 큰 문제점은 전자는 영역별로 균형적인 편재를 하고 있지만, 후자는 그렇지 않다는 점이다.

SDGs의 세 가지 톱니바퀴인 포용적 경제성장, 평화롭고 정의로운 사회, 지구 생태계 보전에 따라 각각의 영역에서 기본 목표로 고루 배치되어 있다. 그렇지만 우리나라에서 현재 가장 합의의 수준이 높은 사회적가치법안에 따른 사회적 가치는 다소 치우쳐 있다.

단적인 예로 SDGs는 환경 분야에서 지구 생태계 보전이라는 해양과 에너지 등의 세부 기본 목표까지 포괄하고 있지만, 우리나라의 사회적 가치는 환경이 SDGs 보다는 좁은 범위에서 이해되고 있다. 사회적 가치에 대한 인식 조사를 국내적 맥락과 국제적 맥락에 대한 조화로운 이해와 함께 재편이 필요한 지점이라고 할 수 있다.

또한 도시와 주거지 문제는 우리나라에서 담론화된 사회적 가치에는 아직 포괄되고 있지 않다. 과거 주택문제에 대한 인식은 자가 소유가 늘어나면 사회가 안정된다는 자산 소유 민주주의 또는 자산 가격이 오르면 경제가 활성화된다는 자산효과(wealth effect)론에 기반하고 있었다. 그렇지만 이제는 서민들의 내 집 마련이 과제가 아니라, 어떻게 하면 "저렴한 주거에 안정적으로 거주할 수 있을 것인가"가 핵심 문제로 등장한 시대가 되었다. 불안정 시대에 자신의 능력에 맞는 적당한 가격의 주택을 확보하는 것이 무엇보다 중요해진 것이다.

따라서 주택 공급 확대와 자가 소유 촉진에 주안점을 두었던 과거의 정책과는 달리 부담 가능한 주택의 확보가 주택정책의 핵심이 되었다(진미윤, 김수현, 2018). 주택정책과 관련하여 논의되고 있는 이상과 같은 담론은 SDGs의 주택과 도시의 지속가능성과 관련하여 주목할 만하다.

물론 '그 밖에 공동체의 이익 실현과 공공성 강화'라는 항목을 통해 필요한 모든 사회적 가치를 추가적으로 포괄할 수 있긴 하다. 그렇지만 아직 법안화되기 전에 우리나라의 국내적 맥락과 국제적 맥락의 사회적 가치에 대한 논의를 융합하여 조화적으로 체계화할 필요가 있다.

국내적 맥락과 국제적 맥락의 조화적 체계화는 우선 우리나라의 사회적 가치 논의를 국제적 규범으로서의 SDGs 논의를 전면적으로 담아내는 것이 필요하다. 그렇지만 나아가서 우리 내부적으로 형성된 사회적 가치에 대한 논의를 국제적으로 제안하여 SDGs의 내용에서도 우리나라가 이니셔티브를 가질 필요도 있다.

SDGs와 ESG

SDGs도 ESG도 모두 UN 차원의 캠페인으로 진행되고 있다. SDGs는 2015년부터, 전신인 MDGs까지 거슬러 올라가 2000년부터 시작되었다. ESG는 오랜 연원을 추적할 수 있지만, 본격적으로는 2005년 코피 아난 사무총장 시절 발송한 책임투자원칙을 본격적인 출발점으로 삼을 수 있다.

세계 주요 투자회사와 금융회사에 발송된 책임투자원칙 서한은 환경과 인권이라는 두 축으로 구성된다. 공해와 산림 파괴, 자원 고갈과 에너지 낭비 같은 환경문제는 점차 기후변화와 탄소중립으로까지 확대되었다. 20세기 중반 국가별로 진행돼온 환경에 대한 규제가 국제적인 판도에서 보편적 규범이 된 셈이다.

인권 문제는 근로조건, 고용 관계 전반에 대해 기업이 어떤 고려를 하고 있느냐를 중시하게 된 시대적 분위기와 관련이 있다. 특히 현대판 노예제도라고 할 만한 아동 근로 문제는 후진국의 경제 발전을 위한 필요악이라는 개념을 넘어 전 인류의 인권에 대한 성찰 문제로 의미가 확장되었다.

ESG는 UN 차원의 MDGs, SDGs를 기업 차원에서 실현하는 구체화 방안이라고 할 수 있다. 공공부문, 곧 국가가 해야 할 역할이 있고 기업이 해야 할 책임이 따로 있다. 주로 세계적 판도에서 활약하는 NGO가 제기했지만 이제 UN 차원의 공동 규범이 됨으로써 국가도 기업도 사회적 가치 실현에 예외가 될 수 없게 된 셈이다.

UN 차원의 공동 목표인 SDGs는 곧 국가 차원의 목표이기도 하다. UN은 국가를 회원으로 하는 국제기구이기 때문에 UN의 목표는 곧 각 국가의 목표이다. UN은 국가별 SDGs의 실행을 촉진하기 위해 국가별로 이행계획을 받고 실제 이행 여부를 점검한다.

ESG는 국가별로 정책을 채택해 수행되기도 하지만, 상당 부분은 국제 공급망의 메커니즘과 관련하여 확산된다는 점에서 SDGs와 차이가 있다. 예컨대 유럽연합에서 ESG를 제대로 실현하지 않는 기업의 부품을 포함한 제품을 수입하지 않겠다고 결정하는 식이다. 국가 차원의 규제가 아니더라도 유럽연합과 무역을 하고자 하면 해당 기업은 ESG의 실현 정도를 기준에 맞출 수밖에 없다.

담당 주체와 실행 방식에는 차이가 있지만, 양자의 근본적인 지향점은 다르지 않다. SDGs는 국제적인 차원에서 정의된 인류 공동의 목표로서, 기업에도 간접적 영향을 미치고 있다. 기업도 오늘날 사회적 가치를 추구하는 주체로서 당당한 몫을 차지하고 있다.

정부와 기업, 여타 사회 조직들은 모두 협력적으로 SDGs를 달성하기 위해 노력하고 있다. SDGs는 지속가능한 세계를 위한 노력으로써 ESG와 밀접한 연관이 있다. 기업은 ESG를 통해 SDGs를 달성한다. ESG에서 중요하게 등장하는 지속가능한 비즈니스 모델이라는 개념도, SDGs와 같은 표현을 공유하고 있는 데서도 잘 드러난다.

SDGs 관련 법제화

우리 정부는 SDGs의 실현을 위한 정책적 노력을 다양하게 지속해왔다. 2022년에는 지속가능발전기본법[17]도 제정했다. 법에는 지속가능발전목표를 '2015년 국제연합 총회에서 채택한 지속가능발전을 달성하기 위한 17개의 목표'(제2조 제5호)라고 규정하여 UN 차원의 의미와 일치한다.

지속가능발전의 의미도 '깨끗하고 안정적인 환경'뿐만 아니라 '지속가능한 경제 성장과 포용적 사회'를 포함한다(제2조 제2호). 법에 따르면 포용적 사회란 '모든 구성원이 존엄과 평등, 그리고 건강한 환경 속에서 자신의 잠재력을 실현할 수 있도록 경제 · 사회 · 문화적으로 공정하며 취약계층에 대한 사회안전망이 보장된 사회'(제2조 제4호)를 뜻한다. 지속가능한 경제 성장은 '지속가능한 생산 · 소비 구조 및 사회기반시설을 갖추고, 산업이 성장하며 양질의 일자리가 증진되는 등 경제 성장의 산물이 모든 구성원에게 조화롭게 분배되는 것'(제2조 제3호)을 의미한다.

지속가능발전기본법은 대통령 소속으로 지속가능발전국가위원회를 설치하고(제17조), 국가지속가능발전목표를 수립하도록 했다. 국가지속가능발전목표는 UN의 지속가능발전목표와 국내 경제적 · 사회적 · 환경적 여건 및 지역적 균형에 대한 고려 등을 반영하여 지속가능발전 국가기본전략으로 수립하는 국가목표이다(제2조 제6호).

법은 국가뿐만 아니라 지방자치단체에도 경제 · 사회 · 환경 전 분야에서 지속가능발전의 기본원칙을 따라야 한다고 책무를 명시했다(제4조). 법은 국민과 사업자의 책무도 규정하고 있다. 국민은 국가와 인류사회의 구성원으로서 일상생활에서 지속가능발전의 실현을 위하여 노력하여야 하며, 국가와 지방자치단체가 추진하는 지속가능발전 시책에 적극적으로 참여하고 협력하여야 한다(제5조 제1항). 사업자는 기업활동을 함에 있어 제3조에 따른 지속가능발전의 기본원칙과 지속가능경영에 기초하여 환경적 · 사회적 · 윤리적 책임을 다하여야 한다(제5조 제2항).

17 시행 2022. 7. 5., 법률 제18708호, 2022. 1. 4., 제정.

법은 지속가능발전국가기본전략 수립 시 고려사항과 포함사항을 상세하게 규정했다(법 제7조). 관련 내용을 살펴보면 SDGs 17개 항목, 169개 세부 항목 중 주요 사항을 적절히 배치하고 있음을 알 수 있다.

표 5-3 지속가능발전 국가기본전략 수립 시 고려사항과 포함사항(법 제7조)

지속가능발전국가기본전략 수립 시 고려사항	지속가능발전국가기본전략 수립 시 포함사항
1. 양질의 일자리와 경제발전에 관한 사항 2. 지속가능한 사회기반시설 개발 및 산업 경쟁력 강화에 관한 사항 3. 지속가능한 생산 · 소비 및 도시 · 주거에 관한 사항 4. 빈곤퇴치, 건강 · 행복 및 포용적 교육에 관한 사항 5. 불평등 해소와 양성평등 및 세대 간 형평성에 관한 사항 6. 기후위기 대응과 청정에너지에 관한 사항 7. 생태계 보전과 국토 · 물 관리에 관한 사항 8. 지속가능한 농수산 · 해양 및 산림에 관한 사항 9. 국제협력 및 인권 · 정의 · 평화에 관한 사항 10. 그 밖에 대통령령으로 정하는 사항	1. 지속가능발전의 현황, 여건 변화 및 전망에 관한 사항 2. 국가지속가능발전목표와 추진전략에 관한 사항 3. 지속가능발전을 위한 경제 · 사회 · 환경 정책의 기본방향에 관한 사항 4. 지속가능한 경제 성장, 포용적 사회 구현, 생태 · 환경 및 기후위기 대응 등 분야별 시책에 관한 사항 5. 제15조에 따른 국가지속가능발전지표에 관한 사항 6. 직전 국가기본전략에 대한 평가 7. 그 밖에 지속가능발전을 위하여 필요한 사항

서울 지속가능발전목표

SDGs가 법제화됨에 따라 중앙정부와 지방자치단체는 경제 · 사회 · 환경 전 분야에서 지속가능발전의 기본원칙을 따라야 하는 책무를 지게 됐다. 중앙정부는 지속가능발전국가기본전략을 수립해야 한다. 서울 지속가능발전목표는 UN 차원의 SDGs, 국가 차원의 지속가능발전국가기본전략이 지자체에서 어떻게 구현되는지를 잘 보여주는 예가 된다.

서울 지속가능발전목표는 2016년 처음 초안이 작성되었다. 서울시는 "2016 서울 지속가능발전 대토론회"를 비롯해 서울시의 다양한 이해관계자들이 참여하는 장을 마련하고 의견을 수렴하였다. 수십 차례 전문가 회의를 거쳐 2017년 내용을 확정했다.

서울 지속가능발전목표는 유엔의 SDGs가 목표 시점을 2030년을 정하고 있는 것과 동일하게 2030년까지 서울시의 지속가능발전목표와 세부 목표를 제시하고 있다. SDGs의 체계와 유사하게 세부 목표와 구체적인 지표를 제시했다. 나아가 목표와 관련된 서울시 주요 사업도 적시하고 있다.

예컨대 목표 1 빈곤 종식의 경우 '모든 형태의 빈곤 종식을 위한 노력'이라는 제목으로 시작하고 4가지 세부 목표를 제시한다. 국민 최저선 이하 서울시민 제로, 서울형 사회보장시스템, 취약계층에 대한 경제적 지원 기회 보장, 취약계층의 취약성 감소가 그것이다. 관련된 주요 사업으로는 서울시민 복지 기준과 서울형 기초보장제도가 있다.

17개 목표 틀을 그대로 채택하고 있는 데서 알 수 있듯이 서울 지속가능발전목표는 기본적으로 UN의 SDGs의 방향성을 준용하고 있다. 다만 서울시의 특색 있는 목표를 설정하고 있으며, 시의 목표 이행 수단을 고려하여 국가사업 중심 목표를 재정립했다.

서울 지속가능발전목표(SDGs) 2030 전문

서울시는 북한산 국립공원과 한강을 품고 있는 천혜의 아름다운 도시이며 인구 천만의 역동적인 세계적 거대도시이다. 아름답고 역동적인 서울시의 지속가능성을 위한 노력은 서울시민은 물론 우리나라의 지속가능한 발전을 위해서도 중요한 의미가 있다. 서울시는 1992년 리우 지구정상회담 이후 서울시의 지속가능한 발전을 위한 노력을 지속적으로 해오고 있다. 2030년을 목표로 하는 서울 지속가능발전목표는 지속가능발전의 핵심가치와 유엔 지속가능발전목표의 정신과 구조를 최대한 반영하면서 17개의 목표와 96개의 세부목표로 구성되었다. 앞으로 서울시의 모든 정책, 계획, 행정은 서울 지속가능발전목표의 정신과 목표, 세부목표를 최대한 반영하여 수립되고 실행되어야 할 것이다. 그리고 지속가능발전의 진척 정도는 주기적인 평가를 통하여 점검될 것이며 결과는 정책과 계획, 행정에 환류되어 서울시의 모든 방면에서 지속가능성을 진척하는 데 활용될 것이다.

출처: 서울특별시, 2018

읽고 생각하기

경기도, 지속가능발전위원회 개최... 지속가능한 사회 만들기 박차

경기도 지속가능발전위원회가 12일 수원컨벤션센터에서 전체 회의를 열고 강충호 아주대학교 특임교수를 민간공동위원장으로 선출했다.

지속가능발전위원회는 도지사와 위원회에서 선출하는 위촉직 위원을 공동위원장으로 하며, 도지사를 포함한 당연직 5명과 시민단체 · 학계 · 산업계 31명, 도의원 3명 등 총 39명으로 구성됐다.

위원들은 도시환경, 사회문화, 경제 등 3개 소위원회에서 활동하며 △'경기도 지속가능발전 기본전략' 수립 심의 · 변경, △지속가능발전지표 변경, 자문, △주요 도정 지속가능성 검토 · 평가, △추진계획 수립 · 변경 · 추진 상황 점검, 자문 등의 역할을 맡고 있다.

경기도 지속가능발전위원회는 이날 지속가능발전기본법 제정에 따라 조례로 위임된 사항과 경기도의 지속가능발전에 필요한 사항을 논의하고 의견을 나눴다.

위원회는 연 1회 전체 회의를 통해 도정 정책에 대해 분야별 위원들이 점검한 내용을 논의하고 개선 방안을 제언하며, 필요에 따라 수시로 정책 검토와 자문을 할 예정이다.

경기도는 위원회에서 나온 다양한 의견과 제언들은 실무부서와 논의해 정책에 반영하고 관리체계를 마련토록 검토할 계획이다.

민간공동위원장으로 선출된 아주대학교 특임교수인 강충호 위원장은 "경기도 지속가능발전위원회가 도민과 함께 지속가능발전을 위해 경기도가 나아갈 방향을 제시하고, 지속가능발전 이행에 큰 힘이 되도록 최선을 다하겠다."라고 말했다.

출처: 이코노뉴스, 2023.10.12.(http://www.econonews.co.kr/news/articleView.html?idxno=307253)

TOSSD

TOSSD는 지속가능개발을 위한 총공적지원(Total Official Support for Sustainable Development)을 의미한다. 개발원조위원회(Development Assistance Committee, DAC)가 SDGs의 실행을 위해 투입되는 재원의 규모를 측정하기 위해 도입했다.

DAC의 전신은 DAG(Development Assistance Group, 개발원조그룹)로 OCED 출범 이후 DAC가 되었다. DAC는 OECD 산하 기구로 개발도상국에 대한 원조와 개발협력에 대해 논의한다.

기본적으로 개발도상국에 대한 원조와 개발협력은 선진국의 정부예산에서 지원되는 ODA를 통해서 이루어진다. ODA(official development assistance)는 공적개발원조 또는 정부개발원조라고 한다.

SDGs의 실행도 재원이 필요하다. UNCTAD는 2014년 SDGs 달성을 위해 필요한 재원과 공급 가능한 재원의 격차가 무려 2조 5,000억 달러에 달한다는 발표를 한 바 있다. 이에 따라 개발재원 확대를 위해 ODA는 물론 민간재원 공급의 유도도 필요함을 인식하게 됐다.

TOSSD에는 전통적인 개발 재원인 ODA를 비롯하여 기존 DAC 시스템에서 기타 공적자금(OOF: other official flow)으로 분류되던 재원(예 비양허성 차관, 채무 구제 수단, 지분투자), 민관협력사업(PPP: private public partnership) 및 민간재원 유도를 위해 사용된 금융 수단이 포함된다. TOSSD를 보고 가능한 재원 공여 주체 역시

양자 공여국, 다자기구, 시민단체, 민간 자선단체 및 기업 등 다양하다.[18]

일각에서는 민간재원의 투입을 포함하는 TOSSD의 도입으로 오히려 ODA 재원 확대 노력이 위축될 가능성도 있다는 점도 지적하고 있다. 이에 따라 TOSSD 개요서는 TOSSD가 ODA를 보완하는 보조지표임을 명시하고 있다.[19]

읽고 생각하기

부산서 글로벌 파트너십 포럼…개발효과성 증진 방안 모색

외교부는 5~6일 양일간 서울 롯데호텔에서 '제7차 효과적인 개발 협력을 위한 글로벌 파트너십(GPEDC) 부산 포럼'을 개최했다고 밝혔다.

GPEDC는 지난 2011년 부산세계개발원조총회 결과로 이듬해인 2012년 6월 출범한 포용적 개발협력 협의체다. 공여국과 수원국, 국제기구, 시민사회, 비정부기관 등 다양한 개발 주체가 참여한다.

이번 부산 포럼은 '지속가능 발전을 향한 더 나은 공조, 개발효과성 강화'를 주제로 진행됐다.

우간다, 인도네시아, 스웨덴, 시에라리온, 우간다, 캄보디아, 필리핀, 콩고민주공화국 등 6개국 개발협력 담당 기관 장 · 차관급 인사를 포함해 전 세계 개발 협력 관련 인사 250여 명이 참석했다.

참석자들은 '2030 지속가능발전목표(SDGs)' 달성을 위해 개발 협력 효과성을 증진해야 한다는 데 의견을 같이했다. 개발 협력 효과성을 제고하기 위한 현지 주도 개발, 시민사회 역할, 민간 참여, 남남 협력, 현장 협력 등 다양한 방안에 대해 논의했다.

개발 협력 효과성은 원조를 넘어 다양한 개발 협력 활동을 통해 개발도상국의 실질적인 발전을 도모한다는 통합적 개념이다.

원도연 외교부 개발협력국장은 "글로벌 복합위기로 SDGs 달성이 어려워지고 있고 어느 한 국가만의 노력으로 지속가능한 발전 목표는 달성할 수 없다."라면서 "다양한 개발 협력 주체들 간의 포괄적 파트너십을 강화해 나가자."라고 제안했다.

주디스 수민와 툴루카 콩고민주공화국 기획부 장관은 "지속가능하며 포용적인 미래를 만들어 나가기 위해서는 전체적인 접근 방식(holistic approach)이 중요하다."라며 "포럼 논의 결과를 모든 개발 주체가 정책 및 프로젝트 등을 통해 실질적인 행동으로 이어나갈 필요가 있다."라고 강조했다.

출처: 뉴시스, 2023.12.06.(https://www.newsis.com/view/?id=NISX20231206_0002548149&cID=10301&pID=10300)

18 OECD DAC(2017a), p.9. 정지원 외, 개도국 SDGs 이행 지원을 위한 개발재원 확대방안, 대외경제정책연구원, 2018, p.32에서 재인용.

19 개발협력 경협총괄부 정책연구팀, "지속가능한 개발을 위한 총공적지원(TOSSD) 도입 논의 동향", 개발협력 Issue Brief, 2016.08. p.5.

우리나라의 SDGs 이행

우리나라는 UN의 SDGs 실행에서 어느 정도 위치를 차지하고 있을까? 이러한 내용을 확인할 수 있는 문서는 바로 이행보고서다. 우리나라는 2019년 기초보고서를 낸 데 이어 매년 이행보고서를 발간하고 있다. 「한국의 SDGs 이행보고서 2021」은 2021년 3월 통계청 통계개발원이 발간하였다.

보고서를 살펴봐도 우리나라의 SDGs 이행 상황이 한 마디로 어떻다고 말하기는 어렵다. 애초에 SDGs가 기본 목표만 해도 17가지가 되고 세부 목표와 관련 지표는 수백 개에 이른다. 또한 국가 단위로 또 지자체 단위로 구체적인 목표를 달리 설정하고 있다. 따라서 관심 있는 관련 항목에서 현재 우리나라의 위상이 어떻게 되는지를 확인해야 한다.

SDGs를 영역별로 보면 우리나라가 앞선 분야가 있고 그렇지 않은 분야가 있다. 예컨대 4대 비감염성 질환으로 인한 사망 확률은 OECD 국가 중 가장 낮고, 초중고 인터넷 접근율은 100%로 세계 최상이다. 그렇지만 공공의료에 대한 지역별 접근성 차이가 크고 취약계층의 정보화 역량과 활용 수준은 상대적으로 낮은 편이다.[20]

또 다른 예로, 통합수자원관리의 정도를 보여주는 IWRM(Integrated Water Resource Management) 지표와 관련해서 우리나라는 중상에 머무르고 있다. 다행히 개발도상국이 겪는 기초 위생 문제는 심각하지 않다. 기초위생시설 보급률은 거의 100%이고 상하수도 보급률도 90%가 넘기 때문이다.[21]

통계청 통계개발원은 SDGs의 이행과 관련하여 UN에 관련 데이터를 제공하는 '유엔 SDGs 데이터국가책임기관'이다. 통계청은 우리나라의 SDGs 이행 현황에 대한 국민 접근성 확대 차원에서 플랫폼을 운영하고 있다(https://kostat-sdg-kor.github.io/sdg-indicators).

20 통계개발원, 「한국의 SDGs 이행보고서 2021」, 2021.

21 통계개발원, 「한국의 SDGs 이행보고서 2021」, 2021, pp.40-41.

Summary

- SDGs는 MDGs에서 확장된, 국제사회가 이룩해야 할 공동의 목표를 의미한다.
- 환경과 개발을 통합적 시각에서 바라보아야 한다는 문제의식에서 시작한 지속가능한 발전은 오늘날 그 의미가 더 확장되었다.
- SDGs의 17개 목표는 169개의 세부 목표로 구성된다.
- SDGs 17개 목표는 크게 경제성장, 사회발전, 환경보존으로 구분할 수 있고 이를 달성하기 위한 조건과 방법이 포함되어 있다.
- 5P는 알파벳 P를 활용하여 SDGs 17개 목표를 구조화한다.
- 우리나라의 사회적 가치 논의를 국제적 규범으로서의 SDGs 논의와 조화롭게 체계화하는 것이 필요하다.
- ESG는 UN 차원의 MDGs, SDGs를 기업 차원에서 실현하는 구체화 방안이라고 할 수 있다.
- 우리나라는 UN의 SDGs를 실현하기 위한 지속가능발전기본법을 제정했다.
- 서울지속가능발전목표는 UN 차원의 SDGs, 국가 차원의 지속가능발전국가기본전략이 지자체에서 어떻게 구현되는지를 잘 보여준다.
- 개발원조위원회(DAC)는 SDGs의 실행을 위해 투입되는 재원의 규모를 측정하기 위해 TOSSD를 도입했다.
- 우리나라는 2019년 기초보고서에 이어 해마다 SDGs 이행보고서를 발간하고 있다.

Keyword

17개 목표, DAC, ODA, TOSSD, UN, 개발, 개발원조, 경제성장, 공적지원, 국내적 맥락, 국제적 맥락, 기초보고서, 목표 달성, 번영, 사람, 사회발전, 서울시민 복지기준, 서울형 기초보장제도, 성장의 한계, 세부 목표, 실행, 우리 세계의 변혁, 유엔 SDGs 데이터국가책임기관, 이행계획, 이행보고서, 인간, 인권, 지구, 지속가능발전국가기본전략, 지속가능발전국가위원회, 지속가능발전기본법, 지표, 책무, 파트너십, 평화, 포용적 사회, 환경, 환경보존

Quiz ※ 빈칸을 채우거나 OX로 답하세요.

01 SDGs는 MDGs와 달리 빈곤 타파에 초점을 맞추고 있다. (　　)

02 우리나라는 지속가능발전의 의미에 대해 깨끗하고 안정적인 환경, 지속가능한 경제 성장, 포용적 사회를 포함한다. (　　)

03 SDGs의 17개 목표와 세부 목표, 지표의 내용은 모든 국가에 동일하게 적용된다. (　　)

04 제도 구축(목표 16)과 글로벌 파트너십 활성화(목표 17)는 SDGs 실현을 위한 조건과 방법에 해당한다. (　　)

05 SDGs의 5P는 번영(Prosperity)을 포함하고 있어 ESG와 유사한 맥락으로 보기는 어렵다. (　　)

06 우리나라의 사회적 가치 논의는 환경분야에서 지구 생태계 보전이라는 해양과 에너지 등의 세부 기본 목표까지 포괄하고 있다. (　　)

07 기업은 ESG 실현을 통해 SDGs 달성에 이바지한다. (　　)

08 지속가능발전기본법에 따르면 포용적 사회란 모든 구성원이 존엄과 평등, 그리고 건강한 환경 속에서 자신의 잠재력을 실현할 수 있도록 경제 · 사회 · 문화적으로 공정하며 취약계층에 대한 사회안전망이 보장된 사회를 뜻한다. (　　)

09 TOSSD가 ODA를 보완하는 보조지표이다. (　　)

10 통계청 통계개발원은 SDGs의 이행과 관련하여 유엔에 관련 데이터를 제공하는 '유엔 SDGs 데이터국가책임기관'이다. (　　)

Discussion

01 UN이 SDGs를 채택한 이유는 무엇인지 이야기해보자.

02 환경과 개발의 관계에 대해 토론해 보자.

03 SDGs 17개 목표 중 1가지를 골라 세부 목표와 지표의 구체적인 내용을 알아보자.

04 SDGs 17개 목표를 자신만의 기준으로 다시 분류해 보자.

05 자신만의 기준으로 다른 알파벳 이니셜을 활용하여 SDGs를 재분류해 보자.

06 12+1안의 세부 항목과 SDGs 17개 목표를 연결하여 공통점과 차이점을 확인해 보자.

07 ESG와 SDGs, 사회적 가치의 연관성에 대해 토론해 보자.

08 지속가능발전국가기본전략 수립 시 고려사항과 포함사항의 구체적인 내용에 대해 알아보자.

09 SDGs의 실행을 위한 재원의 조달 방안에 대해 알아보자.

10 우리나라의 SDGs 이행 상황이 한 마디로 설명하기 어려운 이유에 대해 토론해 보자.

사회운영원리로서의 ESG

14 ESG의 사회운영원리로 확장

15 ESG와 행정

16 가치교육과 ESG

17 ESG원리교육의 원칙과 방법

CHAPTER

06

14

ESG의 사회운영원리로 확장

사회운영원리

지금까지 ESG와 관련된 여러 가지 내용을 살펴보았다. 좁은 의미의 ESG 의미와 기업 경영에서 나타나는 실천을 시작으로 고유명사로서 사회적 가치와 국제적 차원의 SDGs와 연관성까지 살펴보았다.

국제적 추세에 맞춰 우리나라에도 ESG 관련 연구와 실행이 확산되고 있지만, 대부분 좁은 의미의 ESG에 갇혀 있다. ESG는 사회운영원리 차원으로 확장되어 이해될 필요가 있다. 그렇다면 과연 사회운영원리란 무엇인가?

사회운영원리는 일반적으로 자주 쓰이는 개념은 아니다. 인간이 살아가는 사회 속에서 당연하게 받아들여지거나 내면화된 내용을 의미하기 때문에 굳이 쓸 필요가 없는 말이기도 하다. 학계의 연구를 살펴보면 서울대학교 백종현 교수의 저서인 『사회운영원리』라는 도서 정도만 찾아볼 수 있다. 부제인 '현대한국사회의 철학적 문제'에서 보듯이 일상에서 별로 언급하지 않는 개념임을 알 수 있다. 여기서 백종현 교수는 자유원리, 평등원리 등을 사회운영원리로 다루고 있다.

'한국 경제의 운영원리' 같은 연구는 경제에 초점을 맞추고 있지만, 일종의 사회운영원리에 대한 연구라고 할 수 있다. 헌법학에는 헌법원리라는 개념이 있다. 헌법이 담고 있는 국가 운영의 기준과 원칙이 되는 내용을 의미한다. 법치주의, 민주주의, 문화국가, 평화국가 등의 내용이 포함된다.

이 책에서는 사회운영원리를 사회가 어떻게 조직되고 운영되는지에 대한 기본적인 원칙과 기준으로 정의하고자 한다. 사회의 질서를 유지하고 구성원 간의 상호작용을 조절하며 사회의 목표와 가치를 달성하는 데 도움이 되는 잣대와 절차를 포함한다.

사회운영원리로서 ESG원리

ESG를 기업의 실행을 넘어 사회운영원리로서 사고하자는 것은 ESG를 이 사회가 어떻게 조직되고 운영되는지에 대한 기본적인 원칙과 기준으로 삼자는 뜻이다. ESG가 사회의 질서를 유지하고 구성원 간의 상호작용을 조절하며 사회의 목표와 가치를 달성하는 데 도움이 되는 원칙과 절차라는 의미가 된다.

우리 사회의 운영원리로는 이미 내면화되어 있는 내용이 많다. 자유원리, 평등원리 등은 태어나면서부터 민주주의 사회를 살아가는 우리에게 굳이 언급할 필요가 없는 말이기도 하다. 헌법학에서 다루는 헌법원리도 마찬가지다. 새로운 방향의 헌법원리를 추가하거나 바꾸자는 주장은 언제든지 가능하지만, 일반적으로 법조계에서 컨센서스가 형성된 헌법원리에 따라야 한다.

ESG를 사회운영원리로 사고하자고 하여 기존에 합의되거나 전제된 다른 사회운영원리를 없애거나 바꾸자는 뜻은 전혀 아니다. 사회운영원리는 시대와 장소에 따라 다양하게 해석될 수 있다. 이미 있는 사회운영원리의 내용을 ESG를 기준으로 재구성하거나 재해석하는 것도 가능하다. 기존에 중시되지 않았던 내용이 두드러질 수도 있고 우선순위가 바뀔 수도 있다.

사회운영원리는 결국 사회의 안정과 번영, 나아가 사회를 살아가는 인간 개개인의 삶의 질을 증진하기 위한 목적을 갖는다. ESG를 사회운영원리 차원에서 사고하여 ESG원리라고 할 때도 마찬가지의 목적을 갖는다.

기존의 다양한 사회운영원리의 내용과 조화롭게 고찰하여 우리 사회의 안정과 번영을 가져오는 데 보탬을 주고 각자의 삶을 더 낫게 만드는 역할을 기대하자는 것이 바로 ESG를 사회운영원리 차원으로 격상하고자 하는 취지가 된다.

ESG원리와 행정

ESG를 사회운영원리로서 ESG원리로 격상하고자 하는 연구는 아직 많이 진전되지 않았다. ESG원리를 사회운영원리로 보게 되면 ESG가 국가 운영의 원칙과 잣대로 그 의미가 확장된다. 사회를 구성하는 각각의 사회조직의 구성과 활동을 규정하는 원리가 되기도 한다.

ESG원리가 국가 단위부터 사회조직 단위까지 운영의 원리가 되기 위해서는 행정의 역할이 중요하다. 행정은 국가 스스로 방향과 활동의 기준을 설정하고 모든 사회조직의 방향과 활동의 기준에 대해서도 지도하는 역할을 맡고 있기 때문이다.

물론 행정이 여타 사회조직의 방향과 활동에 대해서 모든 부분을 규율해서는 안 된다. 이는 민주주의 사회의 기본 원리에는 어긋나기 때문이다. ESG원리의 실현을 위해 행정이 역할을 한다는 의미는 기존에 일반적으로 받아들여지는 민주주의를 비롯한 제반 시민적 원리를 인정한 뒤 새롭게 대두된 중요성을 반영해야 한다는 의미가 된다.

사회운영원리로서 ESG를 고려할 때 E와 S, G 각각의 의미는 기본적으로 그대로 유지되지만 다소 의미의 변용이나 확장이 필요하다. E와 S는 그대로 환경과 사회를 의미한다. 환경의 중요성과 사회적 가치의 실현을 지향한다는 점은 동일하다.

G는 기업의 ESG에서는 지배구조였다. 사회운영원리로서 ESG원리에서 G는 협치를 의미하는 것으로 변용할 필요가 있다. 협치는 Governance를 번역한 말로 외래어 그대로 '거버넌스'라고 쓰기도 한다.

협치(Governance)의 의미를 정확히 파악하기 위해서는 정부(Government)와 비교할 필요가 있다. 많은 이론적 설명이 있지만, 정부의 주요 의사결정을 할 때 선출 또는 지명된 공직자들이 단독으로 하는가, 시민을 참여시키는가 하는 점이 주요한 차이점이다.

시민의 입장에서 본 ESG원리

행정은 국가와 지방자치단체가 행하는데 제각기 영향을 미치는 상대방이 있다. 국가는 국민, 지방자치단체는 주민이라고 하는데, 합쳐서 시민이라고 할 수 있다.

시민의 입장에서도 G 영역은 의미의 변용이 필요하다.

국민 또는 주민, 곧 시민의 입장에서 G는 참여가 된다. 기업의 ESG에서도 G(지배구조)는 의사결정과정에 주주 또는 이사와 같은 공식 결정 권한이 있는 사람 이외에도 다른 사람의 참여를 확보하는 것이었다. 행정에서도 협치는 곧 정부의 주요한 의사결정 과정에서 일반 시민의 참여를 당연시하는 시각과 연결된다.

ESG의 각운을 맞추기 위해 알파벳 G로 시작하는 말 중에서 시민의 참여를 찾아보면, 시민의 Get Involved, Grouping, Gathering 정도를 연결할 수 있다. 그중 Get Involved가 시민의 관여로 직역할 수 있어 가장 적절해 보인다.

시민 각자의 입장에서 ESG는 기업과 정부에 대한 참여일 뿐만 아니라 생활상의 원리로까지 의미가 확장된다. 각자가 속한 사회조직, 곧 가정이나 동아리 같은 모임에서 ESG원리는 필요하다. 마을 같은 더 큰 범위의 사회조직을 상정해도 마찬가지다.

가정에서도 환경을 생각해야 하고 사회적 가치를 고려해야 하며, 가족 구성원들이 모두 참여하는 의사결정이 필요하다. 동아리 같은 모임이나 마을 같은 큰 범위의 사회조직 단위도 마찬가지다.

ESG원리를 시민의 입장에서 볼 때 그 실현에서 자율성이 더욱 강조된다. 현재 기업과 정부도 ESG의 실천에서 단순한 외부적 규제로 인한 타율적인 단계는 벗어났다고 할 수 있다. 그렇지만 국내외적으로 더해지는 외부적 도전에 대응하는 차원이 상당히 강하다.

시민 각 개인에 대한 ESG원리의 확장이 행정 차원의 타율적 규제로 진행되는 것은 바람직하지 않다. 시민 각자가 ESG원리를 일상적인 삶의 기준과 잣대로 받아들여 먼저 실천하는 노력이 필요하다.

민주시민교육의 콘텐츠로서 ESG원리

ESG를 사회운영원리로 격상, 곧 ESG원리로 자리매김한다는 것은 ESG가 단지 기업과 관련된 사람들만의 일일 수는 없다는 시각과 연결된다. 과연 ESG는 선진민주사회를 살아가는 미래세대에게 어떤 의미가 있을까?

민주시민교육은 일반적으로 학교 밖에서 이루어지는 사회교육을 의미한다. 민주시민사회를 유지하고 살아가는 데 필요한 시민의 역량을 기르는 제반 가치교육이라고 정의할 수도 있다. 사실 가치교육은 이미 학교 교육에 반영되어 있지만 이를 보완하기 위해 다양한 방법으로 모색되고 실천되고 있다.

ESG원리는 ESG를 그저 기업에 필요한 규제로 보는 시각을 넘어 민주시민교육의 주요 콘텐츠로서 ESG의 위상을 설정해야 한다는 의미가 된다. ESG원리는 현시대의 필요성을 반영한 가치교육의 주요 내용으로 이해되어야 한다.

국내외적으로 가치교육은 다양하게 진행되고 있다. 민주시민교육, 지속가능성교육, 사회적가치교육 등의 가치교육은 ESG원리를 반영해야 할 필요가 있다. 기업의 경영을 넘어서는 ESG의 민주시민교육 콘텐츠로서의 의미 부여는 우리나라는 물론 외국에서도 아직 유례가 없다. ESG를 사회운영원리로 이해하게 되면 ESG는 가치교육의 내용으로 새롭게 자리매김할 것이다. ESG원리는 시민을 위한 가치교육으로 위상이 달라지는 것이다. 특히 미래 세대를 향한 가치교육의 주요한 내용이 될 것이다.

Summary

- 사회운영원리는 사회가 어떻게 조직되고 운영되는지에 대한 기본적인 원칙과 기준을 의미한다.
- 사회운영원리로서 ESG원리는 ESG가 사회의 질서를 유지하고 구성원 간의 상호작용을 조절하며 사회의 목표와 가치를 달성하는 데 도움이 되는 원칙과 절차라는 의미가 된다.
- ESG원리를 사회운영원리로 보게 되면 ESG가 국가 운영의 원칙과 잣대로 그 의미가 확장된다.
- 사회운영원리로서 ESG원리를 시민의 입장에서 볼 때 실현에서 자율성이 더욱 강조된다.
- 사회운영원리로서 ESG원리는 ESG를 그저 기업에 필요한 규제로 보는 시각을 넘어 민주시민교육의 주요 콘텐츠로서 ESG의 위상을 설정해야 한다는 의미이다.

Keyword

가치교육, 국가 운영, 기준, 내면화, 미래 세대, 민주시민교육, 사회운영원리, 사회의 목표와 가치, 사회의 질서, 시민의 관여, 원칙, 원칙과 절차, 자율성, 참여, 행정, 협치

Quiz ※ 빈칸을 채우거나 OX로 답하세요.

01 사회운영원리는 인간이 살아가는 사회 속에서 당연하게 받아들여지거나 내면화된 내용을 의미하기도 한다. (　　)

02 사회운영원리로서 ESG원리는 기존의 다양한 사회운영원리의 내용과 조화롭게 고찰하여 우리 사회의 안정과 번영을 가져오는 데 보탬을 주고 각자의 삶을 더 낫게 만드는 역할을 기대하자는 의미이다. (　　)

03 기업의 ESG에서 지배구조를 의미하는 G는 사회운영원리로서 행정의 차원에서 ESG을 고려하면 (　　　　)를 의미하는 것으로 변용할 필요가 있다.

04 기업의 ESG에서 지배구조를 의미하는 G는 사회운영원리로서, 시민의 차원에서 ESG 원리는 참여를 의미하는 것으로 변용할 필요가 있다. (　　)

05 사회운영원리로서 ESG원리는 ESG가 현 시대의 필요성을 반영한 가치교육의 주요 내용으로 이해되어야 한다는 의미이다. (　　)

Discussion

01 인간이 살아가는 사회 속에서 당연하게 받아들여지거나 내면화된 내용으로 어떤 것이 있는지 각자의 생각을 이야기해보자.

02 사회운영원리라고 할만한 내용으로 어떤 것이 있는지 생각해 보자.

03 사회운영원리로서 ESG원리를 고려할 때 행정의 위상에 대해 토론해 보자.

04 ESG원리를 시민의 입장에서 볼 때 그 실현에서 자율성이 더욱 강조되는 이유에 대해 토론해 보자.

05 민주시민교육에 대해 더 자세히 알아보자.

15

ESG와 행정

사회정책의 대상 전환 또는 확대

사회적 가치와 관련된 정책의 실행이 가장 앞서 있는 곳은 단연 유럽이다. 핀란드의 경우 1960년대 사회정책을 완전히 전환했다. 빈곤층과 약자만 대상으로 하던 사회정책을 전 국민을 대상으로 개편하였고, 모든 사람을 대상으로 한 포괄적인 관점으로 사회정책의 프로세스를 다시 만들었다(후지요시 마사하루, 2019). 정부 정책 전반의 패러다임 변화까지 실행에 옮기지는 않았더라도 협동조합을 비롯하여 이미 19세기부터 다양한 정책을 통해 사회적 가치를 실현해 왔다.[1]

사회적 가치의 실현은 인간을 먼저 생각하는 온갖 좋은 정책을 국가가 집행하는 것으로 볼 수 있다. 정책 면에서 세계적으로 사회적 가치와 관련된 담론이 늘어나

1 안지훈, "소셜벤처가 추구하는 사회적 가치에 대한 청년층의 추구정향 연구", 경희대학교 석사학위논문, 2019, p.15.

는 현상은 사회정책의 대상이 전환 또는 확대됨을 의미한다.

사회정책은 사회서비스의 영역에 관계되는 정부의 정책을 총칭하는 데 사용되는 개념이다. 사회정책에 포괄되는 내용은 보건, 교육, 주택, 사회보험, 국고보조 등이다. 노동정책, 복지정책 등이라는 말도 사용했으나 점차 범위가 확대되었다.[2]

노동과 복지 같은 사회정책의 포괄 범위에서 보듯이 애초에 사회정책은 사회적 약자층을 대상으로 한다. 사회적 가치를 실현하자는 요구는 오늘날 사회적 약자층에 대한 사회서비스 강화를 당연히 포함한다.

그렇지만 사회적 가치에 대한 강조는 사회적 약자 보호를 넘어 사회구성원 모두를 대상으로 하는 의미를 담는 쪽으로 나아가고 있다. 사회적 약자에 주로 초점을 맞추던 사회정책의 대상이 사회구성원 모두를 향한다는 점에서 사회정책의 대상 전환 또는 확대라고 할 수 있다.

경제적 방식의 활용을 통한 가치 실현 주체의 확장

과거 사회적 가치의 실현 주체는 정부와 NGO였다. 정부는 그렇지 않은 곳도 많고 아직 그렇지 않은 때도 상당하지만 원론적 차원에서 공익 실현을 목적으로 하는 조직이다. NGO는 정부와 기업을 비판하며 사회적 가치의 실현을 위해 노력하는 조직이다. NGO는 모금과 자원봉사 등 시민의 자발적인 힘을 모아내기도 했고, 때로는 투쟁을 통해 사회적 가치를 실현하려고 했다.

근래 사회적 가치의 실현이 과거와 크게 달라진 점은 경제적 방식을 활용한다는 점이다. 사회적 경제조직은 오늘날 사회적 가치를 실현하는 새로운 주체로 등장했다. 사회적 기업, 협동조합, 마을기업 등은 이윤을 추구한다는 점에서는 분명 기업이다. 그런데 이윤 추구의 목적이 다른 사회적 가치를 실현하기 위함이라는 점에서 이윤 추구 자체가 목적인 일반 기업과는 본질적인 차이가 있다.

국내 학계의 논의는 아직 발견되지 않고 있지만, 사회적 가치의 실현을 경제적 방식으로 과연 달성할 수 있는가 하는 근본적인 회의도 있다. 예컨대, 영국의 사회학자 리처드 티트무스(Richard Titmuss)는 영국과 미국 양국의 혈액 모집 시스템을

2 상세 내용은 사회학 사전 '사회정책' 참고(https://terms.naver.com/entry.naver?docId=1520721&cid=42121&categoryId=42121).

비교[3]하여 혈액이 시장 상품으로 바뀌면 혈액 기증에 대한 사람들의 의무감을 잠식해서 이타주의 정신을 약화하고 사회적 삶의 능동적 특징은 기증 관계를 훼손한다고 주장한다. 기증 정신의 쇠퇴는 혈액의 양과 질에 유해한 영향을 미치는 것 외에도 도덕적 · 사회적 삶을 저하시킨다는 것이다.

이에 대해 미국의 경제학자 케네스 애로(Kenneth Joseph Arrow)는 이렇게 비판한다. 시장이 형성되면 개인의 선택 영역이 늘어나기 때문에 결과적으로 산출 이익이 커지는 현상을 당연하게 받아들인다. 따라서 자발적인 혈액 기증 시스템에 혈액 판매 가능성을 추가한다면 개인이 선택할 수 있는 대안의 범위가 확대될 뿐이다. 혈액을 기증함으로써 만족을 얻는다면 언제라도 기증할 수 있으므로 자발적으로 기증할 수 있는 권리는 전혀 훼손되지 않는다(마이클 샌델, 2015).[4]

이론적 논의는 앞으로 진전될 필요성이 있다. 현실에서 경제적 방식을 활용하여 점차 사회적 가치를 실현하는 성과가 많아지고 있다는 점은 부인할 수 없다. 기업이 이윤 추구 조직에서 ESG가 더 본질이 되는 사회적 경제 조직화의 가능성이 나오는 이유도 바로 여기에 있다.

기업의 근본적 성격 변화에 따른 행정의 위상 변화

UN 차원에서 전 세계적으로 추진하고 있는 ESG는 기업의 근본적인 성격을 변화시키고 있다. 모든 기업의 사회적 경제 조직화라고 할 만한 현상이다. 아직 모든 기업가와 학자들은 기업의 근본 목적이 사회적 가치 추구이며, 이윤 추구는 사회적 목적을 실현하기 위한 수단이라는 것에 동의하지 않고 있다. 그렇지만 장기적 추세는 ESG의 실현이 기업의 근본 목적으로 정의되는 방향으로 나아가고 있다.

과거 자본주의의 역사는 이윤을 추구하기 위해 얼마나 극악한 짓이 저질러졌는지 잘 보여준다. 산업혁명이 가장 먼저 시작된 영국의 경우, 노동자의 열악한 상황을 고발한 마르크스와 엥겔스는 노동계급이 중심이 되는 평등한 미래 세상의 실현이라는 비전을 제시했다. 자본주의를 뒤집어엎는 것이 그들의 목표였고, 20세기 지구상의 1/3 정도 되는 지역은 국가 차원의 사회주의 실현을 둘러싸고 혈투가 벌어졌다.

---

3 영국은 보상을 받지 않는 자발적인 기증자에게 전량을 확보하지만 미국은 일부 혈액은 기증받고, 일부는 혈액은행을 통해 충당한다. 혈액이 시장에서 사고파는 상품이 된 것이다.

4 안지훈, "소셜벤처가 추구하는 사회적 가치에 대한 청년층의 추구정향 연구", 경희대학교 석사학위논문, 2019, p.17.

점차 민주주의가 발전하면서 선진 자본주의 국가에서는 자본의 이윤 추구 방법을 제한하는 각종 규제를 도입했다. 지나친 저임금으로 노동자를 부려 먹지 못하게 했고 노동자들이 단결하여 기업주와 교섭할 수 있도록 했다. 파업도 노동자의 권리로 인정하여 이윤 추구에 따른 몫을 조금이라도 분배할 수 있도록 했다.

20세기 후반에는 환경에 대한 규제가 강화됐다. 이윤 추구를 위해 대기와 강으로 온갖 오염물질을 배출해도 괜찮은 시절이 있었다. 많은 사람이 희생되고 나서야 공해 규제를 시작으로 환경에 대한 고려가 시작됐다.

기업이 실질적으로 사회적 가치를 실현하는 조직으로 변화하게 되면서 전통적으로 사회 구성단위를 구분하는 틀도 변화할 가능성이 있다. 사회적 경제조직은 정부도 기업도 NGO도 아니라는 점에서 제4섹터로 자임했다. ESG를 통해 기업이 사회적 가치를 실현하는 주체로 거듭나게 되면서 제4섹터와 제2섹터의 구분이 불필요하게 된 것이다.

기업이 규제 대상일 때와 적극적인 가치 실현의 주체가 되었을 때 행정의 역할은 각각 달라진다. 전자의 경우 행정은 적극적으로 기업이 무언가를 못하게 하는 악역을 담당해야 했지만 후자의 경우 행정은 기업의 적극적인 ESG 실현을 장려하고 유도해야 한다.

지속가능성 도시 비전으로서 ESG원리

지속가능성 도시 비전은 ESG원리가 행정의 운영원리로 자리매김할 때 도출되는 도시 경영의 방향성이자 목표이다. 지속가능성이 더는 거룩한 대의명분이나 숭고한 이상주의가 아니라 우리 시대의 가장 첨예한 가치이며, 급박한 현실 문제가 된 지 오래다.

행정, 특히 지방자치단체의 행정에서 지속가능성 비전의 실현은 이제 더 미룰 수 없는 과제가 되었다고 할 수 있다. 미래세대의 가능성을 제약하지 않고 현세대의 필요와 미래세대의 필요가 조우하는 것을 지속가능성이라 하지만, 이러한 문제의식을 불러온 경제 양극화, 기후변화, 사회갈등과 같은 위기들의 전개 양상은 '미래세대의 가능성'을 넘어 미래 그 자체를 파괴할 수 있을 정도로 심각해지고 있다.

지속가능도시는 크게 3가지 의미가 있다. 우선, 회복탄력성이 강한 도시다. 도시의 생존과 번영을 위협하는 경제위기, 기후위기, 사회위기를 견뎌내는 힘이 강한 도시가 바로 지속가능도시이다.

지속가능도시의 두 번째 의미는 강력한 혁신역량을 갖춘 도시이다. 오늘날 도시가 직면하고 있는 3대 위기는 지금껏 겪어보지 못한 낯선 위협으로, 기존 방식으로는 이에 대응할 수 없기 때문이다. 따라서 새로운 기술과 시스템을 통해 미래로 전진하는 나아가는 힘이 강한 도시가 필요하다.

마지막으로 지속가능도시는 포용의 도시를 의미한다. 혁신은 다양한 사람들의 지식과 지혜가 융합될 때 창출되며, 작은 차이로 편을 가르고 갈등과 반목을 거듭하는 도시는 결코 혁신할 수 없을 뿐더러 위기를 견뎌낼 수 없다. 포용적 사회라야 합리적이고 진취적인 의사결정을 끌어내는 집단지성이 형성될 수 있고 이에 힘입어 사회는 끊임없이 혁신한다. 이를 통해 사회는 어떤 위기에도 견뎌낼 수 있는 회복탄력성을 갖추며 지속가능한 사회로 자리 잡을 수 있다. 포용은 지속가능도시의 기초로 '떠받치는 힘'이 강해야 견뎌낼 수 있으며 앞을 향해 나아갈 수 있다.

EESG

지속가능도시 비전은 도시 경영의 측면에서 ESG를 사회운영원리로 격상한 시도다.[5] 지방자치단체의 행정에서 ESG원리를 사회운영원리로 어떻게 구현할 것인가를 모색한 시도라고 이해해도 무방하다.

ESG원리를 지속가능도시 비전으로 이해하기 위해서는 ESG의 지방행정 차원의 재의미화가 필요하다. 공공이 기업의 ESG 담론과 체계를 원안 그대로 준용하는 것은 올바르지 않기 때문이다.

기업은 경제활동의 당사자로, ESG는 합리적 지배구조에 의한 기업경영을 통해 환경과 사회문제 해결에 이바지하겠다는 의지의 표현이다. 따라서 이미 전제가 되는 활동인 경제(Economy)를 논할 필요가 없다.

이와 달리 정부는 중앙정부든 지방정부든 각각 국민경제와 도시경제의 조정자이자 관리자로서 Economy를 추가할 필요가 있다. 공공정책에서 지속가능성을 모색하려면 ESG에 반드시 E가 포함되어야 한다.

개인과 기업의 창의적 경제활동을 보장하면서 공정한 경쟁 질서를 유지하고, 더 나아가 사회복지를 통해 경쟁에서 탈락한 약자들이 다시 일어설 수 있게 함으로써 경제 시스템의 지속가능성을 유지 · 확충하는 것은 중앙정부와 지방정부의 가장 중요한 역할이자 책무이다.

5 지속가능성도시 비전과 관련된 내용은 정원오, '지속가능도시, ESG – ESG에 Economy를 더해 지속가능도시를 탐구하다, 라이스메이커, 2021.'의 주요 부분을 발전시킨 것이다. 이 책의 집필과 토론에 안지훈 교수가 깊숙이 관여한 바 있다.

도시를 경영하는 중앙정부와 지방정부의 미션은 공동체의 유지와 번영이며, 여기서 경제는 필수적인 관리 영역이다. 중앙정부와 지방정부는 국민경제와 도시경제가 반칙과 특권에 의해 좌우되지 않도록 관리하며 창의적 개인과 법인의 활동을 보장하고 장려함으로써 국민경제와 도시경제의 지속가능성을 책임지고 있다.

이는 1930년대 대공황으로 야경국가의 신화가 무너지며 정립된 공공의 역할이다. 1980년대 이후 신자유주의가 유행할 때도 국민경제와 도시경제의 조정자로서 공공의 위상은 근본적으로 변화하지 않았다. 다만, 경제 상황과 정책적 트렌드에 따라 권한의 크기가 커지거나 작아지길 반복했다.

지속가능도시를 지향하는 지방정부는 민간기업과 달리, Environmental, Social, Governance에 Economy를 더해야 할 필요성이 바로 여기에 있다. ESG에 E를 더한 EESG는 사회운영원리로서 행정, 특히 지방자치단체가 행정에서 의거해야 할 중요한 운영원리가 된다.

EESG의 구현

지방자치단체의 행정에서 ESG원리를 구현하여 지속가능도시 비전을 설정하게 되면 EESG는 곧 지방정부의 실천과제가 된다. Environmental(환경), Social(사회), Governance(협치)와 Economy(경제)는 각각 도시환경정책, 도시사회정책, 도시정부정책 그리고 도시경제정책을 의미한다. EESG 각각이 지향하는 과제는 다소 차별성이 있다. 우선 지속가능성 도시를 위한 도시환경정책의 구체적인 과제는 다음과 같다.

지방자치단체는 지방행정을 통해 시민들이 기후위기를 자기 삶의 문제로 여기며 에너지 절약, 쓰레기 분리배출 및 자원재활용 등에 자발적으로 참여할 수 있는 인센티브를 강화해야 한다. 그렇지만 국민의 생활양식을 친환경적으로 재구성하는 작업은 과거의 국산품 애용 캠페인처럼 강요되면 안 되고 국민이 기후위기를 자기 삶의 문제로 여기며 자발적으로 참여할 수 있는 인센티브가 준비돼야 한다. 또한 지방정부는 친환경 기술혁신을 추진하는 스타트업을 세심하게 지원해야 한다. 친환경 스타트업에 대한 지원은 도시환경의 과제로서 각별한 의미가 있다. 환경혁명을 선도하는 선진국 대한민국은 경제혁명을 캐치업하던 개발도상국 대한민국과 달라야 하기 때문이다. 대기업 지원도 중요하지만, 전국 각지의 주요 도시에서 친환경 기술혁신을 추진하고 있는 스타트업에 대한 지원이 현재로서는 더욱 중요하다. 개발도상국 대한민국의 경제혁명이 탑다운(top-down)이었다면 선진국 대한민국의 환경혁명은 바텀업(bottom-up)이 되어야 한다.

지속가능성 도시를 위한 도시사회정책, 도시정부정책, 도시경제정책의 구체적인 내용은 다음과 같다.

지방정부의 지속가능도시를 위한 EESG의 구체적인 실천과제

- **도시환경 : 지구를 지키는 혁신과 참여**
  - 도시환경 실천과제 1: 도덕이 아닌 필요로의 인식 전환
  - 도시환경 실천과제 2: 친환경 기술혁신 지원
  - 도시환경 실천과제 3: 자원순환 활성화에 대한 인센티브 부여
- **도시사회 : 지속가능도시를 떠받치는 튼튼한 사회**
  - 도시사회 실천과제 1: 포용성 증진
  - 도시사회 실천과제 2: 생애주기별 사회서비스 시스템 구축
  - 도시사회 실천과제 3: 사회적 경제 활성화
- **도시정부 : 열 사람의 한 걸음이 지속가능성**
  - 도시정부 실천과제 1: 집단지성으로 합리성과 반부패 성취
  - 도시정부 실천과제 2: 집단지성 제도화
  - 도시정부 실천과제 3: 참여와 협치의 효능
- **도시경제 : 모두가 누리는 도시의 매력**
  - 도시경제 실천과제 1: 사람 모으기
  - 도시경제 실천과제 2: 도시의 매력 강화
  - 도시경제 실천과제 3: 균형 유지

회복탄력성, 혁신, 포용의 관계

ESG원리를 지방자치단체의 행정에 구현한 지속가능도시 비전에서 포용은 혁신의 원동력이며 지속가능한 성장의 밑바탕이다. 단단한 지반과 혁신적 공법의 결합을 통해 건축물은 비와 바람, 또는 화재와 지진 등으로부터 안전을 보장받게 되는데, 이와 같은 건물의 구조적 특성이 도시에서는 회복탄력성이다.

산업 생태계의 전환주기가 짧아진 4차산업혁명 시대에 도시는 끊임없는 혁신과 경쟁압력에 노출돼 있다. 특히 환경문제는 새로운 기술혁신 수요와 시장을 창출하고 있다. 과거에는 한 번 자리 잡은 산업과 사회구조로 짧게는 수십 년, 길게는 100여 년 이상 버틸 수 있었지만, 지금은 일상적으로 새로운 지식과 시장을 창출하는 도시만이 번영할 수 있다. 따라서 더 이상 포용은 도덕이 아닌 현실적 실천과

제가 되었다.

지속가능도시를 건축물에 견주어 보면, 포용적 사회는 꼼꼼한 기초공사로 단단히 다져진 지반을 의미한다. 초가집을 짓다가 벽돌집을 거쳐 콘크리트 아파트로 발전하듯, 공법의 혁신을 통해 우리는 훨씬 더 안전한 집에서 오래도록 편히 지낼 수 있다. 혁신역량은 그 지반 위에 집을 짓는 공법에 비유할 수 있다.

견뎌내는 힘(회복탄력성), 나아가는 힘(혁신), 떠받치는 힘(포용)은 지속가능도시를 만드는 3가지 힘이다. 이는 곧 지속가능도시의 의미이자 가치와 목표가 된다.

Summary

- 사회운영원리로서 ESG원리는 사회적 약자에 주로 초점을 맞추던 사회정책의 대상이 사회구성원 모두를 향한다는 점에서 사회정책의 대상 전환 또는 확대를 의미한다.
- 과거에는 공익을 실현하는 사회조직과 경제적 가치를 추구하는 기업은 분리되어 있었지만, 사회운영원리로서 ESG는 경제적 방식의 활용을 통한 가치 실현 주체의 확장을 상정한다.
- 과거 행정은 기업에 대한 규제 역할을 담당했지만, 사회운영원리로서 ESG원리는 행정에 기업의 적극적인 ESG 실현을 장려하고 유도하는 역할을 기대한다.
- ESG원리가 사회운영원리로 자리매김할 때 도시 경영의 방향성이자 목표는 지속가능성 도시가 된다.
- 지속가능도시를 지향하는 지방정부는 민간기업과 달리, Environmental, Social, Governance에 Economy를 더해야 할 필요성이 있다.
- EESG는 지방정부의 실천과제로 도시환경정책, 도시사회정책, 도시정부정책, 도시경제정책을 의미한다.
- 견뎌내는 힘(회복탄력성), 나아가는 힘(혁신), 떠받치는 힘(포용)은 지속가능도시를 만드는 3가지 힘이다.

Keyword

EESG, 견뎌내는 힘, 경제적 방식, 공공, 공공정책, 공익, 규제, 나아가는 힘, 도시경제정책, 도시사회정책, 도시정부정책, 도시환경정책, 떠받치는 힘, 사회구성원, 사회적 경제 조직화, 사회적 약자, 사회정책, 장려와 유도, 제4섹터, 지방행정, 포용, 혁신, 회복탄력성

Quiz ※ 빈칸을 채우거나 OX로 답하세요.

01 사회적 가치에 대한 강조는 사회정책의 방향이 사회적 약자 보호에서 사회구성원 모두를 대상으로 하는 쪽으로 확대되는 것을 의미한다. (　　)

02 기업이 이윤 추구 조직에서 ESG가 더 본질이 되는 사회적 경제 조직화의 가능성이 있다고 보는 시각도 있다. (　　)

03 사회적 경제조직은 정부도 기업도 NGO도 아니라는 점에서 제4섹터로 자임했다. (　　)

04 도시의 생존과 번영을 위협하는 경제위기, 기후위기, 사회위기를 견뎌내는 힘이 강한 도시가 바로 지속가능도시이다. (　　)

05 지속가능도시 비전 EESG는 ESG에 Energy를 더한 것이다. (　　)

06 지속가능도시의 실현은 지방정부의 탑다운 방식으로 추진되어야 한다. (　　)

07 지속가능도시는 한 번 자리 잡은 산업과 사회구조로, 짧게는 수십 년, 길게는 100여 년 이상 버틸 수 있는 도시를 의미한다. (　　)

Discussion

01 사회운영원리로서 ESG원리를 사회정책의 측면에서 평가해 보자.

02 일반 기업과 경제적 방식을 활용하여 가치를 실현하고자 하는 사회적 경제조직의 차이점을 알아보자.

03 행정의 역할이 규제 중심에서 ESG 실현 장려로 바뀌게 된 배경을 이야기해보자.

04 지속가능도시의 3가지 의미의 연관성에 대해 토론해 보자.

05 지속가능도시 실현을 위해 ESG에 Economy를 더해야 할 필요성에 대해 토론해 보자.

06 지속가능성 도시를 위한 도시사회정책, 도시정부정책, 도시경제정책의 사례를 조사해 보자.

07 제4차산업혁명 시대에 도시 비전의 변화 양상에 대해 토론해 보자.

16
가치교육과 ESG[6]

사회운영원리와 가치교육

한 사회가 갖는 사회운영원리는 결국 사회구성원들이 살아가면서 따르게 되는 공식 또는 비공식의 삶의 기준이다. 어떤 사회든지 사회구성원인 개인은 태어나면서부터 사회화 과정을 겪으며 사회운영원리에 해당하는 내용을 습득하고 체득하게 된다.

민주주의 사회의 도래 이후 사회화에서 큰 비중을 차지하는 것은 학교 교육이다. 학교 교육은 모든 국민을 대상으로 한 가치교육을 통해 사회운영원리를 사회구성원들에게 체득시키고 내면화할 수 있도록 한다.

6 이 챕터의 일부 초고는 소셜혁신연구소사회적협동조합, "ESG교육 커리큘럼 개발 방향 연구 보고서" (서울시교육청 2022 위탁연구 최종보고서)에 반영된 바 있다. 책임연구원 : 안지훈, 공동연구원 : 권영태 외 2인.

물론 가족이나 학계, 언론, 종교 등 다른 사회조직들도 각각의 사회화를 담당하는 위상을 가진다. 특히, 시민단체들은 민주주의 사회에 필요한 다양한 시민적 가치를 사회교육으로 진행한다. 이때 사회교육의 의미는 학교가 아닌 사회 속에서 이루어진다는 뜻이다.

학교 바깥에서 시민적 가치를 증진하기 위해 진행하는 사회교육을 일반적으로 민주시민교육이라고 한다. 시민단체 외에도 학계, 언론, 종교 등의 다양한 사회조직들이 민주시민교육을 다양하게 시도하고 있다.

급속한 IT 발전으로 과거에는 조직 단위에서 할 수 있던 많은 일을 개인 차원에서 진행할 수 있게 되었다. 이에 따라 이제 민주시민교육의 주체는 조직 차원뿐만 아니라 개인 단위에서 진행되는 경우도 많다. 가치교육을 주제로 유튜브 콘텐츠를 생산하는 크리에이터가 대표적인 예다.

문학예술은 직접적인 교육활동은 아니지만 다양한 시민적 가치를 감성적으로, 예술적으로 전달하여 간접적으로 가치교육의 위상을 갖는다. 영화와 TV, 곧 영상의 시대 도래 이후 어쩌면 문학예술이 가치교육에서 사실상 더 큰 작용을 하고 있는지도 모를 일이다.

ESG를 그저 기업에 필요한 새로운 규범 정도로 사고하지 않고 사회운영원리 차원으로 격상하게 되면, ESG원리는 가치교육의 주요한 내용으로 자리매김한다. 그렇다면 가치교육으로서 ESG원리는 어떤 내용으로 구성되고 어떻게 진행되어야 할까? 이번 장은 이에 대한 해명을 하는 장으로서 의미가 있다.

가치교육으로서의 정규교과교육

정규교과교육은 민주주의 사회에 필요한 시민적 가치를 학교라는 사회조직에서 대규모로 진행한다. 민주주의 사회는 전 국민을 대상으로 하는 보통교육 실시를 지속적으로 확장해왔다. 이 과정에서 시민적 가치는 국민 각자에게 내면화되고 사회화의 핵심적 내용으로 자리를 잡았다.

사회과는 교과의 명칭에서도 알 수 있듯이 가장 직접적으로 사회화를 담당한다. 사회과 교육은 가치교육의 관점에서 연구와 실행이 이뤄져 왔으며, 다양한 방법론이 모색되어 왔다.[7] 사회과에서 가치교육은 크게 가치 주입과 가치 탐구의 전통

7 가치교육으로서 사회과와 대표적인 논의로 강대현 · 설규주의 논의를 살펴보기로 함. “사회과 가치교육의 방법과 전략 –가치교육 방법의 종합적 활용을 중심으로–”, 『시민교육연구』 Vol.46 No.3, 한국사회과교육학회, 2014.

으로 이어져왔다.

사회과에서 가치교육과 관련된 주된 흐름은 가치 주입과 교화에 대한 반발로 등장한 가치탐구의 전통이다. 가치탐구의 전통은 사회탐구와 가치탐구를 종합한 의사결정모형과 논쟁문제수업모형에서 주요한 부분으로 나타난다.

사회과에서 가치탐구의 전통이 확립된 계기는 올리버(Oliver, D.), 쉐이버(Shaver, J.), 뉴만(Newmann, F.)의 법리모형에서부터다. 올리버 등은 인간 존엄, 정의, 평등과 같은 민주주의와 미국 사회의 신조를 기본적으로 전제하고, 논쟁 형성과 가치화 과정의 방법을 구조화했다.

특히 쉐이버는 사회과 교육 전반에 초점을 둔 법리 모형을 세부적으로 설명하면서 이를 가치교육과도 연계시켰다. 미국 사회과에서 가치교육 논의는 주로 가치갈등이나 혼란을 해결하기 위한 가치탐구 중심의 인지 중심 접근이 주를 이루고 있다.

소위 가치 주입과 교화에 대한 비판을 토대로 가치탐구의 전통을 따라 의사결정 과정에서 근거확립모형, 가치명료화모형, 발달단계접근법, 가치분석모형 등의 방법을 활용하여 가치문제에 대한 사고력을 기르는 데 주안점을 두어 온 것이다.

국내의 가치교육에 대한 주된 논의는 대체로 가치 주입이나 교화 등 전통적인 가치교육 접근을 비판하면서 그 대안으로 가치명료화, 가치분석, 가치추론(발달단계접근법) 등의 방법을 소개하고 그 효과를 분석하는 연구들이 주를 이루고 있다.

사회과 가치교육에서 주류를 차지해온 가치명료화, 가치분석, 가치추론 등의 인지 중심 접근에 대해 비판적으로 검토하고 보완하거나 대안을 제시하는 연구들도 있다.

가치교육의 3가지 전통

가치교육으로서 사회과 교육은 3가지 전통이 있다(권오정 · 김영석, 2005). 시민적 자질 전수, 사회과학, 반성적 탐구가 그것이다. 이 3가지 전통은 각각 목표, 방법, 내용에서 차이가 있다.

우선, 시민적 자질 전수를 위한 사회과의 목표는 의사결정의 틀이 되는 올바른 가치를 주입함으로써 시민적 자질을 바르게 육성하는 것이다. 방법은 개념과 가치의 전수이다. 교과서 암송, 강의, 질의응답, 구조화된 문제 해결 시험 등이 활용된다. 가치교육의 내용은 국가 또는 교사의 권위에 의해 선정되고 교사에 의해 해석된다. 가치, 신념, 태도의 예시와 같은 기능을 가진다.

다음으로 사회과학으로서 사회과는 사회과학적 개념, 과정, 문제 해결에 바탕을 둔 의사결정을 훈련함으로써 시민적 자질이 가장 바르게 육성된다고 본다. 따라서 의사결정 훈련이 주요 목적이 된다. 이에 따라 방법도 달라지는데, 개별 사회과학들이 갖는 지식을 수집, 입증하는 고유한 방법을 발견하고 응용하도록 한다. 가치교육의 내용으로는 개별 혹은 통합적 사회과학의 구조, 개념, 문제 등이 적절하다.

마지막으로 반성적 탐구로서 사회과는 의사결정과 문제 해결에서 요구되는 지식을 도구로 한 탐구과정을 중시한다. 이 탐구과정을 통해 시민적 자질을 바르게 육성하는 것이 목표다. 반성적 탐구과정을 통하여 구조화되고 학구적으로 체계화하는 방법을 활용한다. 이때 반성적 탐구과정은 의사결정을 시험적 통찰 방법에 따라 갈등 문제와 응답을 정합화시키고자 한다. 가치교육의 내용으로는 사회문제를 분석하여 관련된 시민적 가치를 스스로 선택할 수 있게 한다. 따라서 사회문제는 반성적 탐구를 위한 내용의 기초가 된다.

ESG원리가 아직 정규교과로 반영되지 않은 상황에서 가치교육의 전통이 그대로 ESG원리교육에 적용되기는 힘들 것이다. 그렇지만 충분한 검토가 필요하며, 기존의 교육적 성과를 잇는 바탕에서 새로운 시도가 더해져야 한다.

민주시민교육과 가치교육의 관계

이미 정규교과에서 가치교육이 실시되고 있지만 민주시민교육의 필요성에 대한 논의가 있다. 과연 민주시민교육의 의의를 어떻게 생각해야 할까? 민주시민교육의 의의와 범주에 대한 성찰적 재고는 ESG원리를 가치교육으로서 자리매김하는 전제가 된다.

민주시민교육에 대한 논의는 무척 많다. 민주시민교육은 좁은 의미로는 정치교육을 의미한다. 특히 민주시민교육의 거버넌스 논의로 들어가면 주로 정치교육의 뉘앙스를 풍긴다. 그렇지만 민주시민교육은 넓은 의미로는 가치교육을 의미하는 것으로 보아야 한다. 민주시민교육은 사회과와 도덕과 등 정규교과에서 진행하는 가치교육이 부족하다 또는 더 필요하다는 관점에서 제기된 부가적 가치교육의 일환으로서 이해할 필요가 있다.

한국 사회에서는 1990년대 후반 시민운동의 본격화와 함께 지난 한 세대 동안 공론장에서 민주시민교육 관련 담론이 본격적으로 유통되었다. 학계의 다양한 논의와 수십 년에 걸친 시민운동의 성과를 고찰해보면 민주시민교육이 포괄하는 가치의 범주는 상당히 다양하다.

민주시민교육은 좁은 의미로는 학교 바깥에서 진행되고 정규교과와는 구분되는 별개의 사회교육으로 이해해야 한다. 그렇지만 넓은 의미로는 제반 시민적 가치의 교육과 관련된 요소들을 두루 포괄하는 바, 가치교육과 동일한 의미로 봐야 한다. 다만 학교 바깥에서 전개되는 점과 차이가 있을 뿐, 내용 면에서는 정규교과와 겹치는 내용도 상당하다.

민주시민교육을 가치교육으로 보는 관점, 곧 넓은 의미의 민주시민교육은 학계의 다양한 논의와 수십 년에 걸친 시민운동의 성과를 모두 포괄할 수 있는 개념이다.

법제화된 가치교육[8]

사회 각 영역에서 특정 분야에 대한 교육 및 진흥의 필요성이 계속 제기됨에 따라 가치교육으로 볼 수 있는 관련 입법이 지속적으로 이루어져 왔다. 법제화된 가치교육의 구체적인 내용은 차이가 있다. 그렇지만 그 성격 면에서 민주주의 사회에서 필요로 하는 제반 시민적 가치의 일환이라는 점은 공통적이다. 따라서, 법제화된 가치교육들도 모두 넓은 의미의 민주시민교육으로 볼 수 있다. 이미 제정된 대표적 법률을 살펴보면 다음과 같다.

- 「통일교육 지원법」(1999년)
- 「환경교육진흥법」(2008년)
- 「법교육지원법」(2008년)
- 「식생활교육지원법」(2009년)
- 「경제교육지원법」(2009년)
- 「산림교육의 활성화에 관한 법률」(2011년)
- 「인성교육진흥법」(2015년)
- 「국민 안전교육 진흥 기본법」(2016년)

가치교육의 세부적 범주에 따라 분류하기는 어렵지만 내용적으로 포괄할 수 있는 특정 분야 교육 진흥 법안도 여럿 있다. 이미 제정된 관련 법률은 다음과 같다.

8 이 절은 권영태, "지속가능한 발전과 시민교육의 연계 거버넌스 구조 제안", 2020년도 한국NGO학회 춘하계 공동 학술회의 「UN지속가능발전목표(SDGs)와 한국 민주시민교육의 연계방안」(한국NGO학회, 대전평생교육진흥원, 대전세종연구원 공동주최, 2020.06.19.) 발표문의 내용 일부를 수정 및 보완한 것이다.

- 「영재교육 진흥법」(2000년)
- 「과학교육 진흥법」(2001년)
- 「문화예술교육 지원법」(2005년)
- 「발명교육의 활성화 및 지원에 관한 법률」(2017년)

법률 명칭에 교육이라는 말을 직접 담고 있지는 않지만 효행교육에 대한 법률도 2008년 제정되었다. 정식 명칭은 '효행 장려 및 지원에 관한 법률'이다. 이 법은 우선, 국가와 지방자치단체는 유치원 및 초등학교 · 중학교 · 고등학교에서 효행교육을 실시하도록 노력하여야 한다는 사명을 규정한다(제5조, 효행에 관한 교육의 장려). 제2항에서는 영유아 어린이집, 사회복지시설, 평생교육기관, 군, 교도소 등을 명시하고 효행교육 실시를 위해 노력해야 한다고 규정하고 있다.

관련 가치교육의 수행을 담당하는 별도의 정부기구가 구성된 경우도 있다. 통일교육원이 대표적이다. 사회적기업진흥원은 사회적기업법에 따라 설치되어 사회적 기업의 창업과 성장을 위한 컨설팅을 주된 업무로 하지만 사회적 가치교육을 담당하는 준 정부조직이라고 할 수 있다.

평생교육법에 따라 2008년 설치된 국가평생교육진흥원은 학점은행제와 K-MOOC 등을 통해 가치교육의 상당 부분을 담당하고 있다. 아직 다른 분야들은 대체로 정부 부처의 한 부서 업무로 진행되고 있지만 예산 확보와 기구 확대를 위한 관계자들의 노력은 당연히 예상된다.

민주시민교육과 사회적가치 교육&SDGs 교육

가치교육의 의의와 범주는 사회의 발전 단계 또는 시민의 요구 정도에 따라 다양하다. 시간과 장소에 따라서도 그 내용은 달라질 수 있다. 20세기 들어 국내외적으로 중요하게 대두된 사회적 가치와 SDGs는 현시대의 가치교육 중심적 이슈라고 할 수 있으며, 넓은 의미의 민주시민교육의 국내적 맥락과 국제적 맥락으로 볼 수 있다.

우리 사회에서 최근 대두된 사회적 경제의 부상과 함께 중요성이 부각되기 시작한 사회적 가치는 넓은 의미의 민주시민교육의 국내적 맥락으로 포섭할 수 있다. SDGs은 국제적 맥락으로서 넓은 의미의 시민시민교육과 동의어로 보는 것이 적절하며, 국내적 맥락의 사회적 가치 12+1과 동일선상에 있다.

물론 민주시민교육과 사회적 가치와 SDGs는 각각의 내용에서 약간씩 차이가 있지만 이러한 차이는 태동의 배경과 주된 담당자들의 인식 차이에서 비롯되는 작은 차이일 뿐이다. 국내외적으로 산업화와 민주화를 거쳐 현시대의 과제로 제기된 면에서 공통점이 있으며, 통합적으로 내용을 재편하여 총체적으로 인식할 필요가 있는 것이다.

이렇게 보는 이유는 넓은 의미의 민주시민교육은 사회적 경제에서 말하는 사회적 가치와 SDGs에서 말하는 가치가 본질에서는 같다고 보기 때문이다. 더 범위를 넓히면 기업에서 촉발되어 대학을 비롯한 다른 민간부문에까지 확산되고 있는 사회공헌활동도 포괄할 수 있다.

ESG원리는 넓은 의미인 민주시민교육의 국내적 맥락으로서 사회적 가치교육과 국제적 맥락으로서 SDGs교육과 통합적으로 이해할 필요가 있다. 제기된 시기와 주된 주창자가 누구냐에 따라 강조점에는 차이가 있지만, 내용 면에서 거의 유사하다.

이상의 논의를 종합하여 넓은 의미의 시민교육과 사회적 가치, SDGs의 관계를 도식화하면 다음과 같다.

넓은 의미의 민주시민교육 = 가치교육		
좁은 의미의 시민교육 = 민주시민교육 = 정치교육	사회적 가치교육	SDGs 교육

가치교육의 범주 구분

시민교육을 넓은 의미의 시민교육, 곧 가치교육으로 보고 국내적 맥락으로서의 사회적 가치교육과 국제적 맥락으로서의 SDGs와 함께 통합적으로 고려하면 세부 내용은 크게 셋으로 나눌 수 있다.

가치교육의 범주는 크게 경제적 가치, 정치적 가치, 좁은 의미의 사회적 가치로 나눌 수 있다. 가치교육을 경제적 가치와 정치적 가치로 우선 구분한 이유는 대체로 근대 국가의 발전 경로가 경제발전(산업화)을 거쳐 민주화를 이룩하고 그 이후 다양한 가치적 지향으로 나아가기 때문이다. 이렇게 보면 좁은 의미의 사회적 가치는 서구에서 68혁명 등으로 나타난 신사회운동과 맥락이 닿게 된다.

사실 SDGs를 비롯하여 우리 사회의 사회적 가치 논의에서도 민주화는 빠져 있다. 전자는 민주화라는 가치는 국제사회에서 합의를 도출하기 어렵기 때문이고, 후자는 이미 민주화를 달성했기 때문이라고 할 수 있다.

노동권, 근로조건, 일자리의 경우 SDGs와 12+1에 모두 들어가 있지만, 그 위상이 다르다. 전자는 경제성장과 함께 자리매김하면서 경제적 가치로 볼 수 있지만, 우리 사회에서는 일정한 수준의 경제 발전을 이미 달성했기에 일자리와 노동권은 경제성장보다는 인권의 내용으로 보는 것이 바람직하다.

좁은 의미의 사회적 가치는 공동체성의 강화와 건강으로 구분할 수 있다. 건강은 개인적 차원의 건강과 사회적 차원의 건강으로 보고, 환경을 사회적 차원의 건강 문제로 구분할 수 있다.

〈표 6-1〉의 분류에 대해서는 향후 더욱 엄밀한 논의가 필요할 수 있으나, 우리 사회에서 사회적 가치, SDGs, 민주시민교육 등의 이름으로 논의되는 가치 지향의 교육을 모두 통합적으로 이해할 수 있다는 점을 이해할 필요가 있다.

표 6-1 가치교육의 구분

<table>
<tr><th>대구분</th><th>SDGs</th><th>내용적 범주</th><th>12+1</th></tr>
<tr><td rowspan="2">경제적 가치
(산업화와 경제 발전)</td><td>• 빈곤 종식
• 기아 종식
• 교육</td><td rowspan="2">경제성장</td><td></td></tr>
<tr><td>• 경제성장, 일자리</td><td>• 노동권, 근로조건
• 일자리</td></tr>
<tr><td>정치적 가치(민주화와 근대국가건설)</td><td>• 성평등
• 평등</td><td>인권</td><td>• 인권
• 민주적 의사결정과 참여
• 사회적 약자</td></tr>
<tr><td rowspan="5">좁은 의미의 사회적 가치(삶의 질)</td><td>• 사회기반시설, 산업화
• 소비 및 생산 양식</td><td rowspan="2">공동체</td><td>• 대기업, 중소기업 상생
• 기업의 사회적 책임(윤리적 생산과 유통 등)</td></tr>
<tr><td>• 도시와 주거지</td><td>• 지역 사회 활성화와 공동체
• 지역경제 공헌</td></tr>
<tr><td>• 건강</td><td rowspan="2">건강</td><td>• 안전
• 보건</td></tr>
<tr><td>• 물
• 에너지
• 기후변화
• 바다
• 육상 환경</td><td>• 환경</td></tr>
<tr><td>• 제도
• 글로벌 파트너십</td><td>실현 방법</td><td></td></tr>
</table>

가치교육의 ESG 범주로의 재편 방향

ESG원리, 곧 ESG를 사회운영원리로서 고려한다는 것은 교육 면에서는 ESG원리를 가치교육의 차원에서 다룬다는 의미가 된다. 그저 기업을 대상으로 요구되는 준규제에 대한 대응으로서의 교육을 넘어선다는 의미가 된다.

가치교육으로서 ESG원리를 상정하게 되면 기존의 제반 가치교육을 ESG의 관점으로 범주를 재편하는 것이 필요하다. ESG원리교육의 세 범주는 당연히 환경(Environmental) 교육, 사회(Social) 교육, 참여(Get involved or Participation) 교육이 된다.

SDGs의 경우 애초 문제의식의 출발점이 환경이었던 데서도 알 수 있듯이, 지금은 비록 제반 영역을 포괄하고 있으나 환경의 각종 요소에 대한 비중이 상당히 넓은 편이다. 아무래도 선진국보다는 후진국의 개발에 초점을 맞추고 있기 때문에 나라별로 다양하게 변용되고 있는 형편에 있기도 하다.

사회적 가치교육은 사회적 가치의 국내적 맥락으로서의 12+1의 교육을 중심으로 이뤄지고 있으며 한국 사회의 제반 영역을 포괄하고 있다. 특히 초점이 맞춰지고 있는 부분은 사회적 약자에 대한 배려, 타인에 대한 관심, 공동체성 증진 등과 관련된 이슈들이다.

사회적 가치(12+1), SDGs 등 넓은 의미의 시민교육, 곧 가치교육에 포괄되는 영역 중 일부 범주들은 엄밀하게 어느 한 분야에 전적으로 속한다고 하기 어려운 부분도 존재한다는 점을 고려할 필요도 있다.

환경 영역의 경우 비교적 포괄할 수 있는 세부 내용과 범위가 뚜렷하므로 환경과 생태, 녹색과 그린 등 관련 유사 개념으로 포괄할 수 있는 영역은 환경 교육의 범주로 포괄하는 것이 바람직하다.

SDGs의 내용 중 경제적 가치(산업화와 경제 발전), 정치적 가치(민주화와 근대국가건설)에 해당하는 내용은 한국과 같은 경제와 정치 수준이 상당한 정도로 발전된 곳에는 우선적인 비중이 덜하다고 할 수 있다.

UN의 SDGs는 전 세계 모든 국가를 대상으로 하기 때문에 경제적 가치(산업화와 경제 발전), 정치적 가치(민주화와 근대 국가건설)에 해당하는 내용의 국가별 발전의 비동시성으로 인하여 주요 항목으로 들어갔다고 볼 수 있기 때문이다.

물론 그렇다고 하여 한국 사회에서 경제적 가치와 정치적 가치에 대한 교육이 전혀 필요치 않다거나 교육의 우선순위에서 비중을 낮추어야 할 것이라는 주장은 타당하다고 보기는 어려울 것이다. 예컨대 노동권, 근로조건, 일자리의 경우 후진국은 경제적 가치와 더 밀접하여 SDGs를 기준으로 경제성장과 일자리 해결의 영역으로 포괄하는 것이 적절하다. 우리나라의 경우에는 기본적인 노동권, 근로조건, 일자리의 문제는 해결되었고 법적으로도 보장되고 있으므로 더 폭넓은 차원의 인권 등 정치적 가치의 문제로 보는 것이 더 적절할 수 있다.

사회적 가치교육(12+1안)의 ESG 범주로의 재편

사회적 가치의 국내적 맥락으로서의 12+1에서 환경은 명백히 ESG 중 E로 범주를 재편해야 한다. 사회적 가치의 국내적 맥락으로서의 12+1에서 민주적 의사결정과 참여 또한 ESG 중 G로 범주를 재편할 수 있다. 사회적 가치의 국내적 맥락으로서의 12+1에서 명백히 ESG 중 S로 범주를 재편할 수 있는 요소는 다음과 같다.

12+1(넓은 의미의 사회적 가치)	ESG 범주 개편
• 노동권, 근로조건 • 일자리	S S
• 인권 • 사회적 약자	S S
• 대기업, 중소기업 상생 • 기업의 사회적 책임(윤리적 생산과 유통 등)	S S
• 지역 사회 활성화와 공동체 • 지역경제 공헌	S S

노동권, 근로조건과 일자리의 경우 SDGs에서는 개도국 또는 후진국에 적용 시 경제성장의 내용적 범주에 해당하는 경제적 가치에 해당하겠으나, 우리나라와 같은 경제 선진국에서는 인권의 확장 차원에서 좁은 의미의 사회적 가치로 보는 것이 더 적절하다.

인권 또한 정치적 가치로서 민주화와 근대 국가건설이라는 범주로 포괄할 수 있겠으나 기본적인 민주주의와 인권의 실현이 진행된 우리 사회의 경우 좁은 의미의 사회적 가치로 분류하는 것이 적절할 것이다.

사회적 가치의 국내적 맥락으로서의 12+1에서 안전과 보건은 세월호 사태와 반복되는 감염병 사태로 인해 최근에 중요성이 부각되었다. 12+1에서 사회적 가치에 들어가 있으나 E, S, G 중 어느 한 영역으로 분류하기는 곤란하다.

다만 사회적 약자의 경우 안전, 보건 등 건강권의 보장이 미약할 수 있다는 가능성에 따라 사회적 가치의 넓은 의미로 확장하여 분류할 수 있다.

위와 같은 기준으로 사회적 가치의 국내적 맥락으로서의 12+1을 ESG 기준에 따라 범주를 재편하면 다음 표와 같다. 괄호로 표시한 ESG 범주 개편은 E, S, G 중 어느 한 영역으로 분류하기 곤란하나 넓은 의미로 확장하여 분류할 수 있다고 보고 설정하였다는 의미이다.

가치교육의 3가지 범주	내용적 범주	12+1 (넓은 의미의 사회적 가치)	ESG 범주 개편
경제적 가치 (산업화와 경제 발전)	경제성장		
		• 노동권, 근로조건 • 일자리	S S
정치적 가치 (민주화와 근대국가건설)	인권	• 인권 • 민주적 의사결정과 참여 • 사회적 약자	S G S
	• 통일 • 평화(좁은 의미)		
좁은 의미의 사회적 가치 (삶의 질)	• 공동체 • 평화(넓은 의미)	• 대기업, 중소기업 상생 • 기업의 사회적 책임(윤리적 생산과 유통 등)	S S
		• 지역 사회 활성화와 공동체 • 지역경제 공헌	S S
	건강	• 안전 • 보건	(S) (S)
		환경	E
	실현 방법		

SDGs의 ESG 범주로의 재편

SDGs의 요소 중 명백히 E의 요소로 범주를 재편할 수 있는 것은 다음과 같다. 사회적 가치의 국내적 맥락으로서의 12+1은 환경 하나의 범주로 자리하고 있다.

SDGs	ESG 범주 개편
• 물 • 에너지 • 기후변화 • 바다 • 육상 환경	E E E E E

SDGs의 요소 중 제도와 글로벌 파트너십은 명백히 G의 요소로 범주를 재편할 수 있다. 사회적 가치의 국내적 맥락으로서의 12+1에서는 실현 방법에 해당하는 내용은 따로 포함되어 있지 않다. SDGs의 요소 중 명백히 S의 요소로 범주를 재편할 수 있는 것은 다음과 같다.

SDGs	ESG 범주 개편
• 성평등 • 평등	S S
• 사회기반시설, 산업화 • 소비 및 생산 양식	S S
• 도시와 주거지	S

SDGs의 요소 중 건강은 사회적 가치의 국내적 맥락으로서의 12+1에 포함된 안전과 보건과 같은 이유로 넓은 의미에서 S로 범주를 재편할 수 있다. 같은 논리로 넓은 의미에서 S로 범주를 재편할 수 있는 SDGs의 요소는 다음과 같다.

SDGs	ESG 범주 개편
• 빈곤 종식 • 기아 종식 • 교육	(S) (S) (S)

사실 SDGs는 크게 구분된 목표만 17개이고 세부 목표는 수백 개에 달하기 때문에 엄밀한 분류는 세부 목표에 따라 설정해야 할 것이다. 그렇지만 이는 너무 광범위한 작업이므로 큰 주제를 ESG 범주로 재편할 수 있다는 점을 확인하는 정도로 ESG원리를 이해하는 것이 바람직하다.

위와 같은 기준으로 SDGs를 ESG 기준에 따라 범주를 재편하면 다음과 같다.

<table>
<tr><th>시민교육의 3가지 가치</th><th>내용적 범주</th><th>SDGs</th><th>ESG 범주 개편</th></tr>
<tr><td rowspan="2">경제적 가치
(산업화와 경제 발전)</td><td rowspan="2">경제성장</td><td>• 빈곤 종식
• 기아 종식
• 교육</td><td>(S)
(S)
(S)</td></tr>
<tr><td>일자리</td><td></td></tr>
<tr><td rowspan="2">정치적 가치
(민주화와 근대국가건설)</td><td>인권</td><td>• 성평등
• 평등</td><td>S
S</td></tr>
<tr><td>• 통일
• 평화(좁은 의미)</td><td></td><td></td></tr>
</table>

좁은 의미의 사회적 가치 (삶의 질)	• 공동체 • 평화(넓은 의미)	• 사회기반시설, 산업화 • 소비 및 생산 양식	S S
		도시와 주거지	S
	건강	건강	(S)
		• 물 • 에너지 • 기후변화 • 바다 • 육상 환경	E E E E E
	실현 방법	• 제도 • 글로벌 파트너십	G G

좁은 의미의 민주시민교육의 ESG 범주로의 재편

넓은 의미의 민주시민교육은 가치교육과 동의어로 볼 수 있다는 점을 이미 확인하였다. 또한 민주시민교육과 관련된 이론과 실천은 너무나 많기에 민주시민교육의 ESG 범주로의 재편은 편의적인 방법을 취할 수밖에 없다.

ESG 교육의 중장기적 방향성은 넓은 의미의 시민교육을 E, S, G 각각의 관점에 따라 재편해야겠으나 모든 논의를 다룰 수는 없다. 따라서 문재인 정부 시절 제출된 좁은 의미의 시민교육('민주시민교육 활성화를 위한 종합계획'(2018.11.))의 내용을 ESG 관점에 따라 범주를 재편하는 것이 적절하다.

서울특별시교육청도 2022년 1월 '2022 학교민주시민교육 활성화 기본계획'을 발표한 바 있다. 문재인 정부 시절 지방자치단체 차원에서 앞서 발표한 내용이지만 중앙정부의 내용을 평가의 기초로 삼는 것이 바람직하다.

'민주시민교육 활성화를 위한 종합계획'을 ESG원리 기준으로 평가하면 다음과 같다. 우선, '민주시민교육 활성화를 위한 종합계획'에는 넓은 의미의 시민교육과 좁은 의미의 시민교육 개념이 혼재되어 있다.

민주시민교육의 개념과 역량에 대해 상당히 폭넓게 정의하고 있으며, 민주시민교육의 구성요소 또한 예시적으로 제시하고 있다. 이는 현황 및 문제점에서 명기하였듯이 민주시민교육에 대한 사회적 합의가 부족하기 때문에 불필요한 논란을 피하고자 하는 것으로 판단된다.

민주시민교육의 목표, 원칙, 구성요소 등은 향후 정책연구 등을 거쳐 확정 예정이라고 덧붙여 적은 바 있으나, 후속 작업이 진척되지 않았으며, 결과물이 나온다고 해도 민주시민교육의 의미와 필요성에 대한 논란은 계속될 가능성이 있다.

ESG의 관점에서 살펴보면 참여 교육과 관련된 내용이 많이 포함되어 있다. '민주시민교육 활성화를 위한 종합계획'에 명시된 추진과제 중에서 그야말로 민주시민교육 활성화를 위한 계획에 해당하는 부분은 '학교민주시민교육 강화, 교원 전문성 신장 및 교육활동 지원, 민주시민교육 지원체계 구축' 등이다. 이는 ESG 교육의 진작을 위해서도 참고할 수 있는 내용으로 평가할 수 있다. 추진과제 중 민주적 학교문화 조성, 학생자치 활성화 부분은 모두 참여 교육의 일환으로 ESG 교육에 내용 그대로를 포괄해도 무방하다.

'민주시민교육 활성화를 위한 종합계획' 주요 내용

■ **추진 배경**

- 포용적 민주주의를 실현할 성숙한 민주시민 양성
- 민주시민 양성을 목표로 하는 교육이념의 회복
- 교육 패러다임의 근본적 변화를 통한 교육혁신 필요

■ **현황 및 문제점**

- 민주시민교육에 대한 사회적 합의 부족
- 사회 · 도덕과 등 민주시민 관련 교과에서는 교육과정 내 목표, 교과역량 및 성취기준 등을 통해 민주시민 관련 내용을 제시하고 있음.
  - 분과학문 중심의 교과 운영의 한계, 일방적 지식 전달 위주 교육방식, 태도 · 가치 등 진단에 적절한 성취기준(내용요소) 부재 등으로 실천적 참여를 통한 민주적 생활방식을 체화하는 데 한계 노정
- 국가교육과정에 민주시민교육을 위한 별도의 선택과목은 없고, 학교장의 필요에 따라 선택과목으로 개설 · 운영 가능
- '민주시민교육'의 선택과목 인정 여부와 개설 정도가 시 · 도교육청 및 학교 여건에 따라 상이하여 지역별 편차 발생
- 민주시민교육은 범교과 학습주제 중 하나로 교과 및 창의적 체험활동 등 교육 활동 전반에서 실시하도록 교육과정에 명시되어 있음.
  - 타 범교과 학습주제 및 법정 의무교육 시수 등으로 시수 확보에 한계가 있으며, 다양한 운영 모델 부족
- 교수학습 방법과 평가상 문제점
  - 지식 전달 위주의 주입식 교수학습으로는 학생의 자율적인 참여와 비판적 사고를 증진하고자 하는 민주시민교육의 목적 달성 어려움.

- 또한 수업은 협력적으로 진행하였으나, 평가는 경쟁적인 방식을 고수하여 교수 학습과 평가를 분리시킬 경우 협력 수업의 효과는 반감될 수밖에 없음.

- 교원의 전문성 신장 및 수업 등 교육활동에 대한 지원 부족
- 민주적인 학교 환경 조성 미흡
- 직접 참여하고 실천할 수 있는 민주시민교육 경험 부족

■ **민주시민교육의 개념**

- 비판적 사고력을 가진 주체적인 시민이 민주주의의 가치를 존중하고 서로 상생할 수 있도록 민주시민으로서의 역량을 향상시키는 교육

■ **민주시민의 역량**

- 민주주의의 기본원리와 핵심가치에 대한 지식과 이해
- 타인의 권리와 존엄성을 존중하고 다원성을 인정하는 시민적 관용
- 공공생활에 적극적으로 참여하고 실천하는 시민적 효능감
- 사회 · 정치적 문제를 객관적으로 파악하는 비판적 사고력
- 대화와 토론으로 문제를 해결할 수 있는 능력과 기술
- 약자를 보호하고 정의와 상생의 원칙에 따른 협력과 연대

■ **민주시민교육의 구성요소(예시)**

- (주요 내용) 민주주의와 전제주의, 협력과 갈등, 평등과 다양성, 공정, 정의, 법의 지배, 인권, 자유와 질서, 개인과 사회, 권리와 책임 등
- (가치와 태도) 인간의 존엄과 평등에 대한 신념, 분쟁해결 의지, 협력과 나눔의 정신, 관용, 도덕적 기준에 따른 판단과 행동, 인권 · 양성평등 · 환경 등에 대한 관심, 예의와 법 존중, 자원봉사 등
- (기술과 능력) 논리적 주장을 펼 수 있는 능력, 다른 사람과 협력해서 효율적으로 일처리를 할 수 있는 능력, 타인의 생각과 경험을 경청하고 적절하게 평가할 수 있는 능력, 다른 의견에 대한 관용 등
- (지식과 이해) 민주 사회의 성격 · 기능 · 변천, 다양성 · 불일치 · 사회적 갈등의 양태, 개인과 사회가 직면한 사회적 · 도덕적 · 정치적 문제, 정치제도와 법, 경제, 인권헌장, 지속가능개발과 환경문제 등

■ **비전 및 목표**

- 비전 : 자율 · 존중 · 연대를 실천하는 민주시민 양성
- 목표 : 민주적 교육 생태계 조성을 통한 민주시민 역량 강화

■ **추진과제**

- 학교민주시민교육 강화

1 민주시민교육의 공통기준 마련
2 안정적 · 체계적 민주시민교육을 위한 교육과정 개정
3 참여와 실천 중심의 교수학습방법 개선
4 민주시민교육을 위한 평가 개선

• 교원 전문성 신장 및 교육활동 지원
1 교원의 민주시민교육 역량 강화 지원
2 예비교원의 민주시민교육 역량 강화 지원
3 자율적 교원 학습공동체와 현장지원단 지원
4 다양한 교육 콘텐츠 개발 지원

• 민주적 학교문화 조성
1 학교 내 민주적 의사결정체계 구축 지원
2 학생들이 주도하는 학교 공간 민주주의 지원
3 학교 구성원의 민주시민역량 강화 지원
4 (가칭)민주시민학교 운영

• 학생자치 활성화
1 학생자치 활성화 지원
2 학교운영에 학생 참여 확대
3 학생의 학습활동 참여 확대
4 학생자치 인식개선 및 우수사례 확산

• 민주시민교육 지원체계 구축
1 민주시민교육 거버넌스 구축
2 정책의 안정적 추진을 위한 제도적 기반 마련
3 민주시민교육 추진을 위한 사회적 공감대 확산

Summary

- 사회운영원리로서 ESG원리는 가치교육의 주요한 내용으로 자리매김된다.
- 사회과에서 가치교육은 크게 가치 주입과 가치 탐구의 전통으로 이어져 왔다.
- 가치교육으로서 사회과 교육은 시민적 자질 전수, 사회과학, 반성적 탐구의 3가지 전통이 있다.
- 민주시민교육은 넓은 의미로는 가치교육을 의미한다.
- 법제화된 가치교육은 성격 면에서 민주주의 사회에서 필요로 하는 제반 시민적 가치의 일환이라는 점은 공통적이다.
- ESG원리는 넓은 의미의 민주시민교육의 국내적 맥락으로서 사회적 가치교육과 국제적 맥락으로서 SDGs교육을 통합적으로 이해할 필요가 있다.
- 가치교육의 범주는 크게 경제적 가치, 정치적 가치, 좁은 의미의 사회적 가치로 나눌 수 있다.
- 가치교육은 환경(Environmental) 교육, 사회(Social) 교육, 참여(Get involved or Participation) 교육의 3가지 ESG 범주로 재편할 수 있다.
- 사회적 가치의 국내적 맥락으로서의 12+1안은 ESG 중 S로 범주를 재편할 수 있는 요소가 많다.
- SDGs 17개 목표도 ESG 각각의 범주로 재편할 수 있다.
- 좁은 의미의 민주시민교육은 ESG의 관점에서 살펴보면 참여 교육과 관련된 내용이 많이 포함되어 있다.

Keyword

SDGs, 가치 주입, 가치 탐구, 가치교육, 경제적 가치, 교육, 넓은 의미의 민주시민교육, 노동권, 민주시민교육, 반성적 탐구, 범주, 법제화, 사회과학, 사회 교육, 사회적 약자, 사회적 합의, 사회화, 상생, 시민운동, 시민적 가치, 시민적 자질 전수, 정규교과, 정치교육, 정치적 가치, 제도와 글로벌 파트너십, 좁은 의미의 사회적 가치, 참여, 참여 교육, 평생교육, 환경, 환경 교육

Quiz ※ 빈칸을 채우거나 OX로 답하세요.

01 사회운영원리는 사회 구성원들이 살아가면서 의거하게 되는 공식 또는 비공식의 삶의 기준이다. (　　)

02 사회과 교육은 가치교육의 관점에서 연구와 실행이 이뤄져 왔으며, 다양한 방법론이 모색되어 왔다. (　　)

03 가치교육의 전통이 그대로 ESG원리교육에 적용되기는 힘들다. (　　)

04 민주시민교육은 넓은 의미로는 정치교육을 의미한다. (　　)

05 법제화된 가치교육들도 모두 넓은 의미의 민주시민교육으로 볼 수 있다. (　　)

06 민주시민교육과 사회적 가치와 SDGs는 각각의 내용은 약간씩 차이가 있지만, 국내외적으로 산업화와 민주화를 거쳐 현시대의 과제로 제기된 면에서 공통점이 있다. (　　)

07 좁은 의미의 사회적 가치는 공동체성의 강화와 건강으로 구분할 수 있다. (　　)

08 SDGs의 내용 중 경제적 가치(산업화와 경제발전), 정치적 가치(민주화와 근대국가 건설)에 해당하는 내용은 한국과 같은 경제와 정치 수준이 상당한 정도로 발전된 곳에는 우선적인 비중이 덜하다. (　　)

09 12+1안에 포함된 안전과 보건의 경우 E, S, G 중 어느 한 영역으로 분류하기는 곤란하다. (　　)

10 SDGs는 크게 구분된 목표만 17개이고 세부 목표는 수백 개에 달하기 때문에 엄밀한 분류는 세부 목표에 따라 설정해야 할 것이다. (　　)

11 '민주시민교육 활성화를 위한 종합계획'에는 넓은 의미의 시민교육과 좁은 의미의 시민교육의 개념이 혼재되어 있다. (　　)

Discussion

01 가치교육의 다양한 형태와 특징에 대해 알아보자.

02 중고등학교 시절 사회과 교육을 돌아보고 가치교육의 면에서 평가해 보자.

03 사회운영원리로서 ESG교육에 적합한 가치교육의 전통은 무엇인지 알아보자.

04 좁은 의미의 민주시민교육과 넓은 의미의 민주시민교육을 비교해 보자.

05 이미 법제화된 것을 제외하고 각자 법으로 만들고 싶은 가치교육의 주제와 내용을 토론해 보자.

06 민주시민교육과 사회적 가치와 SDGs의 연관성에 대해 토론해 보자.

07 사회적 가치로서 노동권, 근로조건, 일자리의 위상에 대해 토론해 보자.

08 가치교육을 ESG 교육의 3가지 범주로 재편할 때 보완할 점에 대해 토론해 보자.

09 노동권, 근로조건과 일자리의 경우, ESG 교육의 어느 범주로 포함시키는 것이 적절할지 각각 입장을 바꿔 토론해 보자.

10 SDGs 17개 목표 중 1가지를 골라 세부 목표를 ESG 각각의 범주에 따라 분류해 보자.

11 좁은 의미의 민주시민교육의 ESG 범주 재편 방향에 대해 토론해 보자.

17

ESG원리교육의 원칙과 방법[9]

ESG원리교육의 내용적 방향성: 환경 교육, 사회 교육, 참여 교육

ESG원리, 곧 사회운영원리로서의 ESG 교육은 지금까지 살펴본 대로 제반 가치교육을 ESG 관점에서 범주를 재편하는 것을 내용적 방향성으로 한다. ESG를 사회 전반의 운영원리로까지 그 의미를 확장하는 경우 학교교육은 물론 사회교육에서도 ESG교육은 가치교육의 일환으로서 의미를 가지게 된다.

일각에서는 ESG의 일시적 유행 가능성을 지적하기도 하나 개념 자체는 바뀔 수 있을지라도 우리 사회의 가치적 지향으로서 환경(Environmental)과 사회(Social), 참여(Get Involved)라는 각각의 가치적 지향은 지속될 것이며, 지속되어야 한다.

9 이 챕터의 일부 초고는 소셜혁신연구소사회적협동조합, "ESG교육 커리큘럼 개발 방향 연구 보고서"(서울시교육청 2022 위탁연구 최종보고서)에 반영된 바 있다. 책임연구원: 안지훈, 공동연구원: 권영태 외 2인.

기업의 역할과 관련하여 단순히 어떤 수단이든 이윤만 달성하면 된다는 과거의 관점은 바뀌고 있다. 이 점이 중요하다. 기업뿐만 아니라 다른 사회조직들에서도 이러한 관점은 필요하기 때문이다.

특히 기업에서 시작된 투자 시 돈을 잘 버는지, 곧 재무적인 측면만을 고려하는 것이 아니라 환경을 감안하고 사회를 생각하며 또 내부적으로도 의사결정 구조가 바람직한가 하는 점들을 고려하는 관점은 앞으로도 사회 전반의 가치적 지향으로 바람직하며 필요하다.

기업도 정부도 ESG를 통해 지속가능성을 구현하고 사회적 가치를 실현하는 시대가 되었다. 미래 세대에 대한 교육은 ESG원리가 사회운영원리로서 계속 이어질 수 있게 하는 중요한 의의가 있다.

무엇보다 학교 교육에서 ESG 교육은 기업 현장에서 투자 여부에 대한 판단 기준으로 쓰이는 좁은 의미에서 벗어나 사회운영원리로서의 넓은 의미의 ESG원리교육으로 진행되어야 한다. 가치교육으로서 ESG원리교육은 환경 · 사회 · 지배구조의 영역 구분에 따라 환경 교육, 사회 교육, 참여 교육으로 재구성할 수 있다.

물론, 이미 앞에서 살펴본 넓은 의미의 시민교육에 포괄되는 제반 가치교육의 내용을 ESG 교육의 범주에 맞추어 재범주화한 것이 완벽하지는 않다. 앞으로 더 발전적으로 보완될 필요성은 있다.

ESG원리교육의 영역적 방향성: 정서지능과 연계된 ESG 감수성 배양

ESG원리의 교육은 지식의 습득과 전달도 물론 중요하다. 그렇지만 그보다는 관련 이슈에 대한 관심을 제고하고 실천 활동에 자발적으로 동참할 수 있는 능력을 길러주는 방향으로 진행할 필요가 있다.

ESG원리는 단순히 내용을 익히는 것으로 끝나서는 안 되고 내가 살아가는 지구와 인류에 어떻게 이바지할 것인지를 고민하게 하는 교육으로 나아가야 한다. ESG와 관련하여 지식 위주가 아니라 관심 제고 및 실천 활동에 자발적으로 동참할 수 있는 능력을 길러주는 것을 원칙으로 하는 교육은 ESG 감수성 증진이라고 할 수 있다.

'ESG 감수성'이라는 표현은 현업에서도 익숙하게 사용되고 있다. 가치적 지향과 관련하여 '○○감수성'이라는 표현도 다양한 분야에서 사용하고 있다. 특히 '환경감수성'은 이미 광범위하게 사용되고 있는 예를 발견할 수 있다. 언론이나 현업에서 일반적으로 사용하는 표현을 제외하고 학계에서 논문화된 내용만 살펴보더라도 상당히 많은 용례를 발견할 수 있다.

ESG원리교육을 환경 교육, 사회 교육, 참여 교육으로 재구성할 때 각 분야의 핵심적인 교육 원칙은 환경 감수성 교육, 사회 감수성 교육, 참여 감수성 교육으로 재구성된다. ESG원리가 세 분야로 구성되기 때문에 ESG 감수성 교육도 세 분야로 나눌 수 있는 것이다.

ESG원리로서 환경 감수성 교육은 기존의 학계와 현업에서 사용 중인 환경 감수성 표현을 그대로 사용해도 무방하다. 환경 감수성 교육은 환경 교육, 생태 교육, 녹색 교육 등의 유사 명칭도 모두 포괄할 수 있다.

ESG원리로서 사회 감수성 교육은 사회적 약자에 대한 배려, 타인에 대한 관심, 공동체성 증진 등과 관련된 이슈를 포괄적으로 담아낼 수 있다. 특히 사회적 가치의 국내적 맥락으로서의 12+1의 상당 부분과 UN 차원의 SDGs를 사회 감수성의 내용으로 포괄할 수 있다.

ESG원리로서 참여 감수성 교육은 좁은 의미의 ESG에서 말하는 G(Governance, 지배구조)의 의미가 확장된 것이다. 사회운영원리로서 ESG를 상정할 때 G(Get Involved)는 참여라는 보편적인 개념으로 확장된다.

지배구조는 기업 내부의 의사결정 구조 등 좁은 의미의 ESG 중 G를 담아내는 표현이다. 좁은 의미의 지배구조에 해당하는 사회 전반의 운영원리로서는 정치, 경제, 사회, 문화 제반 분야에의 시민의 참여를 증진시키는 것을 의미한다.

ESG 감수성 교육은 정서지능의 증대와 밀접한 관련이 있다. 정서지능과 ESG 교육의 연관성에 대해서 후속 연구가 심도 있게 진행될 필요가 있다. ESG 감수성 교육과 연계하여 활용할 만한 개념으로 '공헌역량'이 있지만, 아직 학계에서 논의가 이루어지지 않아 향후 연구가 필요하다.

ESG원리교육의 학교 교육 편입 방향성: 범교과 학습주제의 재편

ESG원리교육 또한 중장기적으로는 학교 교육의 정규교과과정으로 편입되어야 할 필요가 있다. ESG원리교육을 정규교과과정에 반영한다고 하더라도 처음부터 전면적인 정규교과과정 재편의 잣대로 제시하는 것은 바람직하지 않다.

좁은 의미의 민주시민교육 같은 가치교육이 정규교과에 전면적으로 반영되지 못한 상황에서 ESG교육 또한 현실적으로 통과되기도 어려울 것이다. 현 단계에서 ESG원리교육을 학교 교육의 커리큘럼에 반영하는 가장 현실적인 안은 범교과 학습주제의 재편이다.

범교과 학습은 제7차 교육과정에서 등장한 이후 양적 측면에서 엄청난 팽창을 해왔다. 학교 현장의 일각에서는 범교과 학습주제 교육이 당초 의도한 목적에 맞게 실행되고 있지 않으며 더 큰 문제는 교사의 수업과 학습자의 학습에 부담을 주고 있다는 평가도 있다(강현석, 전호재, 2014).

그렇지만 범교과 학습은 기존 분과적 접근의 학교 교육의 한계를 범교과적 접근을 통해 극복하고자 하는 새로운 시도로서 의의가 있다. 다양한 교과와 영역을 넘나들고 가로지르며 폭넓게 관련지어 이들을 모두 아우르는 교육 방법이라는 긍정적인 측면이 있다. 변화하는 사회 속에서 살아가는 개인이자 시민으로서 학생이 지속가능한 바람직한 삶을 맥락적으로 도모할 수 있는 의미 있는 주제를 포괄하는 교육인 것이다(조상연, 2020).

물론, 추가로 진로교육, 학생회 임원 연수 등에서 ESG 교육을 직간접적으로 반영하는 방안들을 찾아서 활용할 수는 있을 것이다. 2009, 2015년 교육과정에 따른 범교과 학습주제를 ESG 관점에서 종합적으로 재구조화한 편재는 다음과 같다.

<table>
<tr><th colspan="2">범교과 재구조화</th><th>2009 교육과정</th><th>2015 교육과정</th></tr>
<tr><td rowspan="13">ESG원리교육</td><td rowspan="4">E</td><td>해양교육</td><td></td></tr>
<tr><td>물 보호 교육</td><td></td></tr>
<tr><td>지속가능발전교육</td><td>환경지속가능발전교육</td></tr>
<tr><td>녹색교육</td><td></td></tr>
<tr><td rowspan="8">S</td><td>양성평등교육</td><td></td></tr>
<tr><td>장애인이해교육</td><td></td></tr>
<tr><td>인권교육</td><td>인권교육</td></tr>
<tr><td>안전재해대비교육</td><td>안전건강교육</td></tr>
<tr><td>저출산고령사회대비교육</td><td></td></tr>
<tr><td>아동청소년보호교육</td><td></td></tr>
<tr><td>다문화교육</td><td>다문화교육</td></tr>
<tr><td>농업농촌이해교육</td><td></td></tr>
<tr><td>G</td><td></td><td>민주시민교육</td></tr>
<tr><td colspan="2">진로교육</td><td>진로교육</td><td>진로교육</td></tr>
<tr><td colspan="2">세계교육</td><td>국제이해교육</td><td></td></tr>
</table>

민족교육	독도교육	독도교육
	통일교육	통일교육
	한국정체성교육	
	호국보훈교육	
	한국문화사교육	
법교육	청렴반부패교육	
	지적재산권교육	
정규교과		경제금융교육
	정보화 및 정보윤리교육	
	여가활용교육	
	효도경로전통윤리교육	인성교육
	문화예술교육	
	미디어교육	
	의사소통토론중심교육	
	논술교육	
	한자교육	

ESG원리교육의 학교급별 방향성: 중학교 중심 교과서

정규교육에서 ESG원리교육을 진행하는 경우 가장 효과적으로 목표 달성을 할 수 있는 학교급별 단위는 중학생이다. 중학교의 경우 자유학기제를 활용해 집중적이고 연속적인 ESG원리교육이 가능할 것으로 판단된다. 중학교 1학년 시기에 진행되는 자유학기제는 제도의 취지 자체가 정규교과의 부담에서 벗어나 제반 가치교육을 전면적으로 실시하라는 것으로 이해할 수 있기 때문이다.

고등학교는 입시 부담 때문에 ESG원리교육은 물론 대부분의 가치교육이 쉽지 않은 형편이다. 민주시민교육을 비롯한 가치교육을 일부 실시하는 대부분의 학교에서도 형식적인 차원에서 이뤄지는 것으로 알려져 있다. 고등학교는 희망자만을 대상으로 하거나 학생회 임원 등 일반 학생들과는 다른 특수한 계기의 교육 기회를 활용하여 ESG원리교육의 내용을 반영하는 것이 바람직하다.

중학교 자유학기제 1년 과정을 상정한 일관된 커리큘럼을 집대성하여 별도의 ESG 감수성 교과서를 편찬할 필요가 있다. 1단계로 범교과 학습주제의 일환으로서 ESG 교과서의 독자적인 편찬을 진행한 후 중장기 2단계로는 범교과 학습주제를 전면적으로 ESG 관점으로 재편하는 로드맵을 밟는 것이 바람직하다.

별도의 ESG원리 교과서는 구성면에서 각각의 챕터만 다루더라도 교육적 효과가 나타날 수 있도록 모듈형 구성을 하는 것이 바람직하다. 중학교 자유학기제도 학교 사정이나 교사 판단에 따라 1년 전 과정을 ESG원리교육에 할애하지 못할 가능성도 있기 때문이다. 고등학교의 경우 계기별 학습이나 학생회 임원 연수 등 창의체험활동을 통해 비정례적으로 진행될 가능성이 크므로 모듈형 구성을 통해 선택적으로 활용할 수 있다.

내용 면에서는 ESG원리 교과서는 지식의 직접적인 전달을 최소화하고 직접 자료를 찾아보게 하거나 토론과 같은 탐구학습 또는 PBL학습 위주로 구성하는 것이 바람직하다. ESG 감수성의 증진을 위해 다양하면서도 직간접적인 실천이 가능하도록 구성할 필요가 있다.

지식의 전달도 중요하지만 다양한 실천 과정을 통해서 환경과 사회와 참여에 대해 관심을 갖고 직접 실행해볼 수 있는 방향에서 여러 가지 실천적인 프로그램들을 포함하는 내용으로 커리큘럼을 구성하는 것이 바람직하다.

ESG 감수성 교육의 역량 요소

ESG원리교육은 지식 위주보다는 관심을 제고하고 실천 활동에 자발적으로 동참할 수 있는 능력을 길러주는 원칙이 중요하다. 정부에서 제시한 시민교육의 원칙에서도 단순히 주제별 교육의 지식을 습득하는 것에 그치지 않고 시민적 가치와 태도 역량을 높이고 참여와 실천으로 확장하는 포괄적인 교육이라는 점을 강조하고 있다.

학교 교육이 지식습득을 넘어 실천적인 활동으로까지 나아가야 한다는 점은 교육의 원칙과 관련하여 이미 합의된 내용이라고 할 수 있다. 다만 입시를 중심으로 돌아가는 교육 현실 때문에 제반 가치적 지향이 실천적인 지평까지 나아가지 못하고 있는 한계를 극복하기 위한 노력이 본격적으로 추진되어야 한다.

지식 위주가 아니라 관심 제고와 함께 실천 활동에 자발적으로 동참할 수 있는 능력을 길러주는 원칙은 ESG원리교육이 ESG 감수성 증진을 목표로 하는 교육이기 때문이다. ESG 감수성 교육을 통해 배양해야 할 역량 요소는 관심 역량, 공감 역량, 행동 역량으로 나누어 정식화할 수 있다.

ESG에 대한 관심 역량은 ESG 문제에 얼마나 관심이 있는가 하는 역량을 뜻한다. ESG에 대한 공감 역량은 다른 사람이 생각하는 중요한 사회문제인 ESG 문제에 대해서 동일한 정도로 문제성을 인식하며 해결책을 찾아보려고 하는가 하는 역량을 말한다. ESG에 대한 행동 역량은 ESG 문제에 대해 인지하는 것과 해결을 위해 행동하는 것은 다른데, 행동을 얼마나 자발적으로 하고 있는가 하는 역량을 나타낸다.

ESG 감수성 교육의 정서지능과의 연계 가능성

ESG 감수성 교육은 정서지능의 증대와 밀접한 관련이 있다. 관심 제고와 실천 활동을 원칙으로 하는 교육은 교육계에서 전통적으로 중시되어온 인지지능에 대한 강조보다 정서지능에 대한 강조와 밀접하게 연계된다.

정서지능(Emotional Intelligence, EI)이라는 개념은 1990년 미국의 예일대학교 심리학 교수인 피터 샐로비(Peter Salovey)와 뉴햄프셔대학교 존 메이어(John D. Mayer) 교수에 의해 처음으로 정의되었으며(EBS, 2012), 학계에 상당한 연구가 축적되어 있다.

정서지능을 강조하는 이들은 삶의 질적인 측면으로서 정서 영역이 새롭게 강조되고 있는 것은 삶의 질에 가장 중요한 요건은 인생에서 느끼는 행복이며, 아울러 공동체적인 감정을 나누며 사는 일로 보기 때문이라고 설명한다(문용린, 2011).

아직 학계에서 이론적으로 충분히 정립되지는 않았으나 교육 현장에서 이미 사용되고 있는 교육의 목표 중 공헌 역량 개념은 ESG 감수성 교육과 맥을 같이한다. 예컨대, 한양여자대학교의 경우 혁신인재 양성 대학을 표방하면서 6대 핵심역량(창의 역량, 융합 역량, 도전 역량, 성장 역량, 공헌 역량, 소통 역량)을 제시하고 있다.

공헌 역량은 기업의 사회공헌활동이 기업 이외에도 사회의 다른 조직으로도 확산되고 있는 시대적 추세에 발맞춰 교육 현장에서 필요한 목표 역량으로 설정되었다고 평가할 수 있다. ESG 감수성 교육의 목표로서 공헌 역량 개념의 정립이 필요하다.

ESG원리로서 환경 감수성 교육

환경 감수성 교육은 기존에 학계와 현업에서 사용 중인 환경 감수성 교육 표현을 그대로 사용해도 무방하다. 환경 감수성 교육은 환경 교육, 생태 교육, 녹색 교육 등의 유사 명칭도 모두 포괄할 수 있다.

환경 감수성은 관심 역량, 공감 역량, 행동 역량 중 무엇보다 환경에 대해 공감하는 태도를 의미한다. 단순히 자연에 대해 경이로움을 느끼거나 그 자체를 그대로 수용하는 것이 아닌, 인간이 자연환경과 지속적 상호작용을 통해 공존하는 자연환경에 대한 공감적 정서를 의미한다.

환경 감수성이 높은 사람은 자연환경을 느끼고 체험한 것을 통해 스스로 환경보호와 지속가능한 발전을 위해 노력하는 책임감 있는 시민으로 성장할 수 있다. 환경 감수성이 높은 사람으로 성장하기 위해서는 어릴 때부터 자연스럽게 깨끗한 물과 환경에 노출되어 자연의 아름다움을 직접 느껴야 하며, 이를 위해서는 사계절의 아름다움을 느낄 수 있는 '환경과 친해질 수 있는 시간'이 필요하다.

환경 감수성을 키우기 위한 내용적 방향으로는 다음과 같은 내용을 설정할 수 있다.

- 자연환경에 대한 지식 쌓기
- 자연에서 심리적 체험하기
- 자연에 감정 이입하기
- 환경을 보호 실천하기
- 예술적 체험으로 환경 감수성 기르기 등

초등학교는 이미 환경 교육이 광범위하게 이루어지고 있으므로 ESG원리교육에서 환경 감수성 교육의 비중을 줄여도 무방할 것이다. 초등학생들의 경우 아직 ESG 각각의 내용에 대한 체계적인 교육도 쉽지 않을 가능성이 있으므로, 본격적인 ESG원리교육은 어려울 것으로 예상된다.

환경 감수성과 관련하여 수많은 하위 이슈가 있다. 무엇보다 중요한 하위 이슈로는 쓰레기와 자원순환, 기후위기와 탄소중립을 들 수 있다. 쓰레기와 자원순환 이슈는 ESG원리교육을 통해 개인 차원의 실천적 측면을 강조한다. 기후위기와 탄소중립 이슈는 환경과 관련된 거시적 시각을 길러주며 제대로 된 정책이 수립될 수 있도록 시민적 행동을 추동할 수 있다.

ESG원리로서 사회 감수성 교육

사회 감수성 교육은 사회적 약자에 대한 배려, 타인에 대한 관심, 공동체성 증진 등과 관련된 이슈들을 포괄적으로 담아낼 수 있다. 특히 사회적 가치의 국내적 맥락으로서의 12+1의 상당 부분과 UN 차원의 SDGs를 사회 감수성의 내용으로 포괄할 수 있다.

ESG 교육의 사회 감수성 교육에서 사회의 의미는 사회과 교육에서 말하는 사회의 의미보다는 좁은 개념이다. 사회적 가치 또는 지속가능성 등의 개념과 유사한 외연과 내포를 가진다. '사회'라는 말은 워낙 다의적인 개념으로 쓰이기 때문에 정확히 그 용법을 구분할 필요가 있다.

사회적 약자에 대한 배려, 타인에 대한 관심, 공동체성 증진 등과 관련된 이슈들을 사회 감수성 교육으로 재정의할 때, 기존에 정립된 교육 중 가장 유사한 내용은 다문화 감수성 교육에서 찾아볼 수 있다.

이제 한국 사회도 '나와 다른' 사람들과 함께 사는 능력, 즉 개인이 사회적 상호 작용에서 신호와 상황을 식별하고 인식하고 공동체를 이해하고 공동체에 공헌하는 사회 감수성이 현대사회를 살아가는 데 필요한 핵심 역량 중 하나가 되었다.

사회 감수성과 관련해서도 수많은 하위 이슈가 있을 수 있다. 사회 감수성 프로그램의 개발 방향은 다음과 같이 설정할 수 있을 것이다. 앞으로 더욱 많은 사회적 과제가 제기될 수 있겠지만, 전반적으로 공감대를 이루는 안은 사회적 가치의 맥락으로서의 12+1안이다.

12+1안은 환경이 E로 포괄되고 참여가 G로 포괄된다. 따라서 나머지 10개 주제를 유사한 내용별로 2가지씩 묶어 하위 이슈로 구성하는 방식이 바람직하다.

- 안전한 삶과 보건복지
- 인권과 사회적 약자의 존중
- 노동권과 괜찮은 일자리
- 기업 간의 상생과 사회적 책임
- 지역공동체와 지역경제의 순환

안전과 보건은 개인 차원의 삶의 질 확보를 위한 정책적 과제를 요구한다. 인권과 사회적 약자는 전통적인 기본권 논의와도 연결된다. 노동권과 일자리는 급속한 기술 발전으로 인해 앞으로 중요성이 더욱 커질 가능성이 있다. 기업 간 상생과 사회적 책임은 좁은 의미의 ESG로 구체화되고 있다. 지역공동체와 지역경제는 마을 단위의 공동체 건설이라는 미래지향적 과제와 접목된다.

ESG원리로서 참여 감수성 교육

좁은 의미의 ESG에서 G, 곧 지배구조는 사회운영원리로서 ESG를 상정할 때 참여라는 보편적인 개념으로 바뀔 필요가 있다. 따라서 참여 감수성 교육으로 정식화하는 것이 바람직하다. 지배구조는 기업 내부의 의사결정 구조 등 좁은 의미의 ESG 중 G를 담아내는 표현이기 때문이다.

좁은 의미의 지배구조에 해당하는 사회 전반의 운영원리로서는 정치, 경제, 사회, 문화 제반 분야로 시민의 참여를 증진시키는 것을 의미한다. 이미 기업도 달라지고 있다. 전통적으로 기업의 의사결정 구조는 주주총회와 이사회 등 소유자를 중심으로 편성되어 있었으나 다양한 이해관계자 참여의 중요성에 대한 문제 제기가 높아지고 있고 민관 차원의 다양한 제도화로 이어지고 있다.

지배구조라는 개념의 좁은 의미에서 사례와 ESG 교육의 넓은 의미의 시민교육과의 연계성을 고려하면 참여라는 개념을 사용하는 것이 직접 의사결정을 할 수 있는 기회가 부여되는 기업계의 지배구조라는 개념에 참여라는 개념을 사용하는 것이 더 적절하다.

좁은 의미의 ESG에서 지배구조는 다양한 이해관계자에 대한 배려의 차원이 강하나 ESG를 넓은 의미의 시민교육과 사회운영원리를 통합하여 바라보는 ESG원리교육에서는 관련 주체들의 직간접적인 참여의 양적, 질적 확대를 중시한다는 차이가 있다.

특히 교육 현장에서는 국가의 일방적인 교육내용과 방법 편성에서 완전히 벗어날 수 없더라도 내용적인 면과 방법적인 면에서 교육 주체들의 참여를 최대한 끌어낼 필요가 있다. 참여의 가치는 특히 민주시민교육에서도 상당히 중시되어 온 요소이다.

학교에서 교육할 때 참여 감수성을 높인다는 것은 시민의 능동적 역할을 길러주는 관점을 의미한다. 학교에서 진행되는 지식의 전달과 제반 실천 활동이 누군가가 결정해서 그냥 따라가기만 하는 수동적인 역할은 바람직한 시민의 역할이 아니라는 점을 강조하는 것이다.

ESG원리교육에서 참여 감수성 교육은 참여를 통해 부당한 권리의 침해를 받지 않는 것을 넘어 더욱더 적극적으로 나서서 이 사회의 지배적인 규범이나 룰을 결정하는 데 자신의 목소리를 더하고 그 과정에서 직접 적절한 역할을 맡는다는 의미도 포함한다.

참여 감수성 교육도 다양한 하위 이슈를 생각할 수 있다. 그렇지만 미래 세대에 대한 교육에 초점을 맞춘다면 크게 기업, 마을, 정부, 학교 등 4가지가 중요하다. 기업의 민주적 의사결정은 좁은 의미의 ESG와 직결되며, 향후 진로와 연계할 수 있어 빠질 수 없다.

정부의 민주적 지배구조는 민주주의 일반 교육의 연장선에 있다. 가장 직접적으로 구체적인 실천이 동반될 수 있는 하위 이슈는 바로 마을과 학교이다. 마을은 각자가 살아가는 공간이며 학교는 가장 많은 시간을 보내고 미래를 준비하는 곳이기 때문이다.

Summary

- 가치교육으로서 ESG원리교육은 환경 · 사회 · 지배구조의 영역 구분에 따라 환경 교육, 사회 교육, 참여 교육으로 재구성할 수 있다.
- ESG원리의 교육은 지식의 습득 · 전달과 함께 관련 이슈에 대한 관심을 제고하고 실천 활동에 자발적으로 동참할 수 있는 능력을 길러주는 방향으로 진행할 필요가 있다.
- 현 단계에서 ESG원리교육을 학교 교육의 커리큘럼에 반영하는 가장 현실적인 안은 범교과 학습주제의 재편이다.
- 중학교의 경우 자유학기제를 활용해 집중적이고 연속적인 ESG원리교육이 가능할 것으로 판단된다.
- ESG 감수성 교육을 통해 배양해야 할 역량 요소는 관심 역량, 공감 역량, 행동 역량이 있다.
- ESG 감수성 교육은 정서지능의 증대와 밀접한 관련이 있다.
- 환경 감수성이 높은 사람은 자연환경을 느끼고 체험한 것을 통해 스스로 환경보호와 지속가능한 발전을 위해 노력하는 책임감 있는 시민으로 성장할 수 있다.
- 사회 감수성 교육은 사회적 약자에 대한 배려, 타인에 대한 관심, 공동체성 증진 등과 관련된 이슈들을 포괄적으로 담아낼 수 있다.
- 참여감수성 교육은 정치, 경제, 사회, 문화 제반 분야로 시민의 참여를 증진시키는 것을 의미한다.

Keyword

ESG감수성, ESG감수성교과서, 공감 역량, 공동체적 감정, 공헌 역량, 관심 제고, 관심 역량, 기업, 기후위기, 노동권, 마을, 범교과학습주제, 보건, 사회 교육, 사회적 약자, 상생, 시민 참여, 실천 활동, 실천프로그램, 쓰레기, 안전, 인권, 일자리, 자원순환, 자유학기제, 정규교과, 정부, 정서지능, 지식 습득과 전달, 지역, 참여 교육, 탄소중립, 학교, 학교교육, 행동 역량, 환경 교육

Quiz ※ 빈칸을 채우거나 OX로 답하세요.

01 학교교육에서 ESG 교육은 기업 현장에서 투자 여부에 대한 판단 기준으로 쓰이는 좁은 의미에서 벗어나 사회운영원리로서의 넓은 의미의 ESG원리교육으로 진행되어야 한다. (   )

02 ESG와 관련하여 지식 위주보다는 관심 제고 및 실천 활동에 자발적으로 동참할 수 있는 능력을 길러주는 교육은 ESG (   ) 증진이라고 할 수 있다.

03 범교과 학습은 기존 분과적 접근의 학교 교육의 한계를 범교과적 접근을 통해 극복하고자 하는 새로운 시도이다. (   )

04 고등학교의 경우 계기별 학습이나 학생회 임원 연수 등 창의체험활동을 통해 ESG교육을 진행하는 것이 바람직하다. (   )

05 ESG 감수성 교육에서 공감 역량은 ESG 문제에 대해 얼마나 관심이 있는가 하는 역량을 뜻한다. (   )

06 지식 위주가 아니라 관심 제고와 실천 활동을 원칙으로 하는 교육은 교육계에서 전통적으로 중시되어온 정서지능에 대한 강조보다 인지지능에 대한 강조와 밀접하게 연계된다. (   )

07 기후위기와 탄소중립 이슈는 환경과 관련된 거시적 시각을 길러주며, 제대로 된 정책이 수립될 수 있도록 시민적 행동을 추동할 수 있다. (   )

08 ESG 교육의 사회 감수성 교육에서 사회의 의미는 사회과 교육에서 말하는 사회의 의미보다는 좁은 개념이다. (   )

09 참여 감수성 교육은 참여를 통해 이 사회의 지배적인 규범이나 룰을 결정하는 데 스스로의 목소리를 더하고 그 과정에서 직접 적절한 역할을 맡는다는 의미도 포함한다. (   )

Discussion

01 내가 속한 사회조직 한 곳을 골라 환경을 감안하고 사회를 생각하고 또 내부적으로도 의사결정 구조가 바람직한가 하는 점을 발표해 보자.

02 사회 감수성 교육의 구체적인 방안에 대해 토론해 보자.

03 중고등학교 때 받은 범교과 학습을 돌아보고 ESG 범주 중 어디에 포괄할 수 있는지 생각해 보자.

04 중고등학교 때 받은 정규교과 이외의 교육을 생각해 보고 ESG와 어떻게 연관될 수 있는지 생각해 보자.

05 ESG 관심 역량, 공감 역량, 행동 역량은 얼마나 되는지 자신의 기준을 만들어 평가해 보자.

06 정서지능과 ESG 감수성의 관계에 대해서 생각해 보자.

07 지금까지 받은 환경 교육을 돌아보고 환경감수성의 관점에서 평가해 보자.

08 사회과 교육과 ESG 사회 감수성 교육에서 사회의 의미 차이를 설명해 보자.

09 기업, 마을, 정부, 학교의 의사결정과 관련하여 직접 또는 주변의 참여 경험을 조사해 보자.

INDEX

INDEX

INDEX

INDEX